पालि साहित्य का इतिहास

पालि साहित्य का इतिहास

राहुल सांकृत्यायन

वाणी
प्रकाशन

प्रकाशन के उत्कृष्टतम 63 वर्ष

सजिल्द पहला संस्करण : 1993
सजिल्द दूसरा संस्करण : 2026

vaniprakashan.com

वाणी प्रकाशन

4695, 21-ए, दरियागंज, नयी दिल्ली-110 002

फ़ोन : + 91 11 23273167, 23275710

शाखाएँ

अशोक राजपथ, पटना-800 004, बिहार

कॉफ़ी हाउस कैम्पस, महात्मा गांधी मार्ग, प्रयागराज-211 001, उत्तर प्रदेश

महात्मा गांधी अन्तरराष्ट्रीय हिन्दी विश्वविद्यालय, वर्धा-442 001, महाराष्ट्र

sales@vaniprakashan.in
vaniprakashan@gmail.com

Pali Sahitya Ka Itihas
by Rahul Sankrityayan

ISBN : 978-81-7055-277-2
History

मूल्य : ₹ 400

जी.एस. ऑफ़सेट, दिल्ली-110 095 में मुद्रित

वाणी प्रकाशन का लोगो मक़बूल फ़िदा हुसैन की कूची से

बौद्ध-साहित्य को राहुल जी की देन

इस ग्रन्थ के प्रारम्भ में ही लिखा गया है कि आज से सौ वर्ष पहले पालि नाम की कोई भाषा नहीं थी। सदियों से चटगांव और हिमालय के कुछ इलाकों के लोगों के सिवा बौद्ध धर्म और पालि भाषाका नाम भी भारत भूल बैठा था। बारहवीं शताब्दी में जयदेव ने दशावतार में बुद्ध को एक अवतार बना दिया था। बुद्ध का नाम परवर्ती काल में कभी-कभी सुनाई पड़ जाने पर भी पालि भाषा का नाम शायद ही सुनने में आता था। चटगांव के बौद्ध अपनी धार्मिक भाषा में के ग्रन्थ मूल में पढ़ते थे, किन्तु और कहीं इनके अस्तित्व का पता न चलता था।

सन् १८८० ई० के बाद चण्डीचरण सेन, नवीनचन्द्र सेन, गिरीशचन्द्र घोष ने बंगला में बुद्ध की जीवनी, उन पर कविताएँ और नाटक लिखे। इसके कुछ बाद ही बौद्ध धर्म के पुनरुत्थान और बौद्ध तीर्थों के उद्धार के उद्देश्य से अनगारिक धर्मपाल कलकत्ते में रह कर अपना काम करने लगे। भारत की राजधानी में बुद्ध, बौद्ध धर्म, पालि भाषा और साहित्य का नाम अब कुछ अधिक सुनने में आने लगा। विलायत से मैक्समूलर ने (Sacred Books of the East) में पालि के कितने ही ग्रन्थों के अंग्रेजी अनुवाद प्रकाशित कराये। लंका के सिविलयन रीज डेविस दम्पती ने पालि टेक्स्ट सोसायटी स्थापित कर मूल त्रिपिटक और उसका अंग्रेजी अनुवाद छापना शुरू किया। वसिलियेफ और उनके शिष्य मिनाएफ ने रूस में बौद्ध साहित्य का काम आरम्भ किया था। १८८० ई० के बाद ही रूस की तत्कालीन राजधानी सेन्ट पीटर्सबुर्ग में 'बिब्लिओतेका बुद्धिका' ग्रन्थमाला में संस्कृत, तिब्बती आदि के बौद्ध ग्रन्थ उनके अनुवाद श्चेवत्स्की, सिलवाँ लेवी, योगीहारा, डेनीसन रास आदि के सम्पादकत्व

में निकलने लगे। फ्राँस, बेलजियम, जर्मनी भी इस दिशा में काम करने लगे ।

इसी समय चटगाँव-निवासी और दार्जिलिंग प्रवासी शरत्‌चन्द्र दास 'बुद्धिस्ट टेक्स्ट सोसाइटी' स्थापित करके संस्कृत, तिब्बती और अंग्रेजी में बौद्ध साहित्य का सम्पादन और अनुवाद प्रकाशित करने लगे। दास ने दो-दो बार तिब्बत की यात्रा की थी, वह तिब्बती के बहुत बड़े विद्वान् थे।

फरीदपुर (पूर्वी बंगाल) निवासी महामहोपाध्याय सतीशचन्द्र विद्याभूषण संस्कृत, तिब्बती और पालि के महान् विद्वान् हो गये हैं। कलकत्ता संस्कृत कालेज के प्रिंसिपल रहते समय उन्होंने बड़े परिश्रम से पालि पढ़ी और कलकत्ता विश्वविद्यालय से इस विषय में एम० ए० करना चाहा। उन दिनों विश्वविद्यालय कितने ही विषयों में एम० ए० की परीक्षा तो लेता था, लेकिन उनके पढ़ाने की व्यवस्था वहाँ न थी। पालि का प्रश्नपत्र बनाने और परीक्षक बनने के लिए विश्वविद्यालय की ओर से रीज डेविड्स साहब को लिखा गया। उन्होंने लिखा कि वहीं कलकत्ते से यह काम बड़ी आसानी से विद्याभूषण महाशय से कराया जा सकता है। बाद में उन्हें लिखा गया कि परीक्षार्थी स्वयं वे ही हैं, तो वे प्रश्नपत्र बनाने और परीक्षक बनने के लिए सहर्ष तैयार हो गये। आगे चल कर भारत में पालि के प्रथम एम० ए० यही विद्याभूषण कलकत्ता विश्वविद्यालय में पालि के प्रथम अध्यापक भी रहे। उनके बाद सर आशुतोष मुखर्जी के प्रयत्न से विद्याभूषण की जगह धर्मानन्द कौसम्बी अध्यापक नियुक्त हुए। न जाने कितनी शताब्दियों के बाद पालि तो अपने देश में फिर जड़ जमाने का मौका मिला। इसके बाद तो कलकत्ता विश्वविद्यालय के अन्तर्गत कितने ही स्कूलों और कालेजों में पालि पढ़ाने की व्यवस्था हुई।

इस शताब्दी के पहले दशाब्दी से ही हिन्दी में बुद्ध की एकाध रचनाओं के अनुवाद और जीवनियां तथा धम्मपद का अनुवाद एवं यदा-कदा पत्रिकाओं में एकाध लेख देखने में आने लगे।

आर्य मुसाफिर विद्यालय (आगरा) से निकलने के बाद राहुल जी और १९१७ में मिश्नरी तैयार करने के प्रयास में लगने के पहले अपने जीवन के भूलभुलैया वाले अध्याय में लोगों से मिलते-जुलते और व्याख्यान देने पहुँचे। बौद्ध भिक्षुओं की धर्म प्रचार की लगन के बारे में वे बहुत बार व्याख्यान सुन चुके थे। नालन्दा-जैसे धर्मप्रचारक पैदा करने का केन्द्र चाहिए, इस विचार का अंकुर बड़ी मजबूती के साथ उनके हृदय में जम चुका था। इसलिए बौद्ध भिक्षु से मिलने और विहार देखने के लिए जा पहुँचे। वहाँ स्वामी बोधानन्द से ईश्वर, वेद आदि के अलावा बौद्ध साहित्य त्रिपिटक के बारे में भी बातचीत हुई। उन्होंने बौद्ध साहित्य पर बंगला में छपी पुस्तकों और बंगीय बौद्धों की मासिक पत्रिका "जगज्ज्योति" का पता दिया। पालि त्रिपिटक के पते के बारे में अनागारिक धर्मपाल से लिखा-पढ़ी करने को कहा। इस संक्षिप्त साक्षात्कार के बारे में राहुल जी ने लिखा है कि "उस वक्त यह पता नहीं लगता था कि मेरे जीवन के विकास में इस साक्षात्कार द्वारा ज्ञात बातें खास पार्ट अदा करनेवाली हैं।" (मेरी जीवन-यात्रा, भाग १, पृष्ट २७६, इलाहाबाद, १९४६ ई०)।

आगे लिखने पर धर्मपाल ने बर्मी, सिंहली, स्यामी अक्षरों में छपे त्रिपिटक-ग्रंथों के प्राप्तिस्थान के पते दिये, तो राहुल जी ने सिंहल और बर्मी लिपि में छपे कुछ पालि-ग्रंथ मंगा भी लिये। महाबोधि सोसाइटी (कलकत्ता) से डाक्टर सतीशचन्द्र विद्याभूषण का अंग्रेजी अनुवाद सहित नागरी अक्षरों में छपा "कच्चान व्याकरण" भी मंगाया, जिससे सिंहली, बर्मी और स्यामी लिपियां सीखना आसान हो गया। वे मिश्नरी-तैयारी करने के लिए महेशपुरा में रह रहे थे। वहां पढ़ानेवाला कोई नहीं था, फुर्सत के समय वे स्वयं कुछ पत्रों को पढ़ते।

१९१९ ई० के मार्शल ला के दिनों में पंजाब में बिता वे चित्रकूट की छाया में घूमते रहे (१९२०)। इसी समय उन पर घुमक्कड़ी का भूत सवार हुआ, तो बौद्ध तीर्थों को देखने निकल पड़े। सारनाथ होते हुए कुशीनगर

देखा और वहां से लुम्बिनी-कपिलवस्तु की ओर चल पड़े। तिलौराकोट में एक महन्त ने इन्हें भोटियों के मुल्क में जाने का रास्ता बताया और चालीस-पचास भोटिया शब्द भी लिखा दिये। वहां से सहेट-महेट (श्रावस्ती) जाकर जेतवन देखा। इन स्थानों के महत्त्व का उनका ऐतिहासिक ज्ञान अभी धुँधला था। फा-हियान, इत्सिंग और ह्वेन-चांग की किताबें पढ़कर वे निकले थे। आगे नालन्दा-राजगिर और बोधगया को देखा। चीनी यात्रियों की पुस्तकों ने तीर्थाटन का मजा बढ़ा दिया था। इस वक्त की अपनी धार्मिक अवस्था के बारे में लिखा है—"बुद्ध के प्रति मेरी भक्ति दयानन्द से भी बढ़कर थी—हां, उस वक्त मैं यह समझने की गलती कर रहा था कि बुद्ध दयानन्द की ही भाँति वैदिक धर्मप्रचारक ईश्वरविश्वासी ऋषि थे।" (मेरी जीवन-यात्रा, भाग १, पृष्ठ ३५३)।

इसके बाद १९२१ ई० में सरयू की बाढ़ से पीड़ित लोगों की छपरा में सेवा और सत्याग्रह की तैयारी करते रहे। अब वे जिला कांग्रेस के मंत्री और प्रान्तीय कांग्रेस कमेटी के सदस्य थे। गया कांग्रेस के पहले प्रान्तीय कांग्रेस कमेटी ने बोधगया बौद्धों को सौंपने के बारे में प्रस्ताव पास कराते वक्त उन्होंने कुछ बौद्ध भिक्षुओं को बुलाया था। यहीं अनगारिक धर्मपाल, भिक्षु श्रीनिवास, भिक्षु धर्मपाल, और कितने ही बर्मी भिक्षुओं से उनका परिचय हुआ। गया कांग्रेस (१९२२ ई०) में इस विषय में प्रस्ताव पास कराने में वे सफल नहीं हुए।

इसके बाद वे डेढ़ महीने के लिए नेपाल पहुँचे। शिखरनारायण में बौद्ध पण्डित रत्नबहादुर ने उन्हें बौद्ध साहित्य के कुछ ग्रंथ दिखाये और कुछ बातें बतायीं। वह तिब्बत में भी रह चुके थे और तिब्बती कन्जूर के कुछ ग्रंथों की सूची भी बनायी थी। इन सब को देखकर राहुल जी प्रभावित हुए। रत्नबहादुर उन्हें तिब्बत भेजना चाहते थे, किन्तु उनको काम के लिए छपरा लौटना था, इसलिए मामला आगे न बढ़ सका। सवा दो साल की सजा काटकर १९२५ में जेल से निकलने पर राहुल जी ने देखा

कि राजनीति में शिथिलता आ गयी है। छपरा जिले का दौरा कर उन्होंने फिर जोश भरने की कोशिश की। बोधगया बौद्धों को दिलाने के बारे में श्री राजेन्द्रप्रसाद के सभापतित्व में एक कमेटी बनायी गयी थी। सदस्य की हैसियत से राहुल जी इस का काम करते रहे। इसी बीच कांग्रेस का कानपुर अधिवेशन आ गया और अखिल भारतीय कांग्रेस कमेटी के सदस्य की हैसियत से उसमें शामिल हुए। यहाँ से वे काश्मीर होते लद्दाख की सैर भी कर आये। लौटकर मेंबर के नाते कौंसिल और जिला बोर्ड के चुनावों में जोर-शोर से काम किया और १९२७ में कांग्रेस के गौहाटी अधिवेशन में शामिल हुए। आगे उन्होंने देखा कि कांग्रेस के सामने कोई नया कार्यक्रम नहीं है। उधर बौद्ध-धर्म के विशेष अध्ययन की इच्छा जो लद्दाख यात्रा में जग उठी थी, जोर मार रही थी। सारनाथ में भिक्षु श्रीनिवास ने उनके विचारों का समर्थन किया। लंका का विद्यालंकार विहार एक संस्कृत-अध्यापक की खोज में था। वहाँ के सुभीतों को बताते हुए भिक्षु श्रीनिवास ने उन्हें लंका जाने की सलाह दी।

मई १९२७ ई० से उन्नीस महीने विद्यालंकार परिवेण में रहकर वे १८-२० विद्यार्थियों और कुछ अध्यापकों को संस्कृत, काव्य, व्याकरण और न्याय पढ़ाते और धर्मानन्द महास्थविर से स्वयं पालि, बौद्ध साहित्य और दूसरे विषयों का गंभीर अध्ययन करते रहे। इसके साथ ही बौद्ध-धर्म की ओर उनका आकर्षण बढ़ता गया। लंका में एक महीने के बाद ही उन्होंने 'सुत्तपिटक' के ग्रंथों को शुरू किया। संस्कृत के अत्यन्त सन्निकट होने से पालि उनके लिए आसान थी। भारत में रहते हुए इस भाषा का जितना अभ्यास किया था, वह भी इस समय बड़े काम में आ रहा था। पढ़ने के लिए वे अपनी पुस्तकों का इस्तेमाल करते, और भौगोलिक, ऐतिहासिक बातों पर निशान करके पीछे उन्हें नोटबुक में उतारते जाते। नायक महास्थविर, आचार्यप्रज्ञासार, आचार्य देवानन्द, आचार्य प्रज्ञालोक से रोज डेढ़-डेढ़, दो-दो घंटे लेने पर भी उनकी तृप्ति न होती थी।

पालि त्रिपिटक में बुद्धकालीन भारत के समाज, राजनीति, भूगोल का काफी मसाला है। इन से भी विद्यार्थी की भूख और तेज हुई। 'पालि टेक्स्ट सोसाइटी' (लंदन) के त्रिपिटक के संस्करणों की विद्वत्तापूर्ण भूमिकाओं ने आग में घी डालने का काम किया। उन्होंने 'पालि टेक्स्ट सोसाइटी' के जर्नल के पुराने अंकों को भी पढ़ डाला। इसके बाद, एशियाटिक सोसाइटी, (कलकत्ता) रायल एशियाटिक सोसाइटी ब्रिटेन, सीलोन, बम्बई के पुराने जर्नलों का पारायण किया। ब्राह्मी लिपि से हजारीबाग जेल में परिचय हुआ था। यहाँ 'एपीग्राफिका इंडिका, की सारी जिल्दें देख डालीं छः-सात महीने बीतते-बीतते भारतीय संस्कृति की गवेषणाओं के बारे में उनका ज्ञान, गुण और परिमाण इतना हो गया था कि जब मार्गबुर्ग (जर्मनी) के प्रोफेसर एडाल्फ ओटो विद्यालंकार विहार में आये, तो उनसे बातचीत करके उन्हें हैरानी हुई कि राहुल जी किसी विश्वविद्यालय के कभी विद्यार्थी नहीं रहे। वस्तुतः इसके पीछे केवल चन्द महीनों की पढ़ाई ही नहीं, पहले अव्यवस्थित रूप से पढ़ा छिटफुट ज्ञान भी था। हाँ, यह बात अवश्य थी कि सभी तरह के ज्ञानों ने मस्तिष्क और स्मृति के अन्दर उथल-पुथल मचा करके उनमें एक वैज्ञानिक दृष्टिकोण पैदा कर दिया था।

ढाई हजार साल पहले के समाज में बुद्धके युक्तिपूर्ण सरल और चुभनेवाले वाक्यों का राहुल जी तन्मयता के साथ आस्वाद लेने लगे। त्रिपिटक में आये मौजिजे और चमत्कार अपनी असंभवता के लिए उनको घृणा नहीं, बल्कि मनोरंजन करते थे। विकास का प्रभाव हर चीज पर पड़ता है तो बुद्ध-वचन इसके परे कैसे हो सकते हैं। राख में छिपे अंगारों या पत्थरों से ढंके रत्न की तरह बीच-बीच में आते बुद्ध के चमत्कारिक वाक्य उनके मन को बलात् अपनी ओर खींच लेते। जब उन्होंने केसपुत्रिय कालामों को दिये बुद्ध का उपदेश---'मत तुम अनुश्रव (श्रुत) से, मत परंपरा से, मत 'ऐसा ही है' से, मत पिटक-संप्रदान (अपने मान्य शासन की अनुकूलता) से मत तर्क के कारण से, मत जय (न्याय)–हेतु से, मत वक्ता के आकार

के विचार से, मत अपने चिर विचारित मत के अनुकूल होने से, मत वक्ता के भव्य रूप होने से मत श्रमण हमारा गुरु (बड़ा) है से, विश्वास करो। जब कालामों तुम अपने ही जानो—यह धर्म अकुशल है, यह धर्म सदोष है, यह धर्म विज्ञ-निंदित है, यह लेने, ग्रहण करने पर अहित (दुःख) के लिए होता है, तब कालामों, तुम (उसे) छोड़ देना।' पढ़ा तो हठात् उनके दिल ने कहा—यह है एक आदमी जिसका सत्य पर अटल विश्वास है, जो मनुष्य की स्वतंत्र बुद्धि की महत्ता को समझता है।' आगे जब मज्झिम निकाय में पढ़ा—'बेड़े की भाँति मैंने तुम्हें धर्म का उपदेश दिया है, वह पार उतरने के लिए है, सिर पर ढोये-ढोये फिरने के लिए नहीं।' तो उन्होंने समझा जिस चीज को इतने दिनों से ढूँढ़ रहे थे, वह मिल गयी।

पढ़ाई के लिए पालि की जो पुस्तकें वहाँ थीं, उन्हें तो पढ़ना ही था। इसके अतिरिक्त तीस-चालीस रुपये की पुस्तकें प्रतिमास भारत या यूरोप से मँगाया करते। तिब्बत जाने का विचार भी उनके मन में प्रबल होने लगा। अन्य कामों के साथ-साथ पुस्तकों की सहायता से वे खुद तिब्बती पढ़ने लगे। अपनी जगह काम करने के लिए उन्होंने एक आदमी भी ठीक कर दिया। तिब्बत के लिए भारत रवाना होने के पहले ३ सितम्बर, १९२८ ई० को विद्यालंकार विद्यालय ने उन्हें "त्रिपिटकाचार्य" की उपाधि प्रदान की।

दक्खिन, पश्चिम, मध्य और उत्तर भारत के अधिकांश बौद्ध तीर्थों की यात्रा कर राहुल जी बिना पासपोर्ट के नेपाल के रास्ते अगस्त, १९२९ ई० में ल्हासा पहुँचे। वहाँ उन्होंने संस्कृत व्याकरणों और दूसरे ग्रंथों को तिब्बती अनुवाद के साथ मिलाकर पढ़ना शुरू किया। आगे ल्हासा को केन्द्र बनाकर उन्होंने तिब्बत के कितने ही पुराने मठों की यात्रा करके पुस्तकें, चित्रपट जमा किये। कंजूर और तंजूर* भी खरीद लिया। सारी

***कंजूर और तंजूर दो सौ से ऊपर विशालकाय ग्रंथसंग्रह हैं। प्रथम में बुद्धवचन और दूसरे में अन्य ग्रंथों के तिब्बती अनुवाद संगृहीत हैं।**

चीजें पटना के लिए रवाना कर २० जून, १९३० को सवा वर्ष तिब्बत प्रवास के बाद लंका पहुँचे। २२ जून को श्री धर्मानन्द महास्थविर के उपाध्यायत्व में उनकी प्रव्रज्या हुई। लंका में वे पहले रामोदार स्वामी के नाम से परिचित थे। वहाँ से चलते समय उन्होंने गोत्र का नाम जोड़ कर अपने को रामोदार सांकृत्यायन बना लिया था। प्रव्रजित होने पर उनका नाम 'राहुल सांकृत्यायन' हुआ।

लंका में रहते ही उन्होंने ७ अक्टूबर से १४ दिसम्बर १९३० के बीच 'बुद्धचर्या' लिख डाली। इसमें बुद्ध की जीवनी और उपदेश दोनों ही सन्निविष्ट हैं। लंका में रहते ही डेढ़ महीने लगाकर वसुबन्धु प्रणीत 'अभिधर्मकोश' का अपनी नालन्दिका टीका के साथ सम्पादन किया। सभाष्य अभिधर्मकोश के ह्वेन-चांग कृत चीनी अनुवाद को अपने फ्रांसीसी अनुवाद और टीका के साथ बेलजियम के प्रोफेसर लुई दे ला वेली पुसें ने पाँच खण्डों में पेरिस से प्रकाशित कराया था। (१९२३–२६) इस की पादटिप्पणियों में उन्होंने संस्कृत पोथियों में से पाँच सौ से ऊपर कारिकाएं संस्कृत में दी थीं। अभिधर्म के अपने संस्करण में राहुल जी को पूसें के संस्करण में विशेष सहायता मिली। इसीलिए "प्रमथ्य चीन-पोद्भाषामयं क्षीरमहावर्णवम्। येनोधृतं कोशरत्नं तस्मै श्रीपूषिणेऽर्पये।।" इस श्लोक के साथ समर्पित किया। नवम्बर, १९३१ तक ये दोनों पुस्तकें यथाक्रम से बाबू शिवप्रसाद गुप्त और काशी विद्यापीठ द्वारा प्रकाशित कर दी गयीं।

यूरोप से लौट कर राहुल जी १९३३ में दूसरी बार लद्दाख गये। वहीं लेह में ४ जुलाई से १६ सितम्बर के बीच उन्होंने 'मज्झिमनिकाय' का अनुवाद किया और 'तिब्बत में बौद्ध धर्म' नामक अपनी पुस्तक के अतिरिक्त 'तिब्बती प्राइमर', 'तिब्बती पदावलियां' और 'तिब्बती व्याकरण' लिखा।

१९३४ में दूसरी बार तिब्बत जाने के पहले लंका में रहते ह्वेन-चांग द्वारा अनूदित वसुबन्धु के 'विज्ञप्तिमात्रतासिद्धि' के चीनी अनुवाद के प्रतिशब्द चीनी भिक्षु वाङमोल की सहायता से एकत्रित किये थे। इसका

आधा संस्कृत में उल्था कर 'बिहार-उड़ीसा रिसर्च सोसाइटी' के जर्नल में प्रकाशित करवाया (१९३४)।

'तिब्बत में बौद्ध-धर्म' लिखते समय जब राहुल जी ने भोटिया ग्रंथों के पन्ने उलटे, तो उन्हें विश्वास हो गया कि भारत से गयीं कई हजार ताल पोथियों में से वहाँ कुछ जरूर होनी चाहिए। तिब्बत की दूसरी यात्रा में ल्हासा में बैठ कर उन्होंने 'विनयपिटक' का अनुवाद भी समाप्त किया। इस बार रेडिङ, साक्या, आदि प्राचीन मठों की यात्रा में 'वादन्याय अभिधर्मकोशमूल, सुभाषित रत्नकोष, न्यायबिन्दुपञ्जिका टीका, हेतु-बिन्दु-अनुटीका, प्राप्तिमोक्षसूत्र, मध्यान्तविभंग भाष्य, वार्तिकालंकार (खण्डित) आदि भारत से लुप्त ग्रंथ मिले। उन्होंने इनकी प्रतिलिपियां अथवा फोटो कापियां तैयार कर लीं। पहली बार तिब्बत से लौट कर उन्होंने धर्मकीर्ति के प्रमाणवार्तिक का तिब्बती से संस्कृत करना शुरू किया था। तिब्बत की दूसरी यात्रा से नेपाल के रास्ते लौटते समय राजगुरु पण्डित हेमराज के यहाँ मूल की फोटो कापी ही मिल गयी, जिस में सिर्फ दस पन्ने नहीं थे।

भारत लौट कर उन्होंने 'वादन्याय' छपवाया। १९३५ में जापान, चीन, कोरिया की यात्रा पर सोवियत रूस की पहली झाँकी लेते ईरान के रास्ते भारत लौट १९३६ में राहुल जी तीसरी बार तिब्बत पहुँचे। साक्या में वार्तिकालंकार प्रमाणवार्तिक भाष्य पूरा मिला। साथ ही कर्णगोमिकृत सवृत्ति टीका भी अर्थात् प्रमाणवार्तिक की टीका और भाष्य, असंग की महत्त्वपूर्ण पुस्तक योगाचारभूमि भी मिली। प्रमाणवार्तिक के तीन परिच्छेदों पर प्रज्ञाकरगुप्त की टीका भी मिली। शलू विहार में प्रमाणवार्तिक पर मनोरथनन्दी कृत सुन्दर वृत्ति मिली। उन्होंने सब की नकल उतार ली।

धर्मकीर्ति के हेतुबिन्दु का तिब्बती से अनुवाद और अर्चट (धर्मा-करदत्त) की टीका के सहारे इसे उन्होंने बाद में संस्कृत में किया अर्चट की टीका और न्यायबिन्दुपञ्जिका (धर्मोत्तरकृत) पर दुर्वेक मिश्र की टीकाएं उन्हें १९३६ में 'ङोर' मठ में मिलीं।

धर्मकीर्ति की संबंध-परीक्षा को भी उन्होंने संस्कृत में तैयार कर दिया है। अब धर्मकीर्ति के न्याय के सात ग्रंथों में सन्तान्तरसिद्धि और और प्रमाणविनिश्चय दो ही ऐसे हैं, जो सिर्फ तिब्बती में ही मिलते हैं। इनका मूल ढूँढ़ने या तिब्बती से संस्कृत में लाने का उनका संकल्प अपनी चौथी और अन्तिम तिब्बत यात्रा में पूरा नहीं हुआ।

मई १९३८ में राहुल जी चौथी और अंतिम बार तिब्बत गये। शलू मठ में नैयायिक ज्ञानश्री के १२ ग्रंथ मिले तथा योगाचारभूमि के खण्डित अध्याय भी मिले। नरथङ में उन्होंने कई बड़े-बड़े भारतीय चित्रपटों और सलेटी पत्थरों पर बने चौरासी सिद्धों की मूर्तियों के फोटो लिये। साक्या के मित्रों से मिलते वे भारत लौट आये।

यहाँ एक बात लिख देना जरूरी है। तिब्बत की चारों यात्राओं से राहुल जी ३६३ पोथियों की प्रतिलिपियां या फोटो ले आये। इसमें से केवल एक प्रमाणवार्तिक का ही अन्वेषण उनकी अक्षय कीर्ति होता। उनकी लायी इन पोथियों की संख्या के बारे में बहुत बड़ा भ्रम फैला दिखाई देता है। उनकी संख्या कई हजार से लेकर ६० हजार तक गिनायी जा रही है। एक विद्वान् ने लिख दिया कि सारी पोथियां ल्हासा के दूकानदार के यहां मिल गयीं, जो उन्हें फाड़कर मशाले की पुड़िया बाँध रहा था। जिन्हें इन पोथियों का ब्योरा जानना हो, वे बिहार-उड़ीसा रिसर्च सोसाइटी के के जर्नल (खण्ड २१, २३ और २४) में प्रकाशित इन का विवरण देखने का कष्ट करें तथा उनकी जीवन यात्रा पढ़कर सही बातें मालूम करें। मनगढ़न्त बातें लिखने से कोई फायदा नहीं।

इसी तरह राहुल जी की लिखी, सम्पादित और अनूदित पुस्तकों की संख्या के बारे में भी लोग भ्रम फैला रहे हैं। उन की संख्या भी डेढ़ सौ से चार-छः सौ तक लिखी जा रही है। मैंने उनके सारे साहित्य को देखा है। उनकी सभी प्रकार की १३८ पुस्तकें छप चुकी हैं। 'पालि साहित्य का इतिहास' आप के हाथों में है। तिब्बती-हिन्दी कोश, साहित्य अकादमी (दिल्ली) छाप रही है। वहां से 'पालि काव्य-धारा' के भी निकलने की आशा है। १९५६

से तिरसठवें वर्ष की पूर्ति के दिन उन्होंने 'मेरी जीवन यात्रा' का तीसरा खण्ड पूरा कर दिया, जो प्रकाशक के यहां पड़ी हुई है। उनकी 'नेपाल' नामक पुस्तक भी दस सालों से पटना के एक प्रकाशक खटाई में डाले हुए हैं।

राहुल जी के विभिन्न विषयों पर लिखे सौ से ऊपर लेख हमारे पास हैं। बाकी को जुटाने की कोशिश में हूँ। इन सबको विषयानुसार सम्पादित कर छपाना है। इसके अतिरिक्त १९५६ से १९६१ तक की उन की डायरियों, चिट्ठियों और अपनी डायरी के आधार पर मेरी जीवन-यात्रा का अंतिम खण्ड तैयार कर देना चाहती हूँ।

'पालि साहित्य का इतिहास' बौद्ध साहित्य संबंधी उनकी अंतिम रचना है। लंका में रहते समय १९६१ में उन्होंने इसे अपने हाथ से लिखा था। इसकी मूल पाण्डुलिपि 'राहुल संग्रहालय' में सुरक्षित है। हिन्दी में पालि साहित्य का यह दूसरा इतिहास है। आशा है राहुल जी की अन्य रचनाओं की भाँति इसका समादर होगा।

श्री लक्ष्मीनारायण तिवारी जी की मैं विशेष आभारी हूँ जिन्होंने इस पुस्तक की पाण्डुलिपि को अच्छी तरह से संशोधित और सम्पादित किया। पुस्तक को सुन्दर ढंग से प्रकाशित करने के लिए हिन्दी समिति, उत्तर प्रदेश सरकार को अनेकानेक धन्यवाद।

राहुल जी द्वारा लिखित, अनूदित और सम्पादित बौद्ध साहित्य

१. अभिधर्मकोश : आचार्य वसुबन्धु प्रणीत—वाराणसी, १९३१।
२. बुद्धचर्या—वाराणसी, १९३१, द्वितीय संस्करण—१९५२।
३. धम्मपद, मूल पालि, संस्कृत-छाया और हिन्दी अनुवाद सहित। प्रथम संस्करण, सारनाथ, १९३३। द्वितीय संस्करण, लखनऊ, १९५७।
४. विनयपिटक—(१) भिक्खु-पातिमोक्ख, (२) भिक्खुनी पातिमोक्ख, (३) महावग्ग, (४) चुल्लवग्ग, सारनाथ १९३५।

५. धर्मकीर्तिकृत प्रमाणवार्तिक—सम्पादित ।
Journal of the Bihar and Orissa Research Society, Vol. XXIV, 1938. Part I–II.

६. मातृचेटकृत अध्यर्द्धशतक—सम्पादित श्री काशीप्रसाद जायसवाल के साथ,
Journal of the Bihar and Orissa Research Society, Vol. XXIII, Part IV (1937)

७. नागार्जुनकृत विग्रहव्यावर्तनी—सम्पादित श्री काशीप्रसाद जायसवाल के साथ,
Journal of the Bihar and Orissa Research Society, Vol. XXIII.

८. आचार्य धर्मकीर्तिकृत प्रमाणवार्तिक, आचार्य मनोरथनन्दीकृत वृत्तिसहित—सम्पादित, पटना १९३० ।

९. आचार्य धर्मकीर्तिकृत प्रमाणवार्तिक (स्वार्थानुमानपरिच्छेद) स्वोपज्ञवृत्तिसहित तथा कर्णगोमीवृत्तिसहित—सम्पूरित और सम्पादित । इलाहाबाद, १९४४ ।

१०. प्रज्ञाकरगुप्तकृत प्रमाणवार्तिकभाष्य—सम्पादित । पटना, १९५३ ।

११. तिब्बत में बौद्ध धर्म—इलाहाबाद, १९४८ ।

१२. बौद्ध-दर्शन—प्रथम संस्करण, इलाहाबाद १९४४, द्वितीय मुद्रण १९४८ ।

१३. बौद्ध-संस्कृति—कलकत्ता १९५३ ।

१४. दीर्घागमस्य सूत्रद्वयम् (महावदान—महापरिनिर्वाण सूत्रे) भिक्षु बुद्धयशसश्चीन भाषान्तरतः वाङ्गमोलम् पण्डितेन साहाय्येन श्री राहुल सांकृत्यायनेन पुनः संस्कृतेऽनूदितम् । लखनऊ, १९५७ ।

१५. पुरातत्त्व निबन्धावली । प्रथम संस्करण, इलाहाबाद १९३५, द्वितीय १९५७ ।

१६. Seareh for Samskrit Manuscript in Tibet Vol. XXI. Part I, pp. 8–10., Vol. XXIII, Part I, pp–33–52 and Vol. XXIV, Part IV, pp–1–27. "Journal of the Bihar and Orissa Research Society."

१७. दीघनिकाय । हिन्दी अनुवाद । सारनाथ ।

१८. मज्झिमनिकाय । „ „ । सारनाथ ।

१६. वसुबन्धुकृत विज्ञप्तिमात्रतासिद्धि । (चीनी से संस्कृत) Journal of the Bihar and Orissa Research Society.

२०. आचार्यधर्मकीर्ते : वादन्याय: सटीक: । सम्पादित । Journal of the Bihar and Orissa Research Society.

२१. खुद्दकपाट (पालि) सम्पादित ।

२२. सरहपादकृत दोहाकोश—तिब्बत और हिन्दी छाया । पटना १६५७ ।

२३. महामानव बुद्ध । लखनऊ, १६५६ ।

—कमला सांकृत्यायन

——:o:——

विषय-सूची

तृतीय खण्ड
(अन्यत्र पालि)

—:०:—

विषय-प्रवेश

पालिपिटक

त्रिपिटक का संग्रह तथा बुद्धवचन की भाषा

बोधि की प्राप्ति से लेकर महापरिनिर्वाण-पर्यन्त करुणा के अनन्त सागर भगवान् बुद्ध संसार के प्राणियों के कल्याण के लिए अपने मार्ग का उपदेश देते रहे। बोधि की प्राप्ति के पश्चात् प्रारम्भ में ही उन्हें इस प्रकार की धारणा उत्पन्न हुई कि अपने द्वारा खोजे गये मार्ग को विश्व को बतलाना है, और इसको तभी से उन्होंने कार्यरूप में परिणत करना प्रारम्भ कर दिया तथा इसका निर्वाह जीवन-पर्यन्त किया। इसके लिए सर्वप्रथम सुव्यवस्थित नियमों की नींव पर उन्होंने एक सुदृढ़ भिक्षु-संघ की स्थापना की और यह सर्वदा ही बौद्ध-धर्म का मार्ग विधायक रहा है। भगवान् बुद्ध के ये उपदेश मौखिक ही होते थे। उपदेश के समय उपस्थित स्मृतिमान् तथा बहुश्रुत भिक्षु इन्हें याद कर लेते थे। बुद्ध के परिनिर्वाण के पश्चात् इनके संग्रह की आवश्यकता हुई तो त्रिपिटक रूप में ये संगृहीत हुए। त्रिपिटक का अर्थ होता है तीन पिटारियाँ। पहले इन संग्रहों को पिटारियों में रखा जाता होगा और तीनों पिटकों के लिए अलग-अलग तीन पिटारियाँ प्रयोग में लायी जाती होंगी; अतः कालान्तर में यह संग्रह ही त्रिपिटक की संज्ञा से विभूषित किया गया। ये तीनों पिटक हैं—(१) सुत्तपिटक (सूत्रपिटक), (२) विनयपिटक, (३) अभिधम्मपिटक (अभिधर्मपिटक)।

इनके संग्रह के लिए बुद्ध के निर्वाण से लेकर वर्तमान युग तक समय-समय पर संगीतियों का आयोजन होता रहा। पहली संगीति तो बुद्ध-परिनिर्वाण के तीन मास पश्चात् हुई और इसमें धम्म तथा विनय का संगायन हुआ। इसमें ५०० अर्हत् सम्मिलित हुए। राजगृह के वैभार पर्वत पर स्थित साप्तपर्णी गुहा को ही स्थान-स्वरूप चुना गया और इसके अध्यक्ष थे

महास्थविर महाकाश्यप । इन्होंने स्थविर उपालि से विनय-सम्बन्धी बातें पूछीं । उन्होंने जो कुछ भगवान् से सुना था, उसे प्रस्तुत कर दिया । इसी प्रकार आयुष्मान् आनन्द से धर्म पूछा गया । इन दोनों—विनय तथा धर्म का सभी उपस्थित भिक्षुओं ने संगायन किया ।

इस संगीति के १०० वर्ष बाद भिक्षुओं को विनय-विरुद्ध आचरण से विमुख करने के लिए वैशाली में द्वितीय संगीति का आयोजन हुआ । इसमें ७०० अर्हत् भिक्षु सम्मिलित हुए थे और इसके अध्यक्ष थे महास्थविर 'रेवत' । इसमें विनय के नियमों पर निर्णयादि हुए ।

वैशाली की संगीति के पश्चात् तृतीय संगीति सम्राट् अशोक के राज्य-काल में हुई । इसका आयोजन पाटलिपुत्र में हुआ था । इस युग में बौद्ध-धर्म को राज्याश्रय प्राप्त होने के कारण दूसरे मत के लोग भी अपने को बौद्ध-मतावलम्बी बतलाकर राज्य से प्राप्त सुविधाओं से लाभ उठाने लगे तथा बौद्ध-संघ के भीतर आकर वे अपने मत-मतान्तरों को भी बुद्ध-सम्मत बतलाने लगे । अतः बुद्ध के वास्तविक मन्तव्य को जानने में कठिनाई होने लगी । बौद्ध-संघ अनेक सम्प्रदायों में विभक्त हो गया था । अतः 'थेरवाद' या 'विभज्यवाद' को बुद्ध का वास्तविक मन्तव्य निश्चित करने के लिए ही यह संगीति हुई । इसके अध्यक्ष 'मोग्गलिपुत्त तिस्स' हुए । इन्होंने अन्य वादों की तुलना में 'थेरवाद' को स्थापित किया और इसके लिए 'कथावत्थु' नामक ग्रन्थ की रचना की, जिसे अभिधम्मपिटक में स्थान मिला । इसी संगीति के बाद बौद्ध-धर्म के व्यापक प्रसार के लिए अनेक भिक्षु भिन्न-भिन्न देशों में भेजे गये । सम्राट् की पुत्री संघमित्रा तथा पुत्र महेन्द्र सिंहल द्वीप गये और वहाँ पर बौद्ध-शासन को सुदृढ़ करने में 'देवानम्पिय तिस्स' राजा के अत्यन्त सहायक हुए । ये अपने साथ त्रिपिटक के रूप में बुद्धवचन की परम्परा ले गये थे और सिंहल में इसकी नींव पड़ी ।

पर अभी तक सम्पूर्ण बुद्धवचन की मौखिक परम्परा ही चलती रही । समयानुसार यह आवश्यकता समझी गयी कि स्मरणशक्ति के ह्रास होने पर कहीं लोग बुद्धवचन को भूल न जायँ । अतः इसे लिपिबद्ध किया गया । उस समय सिंहल के शासक सम्राट् 'वट्टगामणि' थे । इसके साथ ही इन

पर रचित अट्ठकथाएँ भी लिपिबद्ध की गयीं। यही चतुर्थ संगीति के नाम से विख्यात है। 'वट्टगामणि' का समय ई० पू० २९ माना गया है।

पंचम संगीति थेरवाद की परम्परा के अनुसार बर्मा के सम्राट् 'मिन्डोन मिन्' (१८७१) के समय में हुई, जिसमें संगमरमर की पट्टिकाओं पर सम्पूर्ण बुद्धवचन को उत्कीर्ण कराकर उन्हें एक स्थान पर गड़वा दिया गया, जिससे वह चिरस्थायी हो सके। छठीं संगीति १९५४ से लेकर १९५६ तक २५००वीं बुद्ध जयन्ती के अवसर पर बर्मा में ही सम्पन्न हुई।

इस प्रकार हम देखते हैं कि परम्परा से बुद्धवचनों का संग्रह उपर्युक्त विधि से समय-समय पर हुआ।

बुद्धवचन की भाषा—तृतीय संगीति के वर्णन में ऊपर यह कहा जा चुका है कि समयानुसार बौद्ध धर्म तथा दर्शन के विचारों के सम्बन्ध में भी मतभेद होने लगा था और अशोक के समय में यह इस स्थिति को प्राप्त हुआ था कि इसके १८ निकाय अथवा सम्प्रदाय हो गये। प्रारम्भ में यह विभाग 'थेरवाद' (स्थविरवाद, प्राचीन परम्परा के अनुयायी) तथा 'महासाङ्घिक' इन दो रूपों में ही था। इन सम्प्रदायों ने अपने-अपने अनुसार मूल बुद्धवचन को स्वीकार किया, साथ ही भाषा के विषय में भी ये परम-स्वतन्त्र ही रहे, क्योंकि स्वयं शास्ता ने किसी भाषा विशेष का आग्रह न करके बुद्धवचनों को अपनी-अपनी भाषा में सीखने अथवा धारण करने की अनुमति प्रदान कर दी थी। अतः प्रारम्भ से ही इस धर्म में भाषा-विषयक रूढ़िवादिता का समावेश नहीं हो पाया। और इस सम्बन्ध में वस्तुस्थिति यह है कि त्रिपिटक का संग्रह अनेक भाषाओं में हुआ। एक प्रसिद्ध तिब्बती परम्परा के अनुसार मूल-सर्वास्तिवाद सम्प्रदाय के ग्रन्थ संस्कृत में, महासांघिकों के प्राकृत में, महासाम्मितियों के अपभ्रंश में और स्थविर सम्प्रदाय के पैशाची में थे।

पालि भाषा—आज हम पालि शब्द को भाषा के अर्थ में व्यवहृत करते हैं और इसमें बौद्ध-धर्म के 'थेरवाद' का सम्पूर्ण त्रिपिटक एवं अनुपिटक साहित्य प्राप्त है। प्रारम्भ में यह शब्द मूल बुद्धवचन अथवा त्रिपिटक के लिए प्रयुक्त होता रहा और बाद में यह उस भाषा का द्योतक हो गया,

जिसमें बुद्धवचन प्राप्त है। इस प्रकार भाषा के अर्थ में पालि शब्द का प्रयोग नवीन ही है, विशेषकर उन्नीसवीं शती से इसका व्यापक प्रचार हो गया है। आज हम जिस भाषा को पालि की संज्ञा से अभिहित करते हैं इसका परम्परा से प्राप्त नाम मागधी है। त्रिपिटक पर लिखी गयी अट्ठकथाओं के युग से ही लोग इसे इस नाम से कहते आये हैं। पर मागधी का प्राचीनतम उपलब्ध रूप उड़ीसा, बिहार और उत्तर प्रदेश में मिलनेवाले अशोक के शिलालेख हैं। इन शिलालेखों की भाषा से मागधी कही जानेवाली पालि भाषा की भिन्नताएँ हैं। पालि ने यदि 'श' का बायकाट तथा 'र' के स्थान पर भरसक 'ल' नहीं आने देने की कसम न खायी होती, तो शायद उसे ही मागधी का प्राचीनतम रूप होने का सौभाग्य प्राप्त होता; किन्तु सिंहल के पुराने गुजराती (शौरसेनी-महाराष्ट्री-भाषी) शताब्दियों तक मागधी के उच्चारण को कैसे बनाये रखते? तो भी हम पालि के पुराने 'सुत्तों' में 'ल', 'श' की भरमार कर उसे मागधी के पास तक पहुँचा सकते हैं। मागधी का प्रभुत्व मगध के विशाल साम्राज्य की स्थापना के बाद ही स्थापित हो पाया था।

यदि हम प्राचीन भारतीय आर्यभाषा के विकास-क्रम पर विचार करें तो इसी निष्कर्ष पर पहुँचते हैं कि वैदिक भाषा निरन्तर विकास पथ पर अग्रसर होती गयी। जितनी ही भाषा बदलती गयी उतना ही हमारे परवर्ती पूर्वजों की अपने पूर्वजों की भाषा और कृतियों के प्रति अधिक लोकोत्तर श्रद्धा बढ़ती गयी और उन्होंने इसकी रक्षा के अनेक उपाय किये। फिर भी बोलचाल की भाषा आगे बढ़ती ही गयी। समय बीतने के साथ लोगों को इसकी चिन्ता हुई कि इस भाषा को कैसे सजीव तथा सुरक्षित रखा जाय। इसके लिए उन्होंने (वेद) मन्त्रों को जहाँ संहिता, पद, जटा, घन आदि नाना क्रम से उच्चारण तथा कंठस्थ करके सुरक्षित किया, वहाँ उस भाषा की भीतरी बनावट के लिए अपनी-अपनी शाखा के प्रातिशाख्य बनाये। पर बोलचाल की भाषा तथा इस भाषा में निरन्तर अन्तर बढ़ता चला जा रहा था और जब यह काफी हद तक आगे बढ़ चुका था, तब ईसा पूर्व छठी शताब्दी में गौतम बुद्ध उत्पन्न हुए। इन्होंने साहित्यिक भाषा को छोड़कर प्रचलित तथा उपयुक्त होने से लोकभाषा में ही लोगों को उपदेश

दिया। पर बुद्ध की शिष्यमंडली में मगध, कोशल, कुरु, अवन्ती और गान्धार प्रदेश के लोग थे और जब उन लोगों ने बुद्धवचनों का अपनी-अपनी भाषा में पाठ करना प्रारम्भ कर दिया तो सूक्तों की भाषा में फेर-बदल का सन्निवेश हुआ। कुछ शिष्यों को यह बात खटकी और उन्होंने प्राचीन साहित्यिक भाषा में बुद्धवचनों को सुरक्षित करने की बात सोची और इसके लिए बुद्ध से निवेदन किया। बुद्ध ने उन्हें ऐसा करने से मना किया और ऐसा करने को हलके दण्ड से दण्डनीय एक अपराध करार दिया। पर बुद्ध निर्वाण के तीन-चार शताब्दियों के बाद यह आये दिन की अदल-बदल धर्मधरों को अरुचिकर प्रतीत होने लगी। उनमें से कुछ लोगों ने बुद्धवचनों की प्राचीन भाषा को ही अपनाया और आगे यथासंभव प्रयत्न किया कि इसमें कुछ रद्दोबदल न होने पावे। दूसरे प्रकार के शिष्यों ने उसे अधिक स्थायी संस्कृत में कर दिया और तीसरे प्रकारवालों ने परवर्ती भाषा में उसे सुरक्षित करने का प्रयास किया। पहले प्रकार में सिंहल के स्थविरवादी धर्मधरों की गणना होती है। ये लोग मागधी की सबसे बड़ी विशेषताएँ—"स" की जगह "श", "न" की जगह "ण" और "र" की जगह "ल" को सहस्राब्दियों पहले छोड़ चुके हैं; तो भी कहते हैं—"हमारे धर्म-ग्रन्थ मूल मागधी भाषा में हैं।"

इस प्रकार स्थविरवादी त्रिपिटक हमें जिस भाषा में उपलब्ध है, उसी को पालि के नाम से अभिहित किया जाता है।

पालि पिटक

आज से डेढ़ हजार वर्ष पहले और बुद्धनिर्वाण से प्राय: हजार वर्ष बाद आचार्य बुद्धघोष ने बुद्धवचनों के बारे में लिखा था—"प्रथम संगीति में संगायित अथवा असंगायित सब मिलाकर—(१) दो प्रातिमोक्ष (भिक्षु-प्रातिमोक्ष तथा भिक्षुणी-प्रातिमोक्ष), दो विभङ्ग (भिक्षु-विभङ्ग तथा भिक्षुणी-विभङ्ग) बीस खन्धक (स्कन्धक) तथा सोलह परिवार (इन सबसे युक्त)—यह विनयपिटक है।

(२) सुत्तपिटक (सूत्रपिटक) है—ब्रह्मजाल आदि ३४ सुत्तों का संग्रह दीघनिकाय; मूलपरियाय आदि १५२ सुत्तों का संग्रह मज्झिमनिकाय; ओघतरण आदि ७७६२ सुत्तों का संग्रह संयुत्तनिकाय; चित्तपरियादान

आदि ९५५७ सुत्तों का संग्रह अङ्गुत्तरनिकाय तथा इन पन्द्रह ग्रन्थों के भेद से (युक्त) खुद्दकनिकाय—(क) खुद्दकपाठ, (ख) धम्मपद, (ग) उदान, (घ) इतिवुत्तक, (ङ) सुत्तनिपात, (च) विमानवत्थु, (छ) पेतवत्थु, (ज) थेरगाथा, (झ) थेरीगाथा, (ञ) जातक, (ट) निद्देस, (ठ) पटिसम्भिदामग्ग, (ड) अपदान, (ढ) बुद्धवंस और (ण) चरियापिटक।

(३) अभिधम्मपिटक (अभिधर्मपिटक) है—(क) धम्मसंगणि, (ख) विभंग, (ग) धातुकथा, (घ) पुग्गलपञ्ञत्ति, (ङ) कथावत्थु, (च) यमक तथा (छ) पट्ठान।"

इन सब उपर्युक्त ग्रन्थों के काल के बारे में विद्वानों ने बहुत बहस की है और वास्तव में यह एक विचारणीय बात है।

त्रिपिटक का काल-निर्णय

ईसा पूर्व प्रथम शताब्दी में त्रिपिटक लेखबद्ध हुआ, अर्थात् तब से पाठ में अधिक स्थिरता आयी। उससे पहले सावधानी रखते हुए भी स्मृति के स्खलन से पाठ में हेर-फेर होना स्वाभाविक था। फिर आचार्य बुद्धघोष उपर्युक्त ग्रन्थों में ऐसे ग्रन्थों का होना भी मानते हैं, जो प्रथम संगीति में दुहराये नहीं गये। अभिधम्मपिटक के ग्रन्थ 'कथावत्थु' को तृतीय संगीति के प्रधान 'मोग्गलिपुत्त तिस्स' (तिष्य) ने लिखा, इसलिए वह प्रथम और द्वितीय संगीति के समय अस्तित्व में भी नहीं आया था—तृतीय संगीति के समसामयिक तथा बाद के स्थविरवादि-विरोधी निकायों के मतों के खंडन के लिए इसे लिखा गया था। यह इससे भी ज्ञात होता है कि इसमें खंडित २१४ सिद्धान्तों में केवल २७ ही तृतीय संगीति के समकालीन या पुराने निकायों के थे, जिनका ही खंडन 'मोग्गलिपुत्त' कर सकते थे। अंधक, अपरशैलीय, पूर्वशैलीय, राजगिरिक, सिद्धार्थक, वैतुल्यक, उत्तरापथक, हेतुवाद आदि निकाय अशोक के बाद अस्तित्व में आये। उनका खंडन 'मोग्गलिपुत्त' कैसे कर सकते थे? काल के बारे में विद्वानों ने बहुत-सी कसौटियाँ रखी हैं और उनमें तथ्य भी है। एक और कसौटी भी है—थेरवाद और सर्वास्तिवादके पिटकों की तुलना। द्वितीय संगीति अर्थात् ३८७ ई० पू० तक सर्वास्तिवाद आदि ग्यारह निकाय थेरवाद से अलग

अस्तित्व नहीं रखते थे। इनमें सर्वास्तिवाद का विनयपिटक चीनी और तिब्बती अनुवाद के रूप में मौजूद है। पालि में प्राप्त सुत्तपिटक की चीनी अनुवाद से तुलना करने पर यह ज्ञात होता है कि थेरवाद तथा सर्वास्तिवाद इन दोनों निकायों में पाँच निकाय (दीघनिकाय आदि निकाय नामक उपर्युक्त ग्रन्थ) अथवा आगम थे—दीघ (दीर्घ), मज्झिम (मध्यम), संयुत्त (संयुक्त), अङ्गुत्तर (अङ्कोत्तर) तथा खुद्दक (क्षुद्रक)। इनमें भी पहले चार निकायों में कुछ ही हेरफेर मिलता है। इनके आधार पर नीचे त्रिपिटक के सबन्ध में तुलनात्मक विचार प्रस्तुत किया जाता है—

१. **सुत्तपिटक**—थेरवादी दीघनिकाय (पालि में प्राप्त दीघनिकाय) के बत्तीस सूत्रों में से सत्ताइस चीनी दीर्घागम में मिलते हैं; शेष सात में से तीन मध्यमागम में प्राप्त हैं और बाकी चार वहाँ अप्राप्त ही हैं। अतः द्वितीय संगीति के समय में ये विद्यमान थे, इस पर संदेह किया जा सकता है। दीघनिकाय के बत्तीसवें 'सुत्त' 'आटानाटिय' में भूतप्रेत सम्बन्धी बातें हैं और यह सम्मिलित त्रिपिटक में नहीं था। इसलिए यह सर्वास्तिवादी दीघनिकाय में तो नहीं है, पर तिब्बती कंजूर में उसका अनुवाद प्राप्त है। चीनी त्रिपिटक में भी इसका अनुवाद (नंजियो ६७४) मौजूद है। दोनों के सूत्रों में इस बात में भी अन्तर मिलता है कि एक में वे छोटे हैं तथा दूसरे में बड़े। सर्वास्तिवाद सम्प्रदाय के बाद में प्रादुर्भूत होने से यह आवश्यक नहीं है कि उसके सूत्रों को हर जगह बढ़ाया गया हो। पालि में प्राप्त दीघनिकाय का 'महापरिनिब्बान-सुत्त' उससे दूने के करीब है। थेरवाद (स्थविरवाद) से भिन्न निकाय का 'महापरिनिब्बान-सुत्त' चीनी भाषा में अनूदित है। इसका पुनः संस्कृत में अनुवाद मैंने श्री वाङ मो लम् की सहायता से किया था। इस कार्य के पश्चात् मैं इसी निष्कर्ष पर पहुँचा कि जब पुनः कभी तिब्बती तथा चीनी अनुवादों का संस्कृत में अनुवाद होगा तभी इस प्रकार की आलोचनात्मक तुलना को अवकाश प्राप्त होगा। अभिधम्मपिटक में पाठभेद आदि का सवाल नहीं था, वह सभी थेरनिकायों के एक होने के समय अस्तित्व में आया ही नहीं था। थेरवादी आचार्य बुद्धघोष ने भी उस थेरवादी परंपरा का उल्लेख किया है, जिसके अनुसार

उसे खुद्दकनिकाय के अन्तर्गत माना जाता था। विद्वानों ने खुद्दकनिकाय में उसके अंश का होना दिखलाया है।

२. **विनयपिटक**—पालि विनयपिटक का विभाग इस प्रकार से है—

१. विभङ्ग	१. भिक्खुविभङ्ग २. भिक्खुनीविभङ्ग
२. खन्धक	१. महावग्ग २. चुल्लवग्ग
३. परिवार	

ग्रन्थों की दृष्टि से विनयपिटक में ये पाँच ग्रन्थ आते हैं—(१) पाराजिक, (२) पाचित्तिय, (३) महावग्ग, (४) चुल्लवग्ग तथा (५) परिवार। इनमें परिवार तो बहुत बाद का है, क्योंकि इसमें त्रिपिटक के लिपिबद्ध होने की चर्चा है। विभङ्ग के अन्तर्गत ही 'पाराजिक' तथा 'पाचित्तिय' नामक ग्रन्थ आते हैं। वास्तव में विभङ्ग प्रातिमोक्ष सूत्रों की व्याख्या है। प्रातिमोक्ष सूत्रों का वर्गीकरण भिक्षु तथा भिक्षुणी प्रातिमोक्षों में किया जाता है, अतएव विभङ्ग भी इसी के अनुसार है। बाद में ग्रन्थों के रूप में इसका नामकरण 'पाराजिक' तथा 'पाचित्तिय' में कर दिया गया। इस नामकरण का कोई विशेष सिद्धान्त नहीं है, क्योंकि 'पाराजिक' ग्रन्थ में केवल भिक्षुओं से सम्बन्धित 'पाराजिकों' की तथा 'सङ्घादिसेस' आदि नियमों की चर्चा है, जबकि 'पाचित्तिय' से प्रारम्भ होकर भिक्षुओं के और नियम तथा उनकी व्याख्या एवं सम्पूर्ण भिक्षुणियों के नियम (पाराजिक से प्रारम्भ होकर सभी) 'पाचित्तिय' में संगृहीत हैं। अतएव 'पाराजिक' तथा 'पाचित्तिय' ये नाम भ्रमोत्पादक ही हैं, और इनकी अपेक्षा इनका 'भिक्खु' तथा 'भिक्खुणी' विभङ्ग नाम देना अधिक उपयुक्त है।

थेरवाद और सर्वास्तिवाद के विनयों में भी समानता है। थेरवाद में २२७ प्रातिमोक्ष नियम हैं, जिनकी अवहेलना करने से दोष की प्राप्ति होती है; पर सर्वास्तिवाद विनय के अनुसार ये २५० हैं। इन दोनों में इन नियमों में बहुत समानता विद्यमान है। पालि विनय के खन्धक को दो भागों में विभक्त कर एक को 'महावग्ग' तथा दूसरे को 'चुल्लवग्ग' की संज्ञा प्रदान की जाती है। मूल-सर्वास्तिवाद के विनय को भी 'महावस्तु' तथा

'क्षुद्रक' इन दो भागों में बाँटा जाता है। इस प्रकार दोनों के खन्धकों में काफी समानता है। इससे यह भी प्रकट होता है कि इन दोनों विनयों का विकास एक ही विनयपिटक से हुआ।

३. अभिधम्मपिटक—पालि अभिधम्मपिटक में तथा सर्वास्तिवाद के अभिधर्मपिटक में विनय की उपर्युक्त समानता के दर्शन नहीं होते। यद्यपि दोनों की ग्रन्थ-संख्या सात ही है तथापि उनके नामों तथा विषयों में कोई समानता नहीं है। इस भिन्नता के साथ-साथ सर्वास्तिवाद की अपनी यह विशेषता और है कि वह इसे बुद्धवचन नहीं मानता, जैसे—

ग्रन्थ	कर्त्ता
१. ज्ञानप्रस्थान	कात्यायनीपुत्र
२. संगीतिपर्याय	महाकौष्ठिल
३. प्रकरणपाद	वसुमित्र
४. विज्ञानकाय	देवशर्मा
५. धातुकाय	पूर्ण
६. धर्मस्कन्ध	शारिपुत्र
७. प्रज्ञप्तिशास्त्र	मौद्गल्यायन

'ज्ञानप्रस्थान' के अधिकांश भाग का पुनः संस्कृत अनुवाद विश्व-भारती के डाक्टर शान्ति शास्त्री ने किया है और यह वहीं से प्रकाशित भी हुआ है।

अभिधर्म के सात ग्रन्थकर्त्ताओं में शारिपुत्र, मौद्गल्यायन और पूर्ण बुद्ध के शिष्य माने गये हैं। सातों में 'ज्ञानप्रस्थान' को प्रधान माना जाता है, जिसको कात्यायनीपुत्र की कृति कहा जाता है। कात्यायनीपुत्र कश्मीर के सर्वास्तिवादी आचार्य थे। कश्मीर को बौद्ध बनानेवाले आर्य मध्यान्तिक अशोक के समय तीसरी संगीति द्वारा कश्मीर भेजे गये थे। थेरवाद अभिधम्म को बुद्धवचन मानता है और उसके सात ग्रन्थों में से एक ग्रन्थ 'कथावत्थु' के रचयिता 'मोग्गलिपुत्त तिस्स' माने जाते हैं। तीनों संगीतियों में धर्म और विनय का ही संगायन किया गया, यह भी कहा जाता है। धर्म का अर्थ है सूत्र। अङ्गुत्तरनिकाय में अभिधम्म की कुछ बातें आती हैं।

फिर जब तक अभिधम्म का स्वतंत्र अस्तित्व नहीं माना गया था, तब तक उसे खुद्दकनिकाय में सम्मिलित किया जाता था।

इस तरह जान पड़ता है, अभिधम्म तृतीय संगीति में भी तैयार नहीं हुआ, अतः वह अर्हत् महेन्द्र के साथ सिंहल नहीं गया था।

विद्वानों ने पिटक-रचना के काल को पाँच भागों में बाँटा है—

पहला युग　४८३ ई० पू० से ३८३ ई० पू०, अर्थात् पहली और दूसरी संगीति के बीच।

दूसरा युग　३८३ ई० पू० से २६५ ई० पू०, अर्थात् अशोक के राज्यारंभ तक।

तीसरा युग　२६५ ई० पू० से २३० ई० पू०, अर्थात् अशोक के राज्य के अंत तक।

चौथा युग　२३० ई० पू० से ८० ई० पू० तक, अर्थात् सिंहल में।

पाँचवाँ युग　८० ई० पू० से २० ई० पू०, अर्थात् त्रिपिटक के लेखबद्ध होने तक।

डॉ० रीज़ डेविड्स ने पालि त्रिपिटक का बुद्ध परिनिर्वाण काल से लेकर अशोक के काल तक निम्नलिखित विकास-क्रम दिया है[1]।

१. वे बुद्धवचन जो समान शब्दों में ही त्रिपिटक के प्रायः सभी ग्रन्थों की गाथाओं आदि में मिलते हैं।
२. वे बुद्धवचन जो समान शब्दों में केवल दो या तीन ही ग्रन्थों में प्राप्त हैं।
३. शील, पारायणवग्ग तथा अट्ठकवग्ग, पातिमोक्ख।
४. दीघ, मज्झिम, अङ्गुत्तर और संयुत्तनिकाय।
५. सुत्तनिपात, थेरगाथा, थेरीगाथा, उदान, खुद्दकपाठ।
६. सुत्तविभङ्ग, खन्धक।
७. जातक, धम्मपद।
८. निद्देस, इतिवुत्तक, पटिसम्भिदामग्ग।
९. पेतवत्थु, विमानवत्थु, अपदान, चरियापिटक, बुद्धवंस।
१०. अभिधम्मपिटक के सभी ग्रन्थ, जिनमें विकास-क्रम के अनुसार पुग्गलपञ्ञत्ति प्रथम तथा कथावत्थु अन्तिम है।

---

१. द्र०—बुद्धिस्ट इन्डिया, पृ० ८४।

डॉ० विमलाचरण लाहा ने उपर्युक्त मत में संशोधन उपस्थित करते हुए इस त्रिपिटक-विकास-क्रम को निम्नप्रकार से व्यक्त किया है[1]—

१. वे बुद्धवचन, जो समान शब्दों में त्रिपिटक के प्रायः सभी ग्रन्थों की गाथाओं में प्राप्त होते हैं।

२. वे बुद्धवचन, जो समान शब्दों में केवल दो या तीन ग्रन्थों में ही विद्यमान हैं।

३. शील, पारायण, अट्ठकवग्ग, सिक्खापद।

४. दीघनिकाय (प्रथम स्कन्ध), मज्झिमनिकाय, संयुत्तनिकाय, अङ्गुत्तरनिकाय, पातिमोक्ख के १५२ नियम।

५. दीघनिकाय (द्वितीय तथा तृतीय स्कन्ध), थेरगाथा, थेरीगाथा, ५०० जातक, सुत्तविभङ्ग, पटिसम्भिदामग्ग, पुग्गलपञ्ञत्ति, विभङ्ग।

६. महावग्ग, चुल्लवग्ग, पातिमोक्ख (२२७ नियमों के रूप में पूर्ण होना), विमानवत्थु, पेतवत्थु, धम्मपद, कथावत्थु।

७. चुल्लनिद्देस, महानिद्देस. उदान, इतिवुत्तक, सुत्तनिपात, धातुकथा, यमक, पट्ठान।

८. बुद्धवंस, चरियापिटक, अपदान।

९. परिवार।

१०. खुद्दकपाठ।

इस प्रकार तुलनात्मक दृष्टि से विचार करते हुए हम पालि त्रिपिटक के विकास-क्रम को समझ सकते हैं। तथ्यों के आधार पर लोगों ने इस विकास-क्रम को ही अपने शोध का विषय बनाकर इस पर विस्तृत अध्ययन भी प्रस्तुत किया है[2]।

मूल बुद्धवचन—त्रिपिटक में कुछ गाथाओं के प्रक्षिप्त होने की बात को प्राचीन आचार्यों ने भी स्वीकार किया है। यह तो हम स्पष्ट रूप से कह सकते हैं कि मात्रिकाओं को छोड़ कर सारा अभिधम्मपिटक पीछे का है और इसीलिए आचार्य बुद्धघोष के समय से ही इसके बुद्धवचन होने

१. द्र०—हिस्ट्री ऑफ पालि लिट्रेचर, भाग १, पृ० ४२।

२. द्र०—गोविन्दचन्द्र पाण्डेय, स्टडीज इन दि ओरिजिन्स ऑफ बुद्धिज्म।

में सन्देह प्रकट किया जाने लगा था, यद्यपि इसे भी बुद्धवचन ही सिद्ध करने के लिए इस थेरवादी आचार्य को जमीन-आसमान एक करना पड़ा था। जिस प्रकार हम सुत्त तथा विनय के सम्बन्ध में थेरवादी तथा सर्वास्तिवादी पिटकों में समानता बाद का होने के कारण पाते हैं, वह तो अभिधम्मपिटक के सम्बन्ध में नहीं प्राप्त होती। इसका एक ग्रन्थ 'कथावत्थु' तो, जिसकी रचना परम्परा से अशोक के समय में मानी जाती है, उस समय न लिखा जाकर ईसा पूर्व प्रथम शताब्दी में लिखा गया था, क्योंकि उस समय के वैपुल्यवादी आदि निकायों का खंडन इसमें प्राप्त होता है। 'चुल्लवग्ग' के प्रथम संगीति तथा द्वितीय संगीति के विवरण में भी धर्म (सुत्त) तथा विनय की ही चर्चा है और इससे भी अभिधम्म का बाद में ही होना सिद्ध होता है।

इन सबको लेकर पुनः यह प्रश्न उपस्थित होता है कि क्या सम्पूर्ण सुत्त तथा विनय पिटक बुद्धवचन हैं? सुत्तपिटक के कई सुत्त (घोटमुख-सुत्त, मज्झिमनिकाय, सु० सं० ९४) तो स्पष्ट ही बुद्ध-निर्वाण के बाद के हैं। खुद्दकनिकाय के 'पटिसम्भिदामग्ग' तथा 'निद्देस' जैसे ग्रन्थ तो अधिकांश रूप में पहले आये सूत्रों के भाष्यमात्र हैं। सुत्तपिटक में आयी वे सभी गाथाएँ, जिन्हें बुद्ध के मुख से निकला उदान नहीं कहा गया है, पीछे की प्रक्षिप्त ज्ञात होती हैं। इनके अतिरिक्त भगवान् बुद्ध और उनके शिष्यों की दिव्य शक्तियाँ और स्वर्ग, नरक, देव तथा असुर की अतिशयोक्तिपूर्ण कथाओं को भी प्रक्षिप्त ही माना जा सकता है। इन अपवादों के साथ संक्षेप में यह कहा जा सकता है कि सुत्तपिटक में दीघ, मज्झिम, संयुत्त तथा अङ्गुत्तर ये चारों निकाय और पाँचवें खुद्दकनिकाय के खुद्दकपाठ, धम्मपद, उदान, इतिवुत्तक और सुत्तनिपात ये छह ग्रन्थ अधिक प्रामाणिक हैं। बल्कि खुद्दकनिकाय के इन ग्रन्थों में अधिकतर पहले चारों निकायों के ही सुत्तों और गाथाओं के आने से तथा कितने ही ऐतिहासिक लेखों में 'चतुनिकायिक' शब्द के प्रयुक्त होने से तो दीघ, मज्झिम, संयुत्त और अङ्गुत्तर—इन चार निकायों को ही वह स्थान देना अधिक युक्तियुक्त प्रतीत होता है। इन चारों में भी मज्झिमनिकाय को सर्वाधिक प्रामाणिकता विदित होती है।

प्रथम खंड

भारत में पालि

पहला अध्याय

१. सुत्तपिटक

१. दीघनिकाय

भारत की देन पालि त्रिपिटक अथवा बुद्धवचन है। पहले पिटक के रूप में धम्म तथा विनय की ही परिगणना थी। अभिधम्म को तो बाद में स्थान मिला, इसका व्याख्यान ऊपर किया जा चुका है। धम्म तो सुत्तपिटक का ही नामान्तर है।

सुत्तपिटक

सुत्तपिटक इन पाँच निकायों अथवा आगमों में विभक्त है—(१) दीघनिकाय, (२) मज्झिमनिकाय, (३) संयुत्तनिकाय, (४) अङ्गुत्तर-निकाय और (५) खुद्दकनिकाय। इनके वर्णित विषय निम्नप्रकार से हैं—

१. दीघनिकाय

पालि में ग्रन्थपरिमाण बतलाने के लिए ३२ अक्षरों के अनुष्टुप् छंद को गिना जाता है। २२० छंदों का एक भाणवार होता है, जो शायद आह्निक का पर्याय है। एक भाणवार में इस प्रकार २२०×३२=७०४० अक्षर होते हैं। दीघनिकाय में सीलक्खन्ध, महा और पाथिकवग्ग नाम के तीन वग्ग, चौंतीस सूत्र और ६४ भाणवार हैं, जिनका विवरण है—

१. सीलक्खन्धवग्ग

(१) ब्रह्मजालसुत्त
(२) सामञ्ञफलसुत्त
(३) अम्बट्ठसुत्त
(४) सोणदण्डसुत्त

(५) कूटदन्तसुत्त
(६) महालिसुत्त
(७) जालियसुत्त
(८) कस्सपसीहनादसुत्त
(९) पोट्ठपादसुत्त
(१०) सुभसुत्त
(११) केवट्टसुत्त
(१२) लोहिच्चसुत्त

२. महावग्ग

(१३) तेविज्जसुत्त
(१४) महापदानसुत्त
(१५) महानिदानसुत्त
(१६) महापरिनिब्बानसुत्त
(१७) महासुदस्सनसुत्त
(१८) जनवसभसुत्त
(१९) महागोविन्दसुत्त
(२०) महासमयसुत्त
(२१) सक्कपञ्हसुत्त
(२२) महासतिपट्ठानसुत्त
(२३) पायासिसुत्त

३. पाथिकवग्ग

(२४) पाथिकसुत्त
(२५) उदुम्बरिकसीहनादसुत्त
(२६) चक्कवत्तिसीहनादसुत्त
(२७) अग्गञ्ञसुत्त
(२८) सम्पसादनीयसुत्त
(२९) पासादिकसुत्त

(३०) लक्खणसुत्त
(३१) सिगालोवादसुत्त
(३२) ग्राटानाटियसुत्त
(३३) संगीतिपरियायसुत्त
(३४) दसुत्तरसुत्त

इन सूत्रों का भारत के तात्कालिक इतिहास, भूगोल तथा सांस्कृतिक परिचय के लिए कितना महत्त्व है, यह उनमें वर्णित विषयों से ही ज्ञात होता है। अतः इस दृष्टि से इनका परिचय दिया जाता है—

१. सीलक्खन्धवग्ग

(१) **ब्रह्मजालसुत्त**—अपनी शिष्य-मंडली के साथ बुद्ध राजगृह और नालन्दा के बीच राजपथ पर जा रहे थे। उनके पीछे सुप्रिय नामक परिव्राजक भी अपने शिष्य ब्रह्मदत्त के साथ जा रहा था। सुप्रिय अनेक प्रकार से बुद्ध, धर्म तथा संघ की निन्दा कर रहा था और ब्रह्मदत्त उनकी प्रशंसा। भिक्षु-संघ के साथ बुद्ध तथा ये दोनों 'अम्बलट्ठिका' के राजागार में रात भर के लिए ठहर गये तथा वहाँ भी सुप्रिय तथा ब्रह्मदत्त वैसा ही करते रहे। भिक्षुओं में इसकी चर्चा हो रही थी; उसी समय बुद्ध उनके पास पहुँचे। पूछे जाने पर भिक्षुओं ने सारी बात उन्हें बतलायी। बुद्ध ने कहा कि यदि कोई मेरी निन्दा करे तो तुम लोगों को उससे वैर, असन्तोष अथवा चित्त में कोप नहीं करना चाहिए, साथ ही हम सबों की प्रशंसा में भी तुम्हें आनन्दित नहीं होना चाहिए। इन दोनों हालतों में तुम लोगों का कर्त्तव्य है उस कथन की सत्यता की जाँच करना। इसके पश्चात् बुद्ध ने शील (सदाचार) का विभाजन बतलाते हुए उसके क्षुद्र (प्रारम्भिक), मध्यम तथा महा ये तीन विभाग किये। प्रारम्भिक शील के अन्तर्गत उन्होंने अदत्तादान-त्याग, व्यभिचार-त्याग, कठोरभाषण-त्याग, चापलूसी-त्याग, हिंसा-त्याग; मध्यमशील के अन्तर्गत चीजों का अपरिग्रह, जुआ आदि खेल-त्याग, ठाटबाट की शय्या का त्याग, सजने-धजने का त्याग, राजकथा, चोरकथा आदि व्यर्थ कथाओं का त्याग, बेकार की बहस का

त्याग, राजा आदि के दूत का काम न करना, पाखंडी, वंचक, बातूनी न होना; और महाशील के अन्तर्गत अंग (लक्षण) विद्या, स्वप्न, भाखना, भूत-प्रेत, साँप-बिच्छू के झाड़फूँक की विद्या का त्यागना, राजविराजी भाखना, ग्रहण-फल भाखना, उल्कापात आदि का फल भाखना, हस्तरेखा गणना, कविता आदि हीनविद्या से जीविका न करना, शरीर पर देवता बुलाकर प्रश्न पूछना तथा वमन-विरेचन आदि क्रियाओं का परित्याग करते हुए उनसे भिक्षुओं को अलग रहने की देशना की। इसके बाद बुद्ध ने उस समय में प्रचलित बासठ दार्शनिक मतों की व्यर्थता के सम्बन्ध में भिक्षुओं को उपदेश दिया। इसमें से अट्ठारह पूर्वान्तकल्पिक (आदि-सम्बन्धी) तथा चौवालिस अपरान्तकल्पिक (अन्तसम्बन्धी) धारणाएँ हैं, जो मिथ्या दृष्टि-स्वरूप ही हैं। अट्ठारह पूर्वान्त दृष्टियाँ—(१) शाश्वतवाद, (२) नित्यता-अनित्यतावाद, (३) सान्त अनन्तवाद, (४) अमराविक्षेप-वाद (अनेकान्तवाद) तथा (५) अकारणवाद पर आधारित हैं। अपरान्त चौवालिस दृष्टियाँ मरणान्तर होशवाले आत्मा, मरणान्तर बेहोश आत्मा, मरणान्तर न होशवाला न बेहोश आत्मा, आत्मा का उच्छेद तथा इसी जन्म में निर्वाण की प्राप्ति सम्बन्धी हैं।

बासठ दृष्टियों की असारता दिखलाते हुए बुद्ध ने कहा—जन्म के लोभ (भवतृष्णा) के उच्छिन्न हो जाने पर भी तथागत का शरीर जब तक रहता है, तभी तक उन्हें मनुष्य और देवता देख सकते हैं। शरीरपात हो जाने पर, उनके जीवनप्रवाह के निरुद्ध हो जाने से, उन्हें देव और मनुष्य नहीं देख सकते। भिक्षुओं, जैसे किसी आम के गुच्छे की ढेंप के टूट जाने पर उस ढेंप से लगे सभी आम नीचे आ गिरते हैं, उसी तरह भवतृष्णा के छिन्न होने पर तथागत का शरीर होता है।

इस सूत्र का उपदेश करने के पश्चात् जब आनन्द ने इसके नाम के सम्बन्ध में जिज्ञासा प्रकट की तो बुद्ध ने उसका यह उत्तर दिया—"आनन्द, तुम इस धर्मोपदेश को अर्थजाल, धर्मजाल, ब्रह्मजाल, दृष्टिजाल अथवा अलौकिक-संग्राम विजय कह सकते हो।"

इस सूत्र का तिब्बती तथा चीनी अनुवाद प्राप्त है। चीनी अनुवाद को मैंने फिर से संस्कृत में किया है!

(२) सामञ्ञफलसुत्त—श्रामण्यफलसूत्र, दीघनिकाय का दूसरा सूत्र, राजगृह में जीवक के आम्रवन में कहा गया। राजा मागध वैदेही-पुत्र अजातशत्रु शरद पूनो (आश्विन पूर्णिमा) को मन्त्रियों के साथ राज-प्रासाद की छत पर बैठा हुआ था। एकाएक उसके मुँह से निकला—"कैसी रमणीय चाँदनी रात है, कैसी सुन्दर चाँदनी रात है, किस श्रमण या ब्राह्मण का सत्संग करें, जो हमारे चित्त को प्रसन्न करे।" इस पर मन्त्रियों में से किसी ने कहा—"महाराज, यह 'पूरणकस्सप' संघ-स्वामी गणा-ध्यक्ष, गणाचार्य, ज्ञानी, यशस्वी, तीर्थंकर, (संप्रदायप्रवर्तक) बहुत लोगों से सम्मानित, अनुभवी, चिरकाल के साधु, वयोवृद्ध हैं। महाराज, उन्हीं 'पूरणकस्सप' से धर्मचर्चा करें। थोड़ी ही चर्चा करने से आपका चित्त प्रसन्न हो जायेगा।" ऐसा कहने पर राजा चुप रहा।

दूसरे मन्त्री ने कहा—'महाराज, यह 'मक्खलिगोसाल' संघ-स्वामी हैं..." इस उत्तर से भी राजा चुप ही रहा।

इसके पश्चात् और मन्त्रियों ने क्रमशः 'पकुधकच्चायन', 'सञ्जय-बेलट्ठिपुत्त' तथा 'निगण्ठनातपुत्त' आदि गणाचार्यों की चर्चा की। पर राजा को इन नामों से कोई तुष्टि नहीं हुई और वह चुप ही बैठा रहा।

उस समय राजा के पास ही प्रसिद्ध वैद्य जीवक कुमारभृत्य बैठा था। वह चुपचाप ही था। उसकी चुप्पी के सम्बन्ध में राजा ने प्रश्न किया। इस पर उसने अजाशतत्रु को सम्यक् सम्बुद्ध के पास जाने की सलाह दी। राजा तैयार हो गया और उसने आज्ञा की—"तो सौम्य जीवक, हाथियों की सवारी तैयार कराओ।"

राजा पाँच सौ हाथियों पर रानियों को बिठला कर, स्वयं राजहाथी पर सवार हो, मशालों की रोशनी के साथ निकला। बगीचे के निकट पहुँचने पर (बाप के हत्यारे) अजातशत्रु को भय, घबराहट तथा रोमांच होने लगा। वह घबड़ाकर जीवक से बोला—"सौम्य जीवक, कहीं तुम मुझे धोखा

तो नहीं दे रहे हो ? कहीं तुम मुझे शत्रुओं के हाथ में तो नहीं दे रहे हो ? साढ़े बारह सौ भिक्षुओं के बड़े संघ के रहने पर भी भला कैसे थूकने तथा खाँसने तक का या किसी दूसरे प्रकार का शब्द न होगा ?"

"महाराज मत डरें, आगे चलें महाराज, वह मण्डप में दीप जल रहे हैं...."

अजातशत्रु जहाँ भगवान थे, वहाँ गया...निर्मल जलाशय की तरह बिलकुल चुपचाप शान्त भिक्षु-संघ को देखकर यह प्रीतिवाक्य (उदान) उचारा—"मेरा उदयभद्र भी इसी शान्ति से युक्त हो, जैसा यह भिक्षु-संघ विराज रहा है।" राजा भगवान् को अभिवादन कर, भिक्षु-संघ को हाथ जोड़, एक ओर बैठ गया और भगवान् से कुछ पूछने की अनुमति माँगी।

बुद्ध ने कहा—"जो चाहो पूछो।" उसने पूछा—"जैसे भन्ते, यह भिन्न-भिन्न जो शिल्पस्थान हैं, इनके शिल्पफल से इसी शरीर में लोग प्रत्यक्ष जीविका करते हैं। इसी प्रकार क्या श्रामण्य (साधुत्व) फल का भी इसी जन्म में साक्षात्कार किया जा सकता है ?"

बुद्ध ने उससे इस प्रश्न के विषय में यह भी पूछा कि इसे उसने दूसरे श्रमण तथा ब्राह्मणों से पूछा है अथवा नहीं, और यदि पूछा है तो वहाँ पर उसे क्या उत्तर प्राप्त हुआ है ? बुद्ध के ऐसा पूछने पर राजा ने इस सम्बन्ध में जो उत्तर दूसरे तीर्थंकरों ने उसे दिए थे, उसे उनके समक्ष उपस्थित किया—

'पूरणकस्सप' ने पूछने पर कहा—महाराज, करते-कराते, छेदन करते, सेंध काटते, गाँव लूटते, बटमारी करते, परस्त्री-गमन करते, झूठ बोलते भी पाप नहीं होता। दान देते, दान दिलाते, यज्ञ करते, यज्ञ कराते, गंगा के उत्तर तीर भी जाये, तो इस कारण पुण्य नहीं होता। दान, दम तथा संयम करने और सत्य बोलने से न पुण्य है, न पुण्य का आगम। इस प्रकार उन्होंने प्रत्यक्ष श्रामण्यफल के पूछने पर अक्रियावाद का वर्णन किया। जैसे, भन्ते, पूछे आम, जवाब दे कटहल, यही बात वहाँ भी हुई।

'मक्खलिगोसाल' (आजीवक आचार्य) से भी एक दिन राजा ने वही प्रश्न पूछा, तो गोसाल ने कहा—महाराज, जीवों के क्लेश का कोई हेतु

नहीं; बिना हेतु-प्रत्यय के ही सत्व क्लेश पाते हैं, शुद्ध होते हैं। सभी जीव निर्बल, निर्वीर्य, भाग्य और संयोग के फेर से जातियों में उत्पन्न हो सुख-दुख भोगते हैं। अस्सी लाख छोटे-बड़े कल्प हैं, जिन्हें मूर्ख और पंडित जानकर और अनुगमन कर दुःखों का अन्त कर सकते हैं। वहाँ यह नहीं है—इस शील या व्रत या तप अथवा ब्रह्मचर्य से मैं अपरिपक्व कर्म को परिपक्व करूँगा; परिपक्व कर्म को भोगकर अन्त करूँगा। सुख-दुःख द्रोण (नाप) से तुले हुए हैं तथा संसार में घटना-बढ़ना—उत्कर्ष-अपकर्ष नहीं होता। जैसे सूत की गोली फेंकने पर खुलती हुई गिरती है, वैसे ही मूर्ख और पंडित दौड़कर दुःख का अन्त करेंगे। श्रामण्यफल के बारे में पूछने पर 'मक्खलि-गोसाल' ने इस प्रकार से अहेतुक संसार की शुद्धि का निरूपण किया।

'अजितकेसकम्बल' के सम्बन्ध में राजा ने कहा—अजितकेसकम्बल से यही प्रश्न पूछा, तो अजित ने उत्तर दिया—महाराज, न दान है, न यज्ञ है, न होम है और न पुण्य अथवा पाप का अच्छा-बुरा फल होता है। न यह लोक है, न परलोक है, न माता है, न पिता है, न अयोनिज देव हैं और न इस लोक में वैसे ज्ञानी और समर्थ श्रमण या ब्राह्मण हैं, जो इस लोक या परलोक को स्वयं जानकर, देखकर बतलायेंगे। मनुष्य चार महाभूतों से मिलकर बना है। जब वह मरता है, तब पृथिवी महापृथिवी में, जल जल में, तेज तेज में, वायु वायु में और इन्द्रियाँ आकाश में लीन हो जाती हैं। लोग मरे को खाट पर रख कर ले जाते हैं, उसकी निन्दा-प्रशंसा करते हैं। हड्डियाँ कबूतर की तरह उजली हो (बिखर) जाती हैं और सब कुछ भस्म हो जाता है। मूर्ख लोग जो दान देते हैं, उसका कोई फल नहीं होता। आस्तिकवाद (आत्मा है) झूठा है। मूर्ख और पंडित दोनों ही शरीर के नष्ट होते ही नाश (उच्छेद) को प्राप्त होते हैं। मरने के बाद कोई नहीं रहता। इस प्रकार श्रामण्यफल के पूछे जाने पर उन्होंने उच्छेदवाद का ही विस्तार किया।

'पकुधकच्चायन' ने यही प्रश्न पूछने पर कहा—महाराज, ये सात काय अकृत, अवध्य तथा स्तम्भवत् है। ये चल नहीं होते, विकार को

प्राप्त नहीं होते। वे कौन सात काय हैं? पृथिवीकाय, आपकाय, तेज-काय, वायुकाय, सुख, दुख और जीवन। यहाँ न कोई हन्ता है, न कोई घातयिता। तीक्ष्ण शस्त्र से यदि शीश भी काट दें तो भी कोई किसी को प्राण से नहीं मारता। अस्त्र उन कायों से अलग उनके बीचवाले अवकाश में गिरता है। इस प्रकार 'कच्चायन' ने दूसरी ही इधर-उधर की बातें बतायीं।

भन्ते, 'निगण्ठनातपुत्त' से पूछने पर उन्होंने इसका उत्तर दिया—महाराज, निगंठ चार प्रकार के संवरों से आच्छादित रहता है—(१) वह जल के व्यवहार का वारण करता है (जिससे जल के जीव मारे न जायें), (२) सभी पापों का वारण करता है, (३) सभी पापों के वारण से धुले पाप-वाला होता है तथा (४) सभी पापों के वारण करने में लगा रहता है। इस प्रकार यह भी उत्तर सन्तोषप्रद नहीं रहा।

'सञ्जयबेलट्ठिपुत्त' से भी जब मैंने यही प्रश्न पूछा तो उन्होंने इसका उत्तर अनिश्चयवाद में दिया—महाराज, यदि आप पूछें कि क्या परलोक है और यदि मैं समझूं कि परलोक है तभी तो उसे आप को बता सकता हूँ। मैं ऐसा भी नहा कहता, मैं वैसा भी नहीं कहता, मैं दूसरी तरह से भी नहीं कहता, मैं यह भी नहीं कहता कि यह नहीं है, मैं यह भी नहीं कहता कि यह नहीं नहीं है। यही स्थिति उनकी अयोनिज प्राणियों अथवा तथागत के सम्बन्ध में रही। इस प्रकार उन्होंने अनिश्चयवाद का ही व्याख्यान किया।"

अजातशत्रु ने वही प्रश्न बुद्ध से भी पूछा। बुद्ध ने उत्तर में प्रश्न किया—"तो मैं आप से ही पूछता हूँ, जैसा आप समझें, वैसा उत्तर दें। आपका नौकर (जो) आपके सारे कामों को करता है—आप के कहने से पहले ही आप के सारे कामों को कर देता है; आपके सोने या बैठने के बाद ही स्वयं सोता या बैठता है; आपकी आज्ञा सदा सुनने के लिए तैयार रहता है, प्रिय आचरण करनेवाला, प्रिय बोलनेवाला है; आपकी आज्ञाओं को सुनने के लिए सदा आपके मुँह की ओर ताकता है। उस

नौकर के मन में यह होता है—मगधराज वैदेहीपुत्र भी मनुष्य हैं, मैं भी मनुष्य हूँ। यह मगधराज पाँच प्रकार के भोगों का भोग करता है, जैसे मानों कोई देव हो, और मैं उसका नौकर हूँ; मैं भी क्यों न पुण्य करूँ? ऐसा कहकर यदि वह शिर-दाढ़ी मुंड़ा, काषाय वस्त्र पहन, घर से बेघर हो प्रव्रजित हो जाये, तो क्या आप कहेंगे कि यह पुरुष लौट आवे तथा फिर मेरा नौकर हो जाये?"

"हम ऐसा नहीं कह सकते। बल्कि हम ही उसका अभिवादन करेंगे, उसकी सेवा करेंगे, उसे आसन देंगे; चीवर, पिंडपात, शयनासन, पथ्य देने के लिए निमंत्रण देंगे; उसकी सभी तरह देखभाल करेंगे।"

"तो महाराज, क्या साधु होने का यह फल इसी जन्म में नहीं मिल रहा है?"

अजातशत्रु ने "हाँ" कहा।

इसके बाद बुद्ध ने आरम्भिक-शील, मध्यम-शील, महाशील एवं इन्द्रिय-संयम, स्मृति की सावधानी, सन्तोष, समाधि, चार ध्यान, ज्ञान-साक्षात्कार, सिद्धियाँ, दिव्यश्रोत, परचित्तज्ञान, पूर्वजन्मस्मृति और दिव्यदृष्टि प्राप्त करनेवाले श्रमणों की बात कही; जिनकी साधुता का फल भी इसी जन्म में मिलता है।

राजा बुद्ध के वचन का अभिनन्दन कर चला गया। बुद्ध ने भिक्षुओं से कहा—"यदि इसने अपने धार्मिक धर्मराज पिता की हत्या न की होती, तो यह इसी आसन पर निष्पाप धर्मचक्षुवाला हो जाता।"

(३) **अम्बट्ठसुत्त**—भगवान् उस समय कोशल (अवध) देश के 'इच्छानंगल' नामक ब्राह्मण-ग्राम में विहार करते थे। कोशल के राजा प्रसेनजित् ने पौष्करसाति नामक विद्वान् ब्राह्मण को 'उक्कट्ठा' की जागीर दे रखी थी। वह ब्राह्मण स्वयं भगवान् के दर्शन को नहीं जा सका। उसने अपने प्रमुख छात्र अम्बष्ठ को यह कहकर इच्छानंगल भेजा—"जाओ, देखो कि श्रमण गौतम की जो इतनी ख्याति फैली हुई है, वह ठीक है या यों ही। क्या उनमें शास्त्रों में वर्णित बत्तीस महापुरुष-लक्षण विद्यमान हैं?"

अम्बष्ठ रथ द्वारा उस स्थान पर गया, जहाँ बुद्ध ठहरे थे और वहाँ जाकर भिक्षुओं से यह पूछा कि भगवान् कहाँ हैं ? उन्होंने कहा—"वह बंद द्वारवाली कोठरी है, चुपचाप धीरे से जा कर वहाँ पर कुंडी को हिलाओ, भगवान् तुम्हारे लिए द्वार खोल देंगे।" अम्बष्ठ ने वैसा ही किया। बुद्ध ने द्वार खोल दिया और उसने अन्दर प्रवेश किया।

उस समय अम्बष्ठ माणवक स्वयं बैठे हुए ही भगवान् के टहलते वक्त कुछ पूछ रहा था; स्वयं खड़े हो बैठे भगवान् से कुछ पूछ रहा था। उसके इस अशिष्टाचार को देख भगवान् ने कहा—"अम्बष्ठ, क्या वृद्ध आचार्य-प्राचार्य ब्राह्मणों के साथ कथा-संलाप ऐसे ही होता है, जैसे कि तुम चलते, खड़े, बैठे हुए मेरे साथ कर रहे हो ?"

"नहीं, हे गौतम, चलते ब्राह्मणों के साथ चलते हुए, खड़े ब्राह्मणों के साथ खड़े हुए, बैठे ब्राह्मणों के साथ बैठकर बात करनी चाहिए। किन्तु हे गौतम, जो मुंडक, श्रमण, इभ्य (नीच) कालों के पेट की संतान (शूद्र) हैं, उनके साथ ऐसे ही कथा-संलाप होता है, जैसा कि मेरा आप गौतम के साथ।"

"अम्बष्ठ, याचक के तौर पर तेरा यहाँ आना हुआ है। मनुष्य जिस काम के लिए आये, उसी अर्थ को उसे मन में करना चाहिए। अम्बष्ठ जान पड़ता है, तू ने गुरुकुल में वास नहीं किया।"

तब अम्बष्ठ खुन्साते, भगवान् की निन्दा करते तथा ताना देते हुए बोला—"शाक्य जाति चड है, शाक्य जाति क्षुद्र है, शाक्य जाति बकवादी है। नीच होने से शाक्य ब्राह्मणों का सत्कार नहीं करते और यह अयोग्य है कि नीच, नीच-समान शाक्य लोग ब्राह्मणों का सत्कार नहीं करते।"

इस प्रकार अम्बष्ठ ने इभ्य (नीच) कह शाक्यों पर यह प्रथम आक्षेप किया।

"शाक्यों ने तेरा क्या बिगाड़ा ?"

"हे गौतम, एक समय मैं अपने आचार्य ब्राह्मण पौष्करसाति के किसी काम से कपिलवस्तु गया था। वहाँ शाक्यों का जहाँ संस्थागार (संसद्भवन)

था, वहाँ पहुँचा । उस समय बहुत से शाक्य तथा शाक्यकुमार संस्थागार में ऊँचे-ऊँचे आसनों पर बैठकर एक दूसरे पर अंगुली गड़ाते हँस-खेल रहे थे । वहाँ किसी ने मुझे आसन नहीं दिया । अतः हे गौतम, यह अयुक्त है, जो इभ्य तथा इभ्यसमान शाक्य ब्राह्मणों का सत्कार नहीं करते ।"

इस प्रकार अम्बष्ठ माणवक ने शाक्यों पर दूसरा आक्षेप किया ।

"गौरैया भी, अम्बष्ठ, अपने घोसले पर स्वच्छन्द आलाप करती है, कपिलवस्तु तो शाक्यों का अपना घर है । अम्बष्ठ, इस थोड़ी-सी बात से तुम्हें अमर्ष नहीं करना चाहिए ।"

"हे गौतम, चार वर्ण हैं—क्षत्रिय, ब्राह्मण, वैश्य और शूद्र । इनमें क्षात्रय, वैश्य और शूद्र ये तीनों वर्ण ब्राह्मणों के ही सेवक हैं । अतः यह अयुक्त है ।"

इस प्रकार अम्बष्ठ ने शाक्यों पर तीसरी बार आक्षेप किया ।

तब भगवान् को यह हुआ—यह बहुत बढ़-बढ़ कर, इभ्य कह, शाक्यों पर आक्षेप कर रहा है । क्यों न मैं इससे गोत्र पूछूँ ।

"अम्बष्ठ, तुम्हारा क्या गोत्र है ?"

"कृष्णायन, हे गौतम ।"

"तुम्हारे पुराने नाम-गोत्र के अनुसार शाक्य आर्यपुत्र होते हैं, तुम शाक्यों के दासी-पुत्र हो । शाक्य राजा इक्ष्वाकु को अपना पुरखा मानते हैं । अपनी प्रिया रानी के पुत्र को राज्य देने के ख्याल से ही राजा इक्ष्वाकु ने अपने चार बड़े लड़कों—उल्कामुख, करण्डु, हास्तिनिक और सिनी-सूर—को राज्य से निर्वासित कर दिया । वे निर्वासित हो हिमालय के पास सरोवर के किनारे एक बड़े शाल (साखू) के वन में रहने लगे । वर्ण (रंग) के बिगड़ने के डर से उन्होंने बहनों के साथ सहवास किया । राजा इक्ष्वाकु के पूछने पर अमात्यों ने यह बात बतायी, तो इक्ष्वाकु ने कहा—'कुमार शाक्य (शक्तिवाले) हैं ।' तब से यही (शाक्य) नाम पड़ गया । पिशाचों को देखकर उस समय उन्हें कृष्ण कहते थे । उसी कृष्ण के वंशज कार्ष्ण्यायन हैं; तुम शाक्यों के दासी-पुत्र हो ।"

अम्बष्ठ ने इसे स्वीकार किया। तब दूसरे माणवकों ने यह हल्ला करना शुरू किया—"अम्बष्ठ शाक्यों का दासी-पुत्र है।" भगवान् ने काष्ण्यायिनों के पूर्वज कृष्ण की महिमा बतलायी और कहा—"कृष्ण ने दक्षिण देश में जाकर, ब्रह्ममंत्र (वेद) पढ़कर, राजा इक्ष्वाकु से उसकी क्षुद्ररूपी कन्या माँगी। राजा ने सोचा—मेरी दासी का पुत्र होकर मेरी कन्या माँगता है। यह सोच, क्रुद्ध होकर, उसने बाण चढ़ाया; पर वह ऋषि के प्रताप से बाण को न छोड़ सकता था, न समेट सकता था। अमात्यों ने कृष्ण ऋषि के पास जाकर प्रार्थना की—'भदन्त, राजा का मंगल हो।'

कृष्ण ऋषि ने उन अमात्यों को यह अवगत कराया कि इन परिस्थितियों में ऐसा करने पर ही राजा का मंगल होगा, और वैसा हुआ भी। उस ब्रह्मदण्ड से तर्जित राजा इक्ष्वाकु ने ऋषि को अपनी कन्या प्रदान की। अतएव वे कृष्ण एक महान् ऋषि थे।" बुद्ध ने यही कहते हुए उन दूसरे माणवकों को सम्बोधित करके कहा—"माणवकों, अम्बष्ठ माणवक को दासी-पुत्र कह तुम बहुत अधिक मत लजवाओ। इससे कृष्ण की महत्ता ही सिद्ध होती है।"

आगे सूत्र में बुद्ध ने जातिवाद का खंडन करते हुए बतलाया—"क्षत्रिय लोग जाति से शुद्धता का ज्यादा ख्याल रखते हैं—ब्राह्मण-कन्या से क्षत्रिय-कुमार का जो पुत्र होगा, उसे क्षत्रिय अभिषेक नहीं देंगे; क्योंकि मां की ओर से कमी है। इसके विरुद्ध ब्राह्मण क्षत्रिय-कन्या से उत्पन्न ब्राह्मण-पुत्र को श्राद्ध, स्थालिपाक यज्ञ, पहुनाई आदि सब में सहभोज देंगे। ब्राह्मण उसे वेद पढ़ायेंगे। उसे अपनी कन्या भी देंगे। इस प्रकार, अम्बष्ठ, स्त्री की ओर से तथा पुरुष की ओर से क्षत्रिय ही श्रेष्ठ हैं, ब्राह्मण हीन हैं।"

"गोत्र लेकर चलनेवाले जनों में क्षत्रिय ही श्रेष्ठ है।"

बुद्ध ने जाति तथा गोत्र के अभिमान को छोड़ दिया और आचरण को मुख्य बतलाया—"हे अम्बष्ठ, क्या तुमने ब्राह्मणों के आचार्य-प्राचार्यों से सुना है कि जो वे ब्राह्मणों के अष्टक आदि आचार्य थे, क्या वे वैसे सुस्नात, सुविलिखित (अंगराग लगाये), केश-मूँछ संवारे, मणिकुंडल

आभरण पहने, स्वच्छवस्त्रधारी पाँच काम-भोगों में लिप्त, युक्त, घिरे रहते थे, जैसे कि आज आचार्य सहित तुम ?"

"नहीं, हे गौतम ।"

अम्बष्ठ ने लौटने पर आचार्य पौष्करसाति से सब बातें बतलायीं। वह स्वयं दर्शन करने आया और अपने यहाँ भोजन का निमंत्रण दे गया। भोजन के बाद बुद्ध-उपदेश सुन पौष्करसाति पुत्र-भार्या-परिषद्-अमात्य-सहित भगवान् की शरण में आ उपासक हुआ। उसने कहा—"जैसे 'उक्कट्ठा' में आप गौतम दूसरे उपासक-कुलों में आते हैं, वैसे ही पौष्करसाति-कुल में आवें। वहाँ माणवक या माणविका भगवान् का अभिवादन करेंगी, आपको जल देंगी या आपके प्रतिचित्त को प्रसन्न करेंगी, और यह उनके लिए चिरकाल तक हित तथा सुख के लिए होगा।

(४) सोणदण्डसुत्त—'सोणदण्ड' अंग देश के ब्राह्मण महाशाल और मगधराज बिम्बिसार की ओर से चंपा का जागीरदार था। बुद्ध अंग देश में चारिका करते हुए चंपा पहुँचे और 'गग्गरा' पुष्करणी के तट पर विहार करने लगे। उस समय 'सोणदण्ड' उनके दर्शन के लिए आया। उससे बुद्ध ने ब्राह्मण-धर्म के विषय में प्रश्न किये। इसके उत्तर में 'सोणदण्ड' ने 'सुजातित्व, वेद में पारंगत होना, अभिरूपत्व, शील तथा पाण्डित्य और मेधा' इन पाँच ब्राह्मण-धर्मों को बताया।

'पाँचों धर्मों में किसी की कमी से भी क्या ब्राह्मण हो सकता है, यह पूछने पर एक-एक को छोड़ते प्रज्ञा और शील को उसने आवश्यक बतलाया; क्योंकि दोनों एक दूसरे को पूर्ण तथा शुद्ध करते हैं। इस पर साथ गये ब्राह्मणों ने बहुत हल्ला किया—"सोणदण्ड तो श्रमण गौतम की बात मान गया।" इस पर 'सोणदण्ड' ने स्वयं उनसे वाद करने की बात करते हुए अपने भांजे अंगक माणवक की उपमा देते कहा—"अंगक माणवक अतिसुवर्ण तथा वेदपाठी भी है, किन्तु यदि वह शीलभ्रष्ट हो, तो वह सम्पूर्ण गुण किस काम का ?"

निमंत्रण स्वीकार कर भगवान् दूसरे दिन सोणदण्ड' के घर भोजन

करने गये। 'सोणदण्ड' को धार्मिक कथा का उपदेश करके भगवान् चले गये।

बिलकुल शिष्य की तरह आचरण करने पर 'सोणदण्ड' का यश क्षीण होता, जिसमें उसके भोगों की हानि की संभावना होती। इसलिए उसने बुद्ध से कहा—"परिषद् में बैठ हाथ जोड़ने को आप प्रत्युपस्थान, साफा हटाने को शिर से अभिवादन, यान में बैठे कोड़ा उठाने को यान से उतरना तथा छत्र उठाने को अभिवादन समझें।"

(५) **कूटदन्तसुत्त**—मगधराज-सम्मानित विद्वान् ब्राह्मण महाशाल कूटदन्त सोणदण्ड के जैसा ही वैभवशाली मगधदेश के 'खाणुमत' गाँव का स्वामी था। पास के 'अम्बलट्ठिका' में भगवान् विहार कर रहे थे। उनके दर्शन के लिए 'खाणुमत' के ब्राह्मण जा रहे थे। कूटदन्त ने भी जाना चाहा। इस पर ब्राह्मणों ने कहा—"आप बड़े हैं आप न जाइए।" उस समय कूटदन्त एक महायज्ञ करने जा रहा था, जिसके लिए एक बड़ी संख्या में बैल, बछड़े, बकरियाँ तथा अन्य पशु यज्ञ के स्थूण पर बलि के लिए लाये गये थे। कूटदन्त ने सुन रखा था कि भगवान् बुद्ध सोलह परिष्कार सहित त्रिविध-यज्ञ-सम्पदा से भलीभांति परिचित हैं। अतएव ब्राह्मणों के उस कथन पर कूटदन्त ने बुद्ध की महिमा का व्याख्यान करते हुए कहा—

"श्रमण गौतम विद्या तथा आचरण से युक्त हैं और इन्हीं गुणों के कारण मगधराज श्रेणिक बिम्बिसार ऐसे सम्राट् तथा पौष्करसाति के समान उच्च ब्राह्मण आदि उनकी शरण को गये हैं। इस समय वे हमारे गाँव 'खाणुमत' में आये हैं। जो हमारे गाँव-खेत में आते हैं, वे हमारे अतिथि होते हैं और अतिथि हमारे लिए सत्करणीय, गुरुकरणीय एवं पूजनीय हैं। साथ ही इस समय जो मैं विशाल यज्ञ संपन्न करना चाहता हूँ, उसके संबन्ध में मैं बुद्ध से पूछना चाहता हूँ।"

ब्राह्मणों ने यह सुनकर उसका समर्थन किया और उसने बुद्ध के पास जाकर यज्ञ-सम्पदा के सम्बन्ध में प्रश्न किया। बुद्ध ने अतीत काल के महाविजित राजा के अहिंसामय यज्ञ का वर्णन उसे सुनाया, जिसमें गाय,

बैल, भेड़, बकरियाँ, सुअर तथा मुर्गियों आदि का वध नहीं हुआ था, साथ ही नौकरों को भयतर्जित करके उनसे बेगार भी नहीं लिया गया था। यज्ञों में बुद्ध ने ज्ञान-यज्ञ, त्रिशरण-यज्ञ, शिक्षापद-यज्ञ, समाधि-यज्ञ तथा प्रज्ञा-यज्ञ को भी सम्मिलित करते हुए कूटदन्त को उनका व्याख्यान सुनाया।

कूटदन्त भी उनकी शरण गया तथा उसने दूसरे दिन बुद्ध को भोजनार्थ अपने घर पर निमन्त्रित किया। बुद्ध उसके यहाँ भोजन के लिए गये और भोजनोपरान्त उपदेश देकर वहाँ से चले गये।

(६) **महालिसुत्त**—वैशाली के महावन की कूटागारशाला में बुद्ध विराज रहे थे। भिक्षु नागित भगवान् के उपस्थाक थे। उस समय मगध तथा कोशल के कुछ ब्राह्मण दूत किसी कार्य से वैशाली आये हुए थे। वे भगवान् के दर्शन के लिए कूटागारशाला में पहुँचे। आयुष्मान् नागित ने कहा—"भगवान् के दर्शन का यह समय नहीं है।" यह सुनकर वे प्रतीक्षा करने लगे। लिच्छविकुमार 'ओट्ठद्ध' (कटे होंठों वाले) भी एक बड़ी लिच्छवि-परिषद् के साथ वहाँ पहुँचे। भिक्षु नागित ने उनसे भी वही कहा कि भगवान् के दर्शन का यह समय नहीं है।

तब 'सिंह श्रमणोद्देश' ने दर्शनार्थ आये इन लोगों को प्रतीक्षा करते हुए देखकर नागित से कहा—"भन्ते काश्यप, अच्छा हो यदि यह जनता भगवान् का दर्शन पाये।" भिक्षु नागित ने उन्हीं को भगवान् से यह निवेदन करने के लिए कहा। उन्होंने बुद्ध से निवेदन किया कि लोग उनके दर्शनार्थ प्रतीक्षा कर रहे हैं।

बुद्ध ने 'सिंह श्रमणोद्देश' को विहार की छाया में आसन बिछाने को कहा और वहीं आकर बैठ गये। वे ब्राह्मण दूत तथा 'ओट्ठद्ध' लिच्छवी आदि भी वहीं आये। वहाँ 'ओट्ठद्ध' लिच्छवी ने 'सुनक्खत्त' लिच्छवीपुत्र की बात छेड़ी कि वह तो दिव्यश्रोत्र आदि चमत्कारों के उद्देश्य से ही भिक्षु बना था और तीन वर्षों तक जब कुछ हाथ नहीं आया तो वह अलग हो गया। बुद्ध ने इसके उत्तर में कहा—"महालि, इनसे भी अधिक उत्तम धर्म आदि हैं, जिनके साक्षात्कार तथा अनुभूति के लिए लोग भिक्षु-धर्म का पालन करते हैं।"

इसके पश्चात् बुद्ध ने आत्मवाद के सम्बन्ध में 'मण्डिस्स' को कथा कही और निर्वाण के साक्षात्कार के उपाय बतलाये।

(७) **जालियसुत्त**—बुद्ध के कौशाम्बी में घोषिताराम नामक विहार में विहार करते समय 'मुण्डिय' परिव्राजक तथा दारुपात्रिक के शिष्य जालिय इन दोनों ने वहाँ जाकर उनसे पूछा—"आवुस गौतम, वही जीव है, वही शरीर है, अथवा जीव दूसरा और शरीर दूसरा है?" बुद्ध ने जीव तथा शरीर के भेद-अभेद कथन को अयुक्त बतलाते हुए शील, समाधि तथा प्रज्ञा के विश्लेषण द्वारा इसका व्याख्यान किया और उन्हें समझाया कि ये प्रश्न तो उनके सामने उठते हैं, जो अज्ञानान्धकार से आच्छादित हैं। पर एक अर्हत् के लिए इन प्रश्नों का कोई महत्त्व नहीं है, क्योंकि वह अज्ञानान्धकार से दूर मिथ्यादृष्टियों से परे रह कर अन्तर्दृष्टि द्वारा स्थिति की वास्तविकता को समझता है।

(८) **महासीहनादसुत्त**—कोशल देश के 'उजुञ्ञा' के पास 'कण्ण-कत्थल' 'मिगदाय' (मृगदाव) में बुद्ध विहार करते थे। अचेल (नग्न साधु) काश्यप ने भगवान् के पास जाकर तपस्याओं के बारे में पूछा। भगवान् ने कहा—"सभी तपस्यायें निन्दनीय नहीं हैं। सच्चे धर्माचरण से भी मैं सहमत हूँ। जो श्रमण-ब्राह्मण निपुण, पंडित, शास्त्रार्थ-विजयी, बाल की खाल निकालनेवाले अपनी बुद्धि से दूसरे के मन को भिन्न करते दीखते हैं, वे भी किन्हीं-किन्हीं बातों में मुझ से सहमत हैं, पर किन्हीं में मैं सहमत नहीं हूँ। कुछ बातें जिन्हें वे ठीक कहते हैं, उन्हें हम भी ठीक कहते हैं और कुछ बातें जिन्हें वे ठीक नहीं कहते, उन्हें हम भी ठीक नहीं कहते। किन्तु कुछ बातें जिन्हें वे ठीक नहीं कहते, उन्हें हम ठीक कहते हैं। उनके पास जाकर मैं ऐसा कहता हूँ—'आवुसो, जिन बातों में हमलोग सहमत नहीं है, उनको अभी जाने दें, जिनमें सहमत हैं, उन्हें ही एक दूसरे से पूछें-विचारें'।"

वहाँ नाना प्रकार की झूठी तपस्याओं एवं उनसे सम्बन्धित समस्याओं का उल्लेख अचेल काश्यप ने किया। भगवान् ने उनका खंडन करते हुए

कहा—"जो नग्न रहता है, वह आचार-विचार को छोड़ देता है। वह शील-सम्पत्ति, चित्त-सम्पत्ति और प्रज्ञा-सम्पत्ति की भावना नहीं कर पाता और वह उनका साक्षात्कार भी नहीं कर पाता। अतः वह श्रामण्य तथा ब्राह्मण्य दोनों से दूर है। जब भिक्षु वैर और द्रोह से रहित होकर मैत्री-भावना करता है, चित्त-मलों के क्षय होने से निर्मल चित्त की मुक्ति और प्रज्ञा की मुक्ति को इसी जन्म में स्वयं जानकर साक्षात्कार प्राप्तकर विहार करता है; यथार्थ में वही भिक्षु तब श्रमण या ब्राह्मण की संज्ञा से विभूषित होता है; सागमात्र खानेवाला शील, चित्त एवं प्रज्ञा की भावना नहीं कर पाता।" इस प्रकार से बुद्ध ने झूठी शारीरिक तपस्याओं का निषेध किया और उनके विपरीत शील, चित्त एवं प्रज्ञा सम्पत्तियों का व्याख्यान किया।

इसी प्रकरण में बुद्ध ने राजगृह में न्यग्रोध तपस्वी के प्रश्नों के पूछने की चर्चा की तथा उनके उत्तरों से सन्तुष्ट होकर किस प्रकार से सन्तुष्टि को प्राप्त हो वह उनकी शरण में आकर प्रव्रजित हुआ, इसे भी उन्होंने बतलाया। दूसरे मतवाले जो बुद्ध के दर्शन से प्रभावित होकर उनके पास प्रव्रज्या तथा उपसम्पदा चाहते हैं, उसके बारे में बुद्ध ने कहा—"काश्यप, दूसरे मतवाले परिव्राजक इस धर्म में प्रव्रज्या तथा उपसम्पदा चाहते हैं तो वे चार मास परीक्षार्थवास (परिवास) करते हैं, तब भिक्षु उन्हें प्रव्रज्या देते हैं। अभी तो मैं केवल इतना ही जानता हूँ कि तुम कोई मनुष्य हो।" अचेल काश्यप ने कहा—"भन्ते, मैं चार साल परिवास करूँगा, यदि भिक्षु लोग मुझ से संतुष्ट हों, तो प्रव्रज्या दें।"

अचेल काश्यप ने भगवान् के पास प्रव्रज्या-उपसम्पदा पायी।

(९) **पोट्ठपादसुत्त**—बुद्ध श्रावस्ती में जेतवनाराम में विहार कर रहे थे। उस समय 'पोट्ठपाद' परिव्राजक वहीं पास में एक शाला में ठहरा था। श्रावस्ती जाते समय बुद्ध 'पोट्ठपाद' के यहाँ गये। उस समय इस परिव्राजक की परिषद् में राजकथा, चोरकथा तथा ग्रामकथा आदि व्यर्थ की कथाओं की चर्चा हो रही थी। बुद्ध ने पहुँचते ही पूछा—"क्या कथा

बीच में चल रही थी ?" 'पोट्ठपाद' ने उत्तर दिया—"जाने दीजिए, भन्ते, इस कथा को.... यह भगवान् को पीछे भी सुनने को दुर्लभ न होगी ;" तथा इसके पश्चात् 'अभिसंज्ञा-निरोध' के सम्बन्ध में अनेक मतों का उल्लेख करते हुए इसकी चर्चा बुद्ध से की। बुद्ध ने इन मतों को अन्धविश्वास बतलाते हुए उस अनुपम साधना का व्याख्यान किया, जिससे साधक 'निरोध-समापत्ति' नामक अवस्था को प्राप्त करता है, साथ ही इसके लिए शील तथा समाधि आदि सम्पत्तियों को भी उन्होंने बताया। 'निरोध-समापत्ति' के बारे में बुद्ध ने यह कहा—"इसमें 'अभिसंज्ञा' का पूर्ण निरोध हो जाता है। उसको यह होता है—'मेरा चिन्तन करना बहुत बुरा है और चिन्तन न करना ही श्रेयस् है। यदि मैं अभिसंस्करण न करूँ तो मेरी ये संज्ञाएँ नष्ट हो जायेंगी, और दूसरी उदार (विशाल) संज्ञाएँ उत्पन्न होंगी। क्यों न मैं न चिन्तन करूँ और न अभिसंस्करण।' उसके चिन्तन न करने तथा अभिसंस्करण न करने से वे संज्ञाएँ नष्ट हो जाती हैं और दूसरी उदार संज्ञाएँ उत्पन्न नहीं होतीं। वह निरोध को प्राप्त होता है और उसे क्रमशः अभिसंज्ञा निरोधवाली 'संप्रज्ञात-समापत्ति' उत्पन्न होती है।" इसके पश्चात् वहाँ संज्ञा और आत्मा पर प्रश्न उपस्थित हुआ और बुद्ध ने उसका भी विवेचन किया।

'पोट्ठपाद' इस प्रसङ्ग को छोड़कर अव्याकृत (अनिर्वचनीय) प्रश्नों पर आया कि (१) लोक नित्य है, (२) लोक अनित्य है, (३) लोक अन्तवान् है, (४) लोक अनन्तवान् है, (५) वही जीव है वही शरीर है, (६) जीव दूसरा है शरीर दूसरा है, (७) तथागत मरने के बाद उत्पन्न होते हैं, (८) मरने के बाद तथागत उत्पन्न नहीं होते, (९) मरने के बाद तथागत होते हैं, नहीं भी होते तथा (१०) मरने के बाद तथागत न होते हैं, न नहीं होते।

बुद्ध ने इनका निर्वचन करते हुए यह व्यक्त किया कि ये दस प्रश्न अर्थयुक्त नहीं हैं और न धर्मयुक्त। ये न आदि-ब्रह्मचर्य के लिए, न उदासीनता के लिए, न विराग के लिए, न निरोध के लिए, न शान्ति के

लिए, न अभिज्ञा के लिए, न सम्बोधि के लिए और न निर्वाण के लिए उपयुक्त हैं। इसीलिए इनको अव्याकृत कहा गया है।

'पोट्ठपाद' ने तब व्याकृत के विषय में उनसे पूछा और बुद्ध ने उत्तर दिया कि उन्होंने (१) दुःख, (२) दुःखहेतु, (३) दुःखनिरोध तथा (४) दुःखनिरोधगामिनी-प्रतिपद् (मार्ग) को व्याकृत किया है, क्योंकि ये ही सार्थक, धर्म-उपयोगी, आदि- ब्रह्मचर्य-उपयोगी, निर्वेद, विराग, निरोध, उपशम, अभिज्ञा, सम्बोधि तथा निर्वाण के लिए हैं। 'पोट्ठपाद' ने इस उपदेश का अनुमोदन किया और बुद्ध वहाँ से चले गये।

बुद्ध के जाने के पश्चात् परिव्राजकों ने 'पोट्ठपाद' को चारों ओर से वाग्बाणों द्वारा जर्जरित करना प्रारम्भ कर दिया कि उसने ऐसे बुद्ध का अनुमोदन क्यों किया, जिसका कोई धर्म एकसा नहीं है? इसके दो-तीन दिन बाद 'पोट्ठपाद' तथा 'चित्त हत्थिसारपुत्त' बुद्ध के यहाँ गये और सब वृत्तान्त से उन्हें अवगत कराया।

भगवान् ने कहा—"पोट्ठपाद, परिव्राजक आँख बिना अंधे हैं, उनमें तू ही एक आँखवाला है। कोई-कोई श्रमण ब्राह्मण आत्मा को मरने के बाद नीरोग, एकान्त-सुखी बतलाते हैं। उनसे मैं पूछता हूँ—क्या तुम उस एकान्त-सुखवाले आत्मा को जानते हो? पूछने पर नहीं कहते हैं। क्या एकान्त-सुखवाले देवताओं के शब्द को सुनते हो? पूछने पर नहीं कहते हैं। ऐसा होने पर उनका कथन प्रमाणरहित है। 'पोट्ठपाद', जैसे कोई पुरुष कहे—इस जनपद में जो जनपदकल्याणी (देश की परम सुन्दरी) है, उसे मैं चाहता हूँ; उससे लोग पूछें—जिसे तू प्रेम करता है, जानता है वह क्षत्रियाणी है, ब्राह्मणी है, वैश्य-स्त्री है या शूद्री है? ऐसा पूछने पर 'नहीं' कहे। तब पूछें—जिसे तू चाहता है, जानते हो, वह किस नामवाली है, किस गोत्रवाली है, लम्बी, नाटी अथवा मझोली है, काली, श्यामा या मद्गुर वर्ण की है, ग्राम, निगम या नगर में रहती है? ऐसा पूछने पर वह 'नहीं' यह उत्तर दे। तब लोग यह कहें—जिसे तू नहीं जानता, जिसको तूने नहीं देखा, उसको तू चाहता है, उसकी तू कामना करता है। इस पर

वह 'हाँ' कहे। ऐसा होने पर उस पुरुष का कथन क्या प्रमाणरहित नहीं हो जाता ?"

'पोट्ठपाद' ने इसे स्वीकार किया। इस पर बुद्ध ने यह कहा कि इसी प्रकार से उन श्रमण-ब्राह्मणों का कथन प्रमाणरहित है ।

इसके पश्चात् बुद्ध ने कहा—"तीन प्रकार के शरीर हैं—स्थूल, मनोमय और अरूप । स्थूल शरीर चार महाभूतों से बना है । मनोमय शरीर इन्द्रियों से पूर्ण अङ्ग-प्रत्यङ्गवाला है। देवलोक में संज्ञात्रय होना, यह अरूप शरीर है ।

'पोट्ठपाद', मैं स्थूल शरीर-परिग्रह से छूटने के लिए धर्म का उपदेश करता हूँ। इस तरह मार्गारूढ़ हुए के चित्तमल उत्पन्न करनेवाले धर्म छूट जायेंगे; शोधक धर्म प्रज्ञा की परिपूर्णता तथा विपुलता को प्राप्त होंगे और वह पुरुष इसी जन्म में स्वयं जानकर, साक्षात् कर, प्राप्त कर विहरेगा... मैं मनोमय शरीर तथा अरूप शरीर के परिग्रह से छूटने के लिए भी धर्मोपदेश करता हूँ ।"

बुद्ध ने यह भी कहा कि वर्तमान शरीर ही सत्य है। 'पोट्ठपाद' तथा 'चित्त हत्थिसारपुत्त' दोनों ने बुद्ध के पास प्रव्रज्या तथा उपसम्पदा पायी ।

(१०) **सुभसुत्त**—भगवान् बुद्ध के परिनिर्वाण के थोड़े ही समय बाद आयुष्मान् आनन्द श्रावस्ती आये हुए थे। वहाँ पर 'सुभ' माणवक ने उनसे उन धर्मों को सीखने की जिज्ञासा प्रकट की, जिसका प्रतिपादन तथा प्रतिष्ठापन स्वयं बुद्ध द्वारा हुआ था। आनन्द ने उन्हें शील, समाधि तथा प्रज्ञा स्कन्धों के विषय में उपदेश दिया ।

(११) **केवट्टसुत्त**—बुद्ध नालन्दा के पावारिकाम्रवन में ठहरे थे। वहाँ पर 'केवट्ट' गृहपति ने किसी भिक्षु द्वारा अलौकिक ऋद्धियों को प्रदर्शित करने के लिए बुद्ध से निवेदन किया, पर बुद्ध ने इसे स्वीकार नहीं किया। इसके पश्चात् बुद्ध ने उसे उस भिक्षु की कहानी सुनायी, जो अपने ऋद्धिबल से विभिन्न लोकों के देवताओं के पास गया था और सभी से यह प्रश्न किया

था कि चारों महाभूत (पृथ्वी, जल, तेज, वायु) कहाँ निरुद्ध होते हैं। पर कोई सन्तोषजनक उत्तर न दे सका। यहाँ तक कि ब्राह्मणों के देवता ब्रह्मा भी इससे अनभिज्ञ थे। अन्त में वह भिक्षु बुद्ध के पास आया और उपमा के द्वारा बुद्ध ने उसके इस प्रश्न का यह उत्तर दिया कि अनिदर्शन, अनन्त तथा अत्यन्त प्रभायुक्त निर्वाण जहाँ है, वहाँ चारों महाभूत नहीं रहते और वहीं दीर्घ, ह्रस्व, अणु, स्थूल, शुभाशुभ, नाम और रूप सर्वथा समाप्त हो जाते हैं।

(१२) **लोहिच्चसुत्त**—कोशल देश के 'सालवतिका' नदी के तट के पास का जागीरदार ब्राह्मण महाशाल लौहित्य तथा बुद्ध के संवाद का वर्णन इस सूत्र में है। वह सभी धर्मों तथा धर्माचार्यों को झूठा मानता था। बुद्ध ने उसे इस ऐकान्तिक दृष्टि से मुक्त किया।

(१३) **तेविज्जसुत्त**—कोशल देश में विचरण करते हुए बुद्ध अचिरवती (राप्ती) नदी के किनारे 'मनसाकट' नामक ब्राह्मण ग्राम में पहुँचे। उस समय वह स्थान कोशल के प्रमुख ब्राह्मण 'चङ्की', 'तारुक्ख', 'पोक्खरसाति', 'जानुस्सोणि', 'तोदेय्य' तथा अन्य प्रसिद्ध ब्राह्मणों का निवास-स्थान था। वहाँ पर वशिष्ठ तथा भारद्वाज इन दो ब्राह्मण-तरुणों में ब्रह्मलोक की प्राप्ति के विवादग्रस्त प्रश्न को लेकर विवाद उपस्थित हो गया। दोनों बुद्ध के पास गये। बुद्ध ने वेदों के रचयिता अष्टक, वामक, बामदेव, विश्वामित्र, यमदग्नि, अङ्गिरा, भारद्वाज, वशिष्ठ, काश्यप तथा भृगु के बारे में कहा कि उन्हें भी ब्रह्मा की सलोकता का मार्ग विदित नहीं था तथा इन त्रैविद्य ब्राह्मणों के पूर्वज ऋषियों को भी इसका ज्ञान नहीं था। बुद्ध ने उन्हें समझाते हुए कहा—"इस परिस्थिति में भी त्रैविद्य ब्राह्मण ऐसा कहते हैं—'जिसको न जानते हैं, जिसको न देखते हैं, उसकी सलोकता के लिए मार्ग का उपदेश करते हैं।'

जिस प्रकार अचिरवती नदी जल से लबालब भरी हो और किनारे पर बैठे कौवे के पानी पीने लायक हो। उसी समय पार जाने की इच्छा-वाला पुरुष आवे और इस किनारे पर खड़े होकर दूसरे तीर का आह्वान

करे कि हे तीर तुम चले आओ। तो क्या नदी का पार (दूसरा किनारा) इस पार आ जायेगा? इसी प्रकार 'इन्द्रं हवेम' (इन्द्र को पुकारता हूँ) आदि कहने से क्या ये चले आयेंगे। इस तरह इनके आवाहन में कोई अर्थ नहीं है।"

इसके पश्चात् बुद्ध ने अपने मार्ग का उन्हें उपदेश दिया।

२. महावग्ग

(१४) **महापदानसुत्त**—अपदान (अवदान) पुराण पुरुषों के चरित को कहते हैं। श्रावस्ती के जेतवन में कहे गये इस सूत्र में अनैतिहासिक विपश्यी बुद्ध के जाति, गोत्र, गर्भ में आने का लक्षण, गृहत्याग, प्रव्रज्या, बुद्धत्व-प्राप्ति, धर्मचक्र-प्रवर्तन, देवता-साक्षी आदि की कथा है, जो बुद्ध-जीवनी के ही आधार पर वर्णित है।

(१५) **महानिदानसुत्त**—उपनिषद् युग में प्रज्ञा-ज्ञान के लिए प्रसिद्ध कुरु देश के 'कम्मासदम्म' नामक निगम (कस्बे) में यह सूत्र आनन्द से भगवान् ने कहा। इसमें बुद्धदर्शन के मुख्य सिद्धान्त प्रतीत्यसमुत्पाद, नानात्मवाद, अनात्मवाद तथा प्रज्ञाविमुक्ति आदि का वर्णन है।

(१६) **महापरिनिब्बानसुत्त**—यह सूत्र बुद्ध की जीवनी के अन्तिम वर्ष (४८३ ई० पू०) का पूरा विवरण देता है। बुद्ध राजगृह के गृध्रकूट पर्वत पर रहते हैं, फिर पैदल चल पाटलिग्राम आते हैं, जहाँ मगध के महामन्त्री सुनीथ और वर्षकार लिच्छवियों (वज्जियों) से रक्षा पाने के लिए पाटलिपुत्र (पटना) नगर बसा रहे थे; फिर वैशाली में जीवन के अन्तिम वर्ष को बिता पेचिश की बीमारी में फँसते हैं। अच्छे होकर पैदल चलते 'कुसीनारा' (कसया) जा, वैशाख की पूर्णिमा को निर्वाण प्राप्त करते हैं।

लिच्छवियों पर कई बार आक्रमण कर असफल हो राजा अजातशत्रु ने अपने मन्त्री वर्षकार ब्राह्मण को भगवान् बुद्ध के पास गृध्रकूट पर्वत पर यह कहकर भेजा—"ब्राह्मण, भगवान् के पास जाओ और जाकर कहो—भन्ते, राजा इन वैभवशाली 'वज्जियों' को उच्छिन्न करना चाहता है।

भगवान् जैसा तुमसे बोलें, उसे यादकर मुझसे कहो; तथागत अयथार्थ नहीं बोला करते।"

यह आदेश पाकर वर्षकार भगवान् बुद्ध के पास गृध्रकूट पर्वत पर पहुँचा और उनसे जाकर राजा अजातशत्रु के सन्देश को कहा। उस समय आयुष्मान् आनन्द भगवान् के पीछे खड़े हो उन्हें पंखा झल रहे थे। भगवान् ने आनन्द को सम्बोधित करके कहा—

गण के अपराजेय होने के कारण

१. "आनन्द, क्या तुमने सुना है—वज्जी सम्मति के लिए बराबर बैठक (सन्निपात) करते हैं तथा सन्निपात-बहुल हैं?"

"हाँ, भन्ते।"

"आनन्द, जब तक वज्जी बैठक करते रहेंगे, सन्निपात-बहुल रहेंगे, तब तक उनकी वृद्धि ही समझना, हानि नहीं।

२. आनन्द, क्या तुमने सुना है—वज्जी एक हो बैठक करते हैं, एक हो उत्थान करते हैं, एक हो करणीय को करते हैं?"

"हाँ, भन्ते।"

"आनन्द, जब तक वज्जी...

३. आनन्द, क्या तुमने सुना है—वज्जी अप्रज्ञप्त (गैरकानूनी) को प्रज्ञप्त नहीं करते, प्रज्ञप्त का उच्छेद नहीं करते। जैसे प्रज्ञप्त है, वैसे ही प्राचीन वज्जि-धर्म को ग्रहण कर बर्तते हैं?"

"हाँ, भन्ते।"

"आनन्द जब तक वज्जी...

४. आनन्द, क्या तुमने सुना है—वज्जियों के जो वृद्ध हैं, उनका वे सत्कार करते हैं, उन्हें मानते हैं, पूजते हैं तथा उनकी सुनने योग्य बात स्वीकार करते हैं?

"हाँ, भन्ते"।

"आनन्द, जब तक वज्जी...

५. आनन्द, क्या तुमने सुना है—जो वह कुल-स्त्रियाँ हैं, कुल-कुमारियाँ हैं, उन्हें वे छीनकर जबर्दस्ती नहीं बसाते ?"

"हाँ, भन्ते ।"

"आनन्द, जब तक वज्जी...

६. आनन्द, क्या तुमने सुना है—वज्जियों के नगर के भीतर या बाहर के जो चैत्य (चौरा) हैं, वे उनका सत्कार करते हैं, मानते हैं, पूजते हैं; उनके लिए पहले किये गये दान को, पहले की गयी धर्मानुसार बलि को लोप नहीं करते ?"

"हाँ, भन्ते ।"

"आनन्द जब तक वज्जी...

७. आनन्द, क्या तुमने सुना है—वज्जी लोग अर्हतों की अच्छी तरह धार्मिक रक्षा करते हैं। किसलिए ? भविष्य में अर्हत् राज्य में आवें तथा आये हुए अर्हत् राज्य में सुख से विहार करें।"

"हाँ, भन्ते ।"

"आनन्द, जब तक वज्जी..."

तब भगवान् बुद्ध ने वर्षकार ब्राह्मण को सम्बोधित किया—"ब्राह्मण, जब तक ये सात अपरिहानीय धर्म वज्जियों में रहेंगे, तब तक उनकी वृद्धि ही समझना चाहिये, हानि नहीं।"

वर्षकार ने कहा—"हे गौतम, इनमें से एक भी अपरिहानीय धर्म से वज्जियों की वृद्धि ही समझनी होगी, सात धर्मों की तो बात ही क्या। राजा को उपलाप (रिश्वत) या आपस में फूट को छोड़ युद्ध करना ठीक नहीं।" ऐसा कहकर वह वहाँ से चला आया।

'अट्ठकथा' के अनुसार ब्राह्मण ने लौटकर सारी बात राजा से कही। राजा इस निष्कर्ष पर पहुँचे कि उपलाप का सौदा महँगा है, इसलिए फूट कराने का रास्ता पकड़ना चाहिये। दिखावे के रूप में राजा से झगड़ा करके निर्वासित हो वर्षकार वैशाली पहुँचा और वज्जियों ने उसका विश्वास किया। चार वर्षों में ही उसने ऐसी फूट पैदा कर दी कि

दो आदमी भी एक साथ रास्ता नहीं चलने लगे। और इस प्रकार से इस अजेय गणतन्त्र को निर्बल कराकर अजातशत्रु ने उसे पराजित कर दिया।

अन्तिम यात्रा के लिए बुद्ध राजगृह से निकले। इसके पश्चात् इस सूत्र में राजगृह और नालन्दा के बीच 'अम्बलट्ठिका' (सिलाव) में आयुष्मान् शारिपुत्र द्वारा व्यक्त किये गये बुद्ध के प्रति सुन्दर उद्गारों का कथन है, पर यह असंगत ही जान पड़ता है, क्योंकि उसके पहले ही शारिपुत्र का नालन्दा में देहावसान हो चुका था।

पाटलिपुत्र की ओर

'अम्बलट्ठिका' में ठहर कर बुद्ध पाटलिग्राम (पटना) की ओर चले। वहाँ के उपासकों ने नये आवसथागार (अतिथिशाला) में आसन बिछा, बुद्ध का उपदेश सुना। वहाँ सदाचार के लाभ तथा दुराचार की हानि पर रात भर उनका उपदेश होता रहा।

उस समय सुनीथ और वर्षकार मगध महामात्य वज्जियों को रोकने के लिए पाटलिग्राम में नगर बसा रहे थे। दोनों महामात्यों ने बुद्ध को भोजन का निमंत्रण दिया। भगवान् ने स्वीकार किया। भोजनोपरान्त दोनों मन्त्री भगवान् के पीछे-पीछे यह सोचते चले—जिस द्वार से श्रमण गौतम निकलेंगे, उसका नाम 'गौतम' द्वार होगा तथा जिस घाट से गंगा नदी पार करेंगे, उसका नाम 'गौतम' तीर्थ होगा। वही हुआ।

वैशाली की ओर

गंगा तट से वैशाली जाते समय बुद्ध कोटिग्राम में ठहरे और वहाँ पर उन्होंने भिक्षुओं को उपदेश दिया। इसके पश्चात् वे 'नादिका' (ज्ञातृका) गये और वहाँ भी धर्म के आदर्शों पर उनका व्याख्यान हुआ। वहाँ से बुद्ध वैशाली गये और अम्बपाली गणिका के आम्रवन में ठहरे। अम्बपाली ने सुना कि भगवान् आकर मेरे आम्रवन में ठहरे हैं। तब वह सुन्दर-सुन्दर यानों को जुतवाकर, उन पर बैठ, वैशाली से निकली और भगवान्

के ठहरने के स्थान पर गयी। वहाँ पहुँच, उन्हें अभिवादन करके, वह एक ओर बैठ गयी और भगवान् के उपदेशों का उसने श्रवण किया। धार्मिक कथा से संदर्शित होकर उसने दूसरे दिन के भोजन के लिए अपने यहाँ बुद्ध को निमंत्रण दिया। भगवान् ने मौन हो उसे स्वीकार किया।

लिच्छवियों (वज्जियों) ने भी भगवान् के आगमन की बात सुनी। वे भी सुन्दर-सुन्दर यानों पर आरूढ़ हो वैशाली से निकले। उनमें से कोई कोई नीले, नील वर्ण, नील वस्त्र तथा नील अलंकारवाले थे, तथा दूसरे दूसरे वर्णवाले। अम्बपाली ने तरुण लिच्छवियों के धुरों से धुरा, चक्कों से चक्का तथा जुओं से जुआ टकरा दिया। उन लिच्छवियों ने उससे इसका कारण पूछा। उसने कहा—"आर्यपुत्रों, क्योंकि मैंने भिक्षु-संघ के साथ कल के भोजन के लिए भगवान् को निमंत्रित किया है।" लिच्छवियों ने कहा—"सौ हजार कार्षापण लेकर यह भोजन हमें कराने दे।" इसका उत्तर अम्बपाली ने दिया—"आर्यपुत्रों, यदि वैशाली जनपद भी दे दो, तब भी इस महान् भोजन को मैं न दूँगी।" लिच्छवियों ने चुटकी बजाते कहा—" अरे, हमें अम्बिका ने जीत लिया; अरे, हमें अम्बिका ने वंचित कर दिया।"

वे लिच्छवी भगवान् के दर्शनार्थ अम्बपाली-वन को गये। भगवान् ने दूर से ही उन्हें आते देखकर कहा—"अवलोकन करो, भिक्षुओं, लिच्छवियों की परिषद् को; अवलोकन करो, भिक्षुओं, लिच्छवियों की परिषद् को। भिक्षुओं, इस परिषद् को त्रायस्त्रिंश-देव-परिषद् समझो।"

लिच्छवियों ने दूसरे दिन के भोजन के लिए भगवान् को निमंत्रित किया, जिसके सम्बन्ध में बुद्ध ने यह उत्तर दिया कि उसके लिए वे अम्बपाली को वचन दे चुके हैं।

अगले दिन भोजन कराकर अम्बपाली ने उस आराम को बुद्ध-प्रमुख भिक्षु-संघ को दे दिया।

वेलुवग्राम

वर्षा आ गयी। जब बुद्ध वेलुवग्राम (वेणुग्राम) में पहुँचे तो उन्होंने भिक्षुओं को जगह-जगह वर्षावास करने के लिये कहा, और स्वयं वेलुवग्राम

में ठहरे। वर्षावास के समय भगवान् को कड़ी बीमारी हो गयी, मरणान्तक पीड़ा होने लगी। भगवान् ने दृढ़ मनोबल से उसे सहा। बीमारी से उठने पर आनन्द ने प्रसन्नता प्रकट की—"भन्ते, भगवान् को मैंने सुखी देखा, अच्छा देखा। भगवान् की बीमारी में मुझे दिशायें नहीं सूझ रही थीं।"

"आनन्द, भिक्षु-संघ मुझसे क्या चाहता है? मैंने बिना अन्दर-बाहर किये (छिपाये) धर्म-उपदेश कर दिये हैं। आनन्द, तथागत की कोई आचार्य-मुष्टि (रहस्य) नहीं है। जैसे पुराना छकड़ा बाँध-बूँधकर चलाये, वैसे ही तथागत का शरीर भी बाँध-बूँधकर चल रहा है। आनन्द, आत्म-शरण (स्वावलंबी) नपरशरण, धर्मशरण होकर विहरो।"

निर्वाण की तैयारी

भगवान् चापालचैत्य में आनन्द के साथ विहरने गये। वहाँ उन्होंने आयु-संस्कार (जीवनशक्ति) छोड़ दी। भूचाल हुआ। भगवान् ने अपने देखे स्थानों को स्मरण करते हुए कहा—"रमणीय है राजगृह का गौतम-न्यग्रोध, 'चोरपपात', वैभार-पर्वत की बगल में सप्तपर्णी गुहा, ऋषिगिरि की बगल में कालशिला, शीतवन के सर्प-शौण्डिक पहाड़, तपोदाराम, वेणुवन का 'कलन्दक-निवाप,' जीवकाम्रवन, मद्रकुक्षि मृगदाव। इन-इन स्थानों में भी, आनन्द, मैंने यह कहा था—'आनन्द, जिसने चार ऋद्धिपाद साधे हैं, वह चाहे तो कल्प भर ठहर सकता है, या कल्प के बचे काल तक।' मैंने भी चार ऋद्धिपाद साधे हैं, यदि मैं चाहूँ तो कल्प भर ठहर सकता हूँ या कल्प के बचे काल तक। यदि आनन्द, तुमने याचना की होती तो तथागत दो ही बार तुम्हारी बात को अस्वीकार करते, तीसरी बार स्वीकार कर लेते। इसलिए, आनन्द, यह तुम्हारा ही दुष्कृत है, तुम्हारा ही अपराध है।

आनन्द, क्या मैंने पहले ही नहीं कह दिया—'सभी प्रियों से जुदाई, वियोग तथा अन्यथाभाव होता है। आनन्द, सो वह कहाँ मिल सकता है कि जो उत्पन्न, भूत, संस्कृत तथा नाशवान् है, वह नष्ट न हो। यह

संभव नहीं।' आनन्द, जो यह तथागत ने जीवन-संस्कार छोड़ा, त्यागा तथा प्रतिनिःसृष्ट किया, तथागत ने बिल्कुल पक्की बात कही है। जल्दी ही आज से तीन मास बाद तथागत का परिनिर्वाण होगा। जीवन के लिए तथागत क्या फिर वमन किये को निगलेंगे? यह संभव नहीं। आओ, आनन्द, जहाँ महावन कूटागारशाला है, वहाँ चलें।"

महावन कूटागारशाला में आकर उन्होंने आयुष्मान् आनन्द से कहा—"वैशाली के सभी भिक्षुओं को उपस्थानशाला में एकत्रित करो।" वहाँ जाकर बुद्ध ने भिक्षु-संघ को उपदेश दिया—"मैंने जो धर्म का उपदेश किया है, तुम लोग अच्छी तौर से सीखकर उसका सेवन करना, भावना करना, भावना बढ़ाना; जिससे कि यह ब्रह्मचर्य चिरस्थायी, बहुजनहितार्थ, बहुजनसुखार्थ, लोकानुकम्पार्थ तथा देव-मनुष्यों के अर्थ-हित-सुख के लिए हो;" और इसी प्रसङ्ग में उन्होंने उस धर्म का व्याख्यान भी किया। उन्होंने कहा—"हन्त, भिक्षुओ, तुम्हें कहता हूँ—'संस्कार नाश होनेवाले हैं, प्रमादरहित हो आदर्श का सम्पादन करो, अचिरकाल में ही तथागत का परिनिर्वाण होगा; आज से तीन मास पश्चात् तथागत को परिनिर्वाण की प्राप्ति होगी।'"

इसके बाद बुद्ध पूर्वाह्ण के समय वैशाली में पिण्डचार करके भोजनोपरान्त नागावलोकन (हाथी की तरह सारे शरीर को घुमाकर देखना) से वैशाली को देखकर आयुष्मान् आनन्द से बोले—"चलो, भण्डग्राम आम्रग्राम, जम्बूग्राम तथा भोगनगर चलें।" भोगनगर जाकर वहाँ के आनन्द चैत्य में विहार करते हुए धर्म (बुद्धोपदेश) की चार कसौटियाँ (महाप्रदेश) उन्होंने बतायीं—

बुद्धोपदेश की चार कसौटियाँ

(१) "भिक्षुओं, यदि कोई भिक्षु ऐसा कहे—'मैंने इसे भगवान् के मुख से सुना, मुख से ग्रहण किया है; यह धर्म है, यह विनय है, यह शास्ता का उपदेश है' तो, भिक्षुओं, उस भिक्षु के भाषण का न अभिनन्दन करना

न निन्दा करना। ऐसा न करके उन पद-व्यंजनों को अच्छी तरह सीखकर, सूत्र से तुलना करना, विनय में देखना। यदि सूत्र से तुलना करने पर तथा विनय में देखने पर वह न सूत्र में उतरे, न विनय में दिखायी दे तो विश्वास करना कि अवश्य ही यह भगवान् का वचन नहीं है, इस भिक्षु का ही दुर्गृहीत है। ऐसा होने पर, भिक्षुओं, उसको छोड़ देना। यदि उपर्युक्त तुलना में वह सूत्र तथा विनय दोनों में उपस्थित हो तो यह विश्वास करना कि अवश्य ही वह भगवान् का वचन है और उसे धारण करना।

(२) और, भिक्षुओं, यदि कोई भिक्षु ऐसा कहे कि अमुक आवास में स्थविर-युक्त, प्रमुख-युक्त भिक्षु-संघ विहार करता है, और मैंने उसके मुख से सुना है कि यह धर्म है, यह विनय है, यह शास्ता का शासन है तो विश्वास करना कि अवश्य ही वह भगवान् का वचन है, इसे संघ ने सुगृहीत किया।

(३) और, भिक्षुओं, यदि कोई भिक्षु ऐसा कहे कि अमुक आवास में बहुत से बहुश्रुत, आगतागम, धर्मधर, विनयधर तथा मात्रिकाधर भिक्षु विहार करते हैं, यह मैंने उन स्थविरों के मुख से सुना और ग्रहण किया है तो विश्वास करना कि अवश्य ही वह भगवान् का वचन है, इसे संघ ने सुगृहीत किया।

(४) और, भिक्षुओं, यदि कोई भिक्षु ऐसा कहे कि अमुक आवास में एक बहुश्रुत, आगतागम, धर्मधर, विनयधर तथा मात्रिकाधर भिक्षु विहार करता है और यह मैंने उस स्थविर के मुख से सुना है, मुख से ग्रहण किया है तो विश्वास करना कि अवश्य ही वह भगवान् का वचन है, इसे संघ ने सुगृहीत किया।"

बुद्धोपदेश की सत्यता की जाँच के लिए बुद्ध ने इन्हीं चार कसौटियों को बताया।

वहाँ से वे पावा गये और चुन्द कर्मारपुत्र (सोनार) के आम्रवन में ठहरे। चुन्द ने भोजन का निमंत्रण दिया, उत्तम खाद्य (भोज्य) बहुत सा शूकरमार्दव तैयार कराया।

चुन्द के भात को खाकर भगवान को खून गिरने की कड़ी बीमारी उत्पन्न हुई, मरणान्तक पीड़ा होने लगी। भगवान् ने बिना दुःखित हुए सब सहन

किया। फिर 'कुसीनारा' (कसया) की ओर वे चले। भगवान् मार्ग से हट एक वृक्ष के नीचे गये। आनन्द ने संघाटी बिछा दी।

"मेरे लिये पानी लाओ, प्यासा हूँ, पीऊँगा।"

आनन्द पानी लाये।

रास्ते में 'आलारकालाम' के शिष्य 'पुक्कुस मल्लपुत्र' ने प्रसन्न हो, इंगु वर्ण का एक शाल भगवान् को और एक आनन्द को ओढ़ा दिया।

उसके जाने के पश्चात् आनन्द ने उस शाल से भगवान् के शरीर को ढाँक दिया। उस समय बुद्ध का शरीर देदीप्यमान था। इसे देखकर आनन्द ने कहा—"कितना परिशुद्ध तथागत का वर्ण है?" बुद्ध ने उत्तर दिया—"ऐसा ही है, आनन्द, ऐसा ही है, आनन्द। दो समयों में, आनन्द, तथागत के शरीर का वर्ण अत्यन्त परिशुद्ध ज्ञात होता है। किन दो समयों में? जिस समय तथागत ने अनुपम सम्यक् सम्बोधि का साक्षात्कार किया, और जिस रात तथागत उपादि-रहित निर्वाण को प्राप्त होते हैं। आनन्द, आज रात के पिछले पहर 'कुसीनारा' के उपवर्त्तन नामक मल्लों के शालवन में जोड़े शाल वृक्षों के बीच तथागत का परिनिर्वाण होगा। आओ, आनन्द, जहाँ 'ककुत्था' नदी है, वहाँ चलें। "अच्छा" कहकर आयुष्मान् आनन्द ने भगवान् को उत्तर दिया। वहाँ जाकर तथा स्नान करके बुद्ध थक गये थे, वे आयुष्मान् चुन्दक से बोले—"चुन्दक, मेरे लिए चौपती संघाटी बिछा दो। थक गया हूँ, लेटूँगा।" इसके पश्चात् उन्होंने आनन्द से कहा—"कोई यदि चुन्द को फटकारे तो कहना—आवुस, लाभ है तुझे, तुमने सुलाभ कमाया, जो कि तथागत तेरे पिंडपात को भोजन कर परिनिर्वाण को प्राप्त हुए। यह दो पिंडपात समान-फलवाले हैं। कौन से दो? जिस पिंडपात को भोजन कर तथागत अनुत्तर सम्यक् सम्बोधि को प्राप्त करते हैं और जिस पिंडपात को भोजन कर तथागत अनुपादिशेष निर्वाण-धातु को प्राप्त करते हैं।

हिरण्यवती नदी को पार करके बुद्ध 'कुसीनारा' के मल्लों के शालवन उपवर्त्तन में पहुँचे। उन्होंने आयुष्मान आनन्द को आमन्त्रित किया—

"आनन्द, यमक (जुड़वें) शालों के बीच में उत्तर की ओर सिरहाना करके मंचक (चारपाई) बिछा दो; थका हूँ, लेटूँगा।"

तब भगवान् दाहिनी ओर करवट करके सिंह-शय्या से लेटे। उस समय अकाल ही में वे जोड़े शाल खूब खिले हुए थे। तथागत की पूजा के लिए उनके पुष्प भगवान् के शरीर पर बिखरते थे।

भगवान् ने कहा—"श्रद्धालु कुलपुत्रों के लिए ये चार स्थान दर्शनीय हैं, वैराग्य-दायक हैं—(१) जहाँ तथागत पैदा हुए (लुम्बिनी), (२) जहाँ तथागत बुद्धत्व को प्राप्त हुए (बोधगया), (३) जहाँ तथागत ने धर्मचक्र-प्रवर्तन किया (सारनाथ) और (४) जहाँ तथागत निर्वाण को प्राप्त हुए (कुसीनारा)। श्रद्धालु भिक्षु भिक्षुणियाँ उपासक-उपासिकायें यहाँ आवेंगी।"

आनन्द से खबर सुन 'कुसीनारा' के मल्ल स्त्री-पुरुष तथागत की वन्दना करने आये। परिव्राजक सुभद्र ने दर्शन करना चाहा। आनन्द ने कहा—"नहीं, आवुस सुभद्र, तथागत को तकलीफ मत दो। भगवान् थके हुए हैं।"

आनन्द के मना करने को तथागत ने सुन लिया। उन्होंने उसे बुलाया और बिना चार मास का परिवास कराये सुभद्र को उपसम्पदा (भिक्षु-दीक्षा) दी। वे भगवान् के अन्तिम शिष्य हुए। अन्त में बुद्ध ने कहा—"भिक्षुओं, अब तुम्हें कहता हूँ, सारे संस्कार (कृतवस्तु) नाशवान् हैं, आलस न कर जीवन-लक्ष्य का संपादन करो। यही तथागत का अन्तिम वचन है।"

भगवान् निर्वाण को प्राप्त हुए। अविरागी भिक्षु बाँहें पकड़ कर रोने लगे। आनन्द ने 'कुसीनारा' के मल्लों को सूचना दी। वे बड़े धूमधाम से नृत्य-वाद्य द्वारा भगवान् के शरीर का सत्कार करते नगर के बाहर-बाहर उत्तर से जाकर, उत्तर द्वार से प्रवेश कर, पूर्वद्वार से निकल, नगर के पूर्व ओर, जहाँ मुकुट-बन्धन नामक मल्लों का चैत्य था, वहाँ ले गये। चिता जलाने के लिए महाकाश्यप के पावा से आने की प्रतीक्षा की गयी। महाकाश्यप ने एक कंधे पर चीवर कर, अंजली जोड़, तीन बार चिता की परिक्रमा की तथा उनके द्वारा भगवान् के चरणों में शिर से बन्दना करने पर चिता जल उठी। अजातशत्रु ने, वैशाली के लिच्छवियों ने, कपिलवस्तु के शाक्यों ने, 'अल्लकप्प'

के 'बुलियों' ने, वेठद्वीप (बेतिया) के ब्राह्मणों ने 'कुसीनारा' के मल्लों के पास दूत भेजकर स्तूप बनाने के लिए बुद्ध-धातु को माँगा। कुसीनारा के मल्लों ने भी उन संघों और गणों से कहा—"भगवान् हमारे ग्रामक्षेत्र में परिनिर्वृत हुए, हम भगवान् के शरीरों का भाग नहीं देंगे।" वहाँ पर झगड़ा होने की संभावना हो गयी, पर द्रोण ब्राह्मण ने समझा-बुझाकर उन्हें उनमें बाँट दिया। सबने उन पर अपने-अपने यहाँ स्तूप बनवाये। बाँटनेवाले कुम्भ पर द्रोण ने स्वयं स्तूप बनवाया। 'पिप्पलीवन' के मौर्य देर से आये थे। वे चिता के कोयले को ही स्तूप बनाने के लिए ले गये।

(१७) **महासुदस्सनसुत्त**—इसमें चक्रवर्ती राजा के जीवन का वर्णन है।

(१८) **जनवसभसुत्त**—इस सूत्र में भक्तों की गति पर प्रकाश डाला गया है।

(१९) **महागोविन्दसुत्त**—में शक्र द्वारा बुद्ध-धर्म की प्रशंसा की गयी है, साथ ही बुद्ध के आठ गुण तथा उनके धर्म की महिमा का व्याख्यान है।

(२०) **महासमयसुत्त**—इसमें उस समय के प्रसिद्ध देवताओं के नाम-ग्राम आदि दिये हैं।

(२१) **सक्कपञ्हसुत्त**—इसमें इन्द्र द्वारा बुद्ध से किये गये प्रश्न दिये गये हैं और गन्धर्व पञ्चशिख का तिम्बरु गन्धर्वराज की कन्या से प्रेम का वर्णन है।

(२२) **सतिपट्ठानसुत्त**—यहाँ पर कायानुपश्यना, वेदनानुपश्यना, चित्तानुपश्यना तथा धर्मानुपश्यना आदि चार स्मृति-प्रस्थानों का व्याख्यान है।

(२३) **पायासिराजञ्ञसुत्त**—कोशलराज प्रसेनजित् के धर्मपुत्र भिक्षु कुमार काश्यप 'सेतव्या के' जागीरदार क्षत्रिय 'पायासी' के घोर नास्तिक (भौतिकवादी) विचारों का समाधान करने का प्रयत्न करते हैं। सेतव्या के 'पायासिय' राजन्य के जैन बनाने की बात जैनागम के 'रायपेसेणइय' में भी है। 'पेसणइय' 'पायासी' का ही नाम है। दोनों में 'सेतव्या' के

राजन्य को घोर नास्तिक (भौतिकवादी) बतलाया गया है। जैन सूत्र ने उसे अपना मत छोड़ जैन धर्म स्वीकार करने की बात लिखी है।

एक बार भिक्षु कुमार काश्यप कोसल देश में पाँच सौ भिक्षुओं के साथ विचरते उस देश 'सेतव्या' (श्वेताम्बी) नगर में पहुँचे और शिशपावन में ठहरे। उस समय पायासी राजन्य (मांडलिक राजा) कोसल राजा प्रसेनजित् द्वारा दत्त 'सेतव्या' का स्वामी होकर रहता था। ब्राह्मण गृहस्थों को जाते देख, कारण जान, वह भी कुमार काश्यप के पास गया और बोला—'हे काश्यप मैं इसी सिद्धान्त को मानता हूँ कि यह लोक भी नहीं है, परलोक भी नहीं है क्योंकि मरे नहीं लौटते; धर्म में आस्तिकों को भी मरने की इच्छा नहीं होती, मृत शरीर में यह चिह्न नहीं मिलता कि जीव यहाँ से निकला है।

"मेरे नौकर लोग चोर को पकड़कर मेरे पास लाते हैं। उनको मैं यह आदेश देता हूँ कि इस पुरुष को जीते जी एक बड़े हंडे में डाल, मुँह बन्दकर, गीले चमड़े से बाँध, गीली मिट्टी लेपकर चूल्हे पर रख आँच लगाओ। वे वैसा ही करते हैं। जब मैं जान लेता हूँ कि वह पुरुष मर गया होगा, तब मैं उस हंडे को उतार, धीरे से मुँह खोलकर (इस आशा से) देखता हूँ कि जीव को बाहर निकलते देखूँ। किन्तु मैं यह नहीं देखता। इस कारण से यह लोक भी नहीं है, परलोक भी नहीं है, जीव मरकर पैदा नहीं होते तथा अच्छे और बुरे कर्मों का कोई फल नहीं होता।"

"राजन्य, मैं तुम्हीं से पूछता हूँ कि दिन में सोते समय कभी स्वप्न में तुमने रमणीय आराम, रमणीय वन, रमणीय भूमि, रमणीय पुष्करिणी नहीं देखी है?"

"हाँ, देखी है।"

"उस समय क्या तुम्हारे यहाँ कुबड़े, बौने, स्त्रियाँ तथा कुमारियाँ पहरे पर नहीं होतीं।"

"वे पहरे पर उस समय होती हैं।"

"वे सब क्या तुम्हारे जीव को उद्यान के लिए निकलते और भीतर आते देखते हैं?"

"नहीं, हे काश्यप।"

"राजन्य, जब वे तुम्हारे जीते हुए जीव को निकलते और भीतर जाते नहीं देख सकते, तो तुम मरे हुए जीव को निकलते या भीतर आते कैसे देख सकते हो।

राजन्य, इस कारण से भी लोक है..."

"हे काश्यप, मेरे नौकर लोग चोर को पकड़कर मेरे पास ले आते हैं। उन्हें मैं यह आदेश देता हूँ कि इस पुरुष को पहले जीते जी तराजू पर तौल कर, रस्सी से गला घोंट कर मार दो, और फिर तराजू पर तौलो। वे वैसा ही करते हैं। पर जब वह जीता रहता है तो हल्का होता है, किन्तु मरकर वही लोथ भारी हो जाती है। अतः इस कारण से भी यह लोक नहीं है...।"

"राजन्य, जैसे कोई पुरुष किसी संतप्त, आदीप्त, संप्रज्वलित, दहकते हुए लोहे के गोले को तराजू पर तौले, और फिर कुछ समय के बाद उसके ठंढा हो जाने पर उसे तौले। इन दोनों परिस्थितियों में वह लोहे का गोला कब हलका रहता है"?

"हे काश्यप, जब वह लोहे का गोला आदीप्त होता है, तब हल्का होता है, किन्तु जब वह ठंडा तथा बुझा हुआ होता है, तब भारी होता है।"

"राजन्य, इसी तरह जब यह शरीर आयु के साथ, श्वास के साथ तथा विज्ञान के साथ रहता है तो हल्का होता है और जब इनके साथ नहीं रहता तो भारी हो जाता है। अतः इस कारण से भी लोक है।"

"हे काश्यप, जब मेरे नौकर चोर को पकड़कर लाते हैं तो उन्हें मैं यह आदेश देता हूँ कि इस पुरुष को बिना मारे चमड़ा, माँस, स्नायु, हड्डी और मज्जा को अलग-अलग कर दो, जिसमें मैं उसके जीव को निकलते देख सकूँ। वे वैसा ही करते हैं। इस प्रकार जब वह मरणासन्न होता है तो मैं उसे चित सुलवा देता हूँ, जिससे मैं जीव को निकलते देख सकूँ। किन्तु मैं ऐसा नहीं देखता। उसकी वही आँखें रहती हैं, वही रूप रहते हैं, वही आयतन रहते हैं, पर वह देख नहीं सकता......उसका वही शरीर रहता है वही स्प्रष्टव्य रहता है, किन्तु स्पर्श नहीं कर सकता। अतः इस कारण से भी यह लोक नहीं है...।"

"राजन्य, एक शंख बजानेवाला शंख लेकर गाँव में गया और वहाँ गाँव के बीच में तीन बार शंख बजा, शंख को जमीन पर रखकर एक ओर बैठ गया। तब वहाँ के लोगों ने एकत्रित होकर उससे यह पूछा कि यह शब्द किसका है। उसने उन्हें शंख को दिखाया। वे लोग शंख को चित रखकर, पट रखकर, करवट रखकर यह कहने लगे कि हे शंख बजो। पर वह शंख नहीं बजी। यह देखकर उस शंख बजानेवाले ने सोचा कि ये लोग बड़े मूर्ख हैं और पुनः शंख बजाकर वह वहाँ से चल दिया।

राजन्य, इसके पश्चात् उन गाँववालों के मन में यह आया कि जब यह शंख पुरुष, व्यायाम तथा वायु के साथ होता है, तब बजता है; उसी तरह से ब यह शरीर आयु के साथ, श्वास के साथ और विज्ञान के साथ होता है तभी यह कार्यों को करने में समर्थ होता है।

अतः, राजन्य, इस कारण से भी लोक है।"

अन्त में अनेक प्रकार की उपमाओं से समझाते हुए कुमार काश्यप ने उससे कहा—"राजन्य, तुम बाल और अजान होकर अनुचित प्रकार से परलोक की खोज कर रहे हो। इस बुरी धारणा को छोड़ो, जिससे कि तुम्हारा भविष्य अहित तथा दुःख के लिए न होवे।"

पहले अपनी नास्तिकता की प्रसिद्धि के कारण 'पायासी' उसे छोड़ना नहीं चाहता था, पर अन्त में वह उनका उपासक हो गया।

३. पाथिकवग्ग

(२४) पाथिकसुत्त—मल्ल देश के अनूपिया नगर में भाषित इस सूत्र में सुनक्षत्र लिच्छविपुत्र के बौद्ध-धर्म से हटने की बात है। इसी सूत्र में पाथिक-पुत्र अचेल (नग्न) की बात आयी है।

बुद्ध ने कहा—"एक समय मैं वैशाली के महावन कूटागारशाला में विहार करता था। उस समय अचेल पाथिकपुत्र बड़े लाभ और बड़े यश को प्राप्त था। वह वैशाली में सभाओं में कहता था—'श्रमण गौतम ज्ञानवादी हैं, मैं भी ज्ञानवादी हूँ। ज्ञानवादी को ज्ञानवादी के साथ अलौकिक

ऋद्धिबल दिखलाना चाहिए। श्रमण गौतम आधा मार्ग आवें, मैं भी आधा मार्ग आऊँ। हम दोनों मिलकर ऋद्धिबल दिखावें। यदि श्रमण गौतम एक ऋद्धिबल दिखावेंगे, तो मैं दो दिखाऊँगा।'...यह सुन कर एक दिन मैं अचेल पाथिकपुत्र के आराम को गया। और वैशाली के लोगों का एक भारी जमघट वहाँ पर एकत्रित हो गया। यह सब देख सुन कर अचेल पाथिकपुत्र संविग्न होकर वहाँ से चला गया। लोग उसे बुलाने गये, पर वह नहीं आया।"

ईश्वर निर्माणवाद का खंडन

इसी सूत्र में आगे कहा है—"जो श्रमण-ब्राह्मण ईश्वर या ब्रह्मा के सृष्टि-कर्तापन के मत को श्रेष्ठ बतलाते हैं, उनके पास जाकर मैं कहता हूँ—क्या सचमुच आप लोग ईश्वर के कर्तापन को श्रेष्ठ बतलाते हैं? मेरे ऐसा पूछने पर उत्तर न देकर मुझी से पूछने लगते हैं। मैं कहता हूँ—आवुसो, बहुत दिनों के बाद कोई समय आयेगा, जब इस लोक का प्रलय होगा...जब इस लोक की उत्पत्ति होती है। उसके (ब्रह्मा) मन में होता है—मैं ब्रह्मा, महाब्रह्मा, विजेता, अविजित, सर्वज्ञ, वशवर्ती, ईश्वर, कर्ता, निर्माता, स्वामी, भूत तथा भविष्य के प्राणियों का पिता हूँ। मैंने ही इन प्राणियों को उत्पन्न किया। सो क्यों...मेरे ही मन से उत्पन्न होकर ये प्राणी यहाँ आये हैं[1]। और जो प्राणी पीछे उत्पन्न होते हैं, उनके मन में भी होता है—यह ब्रह्मा, महाब्रह्मा, ईश्वर, कर्ता, पिता है। इसने हम लोगों को उत्पन्न किया है...इस प्रकार आप लोग ईश्वर का कर्तापन बतलाते हैं।"

इस प्रकार से ब्रह्मा के सृष्टिकर्ता होने की कल्पना का यहाँ खंडन किया गया है।

(२५) **उदुम्बरिकसीहनादसुत्त**—इसमें वास्तविक तपस्याओं का वर्णन है।

---

१. **मिलाओ, उपनिषद्—एकोऽहं बहु स्याम्।**

(२६) **चक्कवत्तिसीहनादसुत्त**—इस सुत्त में स्वावलम्बन, चक्रवर्त्तिव्रत, 'निर्धनता सभी पापों की जननी', 'पापों से आयु तथा वर्ण का ह्रास', 'पुण्य से आयु तथा वर्ण की वृद्धि' और भिक्षुओं के कर्त्तव्य का व्याख्यान है।

(२७) **अग्गञ्ञसुत्त**—इस सुत्त में वर्णित विषय हैं—प्रलय के बाद सृष्टि, प्राणियों का प्रथम आहार, स्त्री-पुरुष का भेद, वैयक्तिक सम्पत्ति का आरम्भ, चारों वर्णों का निर्माण, राजा की उत्पत्ति, ब्राह्मण, वैश्य, शूद्र की उत्पत्ति, श्रमण की उत्पत्ति, जन्म नहीं कर्म की प्रधानता।

(**वैयक्तिक सम्पत्ति**)—आदिकाल में खाने-पीने की चीजें स्वयं होती थीं। तब किसी आलसी के मन में यह आया—शाम-सुबह दोनों समय धान लाने के लिए जाने का काम क्यों करूँ? क्यों न एक ही बार शालि (धान) लाऊँ। वह प्राणी एक ही बार लाया; तब कोई दूसरा प्राणी उस प्राणी के पास गया, जाकर बोला,—"आओ, शालि लाने चलें।" "हम तो एक ही बार लाये।" देखा-देखी वह भी एक ही बार चार दिनों के लिए लाया। फिर शालि बाँटने लगे, दो खेत में मेंड़ बाँधने लगे। लालची आदमी ने अपने भाग की रक्षा करते हुए दूसरे के भाग को चुराकर खा लिया। दूसरी बार भी उसने दूसरे के भाग को चुराकर खा लिया। लोगों ने उसे पकड़ लिया। कोई हाथ से मारने लगे, कोई डंडे से, कोई लाठी से। इसके बाद चोरी, निन्दा, मिथ्या-भाषण और दंडकर्म होने लगे। तब प्राणी इकट्ठा हो कहने लगे—"प्राणियों में पाप प्रकट हुए, जो कि चोरी है। आओ, हम लोग एक ऐसे आदमी को निर्वाचित करें, जो हम लोगों को ठीक से चलाये। हम उसे शालि का भाग देंगे। महाजनों द्वारा सम्मत (निर्वाचित) होने से उसका नाम 'महासम्मत' पड़ा—'क्षत्रिय' दूसरा नाम पड़ा। वह धर्म से दूसरों का रंजन करता था, अतः 'राजा' यह उसका तीसरा नाम पड़ा।

(२८) **सम्पसादनीयसुत्त**—में यह वर्णित है कि परम ज्ञान में बुद्ध तीनों कालों में अनुपम हैं और सर्वदा ही उनमें अभिमानशून्यता रहती है; साथ ही यहाँ बुद्ध के उपदेशों की विशेषताओं का भी उल्लेख है।

(२९) **पासादिकसुत्त**—इसे बुद्ध ने शाक्य देश में 'वेधञ्ञा' नामक स्थान में कहा था। 'निगण्ठनातपुत्त' (जैन तीर्थंकर) की उसी समय 'पावा' में मृत्यु हुई थी। और इसके पश्चात् उनके अनुयायियों में फूट हो गयी थी। उनके दो पक्ष हो गये थे और वे आपस में खूब लड़ रहे थे। चुन्द ने यह खबर आनन्द को दी। वे इसे लेकर बुद्ध के पास गये। तथागत ने विवाद के लक्षण, योग्य गुरु तथा धर्म आदि का व्याख्यान करते हुए बुद्ध के उपदिष्ट धर्मों तथा बुद्धवचन की कसौटी को बताया। उन्होंने यह भी कहा कि बुद्ध कालवादी तथा यथार्थवादी हैं और इसी प्रसंग में अव्याकृत तथा व्याकृत एवं पूर्वान्त और अपरान्त दर्शनों को बताते हुए स्मृति-प्रस्थानों का उन्होंने उपदेश किया।

(३०) **लक्खणसुत्त**—में महापुरुषों के बत्तीस लक्षण वर्णित हैं; साथ ही यह भी बताया गया है कि किस कर्म-विपाक से इन लक्षणों में से कौन-सा लक्षण उत्पन्न होता है।

(३१) **सिगालोवादसुत्त**—राजगृह के वेणुवन कलन्दकनिवाप में भाषित यह सुत्त है। इसमें गृहस्थों का कर्तव्य बतलाया गया है, इसीलिए इसे गृहस्थों का विनय भी कहते हैं।

'सिगाल' राजगृह का वैश्य-पुत्र था, वह साँझ-सबेरे उठकर सभी दिशाओं को हाथ जोड़कर नमस्कार करता था। भगवान् के पूछने पर उसने कहा—"मरते समय पिता ने कहा था—तात, दिशाओं को नमस्कार करना। पिता के वचन को मानकर मैं नमस्कार करता हूँ।" भगवान् ने कहा—"ऐसे नहीं; चार कर्मक्लेशों के नाश से इस लोक तथा परलोक की विजय होती है। (१) प्राणी न मारना, (२) चोरी न करना, (३) व्यभिचार न करना, (४) झूठ न बोलना।

सम्पत्ति नाश के कारण हैं—(१) शराब आदि का सेवन, (२) चौरस्ते की सैर, (३) समाज-नाच-तमाशा, (४) जुआ, (५) बुरे मित्र की मित्रता, (६) आलस्य में फँसना। इनमें से हरेक से अनिष्ट होता है।" इसमें आगे बतलाया है—

"चार मित्र-रूप में शत्रु हैं—(१) परधनहारक, (२) बातूनी, (३) सदा मीठा बोलनेवाला, (४) अपाय (हानिकर) बात में सहायक।

सच्चे मित्र में चार बातें होती हैं—(१) उपकारी होना, (२) सुख-दुःख में समान रहनेवाला, (३) अर्थ प्राप्त करानेवाला, (४) अनुकम्पक।

दिशाओं का नमस्कार है—(१) माता-पिता पूर्व दिशा, (२) आचार्य दक्षिण दिशा, (३) पुत्र-स्त्री पश्चिम दिशा, (४) मित्र-अमात्य उत्तर दिशा, (५) दास-कमकर नीचे की दिशा, (६) श्रमण-ब्राह्मण ऊपर की दिशा। इनकी सेवा दिशा-नमस्कार है।"

(३२) आटानाटियसुत्त—भूत-प्रेतों को संतुष्ट करने के लिये यह सुत्त राजगृह में गृध्रकूट पर भाषित किया गया। इसमें बहुत से भूतों तथा यक्षों के नाम आये हैं।

(३३) संगीतिपरियाय[1]—'पावा' में चुन्द कर्मारपुत्र के आम्रवन में विहार करते समय वहाँ के नवीन संस्थागार में यह सुत्त भाषित किया गया। 'निगण्ठनातपुत्त' के मरने पर जैनों के आपसी विवाद की खबर सुनकर यहाँ बुद्ध के मन्तव्यों की सूची एक-दो-आदि संख्याक्रम से 'सारिपुत्त' के मुख से दी गयी है।

(३४) दसुत्तरसुत्त—एक समय भगवान् बुद्ध चम्पा में 'गग्गरा' पुष्करणी के तीर पर विहार कर रहे थे। वहाँ पर 'सारिपुत्त' ने बौद्ध-मन्तव्यों की सूची प्रस्तुत करते हुए उपकारक, भावनीय, परिज्ञेय, प्रहातव्य, हानि-भागीय, विशेषभागीय, दुष्प्रतिवेध्य, उत्पादनीय, अभिज्ञेय तथा साक्षा-त्करणीय आदि दशोत्तर धर्मों का व्याख्यान किया।

—:o:—

---

१. अङ्गुत्तरनिकाय के प्रारम्भिक छोटे रूप को यह सुत्त व्यक्त करता है।

दूसरा अध्याय

२. मज्झिमनिकाय

मज्झिमनिकाय सुत्तपिटक का दूसरा निकाय है। इसमें १५२ सुत्त हैं और नालन्दा देवनागरी संस्करण के ११, १।४ पृष्ठों को एक भाणवार मानकर यदि हम गणना करें तो इस निकाय में ११६ भाणवार होते हैं। इस निकाय में भाणवारों की संख्या उल्लिखित नहीं है। ११६ भाणवार का अर्थ हुआ कि ३२ अक्षरों के श्लोकों में गिनने पर अनुष्टुप् संख्या होगी २६७५०। इसका हिन्दी अनुवाद मैंने किया था, जो कि महाबोधि सभा, सारनाथ से १६३३ ई० में प्रकाशित हुआ था। इसमें वर्णित विषय क्या है, यह भी उसी संस्करण से मैं उद्धृत करता हूँ। इस सम्बन्ध में इस निकाय का विभाजन बतलाना अत्यन्त आवश्यक है। इसमें तीन पण्णासक हैं— (१) मूलपण्णासक, (२) मज्झिमपण्णासक तथा (३) उपरिपण्णासक। प्रथम दो पण्णासकों में ५०–५० सुत्त हैं और अन्तिम में ५२। ये पण्णासक भी विभिन्न वर्गों में विभक्त हैं। नीचे यह सम्पूर्ण विभाजन सुत्त, स्थान तथा विषय के साथ प्रस्तुत किया जा रहा है:—

§ २. मूलपण्णासक

१. (१) मूलपरियायवग्ग

सुत्त	स्थान	विषय
१. (१) मूलपरियायसुत्त	उक्कट्ठा (कोसल)	अज्ञानियों की दृष्टि
२. (२) सब्बासव०	जेतवन (श्रावस्ती)	चित्तमल का शमन, अनात्मवाद
३. (३) धम्मदायाद०	,,	धर्मके वारिस बनो, वित्त के नहीं, मध्यम मार्ग

४. (४) भयभेरव०	,,	भय-भूत, सम्मोहन, विद्याएँ
५. (५) अनङ्गण०	,,	चित्त-मलवाले चार व्यक्ति, भिक्षुपन का ध्येय
६. (६) आकङ्खेय्य०	,,	भिक्षु-नियमों का ग्रहण, ध्यान, प्रज्ञा, भवसागर के बन्धन
७. (७) वत्थ०	,,	चित्त-मलों का दुष्परिणाम, उपक्लेश, मैत्री आदि भावनायें, तीर्थ-स्नान व्यर्थ
८. (८) सल्लेख०	,,	यथार्थ तप
९. (९) सम्मादिट्ठि०	,,	पुण्य, पाप, अष्टाङ्गिक मार्ग, प्रतीत्य-समुत्पाद
१०. (१०) सतिपट्ठान०	कम्मासदम्म (कुरु)	काय, मन आदि की भावनायें, बोधि-लाभ के ढंग, आर्य सत्य

२. (२) सीहनादवग्ग

११. (१) चूलसीहनाद०	जेतबन	उपादान या आसक्ति का त्याग, निदान या प्रतीत्य-समुत्पाद

१२. (२) महासीहनाद०	अवरपुरवनसंड (वैशाली)	बुद्ध-जीवनी, तपस्यायें, अचेलक व्रत, आहार-शुद्धि
१३. (३) महादुक्खक्खन्ध०	जेतवन	भोगों के दुष्परिणाम, राजदण्ड
१४. (४) चूलदुक्खक्खन्ध०	न्यग्रोधाराम (कपिलवस्तु)	भोगों के दुष्परिणाम, भोगों के कारण दुष्कर्म, सुख से सुख अप्राप्य मतवाद
१५. (५) अनुमान०	संसुमारगिरि, भेसकलावन मिगदाव (भग्ग)	दुर्वचन के कारण और उनके हटाने के उपाय
१६. (६) चेतोखिल०	जेतवन	चित्त के कांटे, ऋद्धियां
१७. (७) वनपत्थ०	"	कैसा अरण्य-वास करना चाहिए
१८. (८) मधुपिण्डक०	"	विषयों के स्पर्श, उत्पत्ति और परित्याग
१९. (९) द्वेधावितक्क०	"	चित्तमलों का शमन, ध्यान, अष्टाङ्गिक मर्ग
२०. (१०) वितक्कसण्ठान०	"	राग-द्वेष-मोह के हटाने का उपाय

३. (३) ओपम्मवग्ग

२१. (१) ककचूपम०	"	आरे से चीरे जाने पर भी शान्त रहना, शान्ति है।
२२. (२) अलगद्दूपम०	"	साँप पकड़ने की सावधानी उपदेश ग्रहण में भी अपेक्षित, अनात्मवाद
२३. (३) वम्मिक०	"	पुरुष की निर्वाण-प्राप्ति में बाधाएँ,

२४. (४)	रथविनीत०	„	ब्रह्मचर्य के गौण और मुख्य उद्देश्य, विशुद्धियाँ
२५. (५)	निवाप०	„	संसार के शिकार होने से बचने का उपाय
२६. (६)	पासरासि०	„	बुद्धजीवनी (गृहत्याग से धर्म-चक्रप्रवर्तन तक)
२७. (७)	चूलहत्थिपदोपम०	„	यथार्थ गुरु और उसकी मोक्षोपयोगी शिक्षायें,
२८. (८)	महाहत्थिपदोपम०	„	उपादान स्कन्धों से मुक्ति, प्रतीत्य-समुत्पाद
२९. (९)	महासारोपम०	गृध्रकूट (राजगृह)	भिक्षु-जीवन का वास्तविक उद्देश्य
३०. (१०)	चूलसारोपम०	जेतवन	„ „ „

४. (४) महायमकवग्ग

३१. (१)	चूलगोसिङ्ग०	गिंजकावसथ (नादिका)	अनुरुद्ध आदि की सिद्धाई
३२. (२)	महागोसिङ्ग०	गोसिङ्गसालवन	कैसे पुरुष से तपोभूमि शोभित,
३३. (३)	महागोपालक०	जेतवन	बुद्धधर्म में सफलताओं की ग्यारह बातें,
३४. (४)	चूलगोपालक०	उक्काचेल०	मुमुक्षुओं की श्रेणियाँ
३५. (५)	चूलसच्चक०	कूटागार (वैशाली)	आत्मवाद-खंडन, अनात्म-वाद-मंडन
३६. (६)	महासच्चक०	महावन (वैशाली)	काया की नहीं, मन की साधना
३७. (७)	चूलतण्हासङ्खय०	पूर्वाराम (श्रावस्ती)	तृष्णा के क्षय का उपाय

३८. (८)	महातण्हासङ्खय०	जेतवन ,,	(अनात्मवाद, धर्म बेड़े की की भाँति पार होने के लिए पकड़ रखने के लिए नहीं, प्रतीत्यसमुत्पाद, जीवनप्रवाह, गर्भ, बाल्य, यौवन, संन्यास, शील-समाधि)
३९. (९)	महाअस्सपुर०	अश्वपुर (अंग)	श्रमण-ब्राह्मण बनने का ढंग
४०. (१०)	चूलअस्सपुर०	,,	,, ,,

५. (५) चूलयमकवग्ग

४१. (१)	सालेय्य०	साला (कोसल)	काय-वचन-मन के सदाचार और दुराचार से सुगति, दुर्गति
४२. (२)	वेरञ्जक०	जेतवन	,, ,,
४३. (३)	महावेदल्ल०	,,	प्रज्ञाहीन, प्रज्ञावान्, प्रज्ञा, विज्ञान, वेदना, संज्ञा, शील, समाधि, प्रज्ञा, आयु, उष्मा और विज्ञान
४४. (४)	चूलवेदल्ल०	वेणुवन (राजगृह)	आत्मवाद-त्याज्य, उपादान-स्कन्ध, अष्टाङ्गिक मार्ग आदि
४५. (५)	चूलधम्मसमादान०	जेतवन	चार प्रकार के धर्मानुयायी
४६. (६)	महाधम्मसमादान०	,,	धर्मानुयायियों के भेद
४७. (७)	वीमंसक०	,,	गुरु की परीक्षा
४८. (८)	कोसम्बिय०	कौशाम्बी	मेलजोल के लिए उपयोगी छह बातें
४९. (९)	ब्रह्मनिमन्तनिक०	,,	बुद्ध द्वारा सृष्टिकर्ता ईश्वर तथा ब्रह्मा का खंडन
५०. (१०)	भारतज्जनीय०	संसुमारगिरि	मानापमान का त्याग, मार को फटकारना

§ २. मज्झिमपण्णासक

६. (१) गहपतिवग्ग

५१.	(१) कन्दरक०	गग्गरा (चंपा)	स्मृति-प्रस्थान भावना, आत्म-तप आदि चार पुरुष
५२.	(२) अट्ठकनागर०	वेणुग्राम (वैशाली)	ग्यारह अमृतद्वार (ध्यान)
५३.	(३) सेख०	न्यग्रोधाराम (कपिलवस्तु)	सदाचार, इन्द्रिय-संयम, परिमितभोजन, जागरण, सद्धर्म, ध्यान
५४.	(४) पोतलिय०	आपण (अंगुत्तराप)	संसार के जाल तोड़ने के उपाय
५५.	(५) जीवक०	जीवकाम्रवन (राजगृह)	मांस-भोजन में नियम
५६.	(६) उपालि०	प्रावारिकाम्रवन (नालन्दा)	मन ही प्रधान, काया-वचन गौण
५७.	(७) कुक्कुरवतिक०	हलिद्दवसन (कोलिय)	निरर्थक व्रत, चार प्रकार के कर्म
५८.	(८) अभयराजकुमार०	वेणुवन (राजगृह)	हित-अप्रिय बात कहनी चाहिएँ
५९.	(९) बहुवेदनीय०	जेतवन	नीरक्षीर सा मेलजोल, संज्ञा-वेदयित निरोध
६०.	(१०) अपण्णक०	साला (कोसल)	द्विविधारहित धर्म, अक्रियावाद आदि मतवाद, आत्मतप आदि चार पुरुष

७. (२) भिक्खुवग्ग

६१.	(१) अम्बलट्ठिक-राहुलोवाद०	वेणुवन (राजगृह)	मिथ्या-भाषण की निन्दा

६२. (२) महाराहुलोवाद०	जेतवन	प्राणायाम, कायिकभावना, मैत्री आदि भावनाएं
६३. (३) चूलमालुङ्क्य०	”	व्याकृत, अव्याकृत करने का कारण
६४. (४) महामालुङ्क्य०	”	संसार के बन्धन और उनसे मुक्ति
६५. (५) भद्दालि०	”	नियमित जीवन, क्रमशः शिक्षा
६६. (६) लकुटिकोपम०	आपण (अंगुत्तराप)	छोटी बात भी भारी हानि पहुँचा सकती है
६७. (७) चातुम०	आमलकीवन (चातुमा)	भिक्षुपन के चार विघ्न
६८. (८) नलकपान०	नलकपान (कोसल)	मुमुक्षु के कर्तव्य
६९. (९) गुलिस्सानि०	वेणुवन (राजगृह)	संयम, नहीं तो अरण्यवास व्यर्थ
७०.(१०) कीटागिरि०	कीटागिरि (काशी देश)	संयम, चार प्रकार के पुरुष, लोभी गुरु

८. (३) परिब्बाज्जकवग्ग

७१. (१) तेविज्जवच्छ-गोत्त०	महावनकूटागार-शाला (वैशाली)	बुद्ध अपने को सर्वज्ञ नहीं मानते, तीन विद्याएँ, सुगति के उपाय
७२. (२) अग्गिवच्छगोत्त०	जेतवन	मतवादों का बंधन, अव्याकृत, आग के बुझने जैसा निर्वाण,
७३. (३) महावच्छगोत्त०	वेणुवन (राजगृह)	निर्वाण का मार्ग, निर्वाण प्राप्ति का उपाय
७४. (४) दीघनख०	गृध्रकूट (राजगृह)	मतवादों का आग्रह, काया

			अपनी नहीं, सभी अनुभव अनित्य
७५. (५) मागन्दिय०	कम्मासदम्म (कुरु)		इन्द्रिय-संयम, ऊपर जाने पर नीचे का सुख फीका
७६. (६) सन्दक०	घोसिताराम (कौशाम्बी)		व्यर्थ और असंतोषकर प्रव्रज्या, अक्रियावाद आदि मत, विद्याएँ, अर्हत् का ज्ञान
७७. (७) महासकुलुदायी०	कम्मासादम्म (कुरु)		गुरु में वास्तविक श्रद्धा कैसे, बुद्धत्व के उपयोगी धर्म
७८. (८) समणमण्डिक०	जेतवन		सुकर्मी पुरुष
७९. (९) चूलसकुलदायि०	वेणुवन (राजगृह)		जैनों का सिद्धान्त, परिव्राजकों का सिद्धान्त, सुखमय लोक का मार्ग
८०. (१०) वेखणस०	जेतवन		परिव्राजकों का सिद्धान्त, पूर्वान्त अपरान्त के सिद्धान्त

९. (४) राजवग्ग

८१. (१) घटिकार०	(कोसल)	त्यागमय गृहस्थ-जीवन
८२. (२) रट्ठपाल०	थुल्लकोट्ठित (कुरु)	त्यागमय भिक्षु-जीवन, भोगों की असारता
८३. (३) मखादेव०	मिथिला (विदेह)	कल्याणमार्ग
८४. (४) माधुरिय०	गुन्दवन (मथुरा)	वर्ण-व्यवस्था का खंडन
८५. (५) बोधिराजकुमार०	भेसकलावन (संसुमारगिरि)	बुद्धजीवनी (गृहत्याग से बोधि-प्राप्ति तक)
८६. (६) अङ्गुलिमाल०	जेतवन	अङ्गुलिमाल डाकू का जीवन-परिवर्तन
८७. (७) पियजातिक०	"	प्रियों से शोक और दुःख की उत्पत्ति

८८. (८)	वाहीतिय०	,,	बुद्ध निन्दनीय कर्म नहीं कर सकते
८९. (९)	धम्मचेतिय०	मेतलूप (शाक्य)	भोगों के दुष्परिणाम, बुद्ध-प्रज्ञा
९०. (१०)	कण्णत्थलक०	कण्णत्थल-कमिगदाय (उजुका)	सर्वज्ञता असंभव, वर्ण-व्यवस्था-खंडन, देव, ब्रह्मा

१०. (५) ब्राह्मणवग्ग

९१. (१)	ब्रह्मायु०	मिथिला (विदेह)	महापुरुषलक्षण, बुद्ध का रूप, गमन, घर में प्रवेश आदि
९२. (२)	सेल०	आपण (अंगुत्तराप)	भोजन का ढंग, ब्राह्मण, वेदगू आदि की व्याख्या, बुद्ध के गुण, सेल ब्राह्मण की प्रव्रज्या
९३. (३)	अस्सलायण०	जेतवन	वर्ण-व्यवस्था-खंडन
९४. (४)	घोटक-मुख०	खेमियअम्बवन (वाराणसी)	आत्मतप आदि चार पुरुष
९५. (५)	चङ्कि०	ओपसाद-देववन (कोसल)	बुद्ध के गुण, ब्राह्मणों के वेद और ऋषि, सत्य की रक्षा और प्राप्ति
९६. (६)	फासुकारि०	जेतवन	वर्ण-व्यवस्था-खंडन
९७. (७)	धान-ञ्जानि०	वेणुवन (राजगृह)	अपना किया अपने साथ
९८. (८)	वासेट्ठ०	इच्छानङ्गल	वर्ण-व्यवस्था-खंडन
९९. (९)	सुभ०	जेतवन	गृहस्थ और संन्यास की तुलना, ब्रह्मलोक का मार्ग,
१००. (१०)	सङ्गारव०	मंडलकप्प (कोसल)	बुद्ध की तपश्चर्या

§ ३. उपरिपण्णासक

११. (१) देवदहवग्ग

१०१. (१)	देवदह०	देवदह (शाक्य)	कायिक तपस्या निस्सार, मानस-तप ही लाभप्रद, भिक्षुपन का सुख,
१०२. (२)	पञ्चत्तय०	जेतवन	आत्मवाद आदि नाना मतवाद
१०३. (३)	किन्ति०	बलिहरणवनसंड (कुसिनारा)	मेलजोल का ढंग
१०४. (४)	सामगाम०	सामगाम (शाक्य)	बुद्ध के मूल उपदेश, संघ में विवाद होने का कारण, सात प्रकार के फैसले, मेलजोल का ढंग
१०५. (५)	सुनक्खत्त०	महावनकूटागार-शाला (वैशाली)	ध्यान, चित्त-संयम
१०६. (६)	आनञ्ज-सप्पाय०	कम्मासदम्म (कुरु)	भोग निस्सार हैं
१०७. (७)	गणकमोग्ग-ल्लान०	पूर्वाराम (श्रावस्ती)	क्रमशः धर्म में प्रगति
१०८. (८)	गोपकमो-ग्गल्लान०	वेणुवन (राजगृह)	बुद्ध के बाद भिक्षुओं का मार्ग दर्शयिता
१०९. (९)	महापुण्णम०	पूर्वाराम (श्रावस्ती)	स्कन्ध, आत्मवाद-खंडन
११०. (१०)	चूलपुण्णम०	,,	सत्पुरुष और असत्पुरुष

१२. (२) अनुपदवग्ग

१११. (१)	अनुपद०	जेतवन	सारिपुत्त के गुण—प्रज्ञा, समाधि आदि

११२. (२) छब्बिसोधन०	,,	अर्हत् की पहचान
११३. (३) सप्पुरिसधम्म०	,,	सत्पुरुष और असत्पुरुष
११४. (४) सेवितब्ब-नसेवितब्ब०	,,	सेवनीय; असेवनीय
११५. (५) बहुधातुक०	,,	धातुएं, दृष्टि-प्राप्त पुरुष, स्थानास्थान-जानकार
११६. (६) इसिगिलि०	ऋषिगिरि (राजगृह)	ऋषिगिरि के प्रत्येक बुद्ध
११७. (७) महाचत्तारीसक०	जेतवन	ठीक समाधि
११८. (८) आनापानसति०	पूर्वाराम (श्रावस्ती)	प्राणायाम, ध्यान
११९. (९) कायगतासति०	जेतवन	कायायोग
१२०. (१०) सङ्खारुप्पत्ति०	,,	पुण्य-संस्कारों का विपाक

१३. (३) सुञ्ञतावग्ग

१२१. (१) चूलसुञ्ञता०	पूर्वाराम (श्रावस्ती)	चित्त की शून्यता का योग
१२२. (२) महासुञ्ञता०	न्यग्रोधाराम (कपिलवस्तु)	,,
१२३. (३) अच्छरियधम्म०	जेतवन	बुद्ध कहाँ और कैसे उत्पन्न होते हैं
१२४. (४) बक्कुल०	वेणुवन (राजगृह)	बक्कुल का त्यागमय भिक्षु-जीवन
१२५. (५) दन्तभूमि०	,,	चित्त की एकाग्रता, संयम की शिक्षा

१२६. (६)	भूमिज०	„	उचित रीति से पालन किया गया ब्रह्मचर्य सफल होता है
१२७. (७)	अनुरुद्ध०	जेतवन	भावना-योग (अप्रमाण चित्त-विमुक्ति)
१२८. (८)	उपक्किलेस०	घोषिताराम (कौशाम्बी)	कलह का कारण और चिकित्सा, योग-युक्तियाँ
१२९. (९)	बाल पंडित०	जेतवन	नरक, पापी मूर्ख के कर्म स्वर्ग, चक्रवर्ती राजा
१३०. (१०)	देवदूत०	„	नरक-वर्णन

१४. (४) विभङ्गवग्ग

१३१. (१)	भद्देकरत्त०	जेतवन	भूत-भविष्य की चिन्ता छोड़ वर्तमान में लगो
१३२. (२)	आनन्दभद्देकरत्त०	„	„ „
१३३. (३)	महाकच्चायन-भद्देकरत्त०	तपोदाराम (राजगृह)	„ (सविस्तार)
१३४. (४)	लोमसकङ्गिय-भद्देकरत्त०	जेतवन	„
१३५. (५)	चूलकम्मविभङ्ग०	„	कर्मों का ल
१३६. (६)	महाकम्मविभङ्ग०	वेणुवन (राजगृह)	„
१३७. (७)	सळायतनविभङ्ग०	जेतवन	छह आयतन, कामना और निष्कामना, स्मृति-प्रस्थान
१३८. (८)	उद्देसविभङ्ग०	„	इन्द्रिय-संयम, ध्यान, अपरिग्रह
१३९. (९)	अरणविभङ्ग०	„	मुमुक्षु की चर्या
१४०. (१०)	धातुविभङ्ग०	राजगृह	धातुओं का विभाग, मन की साधना

१४१. (११)	सच्चविभङ्ग०	ऋषिपतन-मृगदाव (वाराणसी)	चार आर्यसत्य
१४२. (१२)	दक्खिणाविभङ्ग०	न्यग्रोधाराम (कपिलवस्तु)	संघ व्यक्ति से ऊपर है

१५. (५) सळायतनवग्ग

१४३. (१)	अनाथपिण्डिकोवाद०	जेतवन	अनाथपिण्डिक की मृत्यु, अनासक्ति योग
१४४. (२)	छन्नोवाद०	वेणुवन (राजगृह)	अनात्मवाद, छन्न की आत्म-हत्या
१४५. (३)	पुण्णोवाद०	जेतवन	धर्म-प्रचारक की सहिष्णुता और त्याग
१४६. (४)	नन्दकोवाद०	„	अनात्मवाद, बोध्यङ्ग
१४७. (५)	चूलराहुलोवाद०	„	अनात्मवाद
१४८. (६)	छछक्कक०	„	इन्द्रिय, विषय, विज्ञान और और तीनों का समागम, अनात्मवाद (सविस्तार)
१४९. (७)	महासळायतन०	„	तृष्णा और दुःख
१५०. (८)	नगरविन्देय्य०	नगरविन्देय्य (कोसल)	सत्कार के पात्र
१५१. (९)	पिण्डपातपारिसुद्धि०	वेणुवन (राजगृह)	विषयों का त्याग, स्मृति-प्रस्थान आदि भावनायें
१५२. (१०)	इन्द्रियभावना०	सुवेणुवन (कजंगला)	इन्द्रिय-संयम

मज्झिमनिकाय के ४० सूत्र संक्षिप्त तथा गम्भीर हैं। ये राजमहल (बिहार) के कजंगल (कंकजोल) से लेकर कुरु देश के 'कम्मासदम्म'

नगर तक कहे गये हैं। इन सूत्रों से स्पष्टतया यह ज्ञात होता है कि बुद्ध के मूल उपदेशों तथा उनके कार्य का लक्ष्य क्या था ? दो सूत्रों में बुद्ध ने वत्सराज उदयन के पुत्र बोधिराजकुमार से सुंसुमारगिरि (चुनार) में अपने जीवनी से सम्बन्धित कुछ बातें भी बतलायी हैं। सूत्रों की विषय-सूची पहले ही दे दी गयी है। यहाँ पर कुछ विशेष सूत्रों का उल्लेख किया जा रहा है—

१. मूलपरियायसुत्त (१)—इस निकाय का यह प्रथम सुत्त है। ज्ञान के अभिमान में चूर ब्राह्मण भिक्षुओं को यह उपदेश दिया गया था। यह तत्त्व-ज्ञान से परिपूर्ण सुत्त है। अतः इसे समझने में उन्हें कठिनाई हुई तथा इसे वे न समझ सके, और उपदेश के समाप्त होने पर चुप रहते हुए बुद्ध के कथन का उन्होंने अभिनन्दन नहीं किया। इस सुत्त में दर्शन का व्याख्यान इस प्रकार से किया गया है—संसार में मिट्टी, पानी, आग, हवा, प्राणी, देवता, प्रजापति, ब्रह्मा, आभास्वर देवता, शुभकृत्स्न देवता, अभिभू देवता, आकाशानन्त्यायतन देवता, विज्ञानानन्त्यायतन देवता, आकिञ्चन्यायतन देवता, नैवसंज्ञानासंज्ञायतन देवता, एकत्व, नानात्व, तथा निर्वाण आदि संज्ञाएँ सभी व्यवहार के लिए हैं। एक अल्पज्ञ सामान्य व्यक्ति से लेकर अर्हत् तक सभी व्यवहार में इन सबका प्रयोग नित्य करते हैं। पर इन दो प्रकार के पुरुषों के इस व्यवहार में अन्तर केवल इतना है कि मूर्ख अथवा सामान्य जन उन्हें परमार्थतः वैसा ही ग्रहण करके उनसे लिप्त होते हैं, पर अर्हत् जो परमार्थतः उनके शून्य स्वभाव का ज्ञाता होता है, उनसे लिप्त नहीं होता। जिस व्यक्ति ने अपने ज्ञान के विकास में जिस स्तर की प्राप्ति की है, वह उसी के अनुसार व्यवहार की सम्पूर्ण वस्तुओं को परमार्थ रूप में देखता है, और अपने स्तर के अनुसार ही उतनी ही दूर तक वह उनसे अलिप्त हो पाता है।

इस प्रकार इस सुत्त में उस समय की देवकल्पना भी व्यक्त है। यह दार्शनिक तत्त्वों के गम्भीर विवेचन से परिपूर्ण सुत्त है, अतएव कठिन है।

२. अनङ्गणसुत्त (५)—इस सुत्त में यह कहा गया है कि संसार में चार प्रकार के मनुष्य होते हैं—(१) वे जो बुरे होते हुए भी यह नहीं जानते कि उनमें बुराई है, (२) वे जो बुरे होते हुए यह जानते हैं कि उनमें बुराई है, (३) वे जो अच्छे होते हुए भी यह नहीं जानते कि उनमें अच्छाई है और (४) वे जो अच्छे होते हुए यह जानते हैं कि उनमें अच्छाई है। इनमें पहले प्रकार के मनुष्य सबसे हीन हैं और चौथे प्रकार के सबसे उत्तम। इस प्रकार से इस सुत्त में बुद्ध के अग्रश्रावकों (सारिपुत्त तथा मोग्गल्लान) के वार्तालाप का उल्लेख है। अन्त में आयुष्मान् 'महामोग्गल्लान' ने आयुष्मान् 'सारिपुत्त' के इस धर्मोपदेश का बड़ा अभिनन्दन किया।

३. चूलदुक्खक्खन्धसुत्त (१४)—एक समय भगवान् शाक्य देश में कपिलवस्तु के न्यग्रोधाराम में विहार करते थे। शाक्यों का प्रधान नेता महानाम शाक्य एक दिन बुद्ध के पास गया। बुद्ध ने बताया कि रूप, शब्द, गन्ध, रस और स्पर्श ये पाँच कामगुण हैं। सारा संसार इन्हीं के आस्वाद के पीछे पड़ा है। यही अशान्ति तथा दुःख के घर हैं। इस सम्बन्ध में बात करते-करते बुद्ध ने निर्ग्रन्थ (जैन साधुओं) की बात कही—

"महानाम, मैं राजगृह के गृध्रकूट पर्वत पर रहता था। उस समय बहुत से निर्ग्रन्थ साधु ऋषिगिरि की कालशिला पर खड़े रहने का व्रत ले, आसन छोड़, उपक्रम करते, दुःख, कटु, तीव्र वेदना झेल रहे थे। शाम को उनके पास जाकर मैंने पूछा—'आवुसो, तुम क्यों दुःख कटु, तीव्र, वेदना झेल रहे हो'? उन्होंने कहा—'आवुस, 'निगण्ठनातपुत्त' (महावीर) सर्वज्ञ, सर्वदर्शी एवं अपरिशेष दर्शन के जाननेवाले हैं और चलते, खड़े, सोते तथा जागते सदा ही उनको ज्ञान-दर्शन उपस्थित रहता है।

वे ऐसा कहते हैं—

निगण्ठो, तुम्हरा पहले का किया जो कर्म है, उसे इस कड़वी दुष्कर तपस्या से अन्त करो और जो इस वक्त यहाँ काय-वचन-मन से संवृत हो, यह भविष्य के लिए पाप का न करना हुआ। इस प्रकार पुराने कर्मों का

तपस्या से अन्त होने से और नये कर्मों के न करने से भविष्य में चित्त अनास्त्रव (निर्मल) होगा। भविष्य में आस्त्रव न होने से कर्म का क्षय होगा। कर्मक्षय से दु:खक्षय, दु:खक्षय से वेदना (झेलने) का क्षय, वेदनाक्षय से सभी दु:ख नष्ट होंगे। हमें यह विचार पसन्द है। हम इससे सन्तुष्ट हैं।'

"ऐसा कहने पर, महानाम, मैंने इन निगण्ठों से कहा—

'क्या तुम आवुसो, जानते हो—हम पहले थे ही, हम नहीं न थे ?'

'नहीं, आवुस।'

'क्या तुम आवुसो, यह जानते हो—हमने पूर्व में पाप कर्म किये ही हैं, नहीं नहीं किये ?'

'नहीं, आवुस।'

'क्या तुम आवुसो, यह जानते हो—अमुक अमुक पाप कर्म किये हैं ?'

'नहीं, आवुस।'

'क्या तुम आवुसो, यह जानते हो—इतना दु:ख नाश को प्राप्त हो गया, इतना दु:ख नष्ट करना है तथा इतने दु:ख के नष्ट होने से सब दु:ख का नाश हो जायेगा।'

'नहीं, आवुस।'

'क्या तुम आवुसो, जानते हो—इसी जन्म में अकुशल धर्मों का प्रहाण और कुशल धर्मों का लाभ होता है ?'

'नहीं, आवुस।'

'इस प्रकार, निगण्ठो, तुम इन सबको नहीं जानते। ऐसा होने से तो इस पक्ष की प्राप्ति होने लगेगी कि जो लोक में रुद्रकर्मा हैं वे ही निगण्ठ साधु बनते हैं।'

इस पर निगण्ठों ने फिर कहा—

'आवुस गौतम, सुख से सुख प्राप्य नहीं है, दु:ख से सुख प्राप्य है। यदि सुख से सुख प्राप्य होता, तो राजा मागध श्रेणिक बिम्बिसार सुख प्राप्त

करता और आप से अधिक सुखविहारी होता। चूंकि सुख से सुख प्राप्य नहीं है, अतएव यह स्थिति नहीं है। और यदि इसका उत्तर हम आप ही से जानना चाहें, तो क्या होगा ?'

'तो, आवुसो निगण्ठो, हम तुम्हीं से पूछते हैं, जैसा तुम्हें जँचे, वैसा उत्तर दो। तुम लोग क्या मानते हो—राजा बिम्बिसार काया से बिना हिले, वचन से बिना बोले सात रात-दिन एकान्त सुख अनुभव करते क्या विहार कर सकता है अथवा वह छह, पाँच, चार, तीन, दो तथा केवल एक रात-दिन एकान्त सुख का अनुभव करते विहार कर सकता है ?'

'नहीं आवुस।'

'आवुसो निगण्ठो, मैं काया से बिना हिले, वचन से बिना बोले एक, दो, तीन, चार, पाँच, छह तथा सात रात-दिन एकान्त सुख का अनुभव करता विहार कर सकता हूँ। निगण्ठो, ऐसा होने पर कौन अधिक सुख-विहारी है—राजा मागध श्रेणिक बिम्बिसार अथवा मैं ?'

'ऐसा होने पर तो राजा बिम्बिसार से आयुष्मान् गौतम ही अधिक सुखविहारी हैं।'"

बुद्ध ने महानाम को यह प्रदर्शित किया कि राजा यथार्थ में सुखी नहीं है। उसके जो सुख दिखलायी पड़ते हैं, वे बाह्य साधनों पर अवलम्बित हैं और वे साधन परम रूप से अस्थायी हैं। राजा को यदि एकान्त स्थान में रहना पड़े, तो वह व्याकुल हो जायेगा। पर इसके विपरीत ध्यानी भिक्षु अनेक दिनों तक एक बन्द स्थान में पड़े-पड़े अपने स्वयं के अन्दर प्रस्फुटित होनेवाले सुख-स्रोत में आनन्द लेता रहेगा। इससे यही सिद्ध होता है कि वास्तविक सुख एक ध्यानी प्रव्रजित को ही प्राप्त होता है, राजा को नहीं।

महानाम ने सन्तुष्ट हो भगवान् के उपदेश का अभिनन्दन किया।

४. अलगद्दूपमसुत्त (२२)—बुद्ध अपने उपदेशों में बड़ी सुन्दर उपमाएँ देते थे। इस सुत्त में उपदेशों के ग्रहण करने की उपमा सर्प (अल-गद्द) पकड़ने से दी गयी है।

एक बार अरिष्ट भिक्षु को ऐसी बुरी दृष्टि उत्पन्न हुई थी—"मैं भगवान् द्वारा उपदिष्ट धर्म को ऐसे जानता हूँ, जैसे कि जो निर्वाण आदि के अन्तरायक (विघ्नकारक) धर्म भगवान् ने कहे हैं, सेवन करने पर भी वे अन्तराय नहीं कर सकते।"

यह बात बुद्ध तक पहुँची। बुद्ध ने उसे बुला कर कहा—"मोघ-पुरुष, किसको मैंने ऐसा धर्मोपदेश किया है, जिसे तू ऐसा जानता है? मैंने तो अनेक प्रकार से अन्तरायिक धर्मों को अन्तरायिक कहा है और उनके बहुत से दुष्परिणाम बतलाये हैं, पर तू अपनी उल्टी धारणा से हमें झूठ लगा रहा है और अपनी भी हानि कर रहा है तथा बहुत अपुण्य कमा रहा है। यह चिरकाल तक तेरे लिए अहितकारक तथा दुःखकारक होगा।"

इसके पश्चात् बुद्ध ने भिक्षुओं को सम्बोधित करके कहा—"भिक्षुओ, अरिष्ट इस धर्म में छू तक नहीं गया है; क्या तुम भी मेरे ऐसे उपदेश किये धर्म को ऐसा ही जानते हो जैसा कि यह अरिष्ट भिक्षु अपनी उल्टी धारणा के कारण बतला रहा है?

भिक्षुओ, कोई-कोई मोघपुरुष गेय, व्याकरण, गाथा, उदान, इति-वृत्तक, जातक, अद्भुतधर्म तथा वैदल्य – इन नौ प्रकार के धर्मों को धारण करते हैं। वह उन्हें धारण करते हुए भी उनके अर्थ को प्रज्ञा से नहीं परखते और इससे धर्मों का आशय नहीं समझते। वे या तो उपारम्भ के लाभ के लिए अथवा बाद में प्रमुख बनने के लिए ही धर्मों को धारण करते हैं। उनके लिए ये धर्म अहित और दुःखप्रद होते हैं, क्योंकि ये उन्हें उल्टे रूप में ही धारण करते हैं।" इस सम्बन्ध में बुद्ध ने 'अलगद्द' (साँप) की उपमा दी—"जैसे, भिक्षुओ, 'अलगद्द' को पकड़नेवाला उसकी खोज में घूमता हुआ कोई पुरुष आवे और एक महान् साँप उसे दिखायी दे; उसे वह देह से या पूँछ से पकड़े और वह उलट कर उसे काट ले; तब वह उस दंश के कारण मरण अथवा उसके समान दुःख को प्राप्त होवे, क्योंकि साँप तो

दुर्गृहीत था। ऐसी ही गति धर्म के प्रति उल्टी दृष्टि रखनेवाले की होती है।

इसलिए, भिक्षुओ, मेरे जिस भाषण का अर्थ तुम समझे हो, उसे वैसे धारण करना और जिसका अर्थ तुम नहीं समझे हो, उसे मुझसे पूछना अथवा किसी अन्य जानकार भिक्षु से।

भिक्षुओ, मैं तुम्हें धर्म का उपदेश बेड़े की भाँति पार जाने के लिए करता हूँ, उसे पकड़ रखने के लिए नहीं।

भिक्षुओ, जैसे कोई पुरुष अस्थान मार्ग पर जाते हुए एक महान् जलार्णव को प्राप्त हो। उस जलार्णव का दूसरा किनारा क्षेमयुक्त और भयरहित हो तथा उरला किनारा खतरा और भय से पूर्ण हो। वहाँ न पार लेजानेवाली नाव हो, न इधर से उधर आने-जाने के लिए पुल हो। तब उस पुरुष के मन में यह हो—'क्यों न मैं तृण-काष्ठ-पत्र जमा करके बेड़ा बाँधू और उस बेड़े के सहारे हाथ और पैर से मेहनत करते स्वस्तिपूर्वक पार उतर जाऊँ'। तब, भिक्षुओ, वह पुरुष बेड़ा बनाकर पार उतर जाय। उत्तीर्ण हो जाने पर, पार चले जाने पर, उसके मन में ऐसा हो—'यह बेड़ा मेरा बड़ा उपकारी हुआ है, इसके सहारे मैं पार उतरा हूँ; क्यों न मैं इस बेड़े को सिर पर रखकर या कन्धे पर उठाकर जहाँ इच्छा हो वहाँ जाऊँ।' तो क्या मानते हो, भिक्षुओ, क्या वह ऐसा करनेवाला पुरुष उस बेड़े में कर्तव्य पालनेवाला होगा?"

"नहीं, भन्ते।"

"ऐसे ही, भिक्षुओ, **मैं बेड़े की भाँति निस्तरण के लिए तुम्हें धर्मों का उपदेश करता हूँ, पकड़ रखने के लिए नहीं। धर्म को बेड़े के समान उपदिष्ट जानकर तुम धर्म को भी छोड़ दो, अधर्म की तो बात ही क्या?"**

बुद्ध की ऐसी उदारता बिरले ही किसी धर्म-संस्थापक में होगी।

५. अरियपरियेसनसुत्त (२६)—मज्झिमनिकाय के कई सूत्रों में बुद्ध की जीवनी के कुछ अंश आये हैं। जेतवन में भाषित यह सूत्र भी ऐसा ही है। बुद्ध कहते हैं—

"भिक्षुओ, मैं सम्बोधि से पूर्व असम्बुद्ध रहते हुए स्वयं जातिधर्मा होते हुए जातिधर्मों (पदार्थों) की ही पर्येषणा करता था। तब मुझे ऐसा हुआ—'क्यों न मैं योगक्षेम, अनुत्तर निर्वाण की पर्येषणा करूँ?'

तब मैं, भिक्षुओ, दूसरे समय तरुण, अत्यन्त काले केशोंवाला, भद्र यौवन से युक्त, पहले वयस् में अनिच्छुक माता-पिता को अश्रुमुख रोते छोड़, केश-श्मश्रु मुंड़ा, काषाय वस्त्र पहन, घर से बेघर हो प्रव्रजित हुआ। और इस प्रकार 'क्या उत्तम है' इसकी गवेषणा करते, उत्तम शान्ति पद को खोजते मैं 'आलार कालाम' के यहाँ गया और पूछने पर उन्होंने 'आकिञ्चञ्ञायतन' (आकिञ्चन्यायतन) बतलाया और उसके पश्चात् उद्रक रामपुत्र ने 'नेवसञ्ञानासञ्ञायतन' (नैवसंज्ञानासंज्ञायतन) बतलाया। पर इनसे मेरी सन्तुष्टि नहीं हुई और उस धर्म को अपर्याप्त समझकर, उससे विरक्त हो, मैं वहाँ से चल दिया।

क्रमशः मगध में चलते हुए उरुवेला सेनानीनिगम में मैं पहुँचा। वहाँ एक रमणीय वनखंड में एक नदी को बहते देखा, जिसका घाट मनोहर तथा श्वेत था। चारों ओर भिक्षाचार के लिए गाँव थे। मुझे हुआ—'यह भूमि भाग रमणीय है; यही (यह वनखंड) ध्यान योग्य स्थान है' यह सोच वहीं बैठ गया।

सो, भिक्षुओ, स्वयं जन्मने के स्वभाववाले जन्म लेने के दुष्परिणाम को जानकर, जन्मरहित, अनुपम, योगक्षेम निर्वाण को खोजते हुए मैंने उसे पा लिया। यह अजर, व्याधि-धर्म-रहित, अमर, शोकरहित, संक्लेश-रहित था। मुझे दर्शन (ज्ञान) का साक्षात्कार हो गया, मेरे चित्त की मुक्ति अचल बन गयी—'यह अन्तिम जन्म है, फिर अब दूसरा जन्म नहीं होगा।'

तब, भिक्षुओ, मुझे ऐसा हुआ—

मैंने गम्भीर, दुर्दर्शन, दुर्ज्ञेय, शान्त, उत्तम, तर्क से अप्राप्य, निपुण, पंडितों द्वारा जानने योग्य इस धर्म को पा लिया। यह जनता काम-तृष्णा में रमण करनेवाली, कामरत तथा काम में प्रसन्न है। इस जनता

के लिए प्रतीत्यसमुत्पाद (सापेक्षतावाद) को जानना दुर्दर्शनीय है और सभी संस्कारों का शमनस्वरूप, तृष्णा-क्षय, विराग, निरोध और निर्वाण भी दुर्दशनीय है। मैं यदि धर्मोपदेश करूँ और दूसरा उसको समझ न पाये, तो मेरे लिए यह तरद्दुद और पीड़ा की वस्तु होगी। मेरे ऐसा समझने के कारण मेरा चित्त धर्म-प्रचार की ओर न झुककर अल्प-उत्सुकता की ओर झुक गया।

तब ब्रह्मा सहम्पति ने मेरे चित्त की बात को जानकर ख्याल किया—'लोक नाश को प्राप्त होगा, जब तथागत का चित्त धर्म-प्रचार की ओर न झुककर अल्प-उत्सुकता की ओर झुक रहा है।' और ऐसा सोचकर उन्होंने मुझसे निवेदन किया—'भन्ते, भगवान् धर्मोपदेश करें, सुगत धर्मोपदेश करें, क्योंकि अल्प मलवाले प्राणी भी संसार में विद्यमान हैं और धर्म के न सुनने से वे नष्ट हो जायेंगे'।

मैंने, भिक्षुओ, ब्रह्मा के अभिप्राय को जानकर बुद्ध-नेत्र से लोक का अवलोकन किया और उस समय लोक के जीवों में कितने ही अल्पमल, तीक्ष्ण-बुद्धि, सुन्दर-स्वभाव तथा समझाने में सुगम प्राणी मुझे दृष्टिगोचर हुए। उनमें कोई-कोई परलोक और दोष से भय करते हुए विहर रहे थे। जैसे उत्पलिनी, पद्मिनी या पुण्डरीकिनी में से कितने ही उत्पल, पद्म या पुण्डरीक उदक में पैदा हुए, उदक में बँधे, उदक से बाहर न निकल, उदक के भीतर ही डूबकर पोषित होते हैं। इनमें से कोई नीलकमल, रक्तकमल अथवा श्वेतकमल होते हैं। इसी भाँति मैंने संसार के जीवों को विहार करते देखा और तब ब्रह्मा ने सहम्पति से यह गाथा कही—

'उनके लिए अमृत का द्वार बन्द हो गया है, जो कानवाले होने पर भी श्रद्धा को छोड़ देते हैं। हे ब्रह्मा, यह व्यर्थ न हो, ऐसा समझकर मैं मनुष्यों को निपुण तथा उत्तम धर्म की देशना नहीं कर रहा था'।

ब्रह्मा सहम्पति यह जानकर वहाँ से चले गये कि भगवान् ने धर्मोपदेश करनेवाले मेरे प्रस्ताव को मान लिया है।

उस समय मेरे मन में यह विचार उत्पन्न हुआ कि किसे मैं सर्वप्रथम इस धर्मोपदेश को करूँ, जो शीघ्र ही इस धर्म को जान सके। और इस सम्बन्ध में मैंने सर्वप्रथम 'आलार कालाम' तथा उद्रक रामपुत्र आदि के विषय में सोचा। पर उसी समय एक गुप्त देवता ने आकर यह निवेदन किया कि इन दोनों का देहावसान हो गया है। सोचते-सोचते मेरी दृष्टि पञ्चवर्गीय भिक्षुओं पर गयी—'पञ्चवर्गीय भिक्षु मेरे बहुत काम करनेवाले थे। जब मैं साधना में लगा था, तो उन लोगों ने मेरी बड़ी सेवा की थी। क्यों न मैं प्रथमतः उन्हें ही उपदेश दूँ'; और तब दिव्य चक्षुओं से यह जान पाया कि वे वाराणसी के ऋषिपतन मृगदाव (सारनाथ) में विहार कर रहे हैं।"

पञ्चवर्गीय भिक्षुओं से मिलने के लिए बुद्ध सारनाथ आये। बुद्ध ने कहा—"भिक्षुओ, इधर सुनो; मैंने जिस अमृत को पाया है, उसका तुम्हें उपदेश करता हूँ। उपदेशानुसार आचरण करने पर जिस उद्देश्य के लिए कुलपुत्र घर छोड़कर प्रव्रजित होते हैं, उस अनुत्तम ब्रह्मचर्य-फल को इसी जन्म में शीघ्र ही स्वयं जानकर विचरोगे।"

पञ्चवर्गीय भिक्षुओं ने उत्तर दिया—"आवुस गौतम, उस साधना में, उस धारणा में, उस दुष्कर तपस्या में भी तुम आर्यों के ज्ञान-दर्शन की पराकाष्ठा की विशेषता तथा उत्तर-मनुष्य-धर्म को नहीं पा सके; फिर अब बाहुलिक, साधना-भ्रष्ट, बाहुल्य-परायण होते हुए तुम आर्य ज्ञान-दर्शन की पराकाष्ठा उत्तर-मनुष्य-धर्म को क्या पाओगे?"

बुद्ध ने उन्हें विश्वास दिलाया और अपना उपदेश देते हुए पाँच कामगुणों का व्याख्यान किया और उन्हें उनसे विरत रहते हुए सर्वप्रथम चार ध्यानों तथा क्रमशः आकाशानन्त्यायतन, विज्ञानानन्त्यायतन, आकिञ्चन्यायतन, तथा संज्ञा-वेदयित-विरोध आदि को प्राप्त करते हुए प्रज्ञा द्वारा निर्वाण को प्राप्त करने के लिए कहा। इस प्रकार यहाँ पर बुद्ध का यह प्रथम उपदेश (धर्म-चक्र-प्रवर्तन) हुआ।

६. **महासच्चकसुत्त** (३६)—वैशाली के महावन की कूटागारशाला में भी बुद्ध ने अचेल 'सच्चक' को अपने जीवनी से सम्बन्धित बातों को बताया और कायभावना तथा चित्तभावना के अभ्यास के विषय में उपदेश करते हुए अपनी बोधिसत्त्व-चर्या का वर्णन किया।

७. **उपालिसुत्त** (५६)—'निगण्ठनातपुत्त' (निर्ग्रन्थ-ज्ञातृपुत्र, जैन तीर्थङ्कर महावीर) और बुद्ध का साक्षात्कार नहीं हुआ था। पर ये समकालीन थे और कभी एक समय एक स्थान में विहार करते थे। बुद्ध नालन्दा में 'पावारिक' नामक आम्रवन में ठहरे थे। संभवतः दीर्घ काल तक तपस्या करने से तीर्थङ्कर के प्रधान शिष्य गौतम इन्द्रभूति का ही दूसरा नाम दीर्घ-तपस्वी था। उस समय 'निगण्ठों' की बड़ी परिषद् के साथ 'निगण्ठनातपुत्त' नालन्दा में विहार करते थे। एक बार दीर्घतपस्वी बुद्ध के पास आकर संमोदन कर खड़ा हो गया। बुद्ध ने कहा—"तपस्वी, आसन मौजूद है। इच्छा हो तो बैठ जाओ।"

यह कहने पर दीर्घतपस्वी निर्ग्रन्थ निम्न आसन पर एक ओर बैठ गया। भगवान् ने ही बात आरम्भ की—

"दीर्घतपस्वी, पाप कर्म की प्रवृत्ति के लिए निर्ग्रन्थ-ज्ञातृपुत्र कितने कर्मों का विधान करते हैं?"

"आवुस गौतम, कर्म-कर्म विधान करना निर्ग्रन्थ-ज्ञातृपुत्र का नियम नहीं है; दण्ड-दण्ड विधान करना उनका नियम है।"

'तो, तपस्वी, पाप कर्म करने के लिए, पाप कर्म की प्रवृत्ति के लिए कितने दण्ड का वे विधान करते हैं?"

"आवुस गौतम, पाप कर्म के हटाने के लिए तीन दण्ड—कायदण्ड, वचनदण्ड तथा मनोदण्ड का विधान उनके द्वारा किया गया है।"

"क्या कायदण्ड दूसरा है, वचनदण्ड दूसरा और मनोदण्ड दूसरा है?"

इसका दीर्घतपस्वी ने स्वीकारात्मक उत्तर दिया।

"इनमें कौन महादोष-युक्त है", पूछने पर कायदण्ड का उल्लेख किया।

बुद्ध ने कहा—"कायदण्ड कहते हो ?"

"आवुस गौतम, कायदण्ड कहता हूँ।"

इस प्रकार तीन बार दीर्घतपस्वी से कहलाकर पूछने पर स्वयं मनोकर्म को महादोषी बतलाया। और इसे भी दीर्घतपस्वी निर्ग्रन्थ से तीन बार कहलाया। वह आसन से उठकर निर्ग्रन्थ-ज्ञातृपुत्र के पास चला गया।

निर्ग्रन्थ-ज्ञातृपुत्र ने पूछा—

"क्या तेरा श्रमण गौतम के साथ कुछ कथा-संलाप भी हुआ ?"

दीर्घतपस्वी ने सब कह दिया।

वहाँ नालन्दा का प्रसिद्ध सेठ जैन-श्रावक उपालि भी बैठा था। उसने ज्ञातृपुत्र से कहा—"भन्ते, मैं जाऊँ और इसी विषय (कथावस्तु) में श्रमण गौतम के साथ विवाद करूँ। यदि वह विचले नहीं, तो मैं उसी तरह उसे लपेट लूँगा, जैसे बलवान् पुरुष लम्बे बालवाली भेड़ को बालों से पकड़ कर निकालता, घुमाता, डुलाता है; अथवा जैसे साठ वर्ष का पट्ठा हाथी पुष्करणी में प्रवेश करके 'सन-धोवन' नामक खेल को खेलता है, उसी तरह मैं श्रमण गौतम से भी इसी विषय पर वाद करूँगा।"

उपालि गृहपति बुद्ध के पास गया। बुद्ध ने सर्वप्रथम उससे यह कहा—"गृहपति, यदि तू सत्य में स्थित होकर मन्त्रणा करे तभी हम दोनों का संलाप सम्भव है।" उपालि ने इसे स्वीकार किया। बुद्ध ने कहा—

"गृहपति, यहाँ एक चातुर्याम-संवर से संवृत, सब वारि से निवारित, सब वारि को निवारण करने में तत्पर, सब वारि से धुला हुआ, सब वारि से छूटा हुआ निर्ग्रन्थ है। वह आते-जाते बहुत से छोटे-छोटे प्राणि-समुदाय को मारता है। गृहपति, निर्ग्रन्थ-ज्ञातपुत्र इसका क्या विपाक बतलाते हैं ?"

"भन्ते, अनजाने को निर्ग्रन्थ-ज्ञातृपुत्र महादोष नहीं मानते।"

"यदि जानता हो ?"

"तब महादोष होगा।"

"जानने को किस दण्ड में गणना करते हैं ?"

"भन्ते, मनोदण्ड में।"

उपालि ने बुद्ध के मन्तव्य (मन की प्रधानता) को मान लिया। वहाँ और भी बातें हुईं। अन्त में उपालि गृहपति बुद्ध का श्रावक (शिष्य) बन गया।

बुद्ध ने कहा—"उपालि, निर्ग्रन्थों के लिए तुम्हारा घर प्याऊ की तरह रहा है। उनके वहाँ जाने पर अब भोजन नहीं देना चाहिए, यह न समझना।"

उपालि इससे और प्रसन्न हुआ।

८. **कुक्करवतिकसुत्त (५७)**—भगवान् कोलिय देश के 'हलिद्दवसन' नामक निगम में विहार करते थे। गोव्रती कोलिय-पुत्र पूर्ण और कुक्कुरव्रती 'अचेल सेनिय' वहाँ गये। कुक्कुरव्रती बुद्ध का संमोदन करके कुत्ते की भाँति गेड़ुरी मारकर एक ओर बैठ गया। भगवान् ने समझाया कि अखंड कुक्कुरव्रत लेकर उसे मरकर कुक्कुर योनि में ही जाना होगा। यह बात सुनते ही अचेल सेनिय रो पड़ा। उपदेश का परिणाम यह हुआ कि उन्होंने व्रत छोड़ दिया।

९. **अम्बलट्ठिकराहुलोवादसुत्त (६१)**—इसमें बुद्ध ने राहुल को उपदेश दिया है, जिसे देखने से मालूम होता है कि अभी राहुल बहुत सयाने नहीं थे और उनकी अवस्था कम ही थी।

भगवान् ने थोड़े से बचे जल को दिखाकर पूछा—

"इस थोड़े से बचे पानी को देखता है?"

"हाँ, भन्ते।"

"राहुल ऐसा ही छोटा (थोड़ा) उनका श्रमणपन है, जिनको जान-बूझकर झूठ बोलने में लज्जा नहीं आती।"

तब भगवान् ने थोड़े जल को फेंककर राहुल को सम्बोधित किया—

"राहुल, देखा मैंने उस थोड़े से बचे जल को फेंक दिया।"

"हाँ, भन्ते!"

"ऐसा ही फेंका हुआ उनका श्रमणपन है, जिनको जान-बूझकर झूठ बोलने में लज्जा नहीं आती।"

तब भगवान् ने उसे लोटे को औंधाकर कहा—

"राहुल, तू इस लोटे को औंधा हुआ देखता है ?"

"हाँ, भन्ते।"

"ऐसा ही औंधा उनका श्रमणपन है, जिनको०।"

तब भगवान् ने उस लोटे को सीधाकर कहा—

"राहुल, तू इस लोटे को सीधा हुआ देख रहा है, खाली देख रहा है ?"

"हाँ भन्ते।"

"ऐसा ही खाली-तुच्छ उनका श्रमणपन है, जिनको०।

"राहुल, जैसे हरिस-समान लम्बे दाँतोंवाला, महाकाय, सुन्दर जाति का संग्राम में जानेवाला राजा का हाथी, संग्राम में जाने पर अगले पैरों से भी लड़ाई का काम करता है पिछले पैरों से भी; शरीर के अगले भाग से भी०; शरीर के पिछले भाग से भी०; शिर से भी० कान से भी; दन्त से भी०; लेकिन सूँड़ को बेकाम रहता है। तो हाथीवान् को ऐसा विचार होता है—'यह राजा का हाथी, सूँड़ को बेकाम रखता है। राजा के ऐसे नाग का जीवन अविश्वसनीय है।'

लेकिन, यदि राहुल, हरिस-समान लम्बे दाँतोंवाला राजा का हाथी सूँड़ से काम लेता हो, तो राजहाथी का जीवन विश्वसनीय है; अब राजा के हाथी को और कुछ काम करना नहीं शेष है। ऐसे ही राहुल, जिसे जान-बूझकर झूठ बोलने में लज्जा नहीं है, उसके लिए कोई भी पाप कर्म अकरणीय नहीं है—ऐसा मैं मानता हूँ। इसलिए, राहुल, 'हँसी में भी झूठ नहीं बोलूँगा,' यह सीख लेनी चाहिए।

"तो क्या मानते हो, राहुल, दर्पण किस काम के लिए है ?"

"भन्ते, देखने के लिए।"

"ऐसे ही, राहुल, देख-देख कर काया से काम करना चाहिए, देख-देखकर वचन से काम करना चाहिए, देख-देखकर मन से काम करना चाहिए। जब राहुल, तू काया से काम करना चाहे, तो तुझे विचार करना चाहिए क्या यह मेरा कार्य अपने लिए पीड़ादायक तो नहीं हो सकता, दूसरों के लिए पीड़ादायक तो नहीं हो सकता, दोनों के लिए तो पीड़ादायक नहीं हो सकता। यदि प्रत्यवेक्षण करने के पश्चात्, राहुल, तू यह समझे कि यह बुरा कर्म है तो इस प्रकार के कार्य को छोड़ देना चाहिए।

"राहुल, जिन किन्हीं श्रमण-ब्राह्मणों ने अतीतकाल में काय-कर्म, वचन-कर्म,मन-कर्म आदि परिशोधित किये, उन सबने इसी प्रकार प्रत्यवेक्षण करके इन्हें परिशुद्ध किया। राहुल, इसी प्रकार का प्रत्यवेक्षण तुम्हें भी सीखना चाहिए।"

९. कीटागिरिसुत्त (७०)—बुद्ध बड़े भारी भिक्षु-संघ के साथ काशी देश में चारिका कर रहे थे। उन्होंने भिक्षुओं को आमन्त्रित किया—"भिक्षुओ, मैं रात्रि-भोजन से विरत हो भोजन करता हूँ, उससे आरोग्य, उत्साह, बल, सुखपूर्वक, विहार अनुभव करता हूँ। आओ, भिक्षुओ, तुम भी रात्रि-भोजन से विरत हो भोजन करो।"

"अच्छा, भन्ते", भिक्षुओं ने कहा।

तब काशी देश में क्रमशः चारिका करते हुए बुद्ध जहाँ काशीवालों का निगम 'कीटागिरि'[1] था, वहाँ पहुँचे। भिक्षुओं ने रात के भोजन के त्याग के बारे में 'कीटागिरि' में भी कहा। वहाँ अश्वजित् और पुनर्वसु नामक दो भिक्षुओं ने कहा—"हम प्रातः तथा मध्याह्न में विकाल भोजन को करते हैं, और नीरोग रहते हैं; सो हम क्यों प्रत्यक्ष को छोड़कर कालान्तर के लिए दौड़ें। हम सायं भी खायेंगे, प्रातः भी, दिन में भी, विकाल में भी ...।"

१०. रट्ठपालसुत्त (८२)—'रट्ठपाल' की कथा अश्वघोष को इतनी पसन्द आयी कि उन्होंने 'राष्ट्रपाल-नाटक' लिखा, जो संस्कृत मे था, पर

१. केराकत, जिला जौनपुर।

नष्ट हो गया। उसका अनुवाद भी तिब्बती तथा चीनी में नहीं है। केवल धर्मकीर्ति के 'वादन्याय' नामक ग्रन्थ में इसका उल्लेख अश्वघोष की कृति के तौर पर है। राष्ट्रपाल कुरु देश के 'थुल्लकोट्ठित' निगम (कस्बे) के रहने वाले श्रेष्ठिपुत्र थे। भिक्षु बनने के लिए माता-पिता की आज्ञा होनी आवश्यक है। किसी तरह सत्याग्रह करके उन्होंने आज्ञा ले भिक्षु-दीक्षा ली। कुछ वर्षों के बाद उन्होंने फिर अपनी जन्मनगरी देखनी चाही। वे 'थुल्ल-कोट्ठित' गये। जब भिक्षा का समय हुआ, तो वे अपने घर की ओर गये। उनके पिता बिचली द्वारशाला में हजामत बनवा रहे थे। दूर से उन्हें आते देखकर पीत-वस्त्रधारियों की निन्दा करते हुए बुदबुदाने लगे—इन मुंडियों ने मेरे प्रियमनाप एकमात्र पुत्र को साधु बना लिया। इस प्रकार राष्ट्रपाल ने अपने घर से भिक्षा नहीं पायी, बल्कि फटकार ही पायी।

उस समय घर की दासी बासी दाल फेंक रही थीं। राष्ट्रपाल ने कहा—"भगिनी, यदि इसे फेंकना चाहती हो, तो मेरे पात्र में डाल दो।"

तब उसे उनके पात्र में डालते समय उनकी आवाज और पैरों को दासी ने पहचान लिया और जाकर उनकी माँ से कहा—"आर्ये, जानती हो, आर्य-पुत्र राष्ट्रपाल आये हैं?" "यदि तू सच बोलती है, तो तू अदासी होगी।" दासिता युग के दास मनुष्य-पशु थे, अदास होना बड़ी बात थी। माँ ने इस बात को अपने पति से जाकर कहा। सेठ बाहर गया और देखा कि दीवाल के पास बैठे राष्ट्रपाल बासी दाल खा रहे हैं।

पिता ने कहा—
"आओ, तात राष्ट्रपाल, घर चलें।"
"बस, गृहपति, आज मैं भोजन कर चुका।"
"तो, तात राष्ट्रपाल, कल का भोजन हमारे यहाँ स्वीकार करो।"

राष्ट्रपाल ने उसे स्वीकार कर लिया।

सेठ ने घर में जा हिरण्य-सुवर्ण की बड़ी राशि करवा, चटाई से ढँकवा-कर राष्ट्रपाल की स्त्रियों से कहा—

"आओ, बहुओ, जिन अलंकारों से अलंकृत हो, तुम लोग राष्ट्रपाल को बहुत प्रिय लगती थी, उन अलंकारों से अलंकृत हो जाओ।"

दूसरे दिन सूचना देने पर राष्ट्रपाल पिता के घर पहुँचे। जाकर बिछे आसन पर बैठे। पिता ने राशि को खोलकर कहा—"तात राष्ट्रपाल, यह तुम्हारी माता का धन है, पिता का तथा पितामह का अलग है। आओ, तात राष्ट्रपाल, भोग भी भोग सकते हो; पुण्य भी कर सकते हो। आओ, तात, भिक्षु-दीक्षा छोड़, गृहस्थ बन, भोगों को भोगो और पुण्यों को करो।"

राष्ट्रपाल ने कहा—"यदि, गृहपति, तू मेरी बात माने, तो इस सुवर्ण-पुंज को गाड़ियों पर रखवाकर गङ्गा नदी की बीच धार में डाल दे। सो किसलिए? इसके कारण तुझे शोक, परिदेव तथा दुःखादि नहीं होंगे।"

राष्ट्रपाल की अनेक भार्याएँ उनका पैर पकड़कर कहने लगी—"आर्यपुत्र, कैसी हैं वे अप्सराएँ, जिनके लिए तुम ब्रह्मचर्य-व्रत का पालन करते हो?"

राष्ट्रपाल ने कहा—"भगिनि, हम अप्सराओं के लिए ब्रह्मचर्य-व्रत का पालन नहीं करते।"

भगिनि शब्द को सुनकर वे मूर्च्छित होकर गिर पड़ीं।

राष्ट्रपाल ने खीझकर पिता से कहा—"गृहपति, यदि भोजन देना हो तो दो, हमें कष्ट मत दो?"

इसके पश्चात् राष्ट्रपाल के पिता ने आयुष्मान् राष्ट्रपाल को उत्तम भोजन कराया; और भोजन करने के बाद राष्ट्रपाल ने तत्त्वयुक्त गाथाओं को कहा।

राजा कौरव्य अपने उद्यान में घूमने आनेवाले थे और इसके लिए उन्होंने अपने माली को उद्यान भूमि साफ करने को कहा। माली अपने कार्य में रत हो गया और उसी समय एक वृक्ष के नीचे दिवाविहार-निमित्त बैठे हुए राष्ट्रपाल को उसने देखा और जाकर राजा से निवेदन किया—"देव, 'थुल्ल-

कोट्ठित' के अग्रकुलिक का पुत्र राष्ट्रपाल, जिसकी प्रशंसा आप सर्वदा करते हैं, आज उसी उद्यान में बैठा है।"

राजा उनसे मिलने के लिए गया और वहाँ जाकर राष्ट्रपाल से बोला—"हे राष्ट्रपाल, चार हानियों के कारण ही लोग प्रव्रजित होते हैं—(१) बुढ़ापे में अप्राप्त भोगों का प्राप्त करना या प्राप्त भोगों को भोगना सुकर नहीं है, इससे भी लोग प्रव्रजित हो जाते हैं और इसको जरा-हानि कहते हैं, पर आपके तो केश काले हैं, अतएव यह आप में विद्यमान नहीं है; (२) व्याधि हानि के कारण भी लोग प्रव्रजित हो जाते हैं, पर आपमें तो यह विद्यमान नहीं है; (३) भोगों के क्षय हो जाने के कारण भी लोग प्रव्रजित हो जाते हैं, पर आपके साथ तो यह भी नहीं है; (४) ज्ञातृ-हानि के कारण भी लोग प्रव्रजित हो जाते हैं, पर आपके सम्बन्ध में तो यह नहीं है और इस 'थुल्लकोट्ठित' में बहुत से मित्र-अमात्य आपके हैं। अतएव आप क्या जानकर, देखकर या सुनकर प्रव्रजित हुए हैं ?"

राष्ट्रपाल ने उत्तर दिया—"महाराज, उन भगवान् बुद्ध ने चार धर्मोद्देश कहे हैं, जिनको जानकर मैं प्रव्रजित हुआ हूँ—(१) यह लोक अध्रुव है, उपनीत हो रहा है; (२) लोक त्राण-रहित तथा आश्वासन-रहित है; (३) लोक अपना नहीं है और सब छोड़कर जाना है तथा (४) लोक निम्न तृष्णा का दास है।"

विभिन्न उपमाओं से इन सबका व्याख्यान राष्ट्रपाल ने राजा से किया और अन्त में यह व्यक्त किया—"वृक्ष के फल की भाँति तरुण और वृद्ध मनुष्य शरीर छोड़कर गिरते हैं, इसे भी देखकर मैं प्रव्रजित हुआ; क्योंकि न गिरनेवाला भिक्षुपन (श्रामण्य) ही श्रेष्ठ है।"

११. मधुरियसुत्त (८४)—बुद्ध के प्रधान शिष्य थे—शारिपुत्र, मौद्गल्यायन, महाकाश्यप, महाकात्यायन। महाकात्यायन अवन्ती (मालवा) के राजा चण्डप्रद्योत के पुरोहित और बड़े पंडित थे। अवन्ति-राज की एक कन्या मथुरा के राजा को ब्याही थी और दूसरी वासवदत्ता वत्सराज उदयन

को। अवन्ति-राज की कन्या का मथुरावाला नाती पीछे 'माथुरिय' (माथुर) अवन्तीपुत्र कहा जाता था।

एक समय महाकात्यायन मथुरा के 'गुन्दवन' में विहार करते थे। राजा अवन्तिपुत्र ने उनका वहाँ आना सुना। वह रथ पर चढ़ 'गुन्दवन' गया। उसने ब्राह्मणों के मत—"ब्राह्मण ही श्रेष्ठवर्ण है तथा और वर्ण नीच हैं"—के बारे में उनसे पूछा।

महाकात्यायन ने बताया कि धनवान् ब्राह्मण, क्षत्रिय, वैश्य तथा शूद्र सभी के नौकर ये चारों वर्ण हो सकते हैं, अतएव इस कारण से चारों वर्ण सम हैं। दुनियाँ में यह केवल हल्ला भर है कि ब्राह्मण ही श्रेष्ठ वर्ण हैं, और वर्ण नीच हैं तथा वे ब्रह्मा के दायाद हैं।

दुराचार और सदाचार की बातों की दृष्टि देकर महाकात्यायन ने समझाया—"ब्राह्मणों का दावा गलत है। सभी वर्ण समान हैं।"

अन्त में संतुष्ट हो राजा ने कहा—"आज से मुझे आप अंजलिबद्ध शरणागत उपासक स्वीकार करें।"

महाकात्यायन ने कहा—

"महाराज, तुम मेरी शरण में मत आओ। उसी भगवान् की तुम भी शरण जाओ, जिसकी शरण मैं गया हूँ।"

"हे कात्याययन, इस समय वे भगवान् अर्हत् कहाँ वास कर रहे हैं?"

"महाराज वे भगवान् निर्वाण प्राप्त हो चुके।"

इसके पश्चात् राजा निर्वाण-प्राप्त उन बुद्ध, धर्म और भिक्षु-संघ की शरण गया।

इससे यह ज्ञात होता है कि बुद्ध-निर्वाण के पश्चात् उनके शिष्यों द्वारा भाषित सूत्रों का संग्रह भी बुद्धवचनों में हो गया और उन्हें भी बुद्धोपदेश की तरह ही मान्यता प्राप्त हुई। आचार्य बुद्धघोष ने तो इस प्रकार के सूत्रों को बुद्धभाषित सिद्ध करने के लिए अपनी 'अट्ठकथाओं' में जमीन-आसमान एक कर दिया है।

१२. बोधिराजकुमारसुत्त (८५)—वासवदत्ता तथा वत्सराज उदयन का यह पुत्र था। इसे माता के गर्भ से ही बुद्ध भक्त माना गया है। बुद्ध एक बार 'सुंसुमारगिरि' (चुनार) के मृगदाव में विहार करते थे और यहाँ पर उन्होंने बोधिराजकुमार से अपनी जीवनी से सम्बन्धित कुछ बातें बतलायीं। बोधिराजकुमार ने तथागत के स्वागत के लिए अपने कोकनद प्रासाद में पाँवड़े बिछाये। बुद्ध ने आनन्द की ओर देखा। आनन्द ने कहा—"राजकुमार, भगवान् पाँवड़े पर नहीं चलेंगे, आनेवाली जनता का भी ख्याल कर रहे हैं।"

राजकुमार ने पाँवड़े हटा लिये। भगवान् ने उस दिन अपनी जीवनी के बारे में कहा—

"राजकुमार, उस समय मैं दहर (नववयस्क) बहुत काले केशवाला, सुन्दर यौवन से युक्त प्रथम वयस् में था, माता-पिता को अश्रुमुख होते छोड़, घर से बेघर हो, प्रव्रजित हो, जहाँ 'आलार कालाम' था, वहाँ गया। जाकर कहा—'आवुस कालाम, मैं इस धर्म में ब्रह्मचर्य पालन करना चाहता हूँ।'

'आलार कालाम' ने 'आकिञ्चन्यायतन' ध्यान तक बतलाया। मैंने फिर स्वयं इस सम्बन्ध में प्रयत्न किया और शीघ्र ही उसे स्वयं प्राप्त करके विहरने लगा। जब अपनी प्राप्ति को मैंने 'आलार कालाम' से प्रकट किया तो उसने मुझे अपने संघ का उपनेता बनाना चाहा। पर इससे तो मेरे उद्देश्य की प्राप्ति नहीं हो सकती थी, अतः उसके प्रस्ताव को ठुकरा कर मैं आगे बढ़ा और शान्ति-पद की गवेषणा करते हुए उद्रक रामपुत्र के पास गया।

उद्रक रामपुत्र ने मुझे 'नैवसंज्ञानासंज्ञायतन' को बतलाया। उसको भी प्राप्ति मुझे हो गयी और उसने भी इसके बाद मुझे अपने संघ का उपनेता बनाना चाहा, पर उसके प्रस्ताव को भी मुझे ठुकराना पड़ा।

मैंने फिर स्वयं ही ध्यान भावनाओं का अभ्यास बड़ी दृढ़ता के साथ किया। इसके पश्चात् मैं निराहार तपस्या करने लगा। मुझे हुआ—'अतीत काल

में जिन श्रमणों तथा ब्राह्मणों ने दुःख तथा तीव्र भावनाएँ सहीं, इतनी ही सही होगीं, इससे अधिक नहीं; भविष्य काल में भी वे इतनी ही सहेंगे, इससे अधिक नहीं; लेकिन तो भी मैंने सफलता नहीं पायी। जान पड़ता है समाधि का दूसरा मार्ग है।' पिता के खेत पर जामुन की ठंडी छाया के नीचे बैठकर अपने लगाये ध्यान का मुझे स्मरण हुआ। कमजोरी को बाधक जानकर मैं आहार ग्रहण करने लगा। पाँचों साथी भिक्षुओं ने इसे व्रत-भ्रष्ट होना समझा। वे मुझे छोड़कर चले गये। मैं अपने ध्यान और भावनाओं में लगा; अन्त में मैंने फल को प्राप्त किया। बोधि की प्राप्ति हुई।"

राजकुमार बोल उठा—"अहो बुद्ध! अहो धर्म!"

फिर बोधिराजकुमार ने अपनी बात बतलायी--"भगवान्, एक बार कौशाम्बी के घोषिताराम में विहार कर रहे थे। मेरी गर्भवती 'अय्या' (माता) भगवान् के प्रति अभिवादन कर बोलीं—'भन्ते, जो मेरी कोख में यह कुमार या कुमारी है, वह भगवान्, उनके धर्म तथा भिक्षु-संघ की शरण जाता है। आज से भगवान् इसे अंजलिबद्ध शरणागत उपासक मानें।' एक बार फिर इसी गर्भ में 'सुसुंमारगिरि' के 'भेसकलावन' में मेरी धाई मुझे गोद में लेकर भगवान् के पास आयी और भगवान् से बोली—'भन्ते, यह बोधिराजकुमार भगवान्, उनके धर्म और संघ की शरण जाता है।' और अब मैं यह तीसरी बार इस त्रिशरण को स्वीकार करता हूँ। भगवान् मुझे अपना उपासक स्वीकार करें।"

१३. **अङ्गुलिमालसुत्त** (८६)—बुद्ध श्रावस्ती में अनाथपिण्डिक के आराम जेतवन में विहार कर रहे थे। उस समय राजा प्रसेनजित् के राज्य में रुद्र, लोहितपाणि, मारकाट में संलग्न अँगुलिमाल नामक एक डाकू था। उसके कारण रास्ते बन्द हो गये थे।

अपने द्वारा वध किये गये आदमियों की अँगुलियाँ काट कर वह माला बना लेता था; इसलिये उसका नाम अँगुलिमाल पड़ा था। भगवान् अँगुलिमाल को सही रास्ते पर लाना चाहते थे। अतः एक दिन वे उसी के रास्ते की

ओर चल पड़े। ग्वालों, किसानों तथा बटोहियों ने बहुत रोका—"श्रमण, इस मार्ग में अँगुलिमाल डाकू रहता है, उसने ग्रामों को अग्राम में परिणत कर दिया। वह मनुष्यों को मार-मारकर उनकी अँगुलियों की माला पहिनता है। इस मार्ग पर वीस-बीस से लेकर चालीस-पचास पुरुष इकट्ठा होकर जाते हैं, तब भी वे अँगुलिमाल के हाथ में पड़ जाते हैं, अतएव आप मत जाइए।"

भगवान् उस रास्ते से जा रहे थे। अँगुलिमाल ढाल, तलवार तथा तीर धनुष के साथ भगवान् के पीछे चला। मामूली चाल से चलते हुए भगवान् को वह पकड़ नहीं पा रहा था। वह बोला—

"खड़ा रह, श्रमण।"

"मैं खड़ा हूँ, अँगुलिमाल, तू भी खड़ा हो।"

पास जाकर भगवान् के शान्त मुखमंडल को देखकर उस डाकू के भाव बदले। उसने तलवार आदि अपने हथियार पास के खोह, प्रपात तथा नाले में फेंक दिये। उसने सुगत के पैरों की वन्दना करके उनसे प्रवज्या माँगी।

प्रवज्या मिल गयी।

भगवान् आयुष्मान् अँगुलिमाल को अनुगामी श्रमण बना श्रावस्ती की ओर चले तथा जेतवन गये। उसी समय राजा प्रसेनजित घुड़सवारों के साथ अँगुलिमाल को दबाने जा रहा था। भगवान् के दर्शनार्थ रास्ते में जेतवन में बह गया।

"कहाँ चले, महाराज"—बुद्ध ने पूछा।

"अँगुलिमाल को दबाने।"

"महाराज, अँगुलिमाल यह है," और यह सुनकर राजा चकित तथा भयभीत हो गया।

तब राजा ने अँगुलिमाल से पूछा—

"आर्य, अँगुलिमाल हैं?"

"हाँ, महाराज ।"

"आर्य के माता-पिता का गोत्र क्या है ?"

"महाराज, पिता गार्ग्य तथा माता मैत्रायणी हैं ।"

"आर्य गार्ग्य मैत्रायणी-पुत्र अभिरमण करें । मैं चीवर, पिण्डपात, शयनासन, ग्लान-प्रत्यय तथा भैषज्य परिष्कारों से आर्य की सेवा करूँगा ।"

जाकर आश्चर्य प्रकट करते हुए राजा ने भगवान् से कहा—"भन्ते, जिसका दमन हम दंड तथा शस्त्र से न कर सके उसे भगवान् ने बिना दंड तथा शस्त्र के दमन कर दिया ।" ऐसा कहकर राजा चले गये ।

इसके बाद बुद्ध ने अँगुलिमाल को अपने कृत पर पश्चाताप करते हुए उन पूर्व कर्मों के फल को नष्ट करने के लिए उपदेश दिया । अँगुलिमाल ने विमुक्ति सुख का अनुभव करते हुए अपने दिन व्यतीत किये ।

१४. **पियजातिकसुत्त** (८७)—इस सुत्त में एक दूसरा ही दृश्य सामने आता है । श्रावस्ती में एक गृहपति (वैश्य) का एकलौता पुत्र मर गया । उसे अपना कर्मान्त (पेशा) अच्छा न लगता था, न भोजन । वह लोगों के पास जा क्रन्दन करता था—"कहाँ हो मेरे एकलौते पुत्र !" भगवान् के पास भी जाकर उसने वही बात दुहरायी ।

भगवान् ने कहा—"यह ऐसा ही है, गृहपति, शोक, क्रन्दन, दुःख, दौर्मनस्य, परेशानी आदि प्रिय-जातिक हैं, प्रियों से उत्पन्न हैं ।" उसे यह बात जँची नहीं । वह चला गया । जुआ घर में भी इसकी चर्चा चली । उन्होंने भी कहा—

"यह ऐसा ही है, गृहपति; आनन्द प्रियजातिक ही है ।"

चर्चा बढ़ते-बढ़ते राजा के अन्तःपुर में चली गयी । रानी मल्लिका बुद्ध की बहुत भक्त थी । प्रसेनजित् ने उससे ताना देते कहा—"तेरे श्रमण ने यह कहा है—दुःख प्रियजातिक हैं ।"

"महाराज, यदि भगवान् ने ऐसा कहा तो वह होता ही है ।"

"ऐसा नहीं, मल्लिका; जो-जो श्रमण गौतम कहता है, उसका ही तू अनुमोदन करती है, क्योंकि गुरु जो-जो कहे, चेला उसी को दुहराता है—यह 'ऐसा ही है' । चल हट यहाँ से मल्लिका ।"

मल्लिका देवी ने 'नालीजङ्घ' ब्राह्मण को भगवान् के पास पूछने के लिए भेजा । जाकर उसने कहा—"गौतम, मल्लिका देवी आप के चरणों में वन्दना करती है, और पूछती है, क्या भगवान् ने कहा—दुःख प्रियजातिक है ?"

भगवान् ने 'हाँ' कहा ।

१५. ब्रह्मायुसुत्त (९१)—बुद्ध की चारिका विदेह में हो रही थी । उस समय १२० वर्ष की आयुवाला एक वृद्ध, महल्लक ब्रह्मायु ब्राह्मण मिथिला में रहता था । उसने भी बुद्ध के विषय में यह मंगल शब्द सुना कि वे अर्हत् हैं, सम्यक् सम्बुद्ध हैं आदि । उसने इसकी सत्यता की जाँच करने तथा बुद्ध को देखकर अपने विचार को उसके पास तक पहुँचाने के लिए उत्तर नामक अपने माणवक को भेजा । उस शिष्य से उन्होंने जांचने के मापदण्ड-स्वरूप महापुरुषों के बत्तीस लक्षणों आदि को भी बतला दिया ।

जाकर उसने पहले उनके शरीर में बत्तीस महापुरुष लक्षणों की विद्यमानता को परखा और तत्पश्चात् उनके ईर्यापथ का भी अवलोकन किया और मिथिला में जाकर इस सम्पूर्ण वृत्तान्त से ब्रह्मायु को परिचित कराया—

"वे चलते समय पहले दाहिना ही पैर उठाते हैं, न बहुत दूर पैर उठाते हैं न बहुत समीप; न अति शीघ्र चलते हैं, न अति देर से । बिना अवलोकन करते गौतम सारी काया से अवलोकन जैसे करते हैं । गृहस्थों के घर के भीतर काया को न उठाते हैं, न झुकाते है, न हाथ का अवलम्ब लेकर आसन पर बैठते हैं । पात्र में जल लेते समय पात्र को न ऊपर उठाते हैं, न पात्र को नवाते हैं । वे भोजन (भात) न बहुत अधिक न बहुत कम ग्रहण करते हैं ।.....दो-तीन बार करके मुख में ग्रास को चबाकर खाते हैं । जूठा उनके शरीर पर नहीं गिरता ।

हमने उन गौतम को गमन करते देखा, खड़े हुए देखा, भीतर प्रवेश करते देखा, घर में चुपचाप बैठे देखा, भोजनोपरान्त भोजन का अनुमोदन करते देखा, आराम में जाते देखा, आराम के भीतर चुपचाप बैठे देखा, आराम के भीतर परिषद् को धर्मोपदेश करते देखा।"

पीछे ब्रह्मायु ब्राह्मण स्वयं मिथिला में बुद्ध के दर्शन के लिए गया और उपदेश सुनकर उनका उपासक बना।

१६. घोटकमुखसुत्त (९४)—घोटकमुख (घोड़े जैसे मुँहवाला) ब्राह्मण किसी काम से वाराणसी आया था। एक दिन घूमते हुए वह क्षेमिक नामक आम्रवन में जा निकला। वहाँ आयुष्मान् उदयन टहल रहे थे। घोटकमुख से बात शुरू होते ही वे टहलने के चबूतरे (चङ्क्रमण) से उतरकर, विहार में प्रविष्ट हो, आसन पर बैठ गये, और ब्राह्मण से बोले—

"ब्राह्मण, आसन मौजूद है, इच्छा हो, तो बैठो।"

"आप उदयन की इस आज्ञा की प्रतीक्षा में ही मैं था। मेरे जैसे पुरुष बिना निमंत्रण के कैसे आसन पर बैठ जायेगा।"

एक नीचा आसन ले, बैठकर उस ब्राह्मण ने कहा—"जो धर्म यहाँ है, वही हमारे लिए प्रमाण है।"

"ब्राह्मण, यदि मेरी किसी बात को स्वीकरणीय समझना तो स्वीकार करना, खंडनीय समझना तो खंडन करना, और मेरे जिस कथन का अर्थ न समझना, उसे मुझसे ही पूछना।"

इसके पश्चात् बुद्ध ने उसे उपदेश दिया। उपदेश सुनने पर घोटकमुख ने उनसे अंजलिबद्ध उपासकत्व का प्रस्ताव किया। इस पर उदयन ने कहा—

"ब्राह्मण, तू मेरी शरण मत जा; उसी भगवान् की तू भी शरण जा, जिसकी शरण मैं गया हूँ।"

घोटकमुख ने पूछा—"वे भगवान् कहाँ हैं?"

इस पर उदयन ने बताया कि उनका तो निर्वाण हो गया।

घोटकमुख ने कहा—"निर्वाण-प्राप्त उन भगवान् की, उनके धर्म को तथा उनके संघ की हम शरण जाते हैं और अङ्गराज जो दैनिक मुझे भिक्षा देता है, उन पाँच सौ कार्षापणों की भिक्षा को मैं आपको समर्पित करता हूँ।"

उदयन ने कहा—"ब्राह्मण, हमारे लिए सोना-चाँदी ग्रहण करना कल्प्य नहीं है।"

"यदि यह विहित नहीं है तो मैं आपके लिए विहार बनवाऊँगा।"

"यदि मेरे लिए विहार बनाना चाहते हो, तो पाटलिपुत्र में संघ की उपस्थानशाला बनवा दे।"

घोटकमुख ने उनके आदेशानुसार पाटलिपुत्र में उपस्थानशाला बनवायी, जो आज भी 'घोटकमुखी' कही जाती है।

१७. वासेट्ठसुत्त (९८)—इस सुत्त में बुद्ध ने वर्ण-व्यवस्था का खंडन प्रस्तुत किया है। एक समय भगवान् 'इच्छानङ्गल' में विहार करते थे। उस समय बहुत से अभिज्ञात ब्राह्मण, यथा—चङ्कि, तारुक्ष, जानुश्रोणि, 'तोदेय्य' तथा दूसरे 'इच्छानङ्गल' में ही निवास करते थे।

बुद्ध के वहाँ आने पर वाशिष्ठ तथा भारद्वाज माणवों में इस सम्बन्ध में बहस छिड़ गयी। दोनों ने अन्त में यह निश्चय किया कि इस सम्बन्ध में बुद्ध से पूछकर वे अपना निर्णय करेंगे। जाकर बुद्ध से उन्होंने अपने-अपने पक्ष भी बतलाये कि एक जाति से तथा दूसरा कर्म से ब्राह्मण होने को मानता है। बुद्ध ने कहा—

"प्राणियों की जातियों में एक दूसरे से जाति का भेद है, जैसे तृण और वृक्ष में, कीट, पतंग और चींटी, छोटे बड़े चौपाये, जलचर, आकाशचारी पक्षियों आदि में जाति का लिङ्ग विद्यमान हैं, पर इस प्रकार का जाति-लिङ्ग मनुष्यों में अलग-अलग नहीं हैं। मनुष्य के किसी अङ्ग को लेने पर भी यह जातिभेदक लिङ्ग नहीं प्राप्त होता। मनुष्यों में भेद सिर्फ संज्ञा में है।

अतः कर्म के अनुसार जो गोरक्षा से जीविका करता है वह कृषक है; जो शिल्प से जीविका करता है, वह शिल्पी है; जो व्यापार से जीविका अर्जित करता है, वह वैश्य है आदि ।

माता तथा योनि से उत्पन्न होने के कारण कोई ब्राह्मण नहीं होता, प्रत्युत ब्राह्मण वह है, जो अपरिग्रही हो ।

कमल के पत्ते पर जल तथा आरे की नोक पर स्थित सरसो की भाँति जो भोगों में लिप्त नहीं है, वही मेरे अनुसार ब्राह्मण है ।"

इस प्रकार विस्तृत विवेचन प्रस्तुत करते हुए बुद्ध ने वर्ण-व्यवस्था का खंडन किया । वे सब उनके उपासक हुए ।

१८. सामगामसुत्त (१०४)—इस सुत्त में 'निगण्ठनातपुत्त' (जैन तीर्थङ्कर महावीर) के पावा में मरने और उनके श्रावकों में झगड़ा होने की बात का उल्लेख है । यह कथा 'दीघनिकाय' में भी आयी है । खबर लानेवाले चुन्द श्रमणोद्देश थे । इस सुत्त में बौद्ध सिद्धान्तों का विवरण तथा व्याख्यान प्रस्तुत किया गया है ।

१९. गोपकमोग्गल्लानसुत्त (१०८)—इस सुत्त में बुद्ध-निर्वाण के थोड़े समय बाद की घटनाओं का उल्लेख है । उस समय आयुष्मान् आनन्द राजगृह में वेणुवन के 'कलन्दकनिवाप' में विहार कर रहे थे । मगधराज अजातशत्रु अवन्तिराज प्रद्योत के भय से नगर में रक्षा की तैयारियाँ करा रहा था । आयुष्मान् आनन्द अपने भिक्षाचार के लिए निकले । पर अभी बहुत सबेरा था, अतः समय व्यतीत करने के लिए वे 'गोपक-मोग्गल्लान' के यहाँ गये । वहीं पर मगध-महामात्य वर्षकार ब्राह्मण तथा उप-नन्द सेनापति भी आये । वहाँ पर 'गोपकमोग्गल्लान' ने आनन्द से कहा—

"भो आनन्द, क्या आप सबमें कोई एक भिक्षु भी ऐसा है, जो कि सारे के सारे उन धर्मों से युक्त हो, जिनसे युक्त भगवान् बुद्ध थे ?"

आनन्द ने उसकी बात को छोड़कर वर्षकार के प्रश्नों का उत्तर देते हुए कहा कि ब्राह्मण हम धर्म-प्रतिशरण हैं । और इसके पश्चात् ध्यान-

भावना आदि का व्याख्यान किया। अन्त में गोपक के प्रश्नों का उत्तर देते हुए उन्होंने कहा कि हममें एक भिक्षु भी ऐसा नहीं है, जैसा कि तुमने पूछा है; आजकल के श्रावक मार्ग-अनुगामी हो विहर रहे हैं।

मगध और अवन्ती दोनों अपनी-अपनी शक्ति बढ़ा रहे थे। अन्त में मगध अपना साम्राज्य स्थापित करने में सफल हुआ।

२०. **भद्देकरत्तसुत्त (१३१)**—इस सुत्त में यह शिक्षा दी गयी है है कि मनुष्य को भूत तथा भविष्य की चिन्ता छोड़कर वर्तमान की ही चिन्ता करनी चाहिए। बुद्ध ने भिक्षुओं को उपदेश दिया—

"अतीत का अनुगमन न करे और न भविष्य की चिन्ता में पड़े। जो अतीत है, वह नष्ट हो गया और भविष्य तो अभी आया ही नहीं। रात-दिन निरालस्य तथा उद्योगी होकर विहरनेवाले को ही 'भद्देकरत्त' कहते हैं।"

२१. **पुण्णोवादसुत्त (१४५)**—आयुष्मान् पूर्ण ने भगवान् बुद्ध से अपने लिए संक्षिप्त धर्मोपदेश करने को कहा, जिससे वे (पूर्ण) एकाकी, एकान्तवासी, संयमी, अप्रमादी और उद्योगी होकर विहार कर सकें।

बुद्ध ने उन्हें संक्षिप्त धर्मोपदेश दिया और पूछा—"पूर्ण, मेरे इस संक्षिप्त उपदेश से उपदिष्ट होकर तू कौन से जनपद में विहरेगा?"

पूर्ण ने उत्तर दिया—"भन्ते, 'सूनापरान्त' नामक जनपद है, मैं वहाँ विहार करूँगा।"

उनकी दृढ़ता की परीक्षा लेने के लिए बुद्ध ने इस सम्बन्ध में उनसे और प्रश्न किये और बिना अविचल हुए पूर्ण ने उन सबका उत्तर दिया—

"पूर्ण, सूनापरान्त के मनुष्य चंड तथा कठोर हैं, यदि वे तुझे कुवाच्य आदि कहकर तेरा आक्रोशन करेंगे, तो तुझे कैसा लगेगा?"

"भन्ते, यदि ऐसा होगा तो मुझे तो यही अनुभूति प्राप्त होगी कि सूनापरान्त के मनुष्य भद्र हैं और वे मुझ पर हाथ से प्रहार नहीं करते।"

"यदि, पूर्ण, वहाँ के मनुष्य तुझ पर हाथ से प्रहार करें, तब तुम्हें कैसा लगेगा?"

"भन्ते, मुझे ऐसा होगा कि वहाँ के मनुष्य भद्र हैं, जो मुझे डंडे से नहीं मारते।"

"यदि, पूर्ण, सूनापरान्त के मनुष्य तुझे तीक्ष्ण शस्त्र से मार डालें, तब तुझे क्या होगा ?"

"भन्ते, मुझे ऐसा होगा—उन भगवान् के कोई-कोई शिष्य अपनी जिन्दगी से तंग आकर और ऊबकर आत्महत्यार्थ शस्त्रहारक खोजते हैं; सो मुझे यह शस्त्रहारक बिना खोजे ही मिल गया।"

इन सबको सुनकर बुद्ध ने कहा—"साधु साधु, पूर्ण ! साधु, पूर्ण !! तू इस प्रकार के शम-दम से युक्त हो सूनापरान्त जनपद में रह सकता है।"

भगवान् के वचनों का अनुमोदन कर पूर्ण सूनापरान्त के लिए वहाँ से चल दिये और वहाँ पहुँच कर उसी वर्ष के वर्षा-काल में पाँच सौ उपासकों तथा पाँच सौ उपासिकाओं को ज्ञान की उपलब्धि उन्होंने करायी और स्वयं भी तीनों विद्याओं की प्राप्ति की और दूसरे समय परिनिर्वाण को प्राप्त हुए।

'मज्झिमनिकाय' का वर्णन यहाँ संक्षेप में प्रस्तुत किया गया है। इस निकाय में 'थेरवाद' सम्प्रदाय के आधारशिलाभूत सभी दार्शनिक सिद्धान्तों का विवेचन है, अतएव इसे 'बुद्धवचनामृत' की संज्ञा से विभूषित किया जाता है।

इसमें अधिकतर सुत्त बुद्ध द्वारा ही उपदिष्ट हैं, लेकिन कुछ ऐसे सुत्तों का भी संग्रह इसमें है, जिन्हें 'सारिपुत्त' तथा 'महाकच्चायन' आदि बुद्ध के शिष्यों ने कहा था। ऊपर भी इनके सम्बन्ध में कह दिया गया है। इन सुत्तों के अतिरिक्त 'माधुरिय' तथा 'घोटकमुख' आदि कुछ ऐसे भी सुत्त हैं, जो बुद्ध के परिनिर्वाण के पश्चात् उनके शिष्यों द्वारा कहे गये हैं। बुद्धवचनों का संग्रह किस प्रकार से कालान्तर में सम्पन्न किया गया, इस पर इन सबसे वास्तविक प्रकाश प्राप्त होता है।

—:०:—

तीसरा अध्याय

३. संयुत्तनिकाय

सुत्तपिटक का तीसरा निकाय 'संयुत्तनिकाय' है। यह पाँच वर्गों तथा छप्पन संयुक्तों में विभक्त है। 'नालन्दा देवनागरी पालि ग्रन्थमाला' के अन्तर्गत प्रकाशित इस निकाय की पृष्ठ-संख्या निम्नप्रकार है—

प्रथम भाग (सगाथवग्ग)	२४१,
द्वितीय भाग (निदानवग्ग तथा खन्धवग्ग)	४८९,
तृतीय भाग (सळायतनवग्ग)	३४५,
चतुर्थ भाग (महावग्ग)	४०७
योग	१४८२

यदि पृष्ठों के आधार पर 'दीघनिकाय' के अनुसार इसके भाणवारों का हम विभाजन करें, तो यह संख्या लगभग १३४ होती है तथा ग्रन्थप्रमाण ४८० होता है। भिक्षु जगदीश काश्यप ने उपर्युक्त नागरी संस्करण में 'संयुत्तनिकाय' में सूत्रों की संख्या २९४१ मानी है, यद्यपि परम्परानुसार यह संख्या भिन्न ही है। इसी संस्करण के आधार पर 'संयुत्तनिकाय' का पूर्ण विभाजन नीचे प्रस्तुत किया जायेगा।

यह निकाय पाँच 'वग्गों' (वर्गों) में विभक्त है, और प्रत्येक वर्ग में विभिन्न 'संयुत्तों' (संयुक्तों) का संग्रह किया गया है। वर्ग हैं—(१) सगाथवग्ग, (२) निदानवग्ग, (३) खन्धवग्ग, (४) सळायतनवग्ग तथा (५) महावग्ग। इन वर्गों में देवतासंयुत्तादि विभिन्न ५६ 'संयुत्त' संग्रहीत हैं। इसका पूर्ण विवरण नीचे प्रस्तुत किया जा रहा है:—

१. सगाथवग्ग (=२७१ सूत्र)

संयुत्त	सूत्र-संख्या
१. (१) देवतासंयुत्त	८१
२. (२) देवपुत्त०	३०
३. (३) कोसल०	२५
४. (४) मार०	२५
५. (५) भिक्खुनी०	१०
६. (६) ब्रह्म०	१५
७. (७) ब्राह्मण०	२२
८. (८) वङ्गीस०	१२
९. (९) वन०	१४
१०. (१०) यक्ख०	१२
११. (११) सक्क०	२५

२. निदानवग्ग (=२९६)

१२. (१) निदान०	१०३
१३. (२) अभिसमय०	११
१४. (३) धातु०	३९
१५. (४) अनमतग्ग०	२०
१६. (५) कस्सप०	१३
१७. (६) लाभसक्कार०	४३
१८. (७) राहुल०	२२
१९. (८) लक्खण०	२१
२०. (९) ओपम्म०	१२
२१. (१०) भिक्खु०	१२

३. खन्धवग्ग (=७१६)

२२. (१) खन्ध०	१५९

२३. (२) राध० ४६
२४. (३) दिट्ठि० ९६
२५. (४) ओक्कन्त० १०
२६. (५) उप्पाद० १०
२७. (६) किलेस० १०
२८. (७) सारिपुत्त० १०
२९. (८) नाग० ५०
३०. (९) सुपण्ण० ४६
३१. (१०) गन्धब्ब० ११२
३२. (११) वलाहक० ५७
३३. (१२) वच्छगोत्त० ५५
३४. (१३) झान० ५५

४. सळायतनवग्ग (=४३४)

३५. (१) सळायतन० २४८
३६. (२) वेदना० ३१
३७. (३) मातुगाम० ३४
३८. (४) जम्बुखादक० १६
३९. (५) सामण्डक० १६
४०. (६) मोग्गलान० ११
४१. (७) चित्त० १०
४२. (८) गामणि० १३
४३. (९) असङ्खत० ४४
४४. (१०) अब्याकत० ११

५. महावग्ग (=१२२४)

४५. (१) मग्ग० १८१
४६. (२) बोज्झङ्ग० १८९

४७.	(३) सतिपट्ठान०	११०
४८.	(४) इन्द्रिय०	१८०
४९.	(५) सम्मप्पधान०	५५
५०.	(६) बल०	११०
५१.	(७) इद्धिपाद०	८६
५२.	(८) अनुरुद्ध०	२४
५३.	(९) झान०	५५
५४.	(१०) आनापान०	२०
५५.	(११) सोतापत्ति०	७४
५६.	(१२) सच्च०	१३७

वर्गों तथा संयुक्तों के नामों से ही उनमें वर्णित विषय के बारे में ज्ञान होता है। 'सगाथवग्ग' के नाम से ही प्रकट है कि इसमें आये हुए सुत्त गाथाओं से युक्त हैं। 'निदानवग्ग' में प्रतीत्यसमुत्पादवाद के नाम से संसार-चक्र की व्याख्या की गयी है। 'खन्धवग्ग' में पञ्च-स्कन्ध का विवेचन है, पर इस सम्बन्ध में स्कन्धों की दार्शनिक व्याख्या न प्रस्तुत करके केवल यही बारबार कहा गया है कि रूप अनित्य है, अनात्म है, दुःख है आदि। 'सळायतनवग्ग' में पञ्च-स्कन्धवाद तथा सळायतनवाद दोनों के सिद्धान्त प्रतिपादित हैं तथा 'महावग्ग' में बौद्ध धर्म, दर्शन और साधना के महत्त्व-पूर्ण सिद्धान्तों पर व्याख्यान विद्यमान है।

यहाँ पर स्थालीपुलाक न्याय से 'संयुत्तनिकाय' के कुछ सुत्तों का भाव दिया जा रहा है। कुरु देश (मेरठ कमिश्नरी) की लोककथाओं में प्रश्नोत्तर करने की रीति है और वही 'सगाथवग्ग' में भी प्राप्य है—

१. कतिछिन्दसुत्त (१.१.५)—

"कितने को काटे, कितने को छोड़े,
कितने और अधिक का अभ्यास करे?
कितने संगों को पारकर कोई भिक्षु,
'बाढ़ पार कर गया' कहा जाता है?"

"पाँच को काटे, पाँच को छोड़ दे,
पाँच और अधिक का अभ्यास करे।
पाँच संगों को पारकर भिक्षु,
'बाढ़ पार कर गया' कहा जाता है।"

२. जागरसुत्त (१.१.६)—

"जागे हुओं में कितने सोये हैं,
सोये हुओं में कितने जागे हैं ?
कितने से मैल लग जाता है,
कितने से परिशुद्ध हो जाता है ?"

"जागे हुओं में पाँच सोये हैं,
सोये हुओं में पाँच जागे हैं।
पाँच से मैल लग जाता है,
पाँच से परिशुद्ध हो जाता है।"

३. नत्थिपुत्तसमसुत्त (१.१.१३)—

"पुत्र के समान कुछ प्यारा नहीं,
गौओं के समान कोई धन नहीं।
सूर्य के समान कोई प्रकाश नहीं,
समुद्र सबसे महान् जलराशि है"

"अपने के समान कोई प्यारा नहीं,
धान्य के समान कोई धन नहीं।
प्रज्ञा के समान कोई प्रकाश नहीं,
वृष्टि सबसे महान् जलराशि है।"

४. जटासुत्त (१.१.२३)—

इस सुत्त में वे ही प्रसिद्ध गाथाएँ हैं, जिन्हें सिहल के स्थविरों ने आचार्य बुद्धघोष की परीक्षा लेने के लिए उन्हें दिया था। उनके व्याख्यान में आचार्य

ने 'विसुद्धिमग्ग' जैसे गम्भीर ग्रन्थ को प्रस्तुत करके अपनी योग्यता प्रमाणित की थी—

"भीतर में जटा (लगी है), बाहर भी जटा ही जटा है[1],
सभी जीव जटा में बेतरह उलझे पड़े हैं,
इसलिए, हे गौतम, आपसे पूछता हूँ,
कौन इस जटा को सुलझा सकता है?"

"शील पर प्रतिष्ठित हो प्रज्ञावान् मनुष्य,
चित्त और प्रज्ञा की भावना करते हुए[2],
तपस्वी और विवेकशील भिक्षु ही,
इस जटा को सुलझा सकता है।

जिनके राग-द्वेष और अविद्या,
बिल्कुल हट चुकी हैं,
जो क्षीणास्रव अर्हत् हैं,
उनकी जटा सुलझ चुकी है।
जहाँ नाम और रूप,
बिल्कुल निरुद्ध हो जाते हैं,
(जहाँ) प्रतिघ और रूप-संज्ञा भी (निरुद्ध हो जाते हैं),
वहाँ यह जटा कट जाती है।"

---

१. 'विसुद्धिमग्ग' में इसका व्याख्यान इस प्रकार से है—"जाल फैलानेवाली तृष्णा ही जटा कही गयी है। वह रूपादि आलम्बनों में ऊपर-नीचे बारबार उत्पन्न होने और गुथ जाने के कारण बाँस इत्यादि के झाड़ की भाँति मानों जटा जैसी हो। इसी से तृष्णा ही यहाँ जटा कही गयी है। वही स्वकीय-परिष्कार, पर-परिष्कार, स्वात्मभाव, परमात्मभाव, आध्यात्मायतन तथा बाह्यायतन इत्यादि में उत्पन्न होने से 'भीतर की जटा' और 'बाहर की जटा' कही गयी है।

२. 'चित्त और प्रज्ञा की भावना करते हुए का तात्पर्य समाधि तथा 'विपस्सना' (विदर्शना) भावना से है।

५. पाथेय्यसुत्त (१.१.७९)—

"क्या राह-खर्च बाँधता है,
भोगों का वास किसमें है ?
मनुष्य को क्या घसीट ले जाता है,
संसार में क्या छोड़ना बड़ा कठिन है ?
इतने जीव किसमें बँधे हैं,
जैसे जाल में कोई पक्षी ?"

"श्रद्धा राह-खर्च बाँधती है,
ऐश्वर्य में सभी भोग बसते हैं।
इच्छा मनुष्य को घसीट ले जाती है,
संसार में इच्छा को छोड़ना बड़ा कठिन है।
इतने जीव इच्छा में बँधे हैं,
जैसे जाल में कोई पक्षी।"

६. पज्जोतसुत्त (१.१.८०) —

"लोक में प्रद्योत क्या है,
लोक में कौन जाननेवाला है।
प्राणियों में कौन काम में सहायक है,
और उसके चलने का रास्ता क्या है ?
कौन आलसी और उद्योगी दोनों की,
रक्षा करता है, जैसे माता पुत्र की ?
किसके होने से सभी जीवन धारण करते हैं,
जितने प्राणी पृथ्वी पर बसते हैं ?"

"प्रज्ञा लोक में प्रद्योत है,
स्मृति लोक में जागती रहती है।
प्राणियों में बैल काम में साथ देता है,
और जोत उसके चलने का रास्ता है।

वृष्टि आलसी और उद्योगी दोनों की,
रक्षा करती है, जैसे माता पुत्र की,
वृष्टि के होने से सभी जीवन धारण करते हैं,
जितने प्राणी पृथ्वी पर बसते हैं।"

इसके द्वितीय 'संयुत्त' 'देवपुत्तसंयुत्त' में देवपुत्रों ने बुद्ध से जो प्रश्न किये हैं और उनका जो उत्तर उनके द्वारा प्रस्तुत किया गया है, वह सभी संग्रहीत है—

७. अनाथपिण्डिकसुत्त (१.२.२०)—

इसमें अनाथपिण्डिक द्वारा बनवाये जेतवनाराम का वर्णन है। १९३३ में मेरे गुरु श्री धर्मानन्द महास्थविर (लंका) जेतवन में गन्धकुटी के सामने खड़े होकर जिस समय इन गाथाओं को पढ़ रहे थे, उस समय उनकी आँखों से अविरल अश्रुधारा बह रही थी। (वह खंडहर बना जेतवन वैसा ही था) गाथाएँ—

"यही वह जेतवन है,
ऋषियों से सेवित,
धर्मराज (बुद्ध) जहाँ बसते हैं,
(यह) मुझमें बड़ी श्रद्धा उत्पन्न करता है... ।"

इस निकाय का द्वितीय 'संयुत्त' 'कोसलसंयुत्त' है, जिसके प्रायः सारे सुत्त राजा प्रसेनजित् (कोसल के राजा) से सम्बन्ध रखते हैं।

८. दहरसुत्त (१.३.१)—

भगवान् जेतवन में विहार कर रहे थे। उस समय कोसलराज प्रसेनजित् भगवान् के पास आया और शिष्टाचार आदि दिखलाकर एक ओर बैठ गया और भगवान् से बोला—"आप गौतम क्या अनुत्तर, पूर्ण बुद्धत्व पा लेने का दावा नहीं करते ?"

"महाराज, यदि कोई किसी को सचमुच सम्यक् सम्बुद्ध कहे, तो वह मुझ को ही कह सकता है; महाराज, मैंने ही उस अनुत्तर बुद्धत्व का साक्षात्कार किया है।"

"हे गौतम, जो दूसरे श्रमण और ब्राह्मण है—संघवाले, गणी, गणाचार्य, विख्यात, यशस्वी, तीर्थङ्कर, बहुत लोगों से सम्मानित, जैसे—पूर्णकाश्यप, मस्करीगोशाल, निर्ग्रन्थ ज्ञातृपुत्र, 'सञ्जय बेलट्ठिपुत्त', प्रकुध कात्यायन, अजित केशकम्बली—वे भी मुझसे पूछे जाने पर अनुत्तर सम्यक् सम्बुद्धत्व पाने का दावा नहीं करते हैं। आप गौतम तो आयु में भी छोटे हैं और नये-नये प्रव्रजित भी हुए हैं।"

"महाराज, चार ऐसे हैं जिनको 'छोटे हैं' समझ अवज्ञा या अपमान करना उचित नहीं। कौन से चार? (१) क्षत्रिय को, (२) साँप को, (३) आग को और (४) भिक्षु को...।"

बुद्ध ने फिर कहा—
"ऊँचे कुल में उत्पन्न बड़े, यशस्वी क्षत्रिय को
'छोटा है' जान कम न समझे, उसका कोई अपमान न करे।
... ...
गाँव में या जंगल में कहीं भी जो साँप देखे,
'छोटा है' जान कम न समझे, उसका कोई अनादर न करे।
... ...
लपटों में सब कुछ जलादेनेवाली, काले मार्ग पर चलनेवाली आग को,
'छोटा है' जान कम न समझे, कोई उसका अनादर न करे।
... ...
किन्तु, जिसे शील-सम्पन्न भिक्षु अपने तेज से जला देता है,
वह पुत्र, पशु, दायाद या धन कुछ भी नहीं पाता,
निःसन्तान, निर्धन, शिर कटे ताल वृक्ष-सा हो जाता है।
इसलिए, पण्डित पुरुष अपनी भलाई का ख्याल कर,
साँप, आग, यशस्वी क्षत्रिय,
और शील-सम्पन्न भिक्षु के साथ ठीक से पेश आवे।"

इस उद्धरण से यह भी पता चलता है कि बुद्ध अपने समय के सभी तीर्थङ्करों से आयु में छोटे थे।

९. मल्लिकासुत्त (१.३.८)——

मल्लिका साधारण कुल की कन्या थी, पर अपने गुणों से कोसलराज प्रसेनजित् की बड़ी प्रिय रानी हो गयी। एक बार राजा ऊपर महल पर था; उसने देवी से कहा——"मल्लिके, तुझे क्या कोई अपने से भी अधिक प्रिय है?" "मुझे अपने से बढ़कर कोई प्रिय नहीं है।" राजा ने बुद्ध के पास जाकर यही बात कही। उन्होंने गाथा कही——

"सभी दिशाओं में अपने मन को दौड़ा,
कहीं भी अपने से प्यारा कोई दूसरा नहीं मिला;
वैसे ही, दूसरों को भी अपना बड़ा प्यारा है,
इसलिए, अपनी भलाई चाहनेवाला दूसरे को मत सतावे।"

१०. पठमसङ्गामसुत्त (१.३.१४)——

मगधराज अजातशत्रु ने चतुरङ्गिनी सेना ले काशी (देश) में प्रसेनजित् पर आक्रमण किया। राजा प्रसेनजित् ने सुना। प्रसेनजित् भी चतुरङ्गिनी सेना तैयार कर काशी गया। उस संग्राम में अजातशत्रु ने प्रसेनजित् को जीत लिया। पराजित होकर वह अपनी राजधानी श्रावस्ती लौटा। यह खबर भिक्षुओं से बुद्ध को मिली।

बुद्ध ने कहा——"भिक्षुओं, मगधराज अजातशत्रु वैदहिपुत्र बुरे लोगों से मिलने-जुलनेवाला और बुराइयों को ग्रहण करनेवाला है; और कोसलराज प्रसेनजित् भले लोगों से मिलने-जुलनेवाला और भलाइयों को ग्रहण करनेवाला है। किन्तु हार खाये हुए कोसलराज की यह रात भारी गम में बीतेगी——

"जय वैर को पैदा करती है,
हारा हुआ गम से सोता है;
शान्त जन हार-जीत की बातों को छोड़,
सुख से सोता है।"

११. दुतियसङ्गामसुत्त (१.३.१५)——

राजा अजातशत्रु सेना ले काशी में लड़ने आया। सुनकर प्रसेनजित् भी गया। दोनों लड़े। प्रसेनजित् ने अजातशत्रु को जीत लिया; उसे

जिन्दा ही गिरफ्तार कर लिया। प्रसेनजित् ने सोचा—"राजा अजातशत्रु शान्ति से रहनेवाले मेरे साथ द्रोह करता है, तो भी तो मेरा भाँजा ही है। क्यों न मैं अजातशत्रु के सारे हस्तिसमूह, सारे अश्वसमूह, सारे रथकाय, सारे पदाति (पैदल) समूह को लेकर उसे जीता ही छोड़ दूँ।" उसने वैसा ही किया।

भिक्षुओं ने यह बात भगवान् से कही।

भगवान् ने कहा—

"अपनी मर्ज़ी भर कोई लूटता है,
किन्तु जब दूसरे लूटने लगते हैं,
तो वह लूटनेवाला लूटा जाता है।

... ...

इस तरह अपने किये कर्म के फेर में पड़,
लूटनेवाला लूटा जाता है।"

१२. धीतुसुत्त (१.३.१६)—

जेतवन में राजा प्रसेनजित् भगवान् के पास था, उसी समय एक आदमी ने आकर प्रसेनजित् के कान में कहा—"देव, मल्लिका देवी को पुत्री हुई।" राजा यह सुनकर उदास हो गया। इसे जानकर भगवान् ने कहा—

"राजन्, कोई-कोई स्त्रियाँ भी पुरुषों से बढ़ीं-चढ़ीं,
बुद्धिमती, शीलवती, सास की सेवा करनेवाली और पतिव्रता होती हैं,
अतः पालन-पोषण कर।
उससे दिशाओं को जीतनेवाला महाशूरवीर पुत्र उत्पन्न होता है,
वैसी अच्छी स्त्री का पुत्र राज्य का अनुशासन करता है।"

आठवें 'संयुत्त' 'वङ्गीससंयुत्त' में अधिकतर 'वङ्गीस' द्वारा रचित गाथाएँ हैं। वे एक स्वाभाविक कवि थे। अपने पूर्व जीवन के बारे में उन्होंने स्वयं लिखा है—

१३. सुभासितसुत्त (१.८.५)—

भगवान् श्रावस्ती के जेतवनाराम में थे। वहाँ पर उन्होंने सुभाषित की प्रशंसा की। उसी समय आयुष्मान् 'वङ्गीस' ने बुद्ध से कुछ कहने का अवकाश चाहा। भगवान् ने उसकी आज्ञा दी। 'वङ्गीस' बोले—

"उसी वचन को बोले, जिससे अपने को अनुताप न हो,
और, दूसरों को भी कष्ट न हो, वही वचन सुभाषित है।
प्रिय वचन ही बोले, जो सभी को सुहाये,
जो दूसरों के दोष नहीं निकालता, वही प्रिय बोलता है।
सत्य ही सर्वोत्तम वचन है, यह सनातन धर्म है,
सत्य, अर्थ और धर्म में प्रतिष्ठित सज्जनों ने कहा है।
बुद्ध जो वचन कहते हैं, क्षेम और निर्वाण की प्राप्ति के लिए,
दुःखों को अन्त करने के लिए, वही उत्तम वचन है।"

१४. वङ्गीससुत्त (१.८.१२)—

भगवान् श्रावस्ती में जेतवनाराम में विहार करते थे। उसी समय तुरन्त ही अर्हत् पद पाये विमुक्ति सुख का अनुभव करते हुए आयुष्मान् 'वङ्गीस' के मुँह से ये गाथाएँ निकलीं—

"पहले केवल कविता करते विचरता रहा, गाँव से गाँव और शहर से शहर,
तब, सम्बुद्ध भगवान् का दर्शन हुआ, मन में बड़ी श्रद्धा उत्पन्न हुई,
उन्होंने स्कन्ध, आयतन तथा धातुओं के विषय में मुझे धर्मोपदेश दिया,
उनके उपदेश को सुन, मैं घर से बेघर हो प्रव्रजित हो गया।
बहुतों की अर्थ-सिद्धि के लिए, मुनि में बुद्धत्व का लाभ हुआ,
भिक्षु और भिक्षुणियों के लिए, जो नियाम को प्राप्तकर देख लिये हैं।
आपको मेरा स्वागत हो, बुद्ध के पास मुझे,
तीन विद्याएँ प्राप्त हुई हैं; बुद्ध का शासन सफल हुआ।
पूर्व जन्मों की बात जानता हूँ, दिव्य चक्षु विशुद्ध हो गया है,
त्रैविद्य और ऋद्धिमान् हूँ, दूसरों के चित्त को जानता हूँ।"

१५. तालपुटसुत्त (४.४२.२)—

राजगृह के वेणुवन की बात है। उस समय 'तालपुट' नामक नटों का ग्रामणी (नेता) भगवान् के पास आया और उसने भगवान् से पूछा—"भन्ते, मैंने पूर्व के आचार्यों-प्राचार्यों को कहते सुना है—'जो नर रंग के मध्य में तथा 'समज्या' के मध्य में अपने अभिनय से लोगों को हँसाता तथा रमण कराता है, वह काया छोड़ने पर मरने के बाद 'प्रहास' नामक देवताओं के साथ पैदा होता है।'"

'तालपुट' के इस प्रश्न का बुद्ध ने उत्तर देना स्वीकार नहीं किया और कहा—"रहने दो, ग्रामणि, मुझसे मत पूछो। यह ठीक नहीं है।"

उसने दो बार पूछा, पर बुद्ध ने वही उत्तर दिया। जब उसने तीसरी बार पूछा, तो बुद्ध ने इसका व्याख्यान करते हुए कहा कि ऐसा कहना एक प्रकार की मिथ्यादृष्टि है। वे लोग मरने के बाद 'प्रहास' नामक नरक में जाते हैं।

'तालपुट' ने जब यह सुना तो उसकी आँखों में आँसू आ गये। बुद्ध ने समझाया कि इसी कारण से वे उसके प्रश्न का पहले व्याख्यान नहीं कर रहे थे।

'तालपुट' ने कहा—"मैं भगवान् का उत्तर सुनकर नहीं रो रहा हूँ, प्रत्युत रो इसलिए रहा हूँ कि अतीत के नटाचार्यों ने दीर्घकाल तक लोगों को ठगा, जो वे ऐसा कहा करते थे।"

तत्पश्चात् वह बुद्ध के पास प्रव्रजित एवं उपसम्पन्न हुआ।

'संयुत्तनिकाय' का संक्षेप में वर्णन यही है। इसमें आये हुए विवेचन पर यदि हम विचार करें, तो इसी निष्कर्ष पर पहुँचते हैं कि सम्पूर्ण 'सुत्तपिटक' में दार्शनिक दृटि से 'संयुत्तनिकाय' का महत्त्वपूर्ण स्थान है।

—:०:—

चौथा अध्याय

४. अङ्गुत्तरनिकाय

'अङ्गुत्तरनिकाय' में प्रायः २३०८ सूत्र तथा ११$\frac{1}{8}$ पृष्ठों का एक भाणवार मानने पर प्रायः १४५ भाणवार होते हैं। यह संख्या परम्परा द्वारा प्राप्त 'अट्ठकथा' की संख्या से मेल नहीं खाती। 'समन्तपासादिका' में इसके ६५५७ सुत्तों का उल्लेख तथा अन्यत्र भाणवारों की संख्या १२० बतायी गयी है। इसमें सुत्तों में वर्णित विषयों को एक, दो तथा तीन आदि के क्रम से रखा गया है, जिसे 'अङ्गुत्तर' (अङ्कोत्तर) कहते हैं। सुत्तों की संख्या अधिक होने के कारण उनका छोटा होना आवश्यक है। इसका मूल चार भागों में भिक्षु जगदीश काश्यप के सम्पादकत्व में 'नालन्दा देवनागरी पालि ग्रन्थमाला' से प्रकाशित हुआ है तथा इसके प्रथम भाग का अनुवाद हिन्दी में भदन्त आनन्द कौसल्यायन ने किया है, जिसे महाबोधि सभा, सारनाथ, ने प्रकाशित किया है।

'अङ्गुत्तरनिकाय' में ग्यारह 'निपात' है, जो अनेक 'वग्गों' (वर्गों में विभक्त हैं तथा ये 'वग्ग' आगे यथास्थान सुत्तों में बिभक्त हैं। इन विभिन्न 'निपातों' में 'वग्गों' का निम्नलिखित क्रम से विभाजन है—

निपात	वग्ग-संख्या
१. एककनिपात	२०
२. दुकनिपात	१७
३. तिकनिपात	१६
४. चतुक्कनिपात	२७
५. पञ्चकनिपात	२६
६. छक्कनिपात	१२
७. सत्तकनिपात	१०

८. अट्ठकनिपात	१०
९. नवकनिपात	९
१०. दसकनिपात	२२
११. एकादसकनिपात	३

लिखित होने के पहले 'निकाय' कण्ठस्थ कर लिये गये थे। अतएव प्रथमतः इनकी रक्षा स्मृति द्वारा ही हुई। बाद में (वट्टगामणि अभय ४४–१७ ई० पू०) ये लिपिबद्ध किये गये। श्रुतिपरम्परा के वेदपाठियों की भाँति दीघभाणक, मज्झिमभाणक, संयुत्तभाणक, अङ्गुत्तरभाणक तथा खुद्दकभाणक—ये 'पञ्चनेकायिक' कहे जाते थे। उस समय रक्षा का साधन कितना भंगुर था। कल्पना कीजिए, यदि कालदोष से एक ही 'दीघभाणक' बचा और वह भी चल बसा, तो उसके साथ 'दीघनिकाय' भी लुप्त। जैनपिटक में ऐसा ही हुआ है। अधिक समय तक कण्ठस्थ रखने पर जोर होने के कारण आज जैनपिटक का अर्द्धमात्र ही शेष रह पाया है।

क्रमशः एक, दो अङ्कों के क्रम से सुत्तों को स्मरण रखना स्मृति के अनुसार सरल होता है। इसलिए इस शैली को अपनाया गया और 'अङ्गुत्तरनिकाय' इसका स्पष्ट उदाहरण है। यही शैली 'दीघनिकाय' के 'सङ्गीतिपरियायसुत्त' में भी विद्यमान है।

'अङ्गुरनिकाय' का प्रारम्भ इस प्रकार से होता है—

एकक्कनिपात

ऐसा मैंने सुना। एक समय भगवान् श्रावस्ती में अनाथपिण्डिक के जेतवनाराम में विहार करते थे। वहाँ पर भगवान् ने भिक्षुओं को आमन्त्रित किया—"भिक्षुओं।" "भदन्त" कह भिक्षुओं ने भगवान् को उत्तर दिया। भगवान् ने यह कहा—

"भिक्षुओ, मैं ऐसा एक भी अन्य रूप नहीं देखता हूँ जो पुरुष के चित्त को पकड़ कर रखता हो, जैसा कि स्त्री-रूप। भिक्षुओ, स्त्री-रूप पुरुष के चित्त को पकड़ कर रखता है" आदि।

यह एक संख्या के अनुसार रूप की बात हुई। आगे क्रमशः स्त्री-शब्द, स्त्री-गन्ध, स्त्री-रस तथा स्त्री-स्पर्श आदि का व्याख्यान है। फिर इसी प्रकार स्त्री को लेकर पुरुष के रूपादि के सम्बन्ध में भी ऐसा ही कहा गया है।

दुकनिपात

'दुकनिपात' दो वर्ज्यों की गणना से प्रारम्भ होता है। इसमें दो प्रकार की त्याज्य वस्तुएँ, दो प्रकार के ज्ञानी पुरुष, दो प्रकार के बल, दो प्रकार की परिषदें, दो प्रकार की इच्छाओं आदि का विवेचन है। उदाहरणार्थ—

"भिक्षुओ, ये दो प्रकार के वर्ज्य हैं—(१) प्रत्यक्ष वर्ज्य (२) सम्परायिक वर्ज्य।

प्रत्यक्ष वर्ज्य क्या है? जैसे, भिक्षुओ, चोर को, आग लगानेवाले को, राजा लोग पकड़कर नाना प्रकार की ताड़ना देते हैं—कोड़े से भी मारते हैं, बेंत से भी मारते हैं, हाथ, पैर, कान, नाक आदि भी उनका कटवा देते हैं आदि। उन्हें कोई पुरुष देखकर यह सोचता है कि उपर्युक्त अवस्थाओं में यह व्यक्ति इन प्रकार के दण्डों को प्राप्त कर रहा है। यदि मैं भी ऐसा ही करूँगा तो इनका भागी हूँगा। इससे डरकर वह इन कार्यों को नहीं करता। यही प्रत्यक्ष वर्ज्य है।

सम्परायिक वर्ज्य क्या है? कोई पुरुष यह सोचता है कि काय, वाणी तथा मन आदि से होने वाले दुष्कर्मों का बुरा विपाक होता है। मैं ऐसा करूँ कि इन विपाकों को मुझे न भोगना पड़े। अतः सम्परायिक वर्ज्य से डरते हुए, वह इन सबसे विरत होकर, इनके विपरीत स्वभावों का सेवन करता है। सम्परायिक वर्ज्य यही है।

इस प्रकार से, भिक्षुओ, ये दो वर्ज्य हैं। इसलिए, भिक्षुओ, इस प्रकार से शिक्षा ग्रहण करनी चाहिए कि हम प्रत्यक्ष वर्ज्य तथा सम्परायिक वर्ज्य इन दोनों से डरते हुए रहेंगे। ऐसा रहते हुए हम सभी वर्ज्यों से मुक्त हो जावेंगे।"

दो की गणना की परिसमाप्ति के पश्चात् आगे के 'निपातों' में क्रमशः तीन, चार, पाँच, छह, सात, आठ, नव, दस तथा ग्यारह आदि की गणना

है। जब त्रिपिटक को कण्ठस्थ ही रखना था, तो स्मरणशक्ति को सुगमता प्रदान करने के लिए अनेक उपाय किये गये। उन्हीं में से एक यह शैली भी थी।

तिकनिपात

इसमें तीन प्रकार के दुष्कृत्य (कायिक, वाचिक तथा मानसिक) तथा तीन प्रकार की वेदनाओं आदि का विवेचन है। इसके सुत्त उदाहरणस्वरूप नीचे दिये जाते हैं :—

१. हत्थकसुत्त (३.४.५)—एक समय भगवान् बुद्ध 'आळवी' में गायों के मार्ग में 'सिरसवन' में पत्ते के बिछौने पर विहार करते थे। तब हस्तक माणवक ने भगवान् को वहाँ बैठे देखा। देखकर, भगवान् के पास जा, अभिवादन करके एक ओर बैठ गया और उनसे बोला—

"भन्ते, भगवान् सुख से तो सोये ?"

"हाँ, कुमार, सुख से सोया; जो लोक में सुख से सोते हैं, मैं उनमें से एक हूँ।"

"भन्ते, यह हेमन्त की शीतल रात, हिमपात का समय अन्तराष्टक (माघ के अन्त के चार दिन तथा फागुन के आदि के चार दिन) है, गायों के खुर से कड़ी हुई जमीन तीखी है; पत्तों का आसन पतला है, वृक्ष के पत्र विरल हैं, काषाय वस्त्र शीतल है, चौवाई वायु शीतल है, तब भी भगवान् ऐसा कहते हैं—हाँ कुमार सुख से सोया......।"

"तो, कुमार, तुझे ही पूछता हूँ, जैसा तुझे ठीक लगे, वैसा मुझे उत्तर दे। तो क्या, कुमार, किसी गृहपति या गृहपति-पुत्र का लीपा-पोता, वायु-रहित, द्वारबन्द, खिड़की-बन्द कूटागार (कोठा) हो; वहाँ चार अंगुल पोस्तीन का बिछा, पट्टी-बिछा, कालीन-बिछा, उत्तम कदली-मृगचर्म-बिछा, दोनों ओर लाल तकियोंवाला, ऊपर वितानवाला पलंग हो; तेल-प्रदीप भी जल रहा हो; चार सुन्दर भार्याएँ भी हाजिर हों, तो भी वह सुख से सोयेगा कि नहीं ?"

"भन्ते, वह सुख से सोयेगा; जो लोक में सुख से सोते हैं, उनमें से वह एक होगा ।"

"तो क्या मानते हो, कुमार, यदि उस गृहपति या गृहपति-पुत्र को राग से उत्पन्न होनेवाले कायिक या मानसिक परिदाह (=जलन) उत्पन्न हों; तो उन रागज-परिदाहों से जलते हुए क्या वह दुःख से सोयेगा ?"

"हाँ भन्ते ।"

"कुमार, वे गृहपति या गृहपति-पुत्र जिस रागज-परिदाह से दुःख से सोते हैं, तथागत का वह नष्ट हो गया है । इसलिए मैं सुख से सोता हूँ...।

परिनिर्वृत (मुक्त) ब्राह्मण सर्वदा सुख से सोता है,
जो कि शीतल-स्वभाव, उपधि-रहित कामों में लिप्त नहीं हैं;
सब आसक्तियों को छिन्नकर हृदय से भय को हटाकर,
मन में शान्ति प्राप्तकर उपशान्त हो (वह) सुख से सोता है ।"

२. **केसपुत्तिसुत्त [कालामसुत्त]** (३.७.५)—एक बार बुद्ध कोसल में चारिका करते हुए कालामों के निवास स्थान 'केसपुत्त' नामक निगम में पहुँचे । कालामों ने इसे सुना । वे बुद्ध के दर्शन के लिए गये और उनका अभिवादन आदि करके उन्होंने भगवान् से पूछा—

"भन्ते, कोई-कोई श्रमण-ब्राह्मण 'केसपुत्त' में आते हैं। वे अपने मत की प्रशंसा करते हैं, दूसरे के मत की निन्दा करते हैं, उसे छुड़वाते हैं । भन्ते, दूसरे भी श्रमण-ब्राह्मण यहाँ आते हैं और वे भी ऐसा ही करते हैं । तब हमें इस बारे में संशय अवश्य होता है—कौन आप इन श्रमण-ब्राह्मणों में सच कहता है और कौन झूठ ?"

बुद्ध ने उत्तर दिया—"कालामो, तुम्हारा संशय ठीक है, संशय-योग्य स्थान में ही तुम्हें संशय उत्पन्न हुआ है । आओ, कालामो, मत तुम अनुश्रवण से विश्वास करो; मत परम्परा से विश्वास करो; 'यह ऐसा ही है', इससे भी तुम मत विश्वास करो; कालामो, मान्य शास्त्र की अनुकूलता से भी (पिटक सम्प्रदाय से) तुम मत विश्वास करो; मत तर्क से, मत न्याय-

हेतु से, मत वक्ता के आकार के विचार से, मत अपने चिर-धारित विचार के होने से, मत वक्ता के भव्य रूप होने से, मत 'श्रमण हमारा गुरु है' इस भावना से; कालामो, मत इन सब कारणों से तुम विश्वास करो।

बल्कि, कालामो, जब तुम अपने आप ही जानो कि ये धर्म अकुशल हैं, ये धर्म सदोष हैं, ये धर्म विज्ञ-निन्दित हैं, ये ग्रहण करने पर अहितकर तथा दुःखोत्पादक होंगे, तो उन्हें छोड़ देना......।"

इसके पश्चात् बुद्ध ने उन्हें लोभ, द्वेष तथा मोह के स्वरूप को बताते हुए उन्हें त्यागने की देशना दी।

कितना बुद्धिवादी दृष्टिकोण इस सुत्त द्वारा व्यक्त किया गया है कि किसी वस्तु को बिना उसकी परीक्षा के न माना जाय। बुद्ध इस प्रकार का दृष्टिकोण अपने धर्म के सम्बन्ध में भी रखते थे। यह सुत्त स्पष्टरूप से विश्वजनीन महत्त्व को व्यक्त करता है। साथ ही इसे समझाकर 'सदाचार का जीवन किस प्रकार के किसी भी आश्वासन की अपेक्षा नहीं रखता,' इसे बहुत अच्छी प्रकार से व्यक्त किया गया है।

३. **पठमसिक्खापदसुत्त** (३.९.६)—"भिक्षुओ, ढाई सौ शिक्षापद (प्रातिमोक्ष नियम) प्रत्येक पन्द्रहवें दिन बाँचे जाते हैं और इन्हीं की शिक्षा अपनी भलाई चाहनेवाले कुलपुत्र लेते हैं। पर ये सभी इन तीन शिक्षाओं में समाहित हो जाते हैं। कौन से तीन में? अधिशील-शिक्षा में, अधिचित्त-शिक्षा में और अधिप्रज्ञा-शिक्षा में।"

इसके पश्चात् बुद्ध ने इन शिक्षाओं के द्वारा 'सोतापत्ति' आदि फलों की प्राप्ति कैसे होती है', इसका विवेचन किया।

चतुक्कनिपात

इस निपात में चार संख्या को लेकर चार आर्यसत्य, चार ज्ञान, चार श्रामण्य-फल, चार समाधि, चार योग तथा चार प्रकार के आहार आदि का उल्लेख है। उदाहरणस्वरूप इसके कुछ सुत्त नीचे दिये जा रहे हैं:—

१. **पठमसंवाससुत्त** (४.६.३)—एक बार भगवान् मथुरा और 'वेरञ्जा' के बीच के रास्ते में जा रहे थे। बहुत से गृहपति तथा गृहपत्नियाँ भी उसी रास्ते से जा रही थीं।

भगवान् मार्ग छोड़कर एक पेड़ के नीचे बैठे। उन गृहपतियों आदि ने उन्हें वहाँ बैठे देखा और जाकर अभिवादन करके उनके पास बैठ गये। भगवान् ने उनसे कहा—

"गृहपतियो, ये चार प्रकार के संवास हैं। कौन से चार ? शव शव के साथ संवास करता है, (२) शव देवी के साथ संवास करता है, (३) देव शव के साथ संवास करता है तथा (४) देव देवी के साथ संवास करता है।

कैसे, गृहपतियो, शव शव के साथ संवास करता है ? यहाँ गृहपतियों, पति हिंसक, चोर, दुराचारी, झूठा, नशाबाज, दु:शील, पापकर्मी, कंजूसी की जिन्दगी से लिप्त चित्तवाला, श्रमण-ब्राह्मणों को दुर्वचन कहनेवाला हो; इस प्रकार से वह गृह में वास करता हो और उसकी भार्या भी उसी के समान हिंसक, चोर, दुराचारिणी ... श्रमण-ब्राह्मणों को दुर्वचन कहनेवाली हो, तो ऐसी परिस्थिति में शव शव के साथ संवास करता है।

गृहपतियो, पति हिंसक, चोर, दुराचारी ... श्रमण-ब्राह्मणों को को दुर्वचन कहनेवाला हो, किन्तु उसकी भार्या अहिंसा-रत, चोरी-रहित, सदाचारिणी, सच्ची, नशा-विरत, सुशीला, कल्याण-धर्म-युक्त, मल-मात्सर्य-रहित, श्रमण-ब्राह्मणों को दुर्वचन न कहनेवाली हो, तो ऐसी परिस्थिति में शव देवी के साथ संवास करता है।

गृहपतियो, यदि पति अहिंसक ... आदि हो और उसकी भार्या हिंसा-रत ... आदि हो, तो ऐसी परिस्थिति में देव शव के साथ संवास करता है।

गृहपतियो, पति अहिंसा-रत, चोरी-रहित, सदाचारी ... आदि हो और उसकी भार्या भी ऐसी ही हो, तो ऐसी परिस्थिति में देव देवी के साथ संवास करता है।"

२. मल्लिकासुत्त (४.२०.७)—राजा प्रसेनजित् की प्रिय रानी 'मल्लिका' देवी बुद्ध में बड़ी श्रद्धा रखती थी, जिसका राजा भी मजाक उड़ाता था।

भगवान् जेतवन में विहार करते थे। उनके पास मल्लिका देवी आयीं तथा अभिवादन आदि करके भगवान् से उन्होंने पूछा—"भन्ते, क्या बात है, जो कोई-कोई स्त्री दुर्वर्ण्य, दुरूप, दर्शन में बड़ी दरिद्र, अल्प-सामर्थ्य, अल्प-भोग तथा अल्प-सम्पत्ति वाली होती हैं तथा क्या कारण है जो कोई-कोई इनके विपरीत गुणवाली होती हैं ?"

बुद्ध ने उत्तर दिया—"मल्लिका, कोई-कोई स्त्री उपायासबहुल तथा क्रोधी होती है; थोड़ा-सा भी कहने पर उस बात को मन में बाँध लेती है, कोप करती है, द्वेष करती है, तथा अविश्वास प्रकट करती है; वह श्रमण तथा ब्राह्मणों को अन्न, वस्त्र, पान, माला, गन्ध आदि देनेवाली नहीं होती और दूसरे के लाभ-सत्कार मान तथा पूजा में ईर्ष्या करती है और मन को दूषित करती है। यदि वह वहाँ से च्युत होकर पुनः स्त्रीत्व को प्राप्त करती है तो दुर्वर्ण्य, दुरूप, दर्शन में बड़ी दरिद्र, अल्प-सामर्थ्य, अल्प-भोग तथा अल्प सम्पत्ति वाली होती है।

मल्लिका, कोई-कोई स्त्री क्रोधी होती है, पर पर-लाभ-सत्कार आदि में ईर्ष्या नहीं करती तथा श्रमण एवं ब्राह्मणों को अन्नपानादि का दान देने-वाली होती है। यदि वह वहाँ से च्युत होकर स्त्रीत्व को प्राप्त करती है, तो दुर्वर्ण्य तथा दुरूपादि होती हुई, पर महाधनवाली आदि होती है।

मल्लिका, कोई-स्त्री क्रोध-रहित होती है तथा उपायासरहित होती है; बहुत कहने पर भी किसी बात को मन में नहीं बाँधती; न कोप करती है, न द्वेष करती है, न अविश्वास प्रकट करती है; वह श्रमण तथा ब्राह्मणों को अन्नपानादि का दान देनेवाली नहीं होती और दूसरे के लाभ-सत्कार, मान तथा पूजा आदि में ईर्ष्या करती है तथा मन को दूषित करती है, एवं ईर्ष्या को मन में बाँधती है। यदि वह वहाँ से च्युत होकर स्त्रीत्व को पुनः

प्राप्त करती है तो जहाँ जन्म लेती है दर्शनीय, प्रासादिक एवं परम-वर्ण-पौष्कर्य से युक्त होती है, पर वह दरिद्र, अल्प ऐश्वर्य-युक्त, अल्प भोग तथा अल्प धन वाली होती है।

मल्लिका, कोई स्त्री क्रोध-रहित होती है तथा उपायास-बहुल नहीं होती; बहुत कहने पर भी किसी बात को मन में नहीं बाँधती; न कोप करती है, न द्वेष करती है, न अविश्वास करती है; वह श्रमण तथा ब्राह्मणों को अन्न-पानादि का दान देनेवाली होती है तथा दूसरे के लाभ-सत्कार आदि में ईर्ष्या करने वाली नहीं होती; मन को दूषित नहीं करती है एवं ईर्ष्या को मन में नहीं बाँधती है। यदि वह वहाँ से च्युत होकर स्त्रीत्व को पुनः प्राप्त करती है, तो जहाँ जन्म लेती है दर्शनीय, प्रासादिक एवं परम-वर्ण-पौष्कर्य से युक्त होती है, और वह धनी, ऐश्वर्य-युक्त, महाभोग-युक्त तथा सम्पत्तिशालिनी होती है।

मल्लिका, इन्हीं कारणों से स्त्रियाँ उपर्युक्त अवस्थाओं को प्राप्त होती हैं"।

बुद्ध के ऐसा कहने पर मल्लिका ने अपने वर्तमान जीवन से उन्हें अवगत कराया—"इस जन्म में मैं दुर्वर्ण्य हूँ और इसका कारण भी उपर्युक्त ही रहा होगा, और जो मैंने श्रमण तथा ब्राह्मणों को अन्नपानादि का दान दिया होगा, उन्हीं कारणों से मैं सम्पत्तिशालिनी, धनी तथा महा ऐश्वर्य वाली हूँ। जो राजा के यहाँ क्षत्रिय, ब्राह्मण तथा वैश्य कन्याएँ हैं, सब पर मेरा आधिपत्य है। अब से, भन्ते, मैं क्रोध नहीं करूँगी, न ईर्ष्या आदि करूँगी, बहुत कुछ कहने पर भी मन में नहीं बाँधूँगी तथा श्रमण एवं ब्राह्मणों को अन्न-पानादि का दान दूँगी; पर-लाभ-सत्कार तथा वन्दना आदि में ईर्ष्या नहीं करूँगी। आज से भगवान् मुझे अञ्जलिबद्ध उपासिका समझें"।

पञ्चकनिपात

इसमें पाँच की संख्या लेकर विवेचन प्रस्तुत है तथा पाँच अङ्गोंवाली समाधि, पाँच उपादान स्कन्ध, पाँच इन्द्रियाँ, पाँच 'निस्सरणीय' धातु, पाँच धर्मस्कन्ध, पाँच विमुक्ति और पाँच आयतनों आदि का व्याख्यान है।

१. **चुन्दीसुत्त (५.२.४)**—बुद्ध राजगृह के वेणुवन के 'कलन्दक-निवाप' में विहार करते थे। उस समय 'चुन्दी' राजकुमारी पाँच सौ रथों में पाँच सौ कुमारियों के साथ भगवान् के पास गयी और उन्हें अभिवादनादि करके बोली—

"भन्ते, हमारे भ्राता 'चुन्द' राजकुमार यह कहते हैं कि जो स्त्री अथवा पुरुष बुद्ध, धर्म तथा संघ की शरण गया है, हिंसा, चोरी, काम में मिथ्याचार, झूठ बोलना, सुरा-मेरय आदि के पान आदि से विरत है, वह इस शरीर को छोड़ने के बाद सुगति को ही प्राप्त होता है, दुर्गति को नहीं।"

बुद्ध ने कहा—"चुन्दी, जितने प्राणी बिना पैरवाले, दो पैरवाले, चार पैरवाले, बहुत-से पैरवाले, साकार, निराकार, संज्ञी, असंज्ञी आदि हैं, उनमें तथागत अर्हत् सम्यक् सम्बुद्ध अग्र कहे जाते हैं; जितने 'संखत' अथवा 'असंखत' धर्म हैं उनमें बिराग अग्र है; जितने संघ अथवा गण हैं उनमें तथागत का श्रावक-संघ सब से अग्र है; जितने शील हैं उनमें आर्यों (श्रेष्ठों) द्वारा पालित शील ही श्रेष्ठ हैं। जो इन अग्रों (श्रेष्ठों) में प्रसन्न रहता है, उसका अग्र विपाक होता है।"

छक्कनिपात

इस निपात में बुद्ध ने भिक्षु के उन छह गुणों का उल्लेख किया है जिससे वह पूज्य तथा आदर प्राप्त करने योग्य हो जाता है। यहाँ पर छह अनुस्मृतियों, छह आध्यात्मिक आयतनों तथा छह अभिज्ञेयों आदि की चर्चा है। इसके उल्लेखनीय सुत्त 'पठमआहुनेय्यसुत्त', 'महानामसुत्त', 'महा-कच्चानसुत्त', 'निब्बानसुत्त', 'भवसुत्त' तथा 'तण्हासुत्त' आदि हैं।

सत्तकनिपात

यहाँ पर सात बल, सात सम्बोध्यङ्ग, सात अनुशय, सात सद्धर्म, सात संज्ञाएँ तथा सात सत्पुरुष धर्म आदि विवेचित हैं। उदाहरणस्वरूप—

"भिक्षुओ, ये सात ब्रह्म हैं। कौन-से सात? श्रद्धा-बल, ह्री-बल, 'ओत्तप्प' बल, स्मृति-बल, समाधि-बल तथा प्रज्ञा-बल" आदि।

अट्ठकनिपात

इसमें आर्य अष्टाङ्गिक मार्ग, आठ आरब्ध वस्तुओं, आठ अभिभायतनों तथा आठ विमोक्षों आदि का वर्णन है। इसमें 'पजापतिपब्बज्जासुत्त' में महाप्रजापति गौतमी की प्रव्रज्या का बिलकुल उन्हीं शब्दों में वर्णन है, जैसा कि विनयपिटक के 'चुल्लवग्ग' में।

नवकनिपात

नव प्रकार के व्यक्तियों, नव संज्ञाओं, नव तृष्णा मूलक तथा नव सत्वावासों आदि का उल्लेख यहाँ पर है। एक स्थान पर यह भी कहा गया है कि 'राग', 'दोस', 'मोह', 'कोध', 'उपनाह', 'मक्ख' तथा 'पलास' का परित्याग करके व्यक्ति अर्हत्त्व को प्राप्त करता है।

दसकनिपात

इस निपात में तथागत के दस बलों, दस आर्यवासों, दस संयोजनों आदि का उल्लेख है। दस संज्ञाओं का भी व्याख्यान यहीं पर विद्यमान है और दस पारिशुद्धियों की भी गणना यहीं पर की गयी है। इन्हीं के प्रसङ्ग में साधु तथा असाधु दोनों का विवेचन भी हुआ है। इसके उल्लेखनीय सुत्तों में 'पठममहापञ्हासुत्त' तथा 'सीहनादसुत्त' आदि मुख्य हैं।

एकादसकनिपात

यहाँ पर निर्वाण प्राप्ति के साधनों आदि का उल्लेख है और इन सबमें ग्यारह की संख्या को लेकर यह सब कहा गया है। इसके उल्लेखनीय सुत्तों में 'पठमउपनिसासुत्त', 'सञ्ञासुत्त', 'मनसिकारसुत्त', 'पठममहानामसुत्त' तथा 'सुभूतिसुत्त' आदि मुख्य हैं।

इस प्रकार से हम देखते हैं कि संख्या से प्रश्नोत्तर की प्रणाली, जिसका दिग्दर्शन 'खुद्दकपाठ' के 'कुमारपञ्हा' में विद्यमान है तथा जो 'दीघनिकाय' के 'दसुत्तर' तथा 'सङ्गीति' सुत्तों में भी है, का आश्रय ग्रहण करके इस निकाय का संग्रह हुआ है और तथागत द्वारा व्यक्त धर्म के आन्तरिक रहस्यों के स्वरूप को समझाने में अत्यन्त सहायक होने से यह महत्त्वपूर्ण है। बुद्धकालीन

सोलह महाजनपदों का भी इस निकाय में विशेष वर्णन प्राप्त है, जिनका नाम उन-उन प्रदेशों के निवासियों के आधार पर था। भौगोलिक वर्णनों के साथ ग्राम-निगमों आदि का वर्णन होने से यह बुद्धकालीन वातावरण को हृदयङ्गम करने में अत्यन्त सहायक है।

—:o:—

पाँचवाँ अध्याय

५. खुद्दकनिकाय

चार निकायों के अतिरिक्त बुद्धवचन का जिसमें संग्रह हुआ, वह खुद्दक-निकाय है। धम्मपद, सुत्तनिपात-जैसे संदर्भों का संग्रह होने से सारे खुद्दक-निकाय को बहुत पीछे की कृति नहीं माना जा सकता। पर इसमें शक नहीं कि कुछ पीछे की चीजें इसमें संगृहीत हैं। इस निकाय में निम्न ग्रन्थ हैं—

(१) खुद्दकपाठ
(२) धम्मपद
(३) उदान
(४) इतिवुत्तक
(५) सुत्तनिपात
(६) विमानवत्थु
(७) पेतवत्थु
(८) थेरगाथा
(९) थेरीगाथा
(१०) जातक
(११) निद्देस
(१२) पटिसम्भिदामग्ग
(१३) अपदान (थेरापदान तथा थेरीपदान)
(१४) बुद्धवंस
(१५) चरियापिटक

सिंहल परम्परा इन पन्द्रह ग्रन्थ को खुद्दकनिकाय का अंग मानती है। 'निद्देस' को 'चूलनिद्देस', और 'महानिद्देस' दो मानने पर यह संख्या सोलह हो जायगी। 'अभिधम्म' जब तीसरा पिटक नहीं माना जाता था, तो उसे भी इसी निकाय के अन्तर्गत मानते थे[1]। बर्मा में उपर्युक्त पन्द्रह ग्रन्थ के अतिरिक्त चार और ग्रन्थ खुद्दकनिकाय में माने जाते हैं, जो ये हैं— (१) मिलिन्दपञ्ह, (२) सुत्तसङ्गह, (३) पेटकोपदेस और (४) नेत्तिप्पकरण। इनमें 'मिलिन्दपञ्ह' बुद्धवचन कैसे हो सकता है, जो यवन राजा मिनान्दर के गुरु नागसेन की कृति है। स्यामी परम्परा (१) विमान-वत्थु, (२) पेतवत्थु, (३) थेरगाथा, (४) थेरीगाथा, (५) जातक,

---

१. द्र० – अट्ठसालिनी, निदानकथा।

(६) अपदान, (७) बुद्धवंस और (८) चरियापिटक आदि ग्रन्थ को भी खुद्दकनिकाय के अन्तर्गत नहीं स्वीकार करती। इन ग्रन्थों में वस्तुतः धम्मपद, सुत्तनिपात, उदान, इतिवुत्तक ही प्राचीन मालूम होते हैं। विस्तार में खुद्दकनिकाय बाकी चारों निकायों से बड़ा है।

इस निकाय के ग्रन्थों का सामान्य परिचय नीचे प्रस्तुत किया जा रहा है—

१. खुद्दकपाठ

यह छोटा-सा ग्रन्थ भिक्षुओं के लिए प्रथम पुस्तक है, जिसमें त्रिशरण दश शिक्षापद, कुमारप्रश्न, 'मङ्गलसुत्त, 'रतनसुत्त' आदि पाठ हैं।

कुमार-प्रश्न बच्चों के सवाल-जवाब का संग्रह है—

"एक वस्तु क्या है ? सारे प्राणी आहार पर स्थित हैं।

दो ? दो हैं काम और रूप।

तीन ? तीन वेदनाएँ, (दुःख, सुख, न-दुःख, न-सुख)।

पाँच ? पाँच स्कन्ध।

छह ? शरीर के भीतर के छह आयतन।

सात ? सात बोध्यङ्ग।

आठ ? आर्य अष्टाङ्गिक मार्ग।"

इसके 'मङ्गलसुत्त', 'रतनसुत्त', 'मेत्तासुत्त'–जैसे सूत्रों में उच्च आशयों की शिक्षा है। 'मेत्तासुत्त' सदा सिंहल के विहारों में स्वर के साथ पढ़ा जाता है—

"छोटी भी कोई ऐसी चीज नहीं करनी चाहिए, जिसकी विज्ञ निन्दा करें।
सारे प्राणी सुखी, क्षेमवान् और सुखात्मा होवें।
माता जैसे अपने अकेले पुत्र की प्राणों के समान रक्षा करती है,
वैसे ही सारे प्राणी अतिविशाल मन रखें।
सारे लोक में, ऊपर-नीचे, तिरछे, अपरिमाण, अतिविशाल मन की भावना करें।"

२. धम्मपद

४२३ गाथाओं के इस छोटे-से ग्रन्थ में बुद्ध के उपदेशों का सार आ गया है। हिन्दी में इसके अनेक अनुवाद हैं। मैंने भी संस्कृत छाया के साथ एक अनुवाद किया था, जो पहले १९३३ में प्रकाशित हुआ था। इसमें २६ वर्ग हैं, जिनके नाम से भी विषय का कुछ-कुछ पता लग सकता है।

१. यमकवग्ग	१४. बुद्धवग्ग
२. अप्पमादवग्ग	१५. सुखवग्ग
३. चित्तवग्ग	१६. पियवग्ग
४. पुप्फवग्ग	१७. कोधवग्ग
५. बालवग्ग	१८. मलवग्ग
६. पण्डितवग्ग	१९. धम्मट्ठवग्ग
७. अरहन्तवग्ग	२०. मग्गवग्ग
८. सहस्सवग्ग	२१. पकिण्णकवग्ग
९. पापवग्ग	२२. निरयवग्ग
१०. दण्डवग्ग	२३. नागवग्ग
११. जरावग्ग	२४. तण्हावग्ग
१२. अत्तवग्ग	२५. भिक्खुवग्ग
१३. लोकवग्ग	२६. ब्राह्मणवग्ग

वैसे तो सारा ही धम्मपद बुद्ध का सुभाषित-रत्न है। यहाँ उसकी कुछ गाथाएँ दी जाती हैं—

१. पहली ही गाथा है—"सभी धर्मों में मन अग्रगामी है, मन उनका प्रधान है, वे मनोमय हैं। यदि कोई दुष्ट मन से बोलता है, या काम करता है, तो दुःख उसका वैसे ही पीछा करता है, जैसे वहन करनेवाले बैल के पैर का चक्का।

२. ० यदि प्रसन्न मन से बोलता या कार्य करता है, तो सुख उसका पीछा कभी भी साथ न छोड़नेवाली छाया की भाँति करता है।

५. कभी भी वैर से वैर नहीं शान्त होता---अवैर से वैर शान्त होता है, यह सनातन धर्म है।

१३. जैसे अच्छे प्रकार से छाये घर में वृष्टि नहीं प्रवेश कर सकती, वैसे ही सुभाषित चित्त को राग नहीं बेध सकता।

१५. यहाँ शोक करता है, मरने के बाद शोक करता है, पापकारी दोनों (लोकों) में शोक करता है। वह अपने मलित्त कर्मों को देखकर शोक करता है, पीड़ित होता है।

१६. यहाँ मोद करता है, मर कर मोद करता है, पुण्य करनेवाला दोनों ही जगह प्रमुदित होता है, वह अपने कर्मों की शुद्धि को देखकर मुदित तथा प्रमुदित होता है।

१९. चाहे कितनी ही संहिताओं (वेद) को उचारें, किन्तु प्रमादी बन जो उसके अनुसार (आचरण) करनेवाला नहीं होता, वह दूसरे की गायों को गिननेवाले की भाँति श्रमणपन का भागी नहीं होता।

३२. जो भिक्षु प्रमाद से विरत या प्रमाद से भय खानेवाला होता है, उसका पतन होना संभव नहीं; वह निर्वाण के समीप है।

४१. अहो! यह तुच्छ शरीर शीघ्र ही चेतना-रहित हो निरर्थक काठ की भाँति पृथ्वी पर पड़ रहेगा।

४९. जैसे भ्रमर फूल के वर्ण और गन्ध को बिना हानि पहुँचाये, रस को लेकर चल देता है, वैसे ही गाँव में मुनि विचरण करे।

५४. फूल की सुगन्ध हवा से उलटी ओर नहीं जाती, न चन्दन, तगर या चमेली की ही; किन्तु सज्जनों की सुगन्ध हवा से उलटी ओर भी जाती है। सत्पुरुष सभी दिशाओं में सुगन्ध बहाते हैं।

८१. जैसे ठोस पहाड़ हवा से कम्पायमान नहीं होता, ऐसे ही पंडित निन्दा और प्रशंसा से विचलित नहीं होते।

९६. उपशान्त और यथार्थ ज्ञान द्वारा मुक्त उस अर्हत् पुरुष का मन शान्त होता है, वाणी और कर्म शान्त होते हैं।

१२७. न आकाश में, न समुद्र के मध्य में, न पर्वतों के विवर में प्रवेश कर—संसार में कोई स्थान नहीं है, जहाँ रहकर पापकर्मों के फल से प्राणी बच सके।

१४९. शरत्काल की अपथ्य लौकी की भाँति (बाहर फेंक दी गयी), या कबूतरों की सी (सफेद) हो गयी हड्डियों को देखकर क्या (इस शरीर में) प्रेम होगा।

१५०. हड्डियों का (एक) नगर बनाया गया है, जो मांस और रक्त से लेपा गया है; जिसमें जरा और मृत्यु, अभिमान और डाह छिपे हुए हैं।

१६५. अपना किया पाप अपने को ही मलिन किया करता है, अपने पाप न करे तो अपने ही शुद्ध रहता है। शुद्धि-अशुद्धि प्रत्यात्म है। दूसरा (आदमी) दूसरे को शुद्ध नहीं कर सकता।

१७२. जो पहले भूल करके पीछे भूल नहीं करता, वह मेघ से उन्मुक्त चन्द्रमा की भाँति इस लोक को प्रकाशित करता है।

२०४. आरोग्य परम लाभ है, सन्तोष परम धन है, विश्वास सबसे बड़ा बन्धु है और निर्वाण परम सुख है।

२१३. प्रेम से शोक होता है, प्रेम से भय उत्पन्न होता है, प्रेम से जो मुक्त है उसको शोक नहीं, फिर भय कहाँ से होगा ?

२१९. चिर-प्रवासी स्वजन पुरुष को स्वस्ति के साथ दूर से आया देखकर कुटुम्ब के लोग, मित्र, और सुहृद् अभिनन्दन करते हैं।

२९४. माता (=तृष्णा), पिता (=अहंकार), दो क्षत्रिय राजाओं [=(१) आत्मा आदि की नित्यता का सिद्धान्त, (२) मरणान्त जीवन मानने का सिद्धान्त] अनुचर (=राग) सहित राष्ट्र (=रूप, विज्ञान आदि संसार के उपादान) को मारकर ब्राह्मण (=ज्ञानी) निष्पाप होता है।

३८४. जब ब्राह्मण (=ज्ञानी) दो धर्मों (चित्तसंयम और भावना) में पारङ्गत हो जाता है, तब उस जानकार के सभी संयोजन (बन्धन) समाप्त हो जाते हैं।

३९३. न जटा से, न गोत्र से, न जन्म से कोई ब्राह्मण होता है; जिसमें सत्य और धर्म है, वही शुचि है और वही ब्राह्मण है।

४०७. आरे के ऊपर (रखे हुए) सरसों की भाँति जिसके राग, द्वेष, मान, डाह फेंक दिये गये हैं, उसे मैं ब्राह्मण कहता हूँ।

४२२. जो (श्रेष्ठ) प्रवर, वीर, महर्षि, विजेता, अकोप्य, स्नातक, बुद्ध हैं, उसे मैं ब्राह्मण कहता हूँ।

धम्मपद का संसार की सारी सभ्य भाषाओं में भाषान्तर है।

३. उदान

आठ वर्गों और ८० सूत्रों का यह लघु ग्रन्थ भी बड़ा सारगर्भित है। इसके पहले चार सूत्रों में उरवेला में बोधि के समय बोधिवृक्ष के पास ध्यान-भावना में भगवान् के दिन कैसे व्यतीत हुए इसका उल्लेख है। पहले बोधिसुत्त में हैं—

१. **पठमबोधिसुत्त (१.१)**—भगवान् उस वेला में 'नेरञ्जरा' (निरंजना) नदी के तीर बोधिवृक्ष के नीचे बोधि प्राप्त करने के बाद ही विहरते थे। उस समय भगवान् मुक्तिसुख का अनुभव करते, एक आसन से सप्ताह भर बैठे रहे। सप्ताह के बाद समाधि से उठकर रात्रि के प्रथम पाद में प्रतीत्यसमुत्पाद को अनुलोम-प्रतिलोम विधि से इन्होंने अच्छी तरह मनन किया—"ऐसा होने पर यह होता है, जैसा कि अविद्या के प्रत्यय से संस्कार, संस्कार से विज्ञान, विज्ञान से नामरूप, नामरूप से श्रोत्र, घ्राण, जिह्वा, काय, मन, आदि षडायतन, षडायतन से स्पर्श (विषय-संयोग), स्पर्श से वेदना (अनुभव), वेदना से तृष्णा, तृष्णा से उपादान, (विषय-ग्रहण) उपादान से भव (संसार), भव से जाति (जन्म), जाति से जरामरण-शोक-परिदेवन (क्रन्दन) दुःख-दौर्मनस्य-उपायास (हैरानी) आदि होते हैं। इस प्रकार इस सम्पूर्ण दुःख-राशि की उत्पत्ति होती है।

२. **सुन्दरीसुत्त (४.८)**—गौतम बुद्ध का जो सत्कार, सम्मान उस समय हो रहा था, उससे दूसरे मत के साधुओं को ईर्ष्या होने लगी। भगवान्

उस समय सत्कृत, गुरुकृत तथा मानित-पूजित थे। वे चीवर, पिण्डपात (भोजन) शयनासन, रोगिपथ्य, भैषज्य आदि परिष्कारों के पानेवाले थे। दूसरे मत के साधु उसे पाने में अशक्त थे। उसे सहन न कर परिव्राजक अत्यन्त सुन्दरी 'सुन्दरी' नामक परिव्राजिका से बोले—"भगिनी, हम बन्धुओं की सहायता करने का काम कर सकती हो ?"

"क्या काम ? मैं क्या कर सकती हूँ ? बन्धुओं की भलाई के लिए मैं अपना प्राण भी दे सकती हूँ।"

"तो बहन, शीघ्र ही जेतवन चलो।"

"अच्छा, आर्यो" कहकर सुन्दरी ने जेतवन के लिए प्रस्थान किया।

... ...

उन साधुओं ने रास्ते में योजना बनाकर उसे जान से मारकर जेतवन की परिखा के कुएँ में गाड़कर राजा प्रसेनजित् के पास जाकर 'सुन्दरी' के गायब होने की बात कही। और जेतवन के लोगों पर सन्देह प्रकट किया। राजा की आज्ञा से उसे ढूँढ़कर, लाकर, श्रावस्ती के चौराहे पर कहने लगे—"देखो आर्यो, शाक्यपुत्रीय श्रमणों का काम ! कैसे आदमी पुरुष-कृत्य करने के बाद स्त्री को मार देगा ?"

उस समय लोग भिक्षुओं को देखकर धिक्कारते थे। उन्होंने इसे भगवान् से कहा। भगवान् ने कहा—"भिक्षुओ, इस प्रकार का शब्द देर तक नहीं रहेगा, केवल सप्ताह भर रहकर उसके बाद बन्द हो जायेगा। जब लोग धिक्कारें, तो तुम उन्हें इस गाथा से उत्तर दो—

'मिथ्यावादी नरक में जाता है, और (वह भी) जो कि करके कहते हैं कि हमने नहीं किया। मृत्यु के बाद परलोक में जाकर दोनों नीच कर्म करनेवालों की गति समान होती है।'"

वह शब्द देर तक नहीं रहा। केवल सप्ताह भर ही रहा, फिर बन्द हो गया।

३. सोणसुत्त (५.६)—बुद्ध के चतुर्थ प्रधान शिष्य महाकात्यायन 'अवन्ती' (मालव) देश के 'कुररघर' नामक पर्वत पर विहरते थे। 'सोण

कुटिकण्ण' नामक एक धनी सेठ का पुत्र उनकी सेवा करता था। उसके मन में आया –"इस धर्म को घर में रहते पूरा नहीं किया जा सकता"। तीन बार प्रार्थना करने पर महाकात्यायन ने उसे प्रवज्या-उपसम्पदा दी। कुछ समय बाद 'सोण' ने सोचा—"मैंने भगवान् को सुना भर है, देखा नहीं है" और उन्हें देखने की इच्छा अपने उपाध्याय से प्रकट की। महाकात्यायन ने कहा—"जाओ दर्शन कर भगवान् के चरणों की वन्दना करना और कुशल-क्षेम पूछकर कहना—'भन्ते, मेरे उपाध्याय महाकात्यायन भगवान् के चरणों को शिर से प्रणाम करते हैं।'"

'सोण' श्रावस्ती पहुँचा और भगवान् के दर्शन कर उपाध्याय की ओर से उनका अभिवादन किया और स्वास्थ्य के विषय में पूछा। भगवान् ने भी 'सोण' से रास्ते के कष्ट आदि के बारे में पूछा। उसने कहा—"मैं ठीक से आया, रास्ते में भोजन आदि का कष्ट नहीं हुआ"।

भगवान् ने आनन्द से कहा—"इस भिक्षु के आसनादि का प्रबन्ध करो।" आनन्द ने सोचा—"जिसके लिए भगवान् ऐसा कहते हैं कि इसके ठहरने का प्रबन्ध करो, उसके बारे में वे ये चाहते हैं कि उसे उन्हीं के विहार में ठहराया जाय।" अतः उन्होंने वैसा ही प्रबन्ध किया।

अत्यन्त प्रातःकाल उठकर भगवान् ने पूछा—"भिक्षु, तूने धर्म को कैसे समझा है?" तब 'सोण' ने सारे 'अट्ठकवग्ग' (सुत्तनिपात) को स्वर के साथ सुना दिया। भगवान् ने शाबाशी देते हुए कहा—"साधु, साधु भिक्षु, तुम्हारी आयु क्या है।

"एक वर्ष (भिक्षु) हुए हुआ।"

"भिक्षु, तुमने इतनी देर क्यों की?"

"भन्ते, बहुत देर के बाद मैं सांसारिक कामगुणों के दोष को समझ सका। गृहस्थ-जीवन झंझटों से भरा है, कामकाज से छुट्टी नहीं मिलती; यह तरह-तरह की रुकावटों से भरा पड़ा है।"

इसे जानकर उस समय भगवान् के मुँह से उदान के ये शब्द निकल पड़े—

"संसार के दोषों को देख और परम निर्वाणपद को जान,
आर्य जन पाप में नहीं रमते, शुद्ध जन पाप में नहीं रमते।"

विनयपिटक द्वारा ज्ञात होता है, कि 'सोण' को भिक्षु बनाने के लिए दस भिक्षुओं का गण देर से मिला। इसलिए महाकात्यायन ने मध्यदेश के बाहर चार भिक्षुओं के संघ को भिक्षु बनाने का अधिकार माँगा था और भगवान् ने उसे स्वीकार किया था।

४. इतिवुत्तक

इस ग्रन्थ के हरेक सुत्त में 'इतिवुत्तं भगवता' (ऐसा भगवान् ने कहा) यह पद बारबार आता है। अतएव इसका नाम ही 'इतिवुत्तक' पड़ गया। इसमें चार निपात तथा एक सौ बारह सुत्त हैं। नीचे इसके कुछ मुख्य सुत्तों का परिचय दिया जा रहा है—

१. **लोभसुत्त (१.१)** – यह पहला सुत्त है। इसका वर्णन इस प्रकार से है—भगवान् ने यह कहा, अर्हत् ने यह कहा, यह मैंने सुना – "भिक्षुओ, एक बात को छोड़ दो और तब मैं तुम्हारे 'अनागामी' होने की जिम्मेदारी लेता हूँ। कौन है एक बात? भिक्षुओ, वह लोभ है।"

भगवान् ने ऐसा कहा। इसलिए यह कहा जाता है—

"जिस लोभ से लुब्ध होकर प्राणी दुर्गति को प्राप्त होते हैं;
उस लोभ को विपश्यना करनेवाले सम्यक् रूप से जानकर छोड़ देते हैं;
और उसे छोड़ कर फिर इस लोक में कभी नहीं आते।"
इस अर्थ को भी भगवान् ने कहा, ऐसा मैंने सुना है।

२. **पुत्तसुत्त (३.२५)**—भगवान् ने यह कहा, अर्हत् ने यह कहा, ऐसा मैंने सुना—

"भिक्षुओ, इस लोक में तीन प्रकार के पुत्र होते हैं—अतिजात, अनुजात और अवजात।

अतिजात पुत्र कौन है? जिस पुत्र के माता-पिता बुद्ध, धर्म तथा संघ के शरणागत नहीं होते; हिंसा, चोरी, व्यभिचार तथा मद्यपानादि

से विरत नहीं होते; दुःशील तथा पाप धर्मवाले होते हैं; पर उनका पुत्र उनके विपरीत स्वभाववाला होता है, वह पुत्र अतिजात होता है ।

अनुजात पुत्र कौन है ? माता-पिता बुद्ध, धर्म तथा संघ के शरणागत होते हैं; हिंसा, चोरी, व्यभिचार तथा मद्यपानादि से विरत होते हैं; सुशील तथा कल्याण धर्म वाले होते हैं और उनका पुत्र भी वैसा ही होता है । इस पुत्र की अनुजात संज्ञा होती है ।

अवजात कौन है? माता-पिता में तो उपर्युक्त गुण हों, पर उनका पुत्र दुःशील तथा पापकर्मवाला हो तो वह अवजात कहा जाता है ।"

५. सुत्तनिपात

बुद्धवचनों में काल की दृष्टि से सुत्तनिपात का अत्यधिक महत्त्व है । बुद्ध के समय में ही इसके 'अट्ठकवग्ग' तथा 'पारायणवग्ग' प्रसिद्ध हो चुके थे और ऊपर 'उदान' के वर्णन में कहा जा चुका है कि 'सोण कुटिकण्ण' ने सम्पूर्ण 'अट्ठकवग्ग' का पाठ भगवान् बुद्ध के समक्ष किया था। इन सबसे इसकी प्राचीनता सिद्ध ही है, साथ ही अशोक ने भाब्रू के शिलालेख में जिन बुद्ध सुत्तों का हवाला दिया है, उसमें से तीन–'मुनिगाथा', उपतिष्यप्रश्न तथा 'मुनिसुत्त' इसी ग्रन्थ में पाये जाते हैं । यह भी इसके विशेष महत्त्व को प्रतिपादित करता है ।

इस ग्रन्थ की भाषा पर छान्दस (वैदिक) भाषा का प्रभाव है और और भाषा की दृष्टि से भी यह अति प्राचीन सिद्ध होता है ।

सुत्तनिपात पाँच 'वग्गों' और अनेक 'सुत्तों' में विभक्त है--

(१) उरगवग्ग

१. उरगसुत्त	७. वसल०
२. धनिय०	८. मेत्त०
३. खग्गविसाण०	९. हेमवत०
४. कसिभारद्वाज०	१०. आळवक०

५. चुन्द०
६. पराभव
११. विजय०
१२. मुनि०

(२) चूलवग्ग

१. रतन०
२. आमगन्ध०
३. हिरि०
४. मङ्गल०
५. सूचिलोम०
६. धम्मचरिय०
७. ब्राह्मणधम्मिक०
८. नावा०
९. किंसील०
१०. उट्ठान०
११. राहुल०
१२. वङ्गीस०
१३. सम्मापरिब्बाजनिय०
१४. धम्मिक०

(३) महावग्ग

१. पब्बज्जा०
२. पधान०
३. सुभासित०
४. सुन्दरिकभारद्वाज०
५. माघ०
६. सभिय०
७. सेल०
८. सल्ल०
९. वासेट्ठ०
१०. कोकालिक०
११. नालक०
१२. द्वयतानुपस्सना०

(४) अट्ठकवग्ग

१. काम०
२. गुहट्ठक०
३. दुट्ठट्ठक०
४. सुद्धट्ठक०
७. परमट्ठक०
६. जरा०
९. तिस्समेत्तेय्य०
८. पसूर०
९. मागन्दिय०
१०. पुराभेद०
११. कलहविवाद०
१२. चूलवियूह०
१३. महावियूह०
१४. तुवटक०
१५. अत्तदण्ड०
१६. सारिपुत्त०

(५) पारायणवग्ग

१. वत्थुगाथा	१०. तोदेय्यमाणव०
२. अजितमाणवपुच्छा०	११. कप्पमाणव०
३. तिस्समेत्तेयमाणव०	१२. जतुकण्णिमाणव०
४. पुण्णकमाणव०	१३. भद्रावुधमाणव०
५. मेत्तगूमाणव०	१४. उदयमाणव०
६. धोतकमाणव०	१५. पोसालमाणव०
७. उपसीवमाणव०	१६. मोघराजमाणव०
८. नन्दमाणव०	१७. पिङ्गियमाणव०
९. हेमकमाणव०	१८. पारायनत्थुतिगाथा
	१९. परायनानुगीतिगाथा

इसका संक्षिप्त परिचय नीचे प्रस्तुत किया जाता है--

(१) धनियसुत्त--इस सुत्त में सुन्दर काव्य की झलक मिलती है। यहाँ गंडक के किनारे बिहार के छपरा या मुजफ्फरपुर जिले में अपनी गौओं को चराते धनिय गोप तथा बुद्ध का संवाद वर्णित है। अपने उपकरणों से तथा सांसारिक सुखों से सन्तुष्ट होकर धनिय गोप प्रीति के शब्दों को कह रहा है और वहीं पर खुले आकाश में निवास करते बुद्ध भी निर्वाण की प्रीति से युक्त हो उदान वाक्य कह रहे हैं--

धनिय--भात मेरा पक चुका, दूध दुह लिया, 'मही' (गंडक) नदी के तीर पर स्वजनों के साथ वास करता हूँ, कुटी छा ली है, आग सुलगा ली है। अब हे देव ! चाहो तो खूब बरसो।

बुद्ध--मैं क्रोध और राग से रहित हूँ, एक रात के लिए 'मही' नदी के तीर पर ठहरा हूँ, मेरी कुटी खुली है (आकाश के नीचे रहता हूँ) और (अन्दर की) आग बुझ चुकी है। अब०।

धनिय--मक्खी और मच्छर यहाँ पर नहीं हैं, कछार में उगी घास को गौवें चरती हैं, पानी भी पड़े तो उसे वे सह लें। अब०।

बुद्ध---मैंने एक अच्छी तरणी बना ली है। भवसागर को तैर कर पार चला आया। अब तरणी की आवश्यकता नहीं। अब०।

धनिय---मेरी ग्वालिन आज्ञाकारिणी और अलोला है; वह चिरकाल की प्रियसंगिनी है। उसके विषय में कोई पाप भी नहीं सुनता। अब०।

बुद्ध---मेरा मन वशीभूत और विमुक्त है, चिरकाल से परिभावित और दान्त है। मुझ में कोई पाप नहीं। अब०।

धनिय---मैं अपनी मजदूरी आप ही करता हूँ। मेरी सन्तान अनुकूल और नीरोग है। उनके विषय में कोई पाप नहीं सुनता। अब०।

बुद्ध---मैं किसी का चाकर नहीं, स्वच्छन्द सारे संसार में विचरण करता हूँ। मुझे चाकरी से मतलब नहीं। अब०।

धनिय---मेरे तरुण बैल हैं और बछड़े हैं, गाभिन गायें हैं और कलोर भी हैं और सबके बीच वृषभराज भी है। अब०।

बुद्ध---मेरे न तरुण बैल हैं, न बछड़े, न गाभिन गायें हैं न कलोर गायें; और सबके बीच वृषभराज भी नहीं। अब०।

धनिय---खूँटे मजबूत गड़े हैं, मूँज के पगहे नये और अच्छी तरह बटे हैं, बैल भी उन्हें नहीं तोड़ सकते। अब०।

बुद्ध---वृषभ-जैसे बन्धनों को तोड़, हाथी-जैसे पूतिलता को छिन्न-छिन्न-भिन्न कर मैं फिर जन्म ग्रहण नहीं करूँगा। अब०।

उसी समय ऊँची-नीची भूमि को भरती हुई जोरों की बारिस हुई। बादलों के गर्जन को सुनकर धनिय ने कहा---"हमारा बड़ा लाभ हुआ कि हम भगवान् के दर्शन को पाये। हे चक्षुमान्, हम आपकी शरण जाते हैं, महामुनि, आप हमारे गुरु हैं।"

(२) **पारायणवग्ग**---पंजाब में आर्यों का प्रसार ई० पू० बारहवीं सदी में हुआ और इसके छह सौ वर्षों के पश्चात् अर्थात् ६०० ई० पू० में आर्य द्रविड़ देश में बहनेवाली गोदावरी नदी के किनारे तक फैल गये थे। अशोक के समय ई० पू० तीसरी सदी के पहले ही वे चोल देश

में पहुँचे थे। कोसल देश के निवासी 'बावरी' ब्राह्मण गोदावरी के किनारे बस ही नहीं गये थे, बल्कि वह वहाँ के प्रतिष्ठित आचार्य थे। उनके पास अनेक माणवक (छात्र) पढ़ते थे। उन्होंने सुना कि उत्तर में शाक्यमुनि गौतम पैदा हुए हैं, जो बुद्ध माने जाते हैं। वृद्धपन के कारण स्वयं न जा, उसने अपने सोलह शिष्यों को कोसल देश भेजा, पर बुद्ध वहाँ नहीं थे। वे मगध में 'नालन्दा' के पास बुद्ध का दर्शन और संभाषण करने में सफल हुए। प्रत्येक माणवक ने प्रश्न पूछे, जिसका उत्तर बुद्ध ने दिया। इस 'वग्ग' में इसी का व्याख्यान है, जो संक्षिप्त रूप से नीचे उपस्थित किया जा रहा है—

(क) अजित माणवक ने पूछा—"संसार किससे आच्छादित है? किससे वह अप्रकाशित है? इसका मल मुझे बतावें कि किससे यह मलयुक्त होता है) तथा इसका महाभय क्या है?"

बुद्ध ने कहा—"संसार अविद्या से आच्छादित है, लोभ तथा प्रमाद के कारण वह अप्रकाशित है। तृष्णा को मैं मल बताता हूँ तथा दुःख इसका महाभय है।"

अजित—"सर्वत्र तृष्णा की धाराएँ बहती हैं, इन धाराओं का क्या निवारण है? इन धाराओं के आवरण को बतावें, तथा इनको कैसे बन्द किया जा सकता है?"

बुद्ध—"संसार में जितनी धाराए हैं, स्मृति उनका निवारण है, (इसे मैं) धाराओं का आवरण बताता हूँ। प्रज्ञा से ये बन्द की जाती हैं।"

(ख) पुण्णक माणवक ने पूछा—"तृष्णारहित, (पाप के) मूल को देखने वाले आपके पास प्रश्न करने आया हूँ। किस कारण ऋषियों, मनुष्यों, क्षत्रियों और ब्राह्मणों ने देवताओं के नाम इस संसार में बहुत यज्ञ किये थे? भगवान्, आप से यह पूछता हूँ, आप इसे बतावें।"

बुद्ध ने कहा—"पुण्णक, जरा को प्राप्त होने पर जीवन की कामना करते हुए इस संसार में ऋषियों, मनुष्यों, क्षत्रियों ब्राह्मणों ने देवताओं के नाम बहुत-से यज्ञ किये थे।"

(ग) धोतक माणवक तथा कप्प माणवक ने बुद्ध से निर्वाण के बारे में प्रश्न किया और इसी प्रकार से और माणवकों ने भी बुद्ध से प्रश्न किये और उन्होंने उनका उत्तर दिया।

६. विमानवत्थु

प्राय: १२८९ गाथाओं के इस ग्रन्थ में देवताओं के विमान (चलते घरों) के वैभव का वर्णन प्रस्तुत है। इतना निश्चित-सा ही प्रतीत होता होता है कि यह बुद्ध-भाषित नहीं है और सम्भवत: भारत में यह अशोक के समय के आसपास लिखा गया होगा। 'विमानवत्थु' में दो भाग हैं–'इत्थिविमान' तथा 'पुरिसविमान'। स्त्री की देवभूमियों का वर्णन इत्थि-विमान में और पुरुष की देवभूमियों का वर्णन पुरिसविमान में है। सम्पूर्ण ग्रन्थ में शैली एक ही प्रकार की है। एक ऋद्धिशाली भिक्षु अमुक देव या देवी से प्रश्न करता है कि तुम्हें यह सुख और गौरव कैसे प्राप्त हुआ। उत्तर में वह उल्लेख करता हैं कि उसने अमुक पुण्य कर्म किये थे, जिनके फल-स्वरूप उसे वह प्राप्त हुआ। उदाहरणस्वरूप कुछ का उल्लेख इस प्रकार से है––

१. **पठमपीठविमानवत्थु (१.१)**––"तेरा विशाल पीठ सुवर्णमय है और मन की गति की तरह यह मनोवांछित स्थान पर चला जाता है। तू अलंकृता, मालाधारिणी एवं सुवस्त्रा है और मेघशिखर पर विद्युत की भाँति चमकती है।

किस कारण से तुम्हें ऐसा रूप प्राप्त हुआ है तथा ऐसे भोग तुम्हारे लिए उत्पन्न होते हैं, जो मन को सुन्दर लगने वाले हैं ?

हे महानुभावे, तुमसे मैं यह पूछता हूँ कि तुमने मनुष्य होकर क्या पुण्य किया था ? किसके कारण इतने देदीप्यमान प्रतापवाला तेरा यह रूप है, जो सभी दिशाओं में प्रकाशमान हो रहा है ?"

ऐसा 'मोग्गल्लान' द्वारा प्रश्न किये जाने पर वह देवी बोली––"मैंने मनुष्य योनि में जन्म लेकर मनुष्यों में अभ्यागतों को आसन दिया, अभि-वादन किया, दान किया और उसी से मेरा ऐसा वर्ण है।"

२. **केसकारीविमानवत्थु (१·१७)**—"यह विमान रुचिर, और प्रभास्वर तथा हीरों के खम्भों के समान सुनिर्मित है, चारों ओर सुवर्ण के वृक्ष उगे हुए हैं। मेरा स्थान कर्मविपाक-सम्भव है।

वहाँ उत्पन्न सौ या सहस्र अप्सराओं में अग्रगण्य यह तुम सबको प्रकाशित करती हुई यशस्विनी होकर स्थित हो।

हे अनुपमदर्शने, कहाँ से तू मेरे इस भवन में उत्पन्न हुई...?"

"हे शक्र, जो तुम मुझसे यह पूछते हो कि कहाँ से च्युत हो कर मैं यहाँ आयी हूँ तो पूर्व में काशी (जनपद) का वाराणसी नामक नगर है। वहीं मैं केशकारिका थी।

मैं बुद्ध, धर्म तथा संघ में प्रसन्न मनवाली, अखंडित शिक्षापद तथा सदाचारवाली, फल प्राप्त तथा सम्बोधि धर्म में नियत तथा अनामया थी।"

शक्र ने यह सुनकर अभिनन्दन करते हुए उसका स्वागत किया।

७. पेतवत्थु

प्राय: ८१४ गाथाओं की यह पुस्तिका नरक के दु:खों का वर्णन प्रस्तुत करती है। इसमें ५१ वस्तु (कथा) हैं तथा यह चार वर्गों में विभक्त है। इसे गरुडपुराण का प्रारम्भिक संस्करण समझिए। उदाहरणस्वरूप कुछ 'वस्तुएँ' नीचे दी जाती हैं।

१. **सूकरमुखपेतवत्थु (२)**—"तुम्हारा सम्पूर्ण शरीर स्वर्ण वर्ण का है और सभी दिशाएँ उससे प्रभासित हो रही हैं; पर तुम्हारा मुख शूकर के समान है। तुमने क्या कर्म पहले किया था?"

"मैं शरीर से तो संयत थी, पर वाणी से नहीं, इसीलिए ऐसा हुआ है।"

२. **सत्तपुत्तखादपेतिवत्थु (७)**—

"नंगी दुर्वर्ण रूप की हो तथा अपवित्र दुर्गन्ध फैला रही हो।
"मक्खियाँ भिनभिना रही हैं, तू कौन यहाँ खड़ी हो?"
मैं, भदन्ते, यमलोकवासी दुर्गति प्राप्त प्रेती हूँ;
पाप कर्म करके प्रेतलोक में यहाँ आयी हूँ;

कालक्रम से पाँच पुत्र तथा और दूसरे पुत्रों को उत्पन्न करके
उन्हें मैंने खाया तो भी वे पर्याप्त नहीं हुए।
मेरा हृदय क्षुधा से जलता और धूमित होता है,
मुझे कहीं भी शान्ति नहीं मिलती।"
"काया, वाणी या मन से क्या दुष्कर्म किया,
किस कर्म-विपाक के कारण तुम पुत्र-मांस खाती हो?"
"मेरी सौत गर्भिणी थी, उसका मैंने बुरा सोचा।
सो दुष्ट मन से मैंने उसका दो-तीन मास का गर्भपात कर दिया।
उससे लोहू बहा, उसकी माँ ने कुपित हो मेरी जातिवालों को बुलाया।
मुझे शपथ कराया, मुझसे कहला दिया।
सो मैं घोर शपथ कर झूठ बोली,
मैंने शपथ किया था, अब पुत्र-मांस खाती हूँ।
उस कर्म-विपाक का, झूठ, बोलने का यह फल है;
पुत्र-मांस खाती हूँ, पीठ और खून पर मक्खियाँ भिनभिना रही हैं।"

पाप कर्मों के दुष्परिणाम की बातें 'पेतवत्थु' में इसी प्रकार दी हुई है।

८. थेरगाथा

इस ग्रन्थ में डेढ़ सौ के करीब बुद्धकालीन स्थविरों की गाथाएं सुरक्षित हैं। प्राचीनता ही नहीं, प्रत्युत इनमें से कितनी ही कविता की दृष्टि से भी सुन्दर हैं। ई० पू० छठी सदी के आसपास इतने सुन्दर रूप में कविता करने का प्रयास हुआ था, यह इन गाथाओं से ज्ञात होता है।

इस ग्रन्थ में गाथाओं की संख्या के अनुसार निपातों का विभाजन है। इसमें २१ निपात हैं—१, २, ३, ४, ५, ६, ७, ८, ९, १०, ११, १२, १३, १४, १५, १६, २०, ३०, ४०, ५० तथा ६० के क्रम से। बीस गाथा वाली रचनाएँ 'वीसतिक' निपात में संकलित हैं। इसमें २५५ भिक्षुओं के उद्गारों का संग्रह है। संक्षिप्त रूप से, नमूने के तौर पर, कुछ नीचे प्रस्तुत किये जाते हैं—

'थेरगाथा' के प्रारम्भ में ही कहा गया है—

"गिरगह्वर में दहाड़नेवाले सिंहों की भावनावाले स्थविरों की गाथाओं को सुनो" आदि।

१. वनवच्छत्थेरगाथा (१.१३)—नीले बादल के रंगवाले शीतल, शुचि जल धारण करनेवाले वीरबहूटियों से ढँके पर्वत मुझे रमाते हैं।

२. सप्पकत्थेरगाथा (४.११)—"जब शुचिश्वेत पंखवाली बलाकाएं, काले मेघ के भय से डरी शरणस्थान ढूँढ़ती भागती हैं, तब मुझे 'अजकरणी' नदी रमण कराती है। जब बलाकाएं आलय देखती तथा ढूँढ़ती हैं, तब अजकरणी० भेरी, गुहा के पीछे नदी के तट पर दोनों ओर लगे जामुन वृक्ष शोभायमान होते किसको नहीं पसन्द आते।

मंद-मंद बहती नदी नाद कर रही। आज ऐसी गिरि-नदी छोड़ प्रवास करने का समय नहीं, अजकरणी क्षेमयुक्त शिव सुरम्य है।"

३. महाकच्चानत्थेरगाथा (८.१)—बहुत कर्म न कराये, उद्यम में किसी को न रोके, जो सुख लानेवाले परमार्थ को छोड़ देता है, वह उत्सुक तथा रस लोभी है।

न कोई दूसरे के कहने से चोर और न दूसरे के कहने से मुनि होता है। आदमी स्वयं अपने को जैसा जानता है, वैसा देवता भी नहीं जान सकते।

दूसरे अज्ञ नहीं समझते कि हम यहाँ से जानेवाले हैं। जो इसे जानते हैं, उनके विकार शान्त हो जाते हैं।

प्रज्ञावान् वित्त के नष्ट हो जाने पर भी जीता ही है। प्रज्ञा न मिलने से वित्तवान् भी (ठीक से) नहीं जी सकता।

कान से सब सुनता है, आँख से सब देखता है। पर धीर सभी देखे-सुने को छोड़ सकता है।"

४. कालुदायित्थेरगाथा (१०.१)—बसंत के आने पर बुद्ध को जन्मभूमि (कपिलवस्तु) ले जाने की प्रेरणा देते पुरोहित-पुत्र कालुदायी ने कहा—

"वसंत में इस समय द्रुम फूलों से लाल हैं। फल के इच्छुक, पत्ते छोड़ कर लौवाले से प्रभासित हैं। हे महावीर, आङ्गीरसों के प्रस्थान का यही समय है।

द्रुम फूलों से मनोरम है। चारों ओर सारी दिशाएं प्रवाहित हो रही हैं। पत्र को छोड़ वृक्ष फल चाहते हैं। यह यहाँ से प्रस्थान करने का समय है।

(समय) न अति शीतल है, न अति उष्ण; ऋतु सुखमय हैं, (समय) यात्रा योग्य है। आपका भला हो। आपको पच्छिम मुख रोहिणी पार करते हुए, शाक्यगण और कोलियगण देखें।

५. तालपुटत्थेरगाथा (१९.१)--राजगृह के भूतपूर्व नटाचार्य कहते हैं--

"कब मैं पर्वत-कन्दराओं में अकेला अद्वितीय सारे संसार को अनित्य देखते विहरूँगा। वह समय मेरे लिए कब होगा।

कब मैं फटे वस्त्रवाला काषायधारी ममता-तृष्णारहित, इच्छारहित मुनि हो जाऊँगा ? राग-द्वेष, मोह को मारकर वन में जा सुखी होऊँगा। वह०।

कब अनित्य, बंधुरोग के नीड़, मृत्यु-जरा-पीड़ित इस काया को देखते निर्भय हो अकेला वन में विरूँगा,। वह०।

कब मैं भयजननी दुखावहा, बहुत प्रकार से पीछा करनेवाली तृष्णा-लता को प्रज्ञामय तीक्ष्ण खड्ग से काट कर बसूँगा। वह०।

कब वर्षा के मेघ, ऋषि द्वारा प्रयात मार्ग पर वन में जाते नवीन जल चीवर पहने मुझ पर बरसायेंगे। वह कब०।

कब गिरिगह्वर में शिखाधारी मोर पक्षी के स्वर को सुनकर अमृत की प्राप्ति के लिए चिन्तन करूँगा। वह कब०।"

६. थेरीगाथा

इसमें ५२२ गाथाएं हैं, जो १६ निपातों में विभक्त हैं। निपात 'थेरगाथा' के समान आधारों पर ही हैं। इसमें भिक्षुणियों के उद्‌गार, जो उनके अन्तस्तल की पुकार-स्वरूप हैं, संगृहीत हैं। उदाहरणस्वरूप--

१. दन्तिका (३.४)—"दिन के विहार के लिए, गृध्रकूट पर्वत पर मैंने नाग (हाथी) को जलाशय में उतरते देखा।

एक आदमी अंकुश लेकर 'पैर दो' कह प्रार्थना करता था। नाग ने पैर पसार दिया, पुरुष नाग पर चढ़ गया।

दमन करने में कठिन दमित (गज) मनुष्यों के वश में हो गया, तबसे मैं चित्त को समाहित करती हूँ। उसी के लिए वन में गयी।"

२. विमला पुराणगणिका (५.२)—"वर्ण, रूप, सौभाग्य और यश से मैं मतवाली थी और यौवन से गर्वीली दूसरी स्त्रियों से अपने को मैं असमान मानती थी।

मूर्खों को लोभनेवाली इस विचित्र काया को भूषितकर वेश्या-द्वार पर पक्षियों के लिए शिकार के पाश की भाँति खड़ी होती थी।

वही आज मैं मुंडिता, संघाटी पहिने, पिंडचार करते वृक्ष के नीचे बैठी अवितर्क अवस्थावाली समाधि को पानेवाली हूँ।

दिव्य या मानुषिक सारे बंधन उच्छिन्न हो गये। सारे चित्तमलों का लोपकर मैं शीतल निर्वाण प्राप्त हूँ।"

३. पुण्णा (१२.१)—"मैं कहारिन थीं, ठंड में सदा पानी में उतरती थी, स्वामियों (आर्यों) के दंड के भय से भयार्दित थी। तू, ब्राह्मण, किसके भय से कांपते, भारी शीत झेलते, पानी में उतरता है।"

"तुम पूर्णिका जानती हो, तो पुण्यकाम करते पाप को रोकते मुझसे क्यों पूछती हो?"

"जो बड़ा या छोटा पापकर्म करता है, वह भी जल-स्नान से उस पाप कर्म से छूट जाता है।"

"न जाने किस अज्ञानी ने तुमसे यह कहा—'उदक स्नान से पापकर्म छूटता है'। तब तो जरूर सारे मेंढक, कछुए, स्वर्ग को चले जायेंगे। नाग और सोंस भी और जो दूसरे जलचर भी।

भेड़ मारनेवाले, शूकर मारनेवाले, मछुवे और मृगवधिक, चोर और दूसरे पाप कर्मी भी जल-स्नान से पाप कर्म से छूट जायेंगे।

यदि ये नदियाँ पहले के तेरे किये पाप को धोयेंगी, तो पुण्य को भी बहा ले जायेंगी। इसलिए बाहर आओ।

ब्राह्मण जिससे डरकर सदा पानी में उतरता है, उसे ही बहुत मत कर; शीत तेरे चमड़े का हनन न कर दे।"

"उदक-सेवन कुमार्ग में लगे, मुझे आर्य-मार्ग पर लायी, अतः भवती, मैं तुझे यह शाटक (धोती) देता हूँ।"

"तेरा शाटक रहे, मैं शाटक नहीं चाहती; यदि दुःख से डरता है, यदि दुःख तुझे अप्रिय है, तो प्रकट या गुप्त पापकर्म मत कर।

यदि पाप कर्म करता है या करेगा तो भागकर भी दुःख से नहीं छूटेगा।"

४. **अम्बपाली** (१३.१)——वैशाली की प्रसिद्ध वैश्या ने बुढ़ापे में ये गाथाएं कही थीं——

"काले भ्रमरवर्ण समान मेरे ये केश छोर पर कुंचित थे, तब मैं जवान थी, वे (केश) अब जरा से सन के छिलके-से हैं। सत्यवादी बुद्ध का वचन अन्यथा नहीं हो सकता।

सुगन्धि के द्रव्य से तथा पुष्पराशि से वासित मेरे केश थे, वे जरा के कारण खरगोश के बाल के समान दुर्गन्धित हैं। सत्यवादी०।

घने सुरोपित कानन की भाँति केश सूइयों से विचित्र तथा अग्रशोभित थे, वे जरा से जहाँ-तहाँ विरल हैं। सत्यवादी०।

स्निग्ध, सुगन्धित, नन्दित, सुवर्ण से अलंकृत, मेरा सर था; अब वह जरा से गंजा हो गया है। सत्यवादी०।

चित्रकार द्वारा सुगढ़ित और अंकित-सी तब मेरी भौहें सोहती थीं, वे अब जरा से झुर्रियों से लटकी हैं। सत्यवादी०।

मेरे नेत्र भास्वर, सुरुचिर मणि-जैसे नीले और आयत थे; वे अब जरा से आहत हो, नहीं शोभते।"

१०. जातक

बुद्धकाल में प्रचलित सारे पाँच सौ सैंतालीस (५४७) लोककथाओं का यह संग्रह है। अपने उपदेशों में बुद्ध जैसी उपमाएं देकर उन्हें रुचिकर तथा सुगम बनाते थे, वैसे ही लोककथाओं को भी देते थे। 'महागोविन्द' आदि छोटे-छोटे जातक सुत्तों में भी आये हैं। जातकों की गाथाएं पुरानी हैं, जिनमें से कुछ लोक-काव्य भी हो सकती हैं। कुछ जातक तो अतिसुन्दर लोक-काव्य हैं। 'वेस्सन्तर जातक' को पढ़ते समय उसी तरह आँसुओं का वेग और कंठावरोध होता है, जैसे मुझे पावोजी का पंवाडा (राजस्थानी) सुनते-पढ़ते समय हुआ था। विश्व-लोक-साहित्य की जातक अद्भुत निधि हैं। ये बौद्ध देशों में तो बहुत प्रचलित हैं ही, अब तो शायद विश्व की कोई ही साहित्यिक भाषा हो, जिसमें कुछ या सारे जातक अनूदित न हुए हों। हिन्दी में उनका अनुवाद भदन्त आनन्द कौसल्यायन ने छह जिल्दों में कर 'हिन्दी-साहित्य-सम्मेलन' द्वारा प्रकाशित कराया है।

जातक में जहाँ प्राचीन भारत के व्यापार-पथ की विशाल सामग्री है, वहाँ उस समय वे शिल्प, व्यवसाय और मनुष्य-जीवन के अंगों पर भी बहुत प्रकाश पड़ता है। चित्रकारों और मूर्तिकारों के लिए ये उत्तम सामग्री प्रदान करते हैं। कितने ही काव्य ग्रन्थ भारत से बाहर जातकों को लेकर बने हैं। मूलरूप से गाथा भाग ही जातक माना जाता है; पर कथाओं के बिना जातक का कोई महत्त्व नहीं है; अतः गाथाओं को उनके साथ ही लेना चाहिए।

जातक में सर्वप्रथम 'निदानकथा' है, जो इसकी भूमिकास्वरूप है। इसके बाद 'पच्चुप्पन्नवत्थु', 'अतीतवत्थु', 'अत्थवण्णना' और 'समोधान' ये चार बातें प्रत्येक जातक में आती हैं। पच्चुप्पन्नवत्थु में वर्तमान संदर्भ दिया रहता है, जिसमें उस जातक-विशेष का उपदेश हुआ रहता है; अतीत-वत्थु प्राचीन कथा है; अत्थवण्णना उसमें आये हुए गाथा-भाग की टीका है तथा बुद्ध स्वयं अपने से तथा अन्य शिष्यों से जातक का जो मेल बैठाते हैं,

वही समाधान है। यहाँ पर केवल 'वेस्सन्तर जातक' उदाहरण के रूप में संक्षेप में प्रस्तुत किया जाता है।

१. वेस्सन्तरजातक (५४७)—इसमें शिवि देश के राजा 'वेस्सन्तर' के त्यागमय जीवन का वर्णन है। गोस्वामी तुलसीदास ने भी 'शिवि दधीचि हरिश्चन्द्र नरेसू' चौपाई में शिविराज का उल्लेख किया है। वे यही वेस्सन्तर है। यद्यपि उनके समय यह कथा बौद्ध धर्म के लुप्त होने के साथ लुप्त हो चुकी थी, पर जनता के अवचेतन में पड़ी हुई थी।

वेस्सन्तर की दान की उदारता से सारी जनता बिगड़ जाती है और पिता को अपने प्रिय पुत्र को निर्वासित करना पड़ता है।

यह सुन (देवी) वेस्सन्तर-पत्नी माद्री काँपती हुई बोली—"पहले जिसकी सेना ध्वजाग्र के साथ अनुगमन करती थी, सो आज अकेला ही वन में जायेगा।

वीरबहूटियों के रंगवाले लाल गान्धार के दुशाले, जिसके कि पीछे जाते०।

जो पहले हाथी से, शिविका से या रथ से जाता था, वह वेस्सन्तर राजा आज कैसे पैदल जायेगा।

क्यों काषाय वस्त्र और मृगछाला—नहीं लाये जाते; बड़े अरण्य में प्रवेश करते वीर को क्यों नहीं बांधते ?

कैसे माद्री कुश का चीर पहनेगी ?

काशिक वस्त्र, मलमल और कोटुम्बर धारण करनेवाली माद्री कुशचीर को कैसे धारण करेगी ?

वेस्सन्तर राजा शिवियों की बात के लिए स्वयं राज से बेराज हुआ है।"

वेस्सन्तर की माता ने करुण स्वर से कहा—

"पुत्र, तुझे अनुमति देती हूँ, तेरी प्रव्रज्या सफल हो, पर कल्याणी माद्री पुत्रों (बेटे-बेटी) के साथ यहीं रहे, वन में जाकर क्या करेगी ?"

वेस्सन्तर ने कहा—"न चाहने वाली दासी को भी, मैं वन में नहीं ले जाता; यदि माद्री चाहती है, तो आये; नहीं चाहती तो (यहीं) रहे।"

"हतपुत्रा, सूने नीड़ की चिड़िया-सी मैं दुबली पीली होऊँगी... ऐसे मेरे विलाप करते निर्लेप राजपुत्र को, देश से वन भेज दिया, जानो मैं जीवन छोड़ दूँगी।"

राज-माता को क्रन्दन करते सुन कर अन्तःपुर की बहुएँ, शिविकन्याएं बाँह पकड़कर रोने लगीं।

तब महाराज ने बहू को मनाना चाहा—

"चँवर धरनेवाली (मेरी बहू) धूल मत धारे, मत कुशचीर धारे...। अरण्यवास दुःख हैं, सुन्दरी, तू मत जा।"

सर्वांगशोभना राजपुत्री माद्री ने तब कहा—

"मैं उस सुख को नहीं चाहती, जो वेस्सन्तर के बिना मुझे मिले। जो वन के भय आपने बतलाये हैं, रथर्षभ, मैं जाकर उन सब को सह लूँगी। बहुत मेहनत से कुमारी पति को पाती है।

संसार में वैधव्य कड़ा है, रथर्षभ, मुझे जाना ही होगा। बिना जल की नदी नंगी है, बिना राजा के राष्ट्र नंगा है; विधवा स्त्री नंगी है, चाहे उसके दस भी भाई हों। सागर तक बहुवित्तधारिणी नाना रत्नों से भरी धरती को भी वेस्सन्तर के बिना नहीं लूँगी।

कैसे उन स्त्रियों का हृदय सुख मानता है, जो पति को दुख में देख अपना सुख चाहती हैं, शिवियों के राष्ट्रवर्धन महाराज के निकलने पर मैं उनके पीछे-पीछे जाऊँगी। वह मेरी सब कामनाओं के दाता हैं।"

उससे महाराज ने कहा—"सर्वांगशोभने माद्री, ये तेरे दोनों बच्चे जाली और कृष्णाजिना छोटे हैं।"

माद्री ने कहा—"देव, जाली और कृष्णाजिना दोनों बच्चे मुझे प्रिय हैं। ये अरण्य में हम दुखी जीवनवालों को सुख देंगे।"

शिवियों के राष्ट्रवर्धन महाराज ने उससे कहा—"शालि के भात और शुचि मांस के तेमन को खाने के आदी जंगली पौधों के फलों को खाते हुए बच्चे कितना दुख पायेंगे।"

तब वेस्सन्तर राजा ने माता-पिता दोनों की वन्दना करके प्रदक्षिणा की।

जंगल में रहते कुछ समय बाद एक ब्राह्मण आया। माद्री अन्यत्र गयी थी। ब्राह्मण ने दोनों बच्चे मांगे। वेस्सन्तर ने दे दिया।

जाली पीपल के पत्ते की भाँति काँपता पिता के चरणों में वन्दना करते हुए बोला--

"माता अन्यत्र गयी हैं, और तात तुम हमको दे रहे हो! अम्मा को भी हम देख लें, तब हमें दे देना।

हमें तब तक मत दो तात! जब तक हमारी अम्मा नहीं आ जातीं; तब चाहे ब्राह्मण हमें बेच दे, या मार दे।

तात को हम नहीं देख पायेंगे, इसी का बहुत दुख है। हमें न पा, बेचारी अम्मा चिरकाल तक रोती रहेंगी।"

चारुदर्शन कृष्णकुमारी को न देखकर...बेचारे (तात) भी जरूर बहुत समय तक रोते रहेंगे...बेचारी अम्मा!"

जाते समय जाली छोटी बहन से कहता है--

"ये जामुन तथा सेंदुवार आदि के पेड़ हैं, नाना प्रकार के वृक्ष, इन्हें आज हम छोड़ रहे हैं।

अश्वगन्ध, कटहल, बरगद तथा कैथ, इन विचित्र प्रकार के वृक्षों को आज हम छोड़ रहे हैं।

जिनसे पहले हम खेला करते थे, उन्हें आज छोड़ रहे हैं,

यहाँ ऊपर पर्वत पर विविध प्रकार के फूल हैं...जिन्हें हम धारते थे। उन्हें०।

ये हमारे खिलौने हाथी और अश्व हैं, ये हमारे घर हैं, जिन के साथ पहले हम खेला करते थे। उन्हें०।"

ले जाये जाते बच्चों ने पिता को कहा--"अम्मा को आरोग्य कहना; तुम भी तात सुखी रहो।"

ये हमारे हाथी-घोड़े हैं, ये हमारे बैल हैं, इन्हें अम्मा को देना। वह इनसे अपना शोक दूर करेगी।"

तब क्षत्रिय वेस्सन्तर राजा दान दे कर शाला में घुस करुण रुदन करने लगा–

"भूखे प्यासे बच्चे आज किसके पास हठ करेंगे। शाम को ब्यालू के के समय कौन उन्हें भोजन देगा? बिना जूते के पैदल कैसे जायेंगे? नंगे पैर जाते उन्हें कौन हाथ पकड़ायेगा।

माद्री ने संध्या को लौटते समय दूर से सोचना शुरू किया––"उनके लिए यह भोजन ले जा रही हूं। वह इस भोजन को खायेंगे। वह क्षत्रिय निवासस्थान में जरूर अकेला होगा। मुझे न आयी देख, बच्चों के ढाढ़स बाँधना होगा। मुझ अभागिनी बेचारी के बच्चे जरूर पानी पीके पड़े होंगे। मेरे थन भरे हुए हैं, छाती फट रही है"।

पास आकर उसने कहा––"पर मैं तथा जाली कृष्णाजिना दोनों बच्चों को नहीं देख रही हूँ। शाम के समय धूल में लिपटे मेरे बच्चे मेरी गोद में लेटते थे, उन बच्चों को मैं नहीं देख रही हूँ। क्यों यह आश्रम निःशब्द-सा दीख रहा है? पक्षी भी नहीं चहचहा रहे हैं, जरूर बच्चे मर गये"।

वह वेस्सन्तर से बोली––

"क्यों मेरा मन घबरा रहा है, आर्यपुत्र, मेरे बच्चों को भेड़िये तो नहीं खा गये? न तो उनके केश दीखते हैं, न हाथ-पैर ही। मैं जाली और कृष्णाजिना को नहीं देख रही हूं, और आर्यपुत्र, तुम नहीं बोल रहे हो"।

अन्त में वेस्सन्तर ने उसे दान की सारी कथा बतला दी।

११. निद्देस

चूलनिद्देस और महानिद्देस इसके ही भाग हैं। यह कंठस्थ रखने के समय की व्याख्या है। महानिद्देस में, सुत्तनिपात के अट्ठकवग्ग (जिसे सोण ने बुद्ध को जेतवन में स्वर-सहित सुनाया था) की व्याख्या है। महानिद्देस में बहुत-से देशों तथा बंदरगाहों का उल्लेख है, जिनके साथ भारत का वाणिज्य सम्बन्ध था।

१२. पटिसम्भिदामग्ग

इसमें अर्हत् के प्रतिसंविद् की व्याख्या है। इसमें दस परिच्छेद हैं। इसकी शैली अभिधर्म की है।

१३. अपादान

अपादान (अवदान) चरित को कहते हैं। अपदान के दो भागों में से एक का नाम थेरापदान है, दूसरे का थेरी-अपदान। इसे थेरगाथा, थेरीगाथा का पूरक ग्रन्थ कह सकते हैं, क्योंकि इसमें उन्हीं थेर-थेरियों के चरित हैं। इनमें ६२८६ गाथाएं स्थविरों से सम्बन्ध रखती हैं, और १२६७ थेरियों से। पहला अपदान बुद्धापदान है। फिर उसके बाद बुद्धशिष्य मोग्गल्लान, महाकाश्यप, अनुरुद्ध, पूर्णमैत्रायणीपुत्र, उपालि, अज्ञात कौंडिन्य, पिंडोलभारद्वाज, खदिरवनीय रेवत आदि से सम्बन्धित है। इसी तरह थेरी-अपदान में महाप्रजापति गौतमी आदि से सम्बन्धित चरित कहे गये हैं। वर्ग-विभाजन की दृष्टि से थेरापदान में ५५ वर्ग हैं और प्रत्येग वर्ग में १० अपदान हैं; थेरी-अपदान में ४ वर्ग हैं और इनमें भी प्रत्येक में १० अपदान हैं।

थेर-थेरियों की जीवनी इसी जन्म से सम्बन्धित नहीं है, बल्कि वे लोग अतीत में क्या थे, इसका भी स्थान-स्थान पर उल्लेख है।

गाथा कहने वाले स्वयं ये स्थविर हैं; वे अपने मुँह से इन अपादानों को बोलते हैं। इतना ही नहीं, वाणी मर्म-स्पर्शी भी है; और ऐसा अधिक स्थलों में है।

१४. बुद्धवंस

यह पद्यात्मक ग्रन्थ २८ परिच्छेदों का है और इसमें दीपङ्कर से लेकर शाक्यमुनि गौतम बुद्ध तक के २४ बुद्धों का वर्णन है। गौतम बुद्ध की जीवनी के अतिरिक्त शेष वर्णन पौराणिक पद्धति पर आधारित है। एक बौद्ध परम्परा इसे स्पष्ट रूप से बुद्धवचन नहीं मानती।

१५. चरियापिटक

यह भी ग्रन्थ 'बुद्धवंस' की ही भाँति का है और सर्व-प्रमाणित नहीं है। यह छह परिच्छेदों में है, जिनमें २५ जीवनचर्याओं का उल्लेख है। इसमें भगवान् बुद्ध के पूर्व जन्म का वर्णन करते हुए यह प्रदर्शित किया गया है कि उन्होंने दान, शील, नैष्क्रम्य, अधिष्ठान, सत्य, मैत्री और उपेक्षा आदि सात पारमिताओं की उन-उन जन्मों में पूर्ति कैसे की। इन पारमिताओं का वर्णन व्यक्ति के चरित के रूप में किया गया है। लगता है पारमिताओं को आदर्श बनाकर लोगों ने उच्च जीवन को समझाने के लिए ही इस ग्रन्थ को रच डाला।

इसके प्रत्येक चर्या का वर्णन जातक की ही भाँति है और यह पद्य रूप में प्रस्तुत है।

—:०:—

छठा अध्याय

विनयपिटक

यह दूसरा पिटक है, जिसे भिक्षु-भिक्षुणियों का आचार-शास्त्र कह सकते हैं। इसमें पाँच ग्रन्थ है--

१. पाराजिक	६८६०	ग्रन्थ-संख्या
२. पाचित्तिय	६६८०	,,
३. महावग्ग	७७००	,,
४. चुल्लवग्ग	८५८०	,,
५. परिवार	७६२०	,,

विनयपिटक के उपर्युक्त विभाजन से इसका सुत्त-विभङ्ग और खन्धक विभाजन अधिक युक्तियुक्त है। वस्तुतः पाराजिक पाचित्तिय
निमोक्ष की ही व्याख्या हैं। प्रातिमोक्ष को प्रातिमोक्षसूत्र भी कहते
विभङ्ग व्याख्या का भी नाम है। प्रातिमोक्षसूत्र का इस तरह
नेने से पाराजिक, पाचित्तिय का नाम विभङ्ग पड़ा। सर्वा-
मत्र और विनयपिटक से पालिपिटक की बहुत समानता
स्तिवाद स्थविरवाद की ही शाखा थी। तृतीय संगीति
क बौद्ध धर्म के १८ निकाय (शाखाएं) हो गये थे।
में इन निकायों का भी उल्लेख है।

 के समय तक बौद्ध धर्म में अठारह निकाय

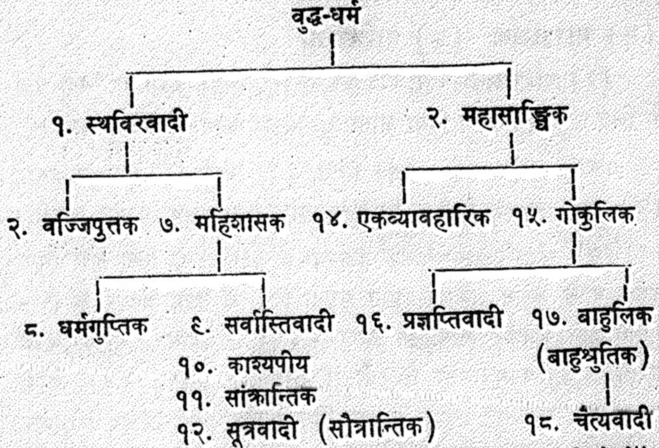

बुद्ध ने अङ्गुत्तरनिकाय के एक सूत्र में ढाई सौ शिक्षापदों (प्रातिमोक्षों) की बात कही है। शिक्षापदों की संख्या चीनी और तिब्बती ग्रन्थ में २५० और २५८ है।

तुलना करें—

विनयपिटक	(पालि)	शिबुन्रित्सु (जापानी)	मूलसर्वा० (तिब्बती)
पाराजिक	४	४	४
संघादिसेस	१३	१३	१३
अनियतधम्म	२	२	२
निस्सगिय पाचित्तिय	३०	३०	३०
पाचित्तिय	९२	९०	९२
पाटिदेसनीय	४	४	४
सेखिय	७५	१००	१०६
अधिकरणसमथ	७	७	७
	२२७	२५०	२५८

नीचे इन नियमों का उल्लेख करते हुए उनके सम्बन्ध में कहा जा रहा है, जो पाराजिक तथा पाचित्तिय ग्रन्थों में संगृहीत है—

(१) पाराजिक, (२) पाचित्तिय

(१) पाराजिक—ऐसे दोष को कहते हैं, जिसके करने पर भिक्षु सदा के लिए संघ से निकाल दिया जाता है, उसका कोई प्रायश्चित नहीं।

पाराजिकाएं चार हैं—(१) मैथुन, (२) चोरी, (३) मनुष्य-हत्या, (४) लाभ, सत्कार के लिए सिद्धि का दावा करना तथा प्रदर्शन करना।

(२) संघादिसेस—इनके दंड-स्वरूप अपराधों के लिए कुछ समय तक संघ से अलग अकेला रहना पड़ता है। ये तेरह प्रकार के हैं—(१) जान बूझकर वीर्यपतन करना, (२) कामवासना से स्त्री-स्पर्श करना, (३) कामवासना से स्त्री से वार्तालाप करना, (४) अपनी प्रशंसा द्वारा उसे बुरे उद्देश्य से आकर्षित करना (५) विवाह करवाना, या प्रेमियों को मिलाना, (६) संघ की अनुमति बिना अपने लिए विहार बनवाना, (७) बिना अनुमति बड़े नाप के विहार बनाना, जिनके चारों ओर खुली जगह भी न हो, (८) क्रोध से अकारण भिक्षु पर पाराजिक-दोष लगाना, (९) पाराजिक समान-अपराध लगाना, (१०) चेतावनी देने पर भी संघ में फूट डालने का प्रयत्न करना, (११) फूट डालनेवाले की हिमायत करना, (१२) गृहस्थ की अनुमति के बिना उसके घर में घुसना, (१३) चेतावनी देने पर भी संघ या साथी भिक्षुओं के आदेश को न सुनना।

(३) अनियतधम्म—ऐसे अपराध हैं, जिनका स्वरूप निश्चित नहीं है और साक्ष्य मिलने पर भी जिन्हें किसी विशेष श्रेणी के अपराधों में गिना जा सकता है। ये दो प्रकार के हैं—

(१) यदि कोई भिक्षु किसी एकान्त स्थान में बैठा हुआ स्त्री से बातें कर रहा है और कोई श्रद्धावती उपासिका आकर उसे पाराजिक, संघादिसेस, या पाचित्तिय अपराध का दोषी ठहराती है और वह उसे स्वीकार कर लेता है तो वह उसी अपराध के अनुसार दण्ड का भागी है। (२) यदि वह एकान्त स्थान में न बैठकर किसी खुली हुई जगह में ही स्त्री से सम्भाषण

कर रहा है, किन्तु उसके शब्दों में कुछ अनौचित्य है और कोई श्रद्धावती उपासिका उसी प्रकार आकर उसे उपर्युक्त अपराधों का दोषी ठहराती है और उसे वह स्वीकार कर लेता है तो वह उसी अपराध के अनुसार दंड का भागी है।

(४) **निस्सग्गियपाचित्तिय**--इनके अन्दर उन अपराधों की गणना की गयी है, जिनमें स्वीकरण के साथ-साथ प्रायश्चित्त भी करना पड़ता है; साथ ही जिस वस्तु के सम्बन्ध में अपराध किया जाता है, वह वस्तु भी भिक्षु से छीन ली जाती है। इस प्रकार के अपराधों में प्रायः सभी वस्त्र सम्बन्धी और केवल दो भिक्षा-पात्र सम्बन्धी हैं। उदाहरणार्थ--कोई भिक्षु अतिरिक्त चीवर लेना चाहता है, गृहस्थ से ऐसे समय पर वस्त्र माँगता है या अच्छे वस्त्र (रेशम या मुलायम वस्त्र) मांगता है आदि। इसी प्रकार के उद्देश्य से भिक्षापात्र बदलने से भी यही दोष लगता है। संघ को दी गयी वस्तु पर जब भिक्षु व्यक्तिगत अधिकार करता है, तब भी वह इसका भागी होता है।

(५) **पाचित्तिय**--ये ऐसे अपराध हैं, जिन्हें करने पर प्रायश्चित्त करने के बाद अपराध-मुक्त कर दिया जाता है। उदाहरणार्थ--झूठ बोलना, गाली देना, चुगली करना, नशीली चीजों का प्रयोग करना आदि अपराध यदि हो जायँ तो उनका प्रायश्चित करने के पश्चात् आगे के लिए वैसा न करने के लिए कृतसंकल्प होना पड़ता था।

(६) **पाटिदेसनीय**--उन वस्तुओं से यह सम्बन्धित है, जिनके लिए क्षमा-याचना आवश्यक हो।

(७) **सेखिय**--ये वे शैक्ष्य धर्म हैं, जिनका सम्बन्ध बाहरी शिष्टाचार, वस्त्र पहनने के ढंग तथा भोजन आदि करने के नियमों से है। इनमें से अधिकांश तत्कालीन शिष्टाचार को ही व्यक्त करनेवाले हैं।

(८) **अधिकरणसमथ**--इन नियमों पर संघ में विवाद होने पर उसकी शान्ति के उपाय के रूप में सात प्रकार के नियमों का विधान किया गया है।

ग्रन्थों के रूप में 'पाराजिक' में चार पाराजिक, तेरह संघादिसेस दो अनियत तथा तीस निस्सग्गियपाचित्तिय विभङ्ग के साथ संगृहीत हैं और बानबे पाचित्तिय, चार पाटिदेसनीय, पचहत्तर सेखिय और सात अधिकरणसमथ 'पाचित्तिय' में। इसके अतिरिक्त पाचित्तिय में ही सम्पूर्ण भिक्षुणी-विभङ्ग भी है। अतएव इन्हें पाराजिक, पाचित्तिय विभङ्ग न कहकर उसे भिक्षु-विभङ्ग, भिक्षुणी-विभङ्ग कहना चाहिए। भिक्षुणी-विभङ्ग छोटा है। जैसे भिक्षु-विभङ्ग में भिक्षुओं के प्रातिमोक्ष नियमों की व्याख्या है, वैसे ही भिक्षुणी-विभङ्ग में भिक्षुणियों के नियमों की व्याख्या है।

अपने ग्रन्थ हिन्दी विनयपिटक में (महाबोधि सभा, सारनाथ) मैंने विभङ्ग को व्याख्या और नियमों का इतिहास समझ, इसे छोड़कर प्रातिमोक्ष का अनुवाद किया है। सारे 'खन्धक' का अनुवाद किया, पर परिवार को पीछे का प्रकरण ग्रन्थ समझ छोड़ दिया। प्रातिमोक्ष, प्रति भिक्षु को दोष से मोक्ष (मुक्ति) पाने का व्याख्यान करता है, इसलिए इसका यह नाम पड़ा।

खन्धक के दो भाग हैं—महावग्ग, चुल्लवग्ग। महावग्ग के वग्ग (वर्ग) बड़े-बड़े हैं, इसलिए उसका यह नामकरण हुआ।

(३) महावग्ग

महावग्ग के नागरी संस्करण में ३९१ पृष्ठ हैं, अर्थात् इसमें श्लोक संख्या ७७७० होगी। चुल्लवग्ग में भी प्रायः उसी क्रम से गिनने पर ८५८० श्लोक होंगे। इनके अध्यायों को खन्धक (स्कन्धक) कहा गया। उनके नामों से उनके विषय भी मालूम होते हैं। महावग्ग को मूल सर्वास्तिवादी 'महावस्तु' कहते हैं। वस्तु का अर्थ कथा या बात है। यह अर्थ मूल थेरवाद में नहीं था। पालि विनयपिटक के खन्धक की तुलना सर्वास्तिवाद से निम्न प्रकार है—

महावग्ग—

थेरवाद	**सर्वास्तिवाद**
१. महाखन्धक	१. प्रव्रज्यावस्तु

२. उपोसथ०	२. उपोसथ०
३. वस्सूपनायिका०	३. वर्षा०
४. पवारणा०	४. प्रवारणा०
५. चम्म०	५. चर्म०
६. भेसज्ज०	६. भैषज्य०
७. कठिन०	७. चीवर०
८. चीवर०	८. कठिन०
९. चम्पेयवत्थु०	९. कौशम्बक०
१०. कौशंवक	१०. कर्म०
चुल्लवग्ग—	
१. कम्म०	११. पारिवासिक०
२. पारिवासिक०	१२. पुद्गल०
३. समुच्चय०	१३. शमथ०
४. समथ०	१४. प्रातिमोक्षस्थापन०
५. खुद्दकवत्थु०	१५. शयनासन०
६. सयनासन०	१६. अधिकरण०
७. संघभेद०	१७. संघभेद०
८. वत०	
९. पातिमोक्खठपन०	

प्रातिमोक्ष भिक्षु और भिक्षुणी प्रातिमोक्ष के दो भागों में विभक्त है। थेरवाद और सर्वास्तिवाद में उनके नियमों की संख्या भिन्न प्रकार देखी जाती है—

भिक्षु-नियम	स्थविरवाद	सर्वास्तिवाद
पाराजिक	४	४
संघादिसेस	१३	१३
अनियत	२	२
निस्सग्गियपाचित्तिय	३०	३०

पाचित्तिय	९२	९०
पाटिदेसनिय	४	४
सेखिय	७५	११२
अधिकरणसमथ	७	७
	२२७	२६२
भिक्षुणी-नियम	स्थविरवाद	सर्वास्तिवाद
पाराजिक	८	८
संघादिसेस	१७	२०
निस्सग्गियपाचित्तिय	३०	३३
पाचित्तिय	१६६	१८०
पाटिदेसनिय	८	११
सेखिय	७५	११२
अधिकरणसमथ	७	७
	३११	३७१

चुल्लवग्ग के अंतिम तीन स्कन्धक को छोड़ बाकी सारे सर्वास्तिवाद में आ गये हैं। चुल्लवग्ग के अवशिष्ट स्कन्धक क्षुद्रक वस्तु में आ जाते हैं। इनके अतिरिक्त वहाँ और भी कितनी ही बातें हैं, जो पालि-पिटक में नहीं हैं।

महावग्ग के भिन्न-भिन्न स्कन्ध में निम्न बातें हैं—

(१) **महास्कन्धक**—आकार में बड़ा होने से इसका यह नाम पड़ा। सर्वास्तिवादी इसे प्रव्रज्यावस्तु कहते हैं, जो कि अधिक उपयुक्त नाम है। इसमें बुद्ध के बोधि प्राप्त करने के साथ बोधगया में रहने और बुद्ध की प्रथम यात्रा का वर्णन हैं। वे वाराणसी ऋषिपत्तन मृगदाव (सारनाथ) में जाकर पञ्चवर्गीय भिक्षुओं को दीक्षा देते हैं। इसी क्रम में प्रव्रज्या-उपसम्पदा, धर्मचक्र-प्रवर्त्तन भी आये हैं। प्रव्रज्या-उपसम्पदा की विधि तथा शिष्य और उपाध्याय के कर्त्तव्य आदि का उसके पश्चात् व्याख्यान हैं, फिर बुद्ध गया और 'गयासीस' (ब्रह्मयोनि) पर्वत पर पहुँचते हैं और

'आदीप्त-पर्याय' का उपदेश देते हैं। इस सूत्र में क्षणिकता के सिद्धांत की व्याख्या की गयी है और सबको जलाने वाली आग का दृष्टान्त देकर विषय निरूपित किया गया है।

बुद्ध गया से चलकर राजगृह पहुँच कर, वहाँ राजा बिंबिसार को उपासक बनाते हैं। वहीं बुद्ध के अग्रश्रावक 'सारिपुत्त' और 'मोग्गल्लान' आकर भिक्षु बनते हैं। पंचवर्गीयों में से एक अश्वजित् को देख, प्रसन्न हो, सारिपुत्त ने पूछा—"तुम किस धर्म को मानते हो"? अश्वजित् का उत्तर था—"ये धम्मा हेतुप्पभवा०" वाली गाथा, जो बुद्ध के सिद्धान्तों की निचोड़ है, और जो बौद्ध देशों में पत्थर या मिट्टी पर उत्कीर्ण असंख्य प्राप्त हुई हैं। उसका अर्थ है—"हेतु से उत्पन्न होने वाली जितनी वस्तुएं हैं, उनको तथागत जानते हैं, उन का जो निरोध (विनाश) है, उसे भी। यही महाश्रमण का वाद है"। सारिपुत्त और मोग्गलान पहले 'सञ्जय' के प्रधान शिष्य थे, अब बुद्ध के हो गये।

उस वक्त जिस तरह घर छोड़कर लोग बुद्ध के पास प्रव्रजित हो रहे थे, उसे देखकर लोगों ने गाथा व्यक्त की थी—"सञ्जय के सभी चेलों को तो ले लिया। अब (देखें) किसको लेनेवाला है"?

प्रव्रज्या साधारण रूप से गृहत्याग कर पीले चीवर पहिनने को कहते हैं, जिसे एक भिक्षु (गुरु) भी दे सकता है। प्रव्रजित को श्रामणेर कहते हैं। उपसम्पदा एक भिक्षु नहीं दे सकता; वह संघ द्वारा सम्पन्न होती है। दोनों में माता-पिता की आज्ञा लेनी होती है। दोनों के लिए व्यक्ति किस प्रकार का होना चाहिए आदि बातें भी इसी अध्याय में आती हैं।

(२) **उपोसथस्कन्धक**—विशेष दिनों में उस समय के सभी साधु अपने धर्म के अनुसार धर्मानुष्ठान करते थे। बौद्ध-भिक्षुओं के लिए भी यह आवश्यक हो गया—उपोसथ का विधान, उपोसथागार का निर्माण, चतुर्दशी, अमावस्या, पञ्चदशी, पूर्णिमा—दो दिन उपोसथ का निश्चय करना। उपोसथ में सारे उपसम्पन्न (भिक्षुओं) को एकत्रित हो प्राति-

मोक्षसूत्र (शिक्षापदों) को बांचना (पारायण) पड़ता तथा दोषों का प्रतीकार करना होता। अमावस्या एवं पूर्णिमा की जानकारी के लिए काल और अंक की विद्या (ज्योतिष और गणित) जानना आवश्यक है और इसका भी विधान है।

(३) **वर्षोपनायिकास्कन्धक**--इसमें निम्न बातें बतलायी गयी हैं--"वर्षा में यात्रा करने पर दूसरे तैर्थिक कहते हैं--शाक्यपुत्रीय श्रमण तो तृणों को मर्दते वर्षा में भी विचरण करते हैं।" इसलिए भगवान् ने कहा--"अनुमति देता हूँ, वर्षा में वर्षावास करने की।" ऋतुओं के जानने के लिए राजकीय अधिकमास को मान लिया। डेरा लेकर घूमने वाले घुमंतुओं के साथ वर्षावास करने पर उनके साथ घूमा करते थे।

(४) **प्रवारणास्कन्धक**--वर्षा जिस तिथि से शुरू होती है, उसे वर्षोपनायिका कहते हैं और जिस दिन वर्षावास खतम होता, उस आश्विन पूर्णिमा को प्रवारणा। प्रवारणा के दिन गृहस्थ लोग चौमासा काटकर अपने यहाँ से जानेवाले भिक्षुओं को जो नाना वस्तुएं भेंट करते थे--इसी को प्रवारणा कहते थे। संघ भी उस दिन प्रवारणाकर्म करता।

(५) **चर्मस्कधन्क**--इसमें चर्म की वस्तुओं, विशेष कर जूतों के उपयोग के नियम कहे गये हैं। इसी में एक बहुत धनी सेठ के पुत्र--बीस करोड़ का स्वामी होने से जिसका नाम ही 'सोणकोटिवीस' पड़ गया था--को भगवान् ने बहुत कड़ा अभ्यास करने पर वीणा के तार का दृष्टान्त देते दोष बतलाया। न अत्यन्त ढीले, न अत्यन्त कड़े वीणा के तार उसको स्वरवाली तथा कामलायक नहीं बनाते। यहीं अर्हत् का वर्णन हैं कि निष्कामता से युक्त, विवेकयुक्त चित्तवाले, उपादानक्षयवाले, तृष्णा के क्षय से मुक्त आदि पुरुष का चित्त आयतनों की उत्पत्ति को देखकर मुक्त होता है; यह पदार्थ अनित्य है और वे अर्हत् को कंपित नहीं करते। भिक्षुओं को एकतल्ले का जूता (चप्पल) पहनना चाहिए। पुराना हो तो कई तल्ले का भी पहना जा सकता है। गुरु के नंगा पैर होने पर जूता

नहीं पहनना चाहिए। चारपाई, चौकी के भी नियम इसी स्कन्धक में हैं, साथ ही सवारी आदि का भी निषेध किया गया है। मध्य-देश के बाहर कुछ सुविधाएं, कुररघर (मालवा) में निवास करनेवाले सोणकुटिकण्ण की प्रार्थना पर दी गयी हैं। यहीं मध्यम जनपद की सीमा बतायी गयी है—पूर्व में कजंगल (कंकजोल, संथाल परगना) से पश्चिम में थूण (थानेसर) नामक ब्राह्मण ग्राम तक, उत्तर में उशीरध्वज (हिमालय का कोई पर्वत) से लेकर दक्षिण में श्वेतकर्णिक निगम तक। मध्यमंडल से बाहर पाँच भिक्षुओं का गण (कोरम) उपसम्पदा कर सकता है।

(६) **भैषज्यस्कन्धक**—प्रधान भैषज्य को बतलाने से बुद्ध को भैषज्य-गुरु कहा गया। दवाइयों में थीं—चर्बी की, मूल की, कषाय की, पत्ते की, फल की, गोंद की, लवण के चूर्ण की, मांस और कच्चे खून की। अंजन, सींग से खून निकालना, मलहम-पट्टी, सर्प-चिकित्सा, विष-चिकित्सा, पाण्डुरोग-चिकित्सा का भी विधान यहाँ विद्यमान है। इसी स्कन्धक में आराम में चीजों को ठीक से रखने तथा सेवक रखने आदि का भी विधान किया गया है। इसी में उन मांसों को निषिद्ध कर दिया गया है, जो उस समय भारत के शिष्ट समाज में नहीं खाये जाते थे या जिसको खाते देख लोग नुकताचीनी अथवा सामाजिक बायकाट करते थे। अभक्ष्य मांस इन जन्तुओं के थे—साँप, सिंह, व्याघ्र, लकड़बग्घा, चीता, भालू आदि का। यहीं पर भगवान् का उस समय पाटलिग्राम (पटना) में आना लिखा है, जब मगधमहामात्य सुनीथ और वर्षकार गंगा के किनारे नगर बसा रहे थे। पाटलिग्राम से वैशाली जाने पर सिंह-सेनापति से भेंट और उसका त्रिशरण-परायण होना भी यहीं पर वर्णित है।

(७) **कठिनस्कन्धक**—प्रवारणा (आश्विनपूर्णिमा) के दिन एक विशेष चीवर देकर किसी एक भिक्षु को उपासक सम्मानित करते थे। उसी चीवर को 'कठिन' कहते थे; उसी के नियम यहाँ हैं। इसी से इस स्कधक का यह नाम पड़ा।

(८) **चीवरस्कन्धक**—यहाँ चीवर की बातें हैं। पहले वैद्य जीवक का संक्षिप्त चरित दिया हुआ है। जीवक के पास एक क्षौम (अलसी की छाल का) सुन्दर थान काशिराज ने भेजा था। उसी को जीवक ने भगवान् को देना चाहा। आगे चीवर के बाँटने, सुखाने, उनकी संख्या आदि तथा बिछौने की चादर आदि का उल्लेख है। इसी अध्याय में पाखाने-पेशाब में सने रोगी भिक्षु को बुद्ध ने अपने हाथ से नहला कर भिक्षुओं से कहा—"भिक्षुओ, न तुम्हारे माता हैं, न पिता हैं, जो कि तुम्हारी सेवा करेंगे। यदि तुम एक दूसरे की सेवा नहीं करोगे, तो कौन करेगा? भिक्षुओ, जो मेरी सेवा करना चाहे, वह रोगी की सेवा करे।" यहाँ पर यह भी विधान है कि मृत भिक्षु की चीजों का मालिक श्रमणों का संघ है।

(९) **चम्पेयस्कन्धक**—चम्पा में कहे गये इस स्कन्ध में दो दोष और उनके प्रतिकारों की बातें हैं। निर्दोष को हटाना ठीक नहीं। अकर्म (विधि विरुद्ध बात) न करके संघ में एक साथ मिलकर फैसला करना चाहिए। वर्ग (कोरम) पूरा करने का उपाय तथा तर्जनीय एवं प्रव्राजनीय आदि नियमों का भी यहाँ पर उल्लेख है।

(१०) **कौशम्बकस्कन्धक**—यहाँ पर कौशाम्बी के घोषिताराम की बातें हैं। एक भिक्षु शौच के लिए बचे जल को पात्र में ही छोड़ आया, जबकि उसको उसे फेंक देना चाहिए था। इसी को लेकर विवाद बढ़ा। दोनों पक्षों के समर्थक पैदा हो गये और सारे घोषिताराम में वैमनस्य फैल गया। वे बुद्ध के समझाने पर भी नहीं माने और बुद्ध सबको छोड़कर अकेले चले गये। इसी प्रसंग में यहीं राजा दीधिति (कोसलराज) और ब्रह्मदत्त (काशिराज) की कथा आयी है।

ब्रह्मदत्त ने कोसलराज को जीत लिया था। कालांतर में कोसलराज के पुत्र दीर्घायु कुमार ने ब्रह्मदत्त को जीता। दीर्घायु कुमार ने कहा—"तुमने हमारी सेना, देश, कोष, और कोष्ठागार को छीन लिया था; तुमने

मेरे माता-पिता को मार डाला; यही समय है, कि मैं अपने पुराने वैर का बदला लूँ।"

इस पर काशिराज ब्रह्मदत्त दीर्घायु के पैरों में पड़कर बोला—"तात दीर्घायु, तुम मुझे जीवन-दान दो" !

"देव को जीवन-दान दे सकता हूँ; देव भी मुझे जीवन दान दें"।

दोनों ने एक दूसरे को जीवन दान दिया। एक ने दूसरे का हाथ पकड़ कर द्रोह न करने की शपथ ली।

कथा सुनने पर भी झगड़नेवाले भिक्षुओं ने कहा—"भन्ते, भगवान् धर्मस्वामी रहने दें; परवाह न करें; आप सुख से विहार करें; हम झगड़े को देख लेंगे।"

महावग्ग का यह संक्षेप है।

(४) चुल्लवग्ग

इसमें ४३१ पृष्ठ अर्थात् प्रायः ८५८० श्लोक ग्रन्थ हैं। यह भी बारह स्कन्धों में विभाजित है, जिसका संक्षेप इस प्रकार है—

(१) **कर्मस्कन्धक**—इसमें प्रतिसारणीय, तर्जनीय, उत्क्षेपणीय, प्रव्राजनीय (हटाने) आदि कर्मों की बातें हैं।

(२) **पारिवासिकस्कन्धक**—परिवास, मूल से प्रतिकर्षण, मानत्व, आह्वान आदि दंडों की बात इस स्कन्धक में है। इसी के प्रसंग में कहा गया है कि पारिवासिक भिक्षुओं को दूसरे भिक्षु का अभिवादन नहीं स्वीकार करना चाहिए।

(३) **समुच्चयस्कन्धक**—इसमें कुछ दंडों (कर्मों) के सम्बन्ध में उल्लेख है। कर्मों का समुच्चय होने से इस स्कन्धक का यह नाम पड़ा।

(४) **शमथस्कन्धक**—अधिकरण (मुकदमे) में फैसलों को शमथ कहते हैं। जो इस प्रकार के होते हैं—(१) स्मृतिविनय (याद करने के शेष को मानना), (२) अमूल विनय (बिना होश में दोष मानना), (३) प्रतिज्ञातकरण (स्वीकार करना), (४) तृणविस्तारक (झगड़े पर तिनका-सा ढांक देना)।

(५) **क्षुद्रकवस्तुस्कन्धक**--वस्तु शब्द का प्रयोग यह बतलाता है कि सर्वास्तिवादियों का विनय-वस्तु नाम सार्थक है। इस स्कन्धक में स्नान, आभूषण, लेप, नाच-तमाशा, पात्र, तथा विहार-निर्माण सम्बन्धी बातों का उल्लेख है। यहीं पर बुद्धवचन को छान्दस (वैदिक भाषा) में आरोपित करने की मनाही की गयी है। वह इस प्रकार है—

उस समय यमेळ, यमेळतेकुल नामक ब्राह्मण जाति के सुन्दर (कल्याण) वचन बोलने वाले दो भाई थे। वे भिक्षु जहाँ भगवान् थे, वहाँ गये और जाकर अभिवादनादि करके उनसे बोले---"भन्ते, इस समय नाना नाम, गोत्र, जाति, कुल के पुरुष प्रव्रजित होते हैं। वे अपनी भाषा में बुद्धवचन को कहकर उसे दूषित करते हैं। अच्छा हो, भन्ते, हम बुद्धवचन को छन्द में बना दें।"

भगवान् ने उन्हें फटकारा और धार्मिक कथा कह भिक्षुओं को संबोधित किया--"भिक्षुओ, बुद्धवचन को छन्द में नहीं करना चाहिए, जो करे उसे 'दुक्कट' का दोष होगा। भिक्षुओ, मैं अनुमति देता हूँ, अपनी भाषा में बुद्ध-वचन को बाँचने-सीखने की।"

आराम के पेशाबखाना, पाखाना, बर्तन, चारपाई, तथा वृक्षारोपण आदि के नियम भी यहीं दिये गये हैं।

(६) **शयनासनस्कन्धक**---इसमें विहार के भीतर के सामान-सम्बन्धी नियम हैं। यहाँ पर कई तरह की चारपाइयों, चौकियाँ, विहार की रंगाई, नाना प्रकार के (घर) आलिंद, ओसारा, उपस्थानशाला, पानी घर, परिवेण (आंगन) आदि का विधान है। नवकर्म (नया मकान बनवाना) आदि का भी उल्लेख यहीं पर है।

सम्मानार्थ अग्रपिंड देने की बात करते हुए भगवान् ने तित्तिर जातक की कथा सुनायी—हिमालय के पास एक बड़ा बरगद था, जिसके आश्रय तित्तिर, बानर तथा हाथी ये तीन मित्र रहते थे। तीनों में जिज्ञासा हुई-हममें कौन जेठा है, जिससे हम उसका तदनुरूप सत्कार करें। उनमें से

और तो बरगद से पीछे पैदा हुए थे। इस सम्बन्ध में तित्तिर ने यह कहा कि उसने किसी का फल खाकर विष्टा कर दिया था, जिसके बीज से वह बरगद पैदा हुआ था। इस प्रकार से मालूम हुआ कि वही सबसे जेठा है। यह कह कर बुद्ध ने कहा—"भिक्षुओ, वृद्धपन के अनुसार अभिवादन, प्रत्युत्थान हाथ-जोड़ना, कुशल-प्रश्न, प्रथम आसन, प्रथम जल तथा प्रथम भोजन ठीक हैं।"

इसी स्कन्धक में जेतवन के स्वीकार करने की बात तथा विहार की चीजों की बातें हैं। पाँच चीजें अविभाज्य बतायी गयी हैं। बाँटने पर भी वे अविभक्त ही रहती हैं—

(१) आराम या आराम-वस्तु, (२) विहार या विहार-वस्तु, (३) मंच, पीढ़ा, गद्दा, तकिया, (४) लौहकुंभ, लौहभाण्डक, लौह कड़ाही, बसूला, फावड़ा, कुदाल, (५) रस्सी, बल्ली, बाँस, मूँज, तृण, मिट्टी, लकड़ी का बर्तन, मिट्टी का बर्तन। इसमें संघ के कर्मचारियों—भोजन-अधिकारी, शयनासन-प्रज्ञापक, भंडारी, चीवर-प्रतिग्राहक, चीवर-भाजक, यवागू-भाजक, फल-भाजक, खाद्य-भाजक आदि के चुनने की बात है।

(७) **संघभेदकस्कन्धक**—इसमें एक साथ प्रव्रजित हुए अनुरुद्ध आदि शाक्यपुत्रों, देवदत्त और उपालि हजाम की कथा है। पीछे लाभ-सत्कार के लिए देवदत्त की महत्त्वाकांक्षाएं बढ़ीं। बुद्ध ने साथ नहीं दिया तो देवदत्त विरोधी हो गया, और पत्थर मार कर उसने बुद्ध के पैर में चोट पहुँचायी; नालागिरि नामक मस्त हाथी छुड़वाया; संघ में फूट डालने की कोशिश की। देवदत्त संघ से अलग हो गया और उसका पतन हुआ। इसमें आगे चल कर देवदत्त के पतन का कारण तथा संघ-भेद की व्याख्या आदि प्रस्तुत हैं।

(८) **व्रतस्कन्धक**—इसमें ये व्रत (कर्तव्य) बतलाये गये हैं—आगन्तुक (अतिथि), आवासिक (निवासी), गमिक (जानेवाले) भिक्षु-व्रत, फिर, भोजन-सम्बन्धी नियम, भिक्षाचारी और आरण्यक के व्रत,

आसन, स्नान-गृह तथा पाखाने के नियम, शिष्य, उपाध्याय, अन्तेवासी आचार्य के कर्तव्य।

(९) **प्रातिमोक्षस्थापनस्कन्धक**—इसमें यह उल्लेख है कि किसका प्रातिमोक्ष स्थगित करना चाहिए और इसी विषय में नियम-विरुद्ध और नियमानुसार प्रातिमोक्ष के स्थगन पर विचार किया गया है।

(१०) **भिक्षुणीस्कन्धक**—भिक्षुणी की प्रव्रज्या-उपसम्पदा तथा उन्हें भिक्षुओं का अभिवादन आदि करना चाहिए, इन सबका उल्लेख यहाँ पर है। भिक्षुणी उपसम्पदा कैसे शुरू हुई तथा इसके लिए महाप्रजापती गौतमी ने क्या किया, यह भी यहीं पर वर्णित है। आठ गुरु धर्मों को प्रजापती ने स्वीकार किया, तब उनकी उपसम्पदा हुई। भिक्षुणियों के संघकर्म तथा अधिकरण-शमथ और दूसरी कुछ विशेष बातें भी यहाँ बतलायी गयी हैं, उदाहरणार्थ, मुख-लेप, चूर्ण, आदि। भिक्षुणियों को उपसम्पदा, पहले भिक्षुणी-संघ में फिर भिक्षु-संघ में लेनी पड़ती है। आज थेरवादी देशों में भिक्षुणी-संघ नहीं हैं, इसलिए कोई स्त्री भिक्षुणी नहीं बन सकती। चीन में सिंहल की भिक्षुणी 'देवसारा' ने पाँचवी सदी में जाकर भिक्षुणी-संघ को स्थापित किया था, जो अब भी है। थोड़ी-सी उदार व्याख्या करके वहाँ से भिक्षुणी-संघ अब भी सिंहल में लाया जा सकता है। अरण्यवास भिक्षुणियों के लिए निषिद्ध है। उनके निवास-निर्माण, गर्भिणी प्रव्रजिता की सन्तान का पालन आदि के सम्बन्ध में भी यहाँ पर व्याख्यान विद्यमान है।

(११) **पञ्चशतिकास्कन्धक**—बुद्ध-निर्वाण ४८७ ई० पू० की बैशाख पूर्णिमा को हुआ। उसी के आषाढ़ में पाँच सौ भिक्षुओं ने महाकाश्यप की अध्यक्षता में राजगृह में जमा हो बुद्धवचनों का संगायन किया। इसी को प्रथम संगीति कहते हैं और उसी का यहाँ वर्णन है। बुद्ध के निर्वाण पर भिक्षुओं ने शोक प्रकट करना शुरू किया। संगायन के लिए पहले आनन्द को नहीं चुना गया, क्योंकि वे अर्हत् नहीं थे, पर फिर वह भी अर्हत् पद प्राप्त करने पर सम्मिलित किये गये, क्योंकि आनन्द ने भगवान् के

पास से बहुत धर्म (सूत्र) और विनय सुने थे। अभिधम्म का यहाँ कोई उल्लेख नहीं है।

आनन्द से महाकाश्यप ने धर्म (सूत्र) की प्रामाणिकता के बारे में पूछा और उपालि से विनय के बारे में। उनके समर्थित वचनों को सम्पूर्ण पाँच सौ के संघ ने संगायन किया। इसमें जो पाठ संगीत हुआ, वह मौखिक ही रहा।

आयुष्मान् पुराण संगीति के वक्त दक्षिणागिरि (राजगृह के दक्षिण के पहाड़ों) में थे। वे नहीं आये। और उन्होंने संगीति के पाठ से अपने पाठ को नहीं बदला। भिक्षुओं के कहने पर उन्होंने कहा—"आवुस, स्थविरों ने धर्म और विनय का सुन्दर रूप से संगायन किया है तो भी मैंने जैसा भगवान् के मुँह से सुना है, मुख से ग्रहण किया है, वैसा ही धारण करूँगा।"

यहीं पर कौशाम्बी के राजा उदयन के रनिवास की रानियों का आनन्द को बहुत-से वस्त्र-दान देने की बात को तथा अचिकित्स्य छन्न को ब्रह्मदण्ड देने का उल्लेख है।

(१२) **सप्तशतिकास्कन्धक**—बुद्ध निर्वाण के सौ वर्ष बाद ३८७ ई० पूर्व में यह संगीति वैशाली में हुई थी, जिसमें सात सौ स्थविर शामिल हुए थे। इसलिए इसका नाम सप्तशतिका पड़ा। आयुष्मान् यश ने वैशाली के भिक्षुओं को पैसा लेने का काम करते देखा, जो विनय-विरुद्ध था। लेकिन वहाँ पर बहुमत से यश दण्डित किया गया। इस पर यश बौद्ध-भिक्षु-जगत् की सहायता के लिए निकले। वैशाली के भिक्षुओं ने भी इस सम्बन्ध में प्रयत्न किया। आनन्द के शिष्य सर्वकामी सबसे बूढ़े थे। वे यश के पक्ष में हुए। वैशाली में ही यह संगीति हुई। बृहत् संघ में हल्ला-गुल्ला होने से उद्वाहिका (प्रवर समिति) चुनी गयी, जिसके सामने पहले वे दसों सवाल पूछे गये, जिनके बारे में झगड़ा था। जब उसने कह दिया—"निषिद्ध हैं", तब वही बातें बड़े संघ के सामने रखी गयीं।

ये बातें थीं—

१. सींग में नमक इस अभिप्राय से रखना कि जब नमक कम होगा तो भोजन में डाला जायेगा।

२. मध्याह्न की छाया के दो अंगुल बढ़ जाने पर भी भोजन करना।

३. ग्रामांतर में असमय प्रवेश।

४. आवासकल्प०

५. अनुमतिकल्प०

६. आचीर्णकल्प०

७. अमथितकल्प०

८. जलोगीपानकल्प०

९. बिना पाढ़ का बिछौना

१०. सोना-चाँदी लेना।

संघ के बीच में ये बातें आयुष्मान् रेवत ने आयुष्मान् सर्वकामी से पूछा, तो सर्वकामी ने नहीं में जवाब दिया। इस विनय-संगीति में न कम, न बेशी सात सौ भिक्षु थे, इसलिए यह विनय-संगीति सप्तशतिका कही जाती है।

इस तरह विनय की सारी बातें पाराजिक, पाचित्तिय महावग्ग और चुल्लवग्ग में आ गयी हैं। इन्हीं की बातें विनयपिटक के पाँचवें ग्रन्थ 'परिवार' में भी हैं, जो कि सिंहल की कृति है।

(५) परिवार

३९६ पृष्ठ तथा ७९२० श्लोकों के प्रमाण का यह ग्रन्थ सिंहल में रचा गया था। इस सम्बन्ध में स्पष्ट उल्लेख है—

"पुब्बाचरियमग्गञ्च पुच्छित्वा वा तहिं तहिं।
दीप नाम महापञ्ञो सुतधरो विचक्खणो॥
इदं वित्थारसंखेपं सज्झायमग्गेन मज्झिमे।
चिन्तयित्वा लिखापेसि सिस्सकानं सुखावहं॥

इससे तो साफ ही जाहिर है कि 'दीप' नामक श्रुतधर ने इसे सिंहल में लिखवाया।

भिक्षु जगदीश काश्यप ने नागरी संस्करण की अपनी भूमिका में लिखा है—

इसमें छोटे-बड़े कुल इक्कीस परिच्छेद हैं। विषय-विभाजन की दृष्टि से न तो इसमें कोई क्रम है, और न कोई एकरूपता। किसी विशेष तारतम्य की दृष्टि से इसका संकल्प हुआ हो, सो भी बात नहीं दीखती। प्रत्येक परिच्छेद अपने में पूरा है, जो विषय के किसी एक पहलू पर विचार करता है।"

इसमें परिच्छेद ये हैं—(१) भिक्खुविभङ्ग, (२) भिक्खुनी-विभङ्ग, (३) समुट्ठानसीससङ्खेप, (४) अन्तरपेय्याल, (५) समथभेद (६) खन्धकपुच्छावार, (७) एकुत्तरिकनय, (८) उपोसथादिपुच्छा-विस्सज्जना, (९) अत्थवसपकरण, (१०) गाथासङ्गणिक, (११) अधिकरणभेद, (१२) अपरगाथासङ्गणिक, (१३) चोदनाकण्ड, (१४) चूळसङ्गाम, (१५) महासङ्गाम, (१६) कठिनभेद, (१७) उपालिपञ्चक, (१८) अत्थापत्तिसमुट्ठान, (१९) दुतियगाथासङ्गणिक, (२०) सेद-मोचनगाथा, (२१) पञ्चवग्ग।

इसकी शैली प्रश्नोत्तर की है, जैसे—भगवान् ने इस शिक्षापद का उपदेश कहाँ, किसको और किस प्रकरण में दिया? क्या इसमें 'प्रज्ञप्ति', 'अनु-प्रज्ञप्ति' और 'अनुत्पन्नप्रज्ञप्ति' है आदि?

इसी प्रकरण में विनय की गुरु-परम्परा बतलायी गयी है (१) उपालि, (२) दासक, (३) सोणक, (४) सिग्गव, (५) मोग्गलिपुत्त, ये पाँच जम्बुद्वीप के श्रेष्ठ और तब (६) महिन्द (७) इट्ठिय, (८) उत्तिय, (९) सम्बल, तथा भद्रनामक पंडित —ये महाप्राज्ञ जम्बुद्वीप से यहाँ (लंका) आये। उन्होंने ताम्रपर्णी (लंका) में विनय और पिटक का पाठ करवाया तथा पांचों निकायों का पाठ कराया और सात अभिधम्म के प्रकरणों का भी। उसके बाद (१०) अरिट्ठ, (११) काळसुमन, (१२) दीर्घनामक थेर, (१२) बुद्धरक्खित, (१३) तिस्सथेर, (१५) देवथेर

आदि—इस प्रकार से इन महाप्राज्ञ तथा विनय के मार्गकोविदों ने विनय-पिटक को ताम्रपर्णी द्वीप में प्रकाशित किया।

पूर्व क्रम से प्रश्न-उत्तर के रूप में विनयवाले बहुत-से प्रश्नों को उठाकर परिवार में उत्तर दिया गया है।

—:०:—

सातवाँ अध्याय

अभिधम्मपिटक

प्रथम तथा द्वितीय दोनों संगीतियों के वर्णन में 'धम्म' तथा 'विनय' के ही संगायन की चर्चा है। इससे यह स्पष्टतया ज्ञात होता है कि पहले दो ही पिटक थे और अभिधम्मपिटक पीछे का है। इसके मूल को पहले 'मातिका' कहा जाता था। सर्वास्तिवाद स्थविरवाद का ही एक सम्प्रदाय था और स्थविरवाद के पालिपिटक को ही बहुत थोड़े-से भेद के साथ उन्हीं नामों से संस्कृत में करके उसे सर्वास्तिवादपिटक नाम दे दिया गया है। सुत्तपिटक के सम्पूर्ण निकायों (आगमों) के दीर्घागम आदि नाम ही नहीं, बल्कि उनके सूत्रों के भी वही नाम सर्वास्तिवादपिटक में मिलते हैं। विनयपिटक के सम्बन्ध में भी वही स्थिति है। पर अभिधम्मपिटक के ग्रन्थ दोनों में भिन्न-भिन्न हैं और यह भी यही सिद्ध करता है कि तृतीय संगीति के समय तक दो ही पिटक थे, तृतीय पिटक (अभिधम्मपिटक) उसके बाद अस्तित्व में आया। डाक्टर लाहा ने अभिधम्मपिटक के ग्रन्थों को निम्न क्रम में रखा है—

१. पुग्गलपञ्ञत्ति
२. विभङ्ग
३. धम्मसंगणि
४. धातुकथा
५. यमक
६. पट्ठान
७. कथावत्थु

सर्वास्तिवादी अभिधम्म के अन्तर्गत निम्नलिखित सात ग्रन्थों की गणना करते हैं, जिनमें 'ज्ञानप्रस्थान' मुख्य है—

ग्रन्थ	कर्ता
१. ज्ञानप्रस्थानशास्त्र	आर्य कात्यायन
२. प्रकरणपाद	स्थविर वसुमित्र
३. विज्ञानकायपाद	स्थविर देवशर्मा
४. धर्मस्कन्धपाद	आर्य शारिपुत्र
५. प्रज्ञप्तिशास्त्रपाद	आर्य मौद्‌गल्यायन
६. धातुकायपाद	पूर्ण या (वसुमित्र)
७. संगीतिपर्यायपाद	महाकौष्ठिल (या शारिपुत्र)

अभिधम्म धर्मों (सूत्रों) का दार्शनिक रूप है। सर्वत्र ही दर्शन-निर्माण का प्रारम्भिक प्रयत्न शब्द और भाषा के अल्पविकसित होने के कारण रूखा ही होता है। इसके सम्बन्ध में हम उपनिषदों को ले सकते हैं। यहाँ पर तो कथोपकथन के क्रम ने उन्हें कुछ सरस बनाने का प्रयास किया है, पर इनकी तुलना में 'अभिधम्म' तो भारी रेगिस्तान-सा ज्ञात होता है। इसे सुगम बनाने का प्रयत्न चौथी सदी में आचार्य वसुबन्धु ने सर्वास्तिवाद के लिए किया। 'थेरवाद' (स्थविरवाद) के लिए वही कार्य 'अभिधम्मावतार' तथा 'अभिधम्मत्थसंगह' आदि ग्रन्थों ने उसी समय के आसपास किया। अभिधम्मपिटक स्वयं में अतिविशाल है और उसे अत्यन्त संक्षिप्त करके देना कठिन है। अतएव अब तक लिखे गये पालि साहित्य के इतिहास-ग्रन्थों के आधार पर संक्षिप्त करके उसे नीचे प्रस्तुत किया जा रहा है—

१. धम्मसंगणि

इस ग्रन्थ को 'अभिधम्म' का मूल माना जा सकता है। पुरानी परम्परा में सुत्तधर, विनयधर तथा मातिकाधर आदि का जो उल्लेख आता है, वह मातिका इस ग्रन्थ में संगृहीत मातिका ही थी। इसमें नाम (मन या मानसिक) तथा रूप जगत् की व्याख्या प्रस्तुत की गयी है और यह व्याख्या कर्मों के कुशल, अकुशल तथा अव्याकृत रूपों तथा उनके विपाकों आदि को ध्यान में रखकर की गयी है। यह व्याख्या नैतिक है और दूसरे शब्दों में इसे हम बौद्ध नीतिवाद की मनोवैज्ञानिक व्याख्या कह सकते हैं, क्योंकि

इसमें चित्त तथा चैतसिक धर्मों का कुशल, अकुशल तथा अव्याकृत रूप में विश्लेषण प्रस्तुत किया गया है।

मातिकाओं का १२२ वर्गीकरण यहाँ पर है, जिसमें से २२ तो तीन-तीन के शीर्षकों में विभक्त करके दी गयी हैं और शेष १०० दो-दो के शीर्षकों में। ये ही क्रमशः 'तिक' तथा 'दुक' कहलाते हैं। इन्हीं तिकों तथा दुकों के द्वारा धर्मों का सम्पूर्ण विश्लेषण धम्मसंगणि में किया गया है। यह प्रणाली अभिधम्मपिटक के अन्य ग्रन्थों में भी अपनायी गयी है। नीचे २२ तिकों का विवरण दिया जाता है—

(१) तिक

१. (अ) जो धम्म कुशल हैं।
   (आ) जो धम्म अकुशल हैं।
   (इ) जो धम्म अव्याकृत हैं।

२. (अ) जो धम्म सुख की वेदना से युक्त हैं।
   (आ) जो धम्म दुख की वेदना से युक्त हैं।
   (इ) जो धम्म न सुख, न दुख की वेदना से युक्त हैं।

३. (अ) जो धम्म चित्त की कुशल या अकुशल अवस्थाओं के स्वयं परिणाम हैं।
   (आ) जो धम्म स्वयं चित्त की कुशल या अकुशल अवस्थाओं को पैदा करनेवाले हैं।
   (इ) जो धम्म न किसी के स्वयं परिणाम हैं और न परिणाम पैदा करनेवाले हैं।

४. (अ) जो धम्म पूर्व कर्म के परिणाम-स्वरूप प्राप्त किये गये हैं और जो स्वयं भविष्य में ऐसे ही धर्मों को पैदा करनेवाले हैं।
   (आ) जो धम्म पूर्व कर्म के परिणाम-स्वरूप नहीं किये गये, किन्तु जो भविष्य में धम्मों को पैदा करनेवाले हैं।
   (इ) जो धम्म न तो पूर्व कर्म के परिणाम-स्वरूप प्राप्त ही किये गये हैं और न जो भविष्य में धम्मों को पैदा करनेवाले हैं।

५. (अ) जो धम्म स्वयं अपवित्र हैं और अपवित्रता के आलम्बन भी बनते हैं।
(आ) जो धम्म स्वयं अपवित्र नहीं हैं, किन्तु अपवित्रता के आलम्बन बनते हैं।
(इ) जो धम्म न स्वयं अपवित्र हैं और न अपवित्रता के आलम्बन ही बनते हैं।

६. (अ) जो धम्म वितर्क और विचार से युक्त हैं।
(आ) जो धम्म वितर्क से तो नहीं, किन्तु विचार से युक्त हैं।
(इ) जो धम्म न तो वितर्क और न विचार से ही युक्त हैं।

७. (अ) जो धम्म प्रीति की भावना से युक्त हैं।
(आ) जो धम्म सुख की भावना से युक्त हैं।
(इ) जो धम्म उपेक्षा की भावना से युक्त हैं।

८. (अ) वे धम्म जिनका दर्शन के द्वारा नाश किया जा सकता है।
(आ) वे धम्म जिनका अभ्यास के द्वारा नाश किया जा सकता है।
(इ) वे धम्म जो न दर्शन और न अभ्यास से ही नष्ट किये जा सकते हैं।

९. (अ) वे धम्म जिनके हेतु का विनाश दर्शन से किया जा सकता है।
(आ) वे धम्म जिनके हेतु का विनाश अभ्यास से किया जा सकता है।
(इ) वे धम्म जिनके हेतु का विनाश न दर्शन से और न अभ्यास से ही किया जा सकता है।

१०. (अ) वे धम्म जो कर्म-संचय के कारण होते हैं।
(आ) वे धम्म जो कर्म-संचय के विनाश के कारण बनते हैं।
(इ) वे धम्म जो न कर्म-संचय और न उसके विनाश के कारण बनते हैं।

११. (अ) वे धम्म जो शैक्ष्य-सम्बन्धी हैं।
(आ) वे धम्म जो शैक्ष्य-सम्बन्धी नहीं हैं।
(इ) वे धम्म जो उपर्युक्त दोनों प्रकार से विभिन्न हैं।

१२. (अ) वे धम्म जो अल्प आकारवाले हैं।
(आ) वे धम्म जो महा आकारवाले हैं।
(इ) वे धम्म जो अपरिमेय आकारवाले हैं।

१३. (अ) वे धम्म जिनका आलम्बन अल्प आकारवाला है।
(आ) वे धम्म जिनका आलम्बन महा आकारवाला है।
(इ) वे धम्म जिनका आलम्बन अपरिमेय आकारवाला है।

१४. (अ) वे धम्म जो हीन हैं।
(आ) वे धम्म जो मध्यम हैं।
(इ) वे धम्म जो उत्तम हैं।

१५. (अ) वे धम्म जो निश्चयपूर्वक बुरे हैं।
(आ) वे धम्म जो निश्चयपूर्वक अच्छे हैं।
(इ) वे धम्म जिनका स्वरूप अनिश्चित है।

१६. (अ) वे धम्म जिनका आलम्बन मार्ग है।
(आ) वे धम्म जिनका हेतु मार्ग है।
(इ) वे धम्म जिनका मुख्य उद्देश्य ही मार्ग है।

१७. (अ) वे धम्म जो उत्पन्न हो चुके हैं।
(आ) वे धम्म जो अभी उत्पन्न नहीं हुए हैं।
(इ) वे धम्म जो भविष्य में पैदा होनेवाले हैं।

१८. (अ) वे धम्म जो अतीत हैं।
(आ) वे धम्म जो अनागत हैं।
(इ) वे धम्म जो प्रत्युत्पन्न हैं।

१९. (अ) वे धम्म जिनका आलम्बन अतीत है।
(आ) वे धम्म जिनका आलम्बन अनागत है।
(इ) वे धम्म जिनका आलम्बन प्रत्युत्पन्न है।

२०. (अ) वे धम्म जो किसी व्यक्ति के अन्दर अवस्थित हैं।
(आ) वे धम्म जो किसी व्यक्ति के बाहर अवस्थित हैं।

(इ) वे धम्म जो किसी व्यक्ति के अन्दर और बाहर दोनों जगह अवस्थित हैं।

२१. (अ) वे धम्म जिनका आलम्बन कोई आन्तरिक वस्तु है।

(आ) वे धम्म जिनका आलम्बन कोई बाह्य वस्तु है।

(इ) वे धम्म जिनका आलम्बन आन्तरिक और बाह्य दोनों वस्तुएँ हैं।

२२. (अ) वे धम्म जो दृश्य हैं और इन्द्रिय तथा उसके विषय के सन्निकर्ष से उत्पन्न होनेवाले हैं।

(आ) वे धम्म जो दृश्य नहीं हैं, किन्तु इन्द्रिय तथा उसके विषय के सन्निकर्ष से उत्पन्न होनेवाले हैं।

(इ) वे धम्म जो न तो दृश्य हैं और न इन्द्रिय तथा उसके विषय के सन्निकर्ष से उत्पन्न होनेवाले हैं।

(२) **दुक**—इसी प्रकार से १०० दुकों के द्वारा भी धम्मों का विश्लेषण यहाँ पर प्रस्तुत है, जिनमें हेतु, आस्रव, संयोजन, ग्रन्थ, ओघ, नीवरण, परामर्श, उपादान, क्लेश आदि वर्गों में इनका विश्लेषण किया गया है। धम्मों के १२२ प्रकार से वर्गीकरण इसी उपर्युक्त रूप में है।

इन वर्गीकरणों में प्रथम तिक द्वारा कुशल, अकुशल तथा अव्याकृत रूप में विद्यमान वर्गीकरण अत्यन्त महत्त्वपूर्ण हैं, क्योंकि यहाँ पर कर्मों का आधार पूर्णतया नैतिक दृष्टि ही है। शेष वर्गीकरण तो इसी के पूरक स्वरूप हैं।

२. विभङ्ग

यह इस पिटक का दूसरा ग्रन्थ है। आरम्भ में विभङ्ग व्याख्या को कहते थे, जैसे प्रातिमोक्ष की व्याख्या विभङ्ग कही जाती थी। इसमें स्कन्धों का विवरण दिया गया है। बौद्ध मान्यता के अनुसार आत्मा वस्तुतः कोई चीज नहीं है; रूप (महाभूत), वेदना, संज्ञा, संस्कार तथा विज्ञान, इन पांच स्कन्धों के अतिरिक्त आत्मा नामक किसी पदार्थ की स्थिति नहीं है। इन्हीं पञ्च स्कन्धों की यहाँ पर व्याख्या दी गयी है।

विभङ्ग के निम्न १८ प्रकरणों से उसका विषय स्पष्ट है—

१. स्कन्ध	१०. बोध्यङ्ग
२. आयतन	११. मार्ग
३. धातु	१२. ध्यान
४. सत्य	१३. अपरिमाण
५. इन्द्रिय	१४. शिक्षापद
६. प्रत्ययाकार	१५. प्रतिसंविद्
७. स्मृतिप्रस्थान	१६. ज्ञान
८. सम्यक्प्रधान	१७. क्षुद्रकवस्तु
९. ऋद्धिपाद	१८. धर्महृदय

ये उपर्युक्त १८ विभङ्ग आगे इन तीन अङ्गों में विभक्त हैं—(१) सुत्तन्त-भाजनीय, (२) अभिधम्म-भाजनीय, (३) पञ्ह (प्रश्न)-पुच्छक। इनमें से पहले में सूत्रों के अनुसार, दूसरे में अभिधम्म की मातिकाओं के अनुसार तथा तीसरे में दुक, तिक आदि रूप में प्रश्नोत्तर करते हुए व्याख्या प्रस्तुत की गयी है। धम्मसंगणि में तो धम्मों का विश्लेषण मात्र उपस्थित किया गया है, पर विभङ्ग में उन्हीं धम्मों का स्कन्ध, आयतन तथा धातु आदि में संश्लिष्ट वर्गीकरण किया गया है। यहाँ भी धम्मसंगणि के कुशल, अकुशल तथा अव्याकृत इन सभी को ग्रहण करके ही यह प्रस्तुत किया गया है। इस तरह विभङ्ग धम्मसंगणि पर ही अवलम्बित है।

३. धातुकथा

स्कन्ध, आयतन और धातु यही तीनों धातुकथा के विषय हैं। इस प्रकार विभङ्ग के १८ विभङ्गों में से स्कन्ध, आयतन तथा धातु इन तीन विभङ्गों को ग्रहण करके उनका विश्लेषण यहाँ पर किया गया है। इस प्रकार से इस ग्रन्थ का शीर्षक विषय-वस्तु की दृष्टि से धातुकथा न होकर स्कन्ध-आयतन-धातुकथा होना चाहिए था। इस ग्रन्थ में इन तीनों का सम्बन्ध धर्मों के साथ किस प्रकार से है, इसे सम्यक् रूप से प्रदर्शित किया गया है। किस-किस स्कन्ध, आयतन अथवा विभङ्ग में कौन-कौन से धर्म संगृहीत,

असंगृहीत, सम्प्रयुक्त अथवा विप्रयुक्त होते हैं, इन्हीं सबका विवेचन यहाँ पर १४ अध्यायों में प्रश्नोत्तर की प्रणाली में किया गया है। जैसे,
प्रथम अध्याय में—

कितने स्कन्ध, आयतन और धातुओं में कौन-कौन से धर्म संगृहीत अथवा असंगृहीत हैं?

इसी प्रकार से यह क्रम चौदहों अध्यायों में चला गया है।

४. पुग्गलपञ्ञत्ति

पुद्गल का अर्थ होता है व्यक्ति, और व्यक्ति की प्रज्ञप्ति करना ही इस ग्रन्थ का विषय है। इसमें व्यक्तियों का नाना प्रकार से वर्गीकरण किया गया है और यह एक-एक प्रकार के व्यक्तियों से प्रारम्भ करके दस-दस प्रकार के व्यक्तियों के निर्देश तक चला गया है। इन्हीं के आधार पर यह ग्रन्थ दस अध्यायों में विभक्त है। सर्वप्रथम प्रश्न किया गया है और बाद में उसी का उत्तर दिया गया है। जैसे—
चार प्रकार के व्यक्तियों का वर्गीकरण—

(१) कौन-सा व्यक्ति उस बादल के समान है, जो गरजता है, पर बरसता नहीं ?

जो करता बहुत है, पर कहता कुछ नहीं—यही व्यक्ति उस बादल के समान है, जो गरजता है, पर बरसता नहीं।

(२) कौन-सा व्यक्ति उस बादल के समान है, जो बरसता है, पर गरजता नहीं ?

जो करता है, पर क़हता नहीं—यही व्यक्ति उस बादल के समान है, जो बरसता है, पर गरजता नहीं।

(३) कौन सा व्यक्ति उस बादल के समान है, जो गरजता भी है और बरसता भी है ?

जो करता भी है और कहता भी है—वही व्यक्ति उस बादल के समान है, जो गरजता भी है और बरसता भी है।

(४) कौन-सा व्यक्ति उस बादल के समान है, जो गरजता भी नहीं है और बरसता भी नहीं है ?

जो न कहता है और न करता है—वही व्यक्ति उस बादल के समान है, जो गरजता भी नहीं और बरसता भी नहीं।

इसी वर्गीकरण का चूहे की उपमा प्रस्तुत करते हुए कितने सुन्दर रूप से विभाजन प्रस्तुत किया गया है—

(१) कौन-सा व्यक्ति उस चूहे के समान है, जो अपना बिल तो खोदकर तैयार करता है, किन्तु उसमें रहता नहीं ?

जो व्यक्ति सुत्त, गाथा, उदान, जातक आदि ग्रन्थों के अभ्यास में रत तो होता है, किन्तु चार आर्य-सत्यों का साक्षात्कार नहीं करता, वही व्यक्ति उपर्युक्त चूहे के समान है।

(२) कौन-सा व्यक्ति उस चूहे के समान है, जो बिल में रहता है, किन्तु स्वयं उसे खोदकर तैयार नहीं करता ?

जो व्यक्ति सुत्त, गाथा आदि का अभ्यास तो नहीं करता, किन्तु चार आर्य-सत्यों का साक्षात्कार कर लेता है—वही व्यक्ति उपर्युक्त चूहे के समान है।

(३) कौन-सा व्यक्ति उस चूहे के समान है, जो बिल को स्वयं खोद कर तैयार भी करता है और उसमें रहता भी है ?

जो व्यक्ति सुत्त, गाथा आदि का अभ्यास भी करता है और चार आर्य-सत्यों का साक्षात्कार भी करता है—वही व्यक्ति उपर्युक्त चूहे के समान है।

(४) कौन-सा व्यक्ति उस चूहे के समान है, जो न बिल को खोदता है, न उसमें रहता है ?

जो व्यक्ति न तो सुत्त, गाथा आदि का अभ्यास ही करता है और न चार आर्य-सत्यों का साक्षात्कार ही करता है—वही व्यक्ति उपर्युक्त चूहे के समान है।

इसी प्रकार से सभी अध्यायों में इन वर्गीकरणों के आधार पर ही ही व्यक्तियों का वर्णन उपस्थित किया गया है। कहीं-कहीं यहाँ पर बड़ी-बड़ी ही सुन्दर उपमाएं दी गयी हैं।

५. कथावत्थु

इसके रचयिता अशोक के गुरु 'मोग्गलिपुत्त तिस्स' माने जाते है, पर जैसा कि ऊपर कहा जा चुका है, यह सिलसिला बाद में भी जारी रहा और इस ग्रन्थ में अभिवृद्धि होती रही।

इसके २३ अध्यायों में स्थविरवाद के अतिरिक्त १७ निकायों (सम्प्रदायों) के २१६ सिद्धान्तों को प्रश्न के रूप में पूर्वपक्ष रखकर बाद में में उनका उत्तर तथा समाधान उपस्थित करते हुए स्थविरवादी दृष्टिकोण की ही स्थापना की गयी है। अशोक के समय में बौद्ध धर्म अनेक सम्प्रदायों में विभक्त हो गया था और ये लोग अपने-अपने अनुसार बौद्ध मन्तव्यों की व्याख्या भी करने लगे। उस समय यह समझना कठिन-सा हो गया कि बुद्ध का वास्तविक मन्तव्य क्या था। इसी उद्देश्य को सामने रख कर 'मोग्गलिपुत्त तिस्स' ने इसकी रचना की और इसने इस उद्देश्य की पूर्ति की तथा बाद में इसी कारणवश इसे त्रिपिटक के एक ग्रन्थ होने का गौरव प्राप्त हुआ। इस ग्रन्थ में केवल दार्शनिक सिद्धान्तों का ही खंडन दिया हुआ है और ये सिद्धान्त किन सम्प्रदायों के थे, इसका उल्लेख वहाँ पर नहीं है। इस कमी की पूर्ति इसकी अट्ठकथा ने की है। इन सिद्धान्तों तथा मान्यताओं में कुछ तो ऐसे हैं, जिनका अस्तित्व अशोक के बाद हुआ। उदाहरणार्थ—अन्धक, अपरशैलीय, पूर्वशैलीय, राजगिरिक, सिद्धार्थक, वैपुल्य, उत्तरापथक और हेतुवादी। यह इस ओर संकेत करता है कि इसके कई अंश ईसा की पहली शताब्दी तक इसमें जोड़े गये हैं।

इसमें के कुछ सिद्धान्त, जिनका खंडन उपस्थित किया गया है, नीचे दिये जा रहे हैं—

खंडन-प्रक्रिया

(१) क्या जीव, सत्त्व या आत्मा की परमार्थतः सत्ता है ? वज्जि-

पुत्तक और सम्मितिय भिक्षु इसे मानते थे। स्थविरवाद के दृष्टिकोण से इसका खण्डन किया गया है (अध्याय–१)।

(६) क्या सब कुछ है ? सर्वास्तिवादियों का विश्वास था कि भूत, वर्तमान और भविष्यत् के सभी भौतिक और मानसिक धर्मों की सत्ता है। स्थविरवादियों के मतानुसार अतीत समाप्त हो चुका, भविष्यत् अभी उत्पन्न नहीं हुआ, केवल वर्तमान ही सत् हो सकता है (अध्याय–१)।

(३४) क्या गृहस्थ भी अर्हत् हो सकता हैं ? उत्तरापथकों का ऐसा विश्वास था। स्थविरवादी मान्यता यह है कि अर्हत् होने पर मनुष्य गृहस्थ नहीं रह सकता (अध्याय–४)।

(६७) क्या यहाँ दिया हुआ दान अन्यत्र (पितरों द्वारा) उपभोग किया जा सकता है ? राजगृहिक और सिद्धार्थक भिक्षुओं का ऐसा मत था। स्थविरवादियों के अनुसार भोजन का साक्षात् उपभोग तो उनके लिए सम्भव नहीं है, किन्तु यहाँ दिये हुए दान के कारण प्रेतों के मन पर अच्छा प्रभाव अवश्य पड़ता है और वह उनके कल्याण के लिए होता है (अध्याय–७)।

(१२५) क्या व्यक्ति का भाग्य उसके लिए पहले से ही निश्चित (नियत) है ? पूर्वशैलियों और अपरशैलियों का ऐसा ही मत था (अध्याय–१३)।

(१६७) क्या यह कहना गलत है कि संघ दान ग्रहण करता है ? यह मत वैतुल्यक (वैपुल्यक) नामक महा-शून्यातावादियों का था (अध्याय–१७)।

(१९३) क्या देवताओं के पशु भी होते हैं ? अन्धकों के अनुसार होते थे (अध्याय–२०)।

६. यमक

इस प्रकरण में प्रश्न जोड़े के रूप में रखे गये हैं। यमक का शाब्दिक अर्थ है जुड़वाँ। यहाँ पर प्रश्नों के अनुकूल और उनके विपरीत स्वरूपों के

जोड़े बना॰ रखे गये हैं और इसी प्रणाली का आदि से अन्त तक अनुसरण किया गया है। इसी से इसका यह नामकरण हुआ है, जैसे—

(१) क्या सभी कुशल-धर्म कुशल-मूल हैं ?
क्या सभी कुशल-मूल कुशल-धर्म हैं ?

(२) क्या सभी रूप रूप-स्कन्ध हैं ?
क्या सभी रूप-स्कन्ध रूप हैं ?

(३) क्या सभी अरूप अरूप-स्कन्ध हैं ?
क्या सभी अरूप-स्कन्ध अरूप हैं ?

इस ग्रन्थ में १० अध्याय हैं और वर्णित विषय उनके अध्यायों के नामों से ही स्पष्ट हैं—

(१) **मूलयमक**—कुशल, अकुशल और अव्याकृत, ये तीन 'मूल' धर्म या पदार्थ;

(२) **खन्धयमक**—पञ्च स्कन्ध;

(३) **आयतनयमक**—१८ आयतन;

(४) **धातुयमक**—१८ धातुएँ;

(५) **सच्चयमक**—४ सत्य;

(६) **संखारयमक**—कायिक, वाचिक तथा मानसिक संस्कार;

(७) **अनुसययमक**—७ अनुशय (चित्त में स्थित सुषुप्त बुराइयाँ);

(८) **चित्तयमक**—चित्त-सम्बन्धी प्रश्नोत्तर;

(९) **धम्मयमक**—धर्म-सम्बन्धी प्रश्नोत्तर;

(१०) **इन्द्रिययमक**—२२ इन्द्रियाँ।

जहाँ तक विषय-प्रतिपादन की शैली का प्रश्न है, वह प्राय: प्रत्येक अध्याय में समान ही है। यह एक विशाल ग्रन्थ है।

७. पट्ठान (प्रस्थान)

यह शैली की दृष्टि से अत्यन्त दुरूह ग्रन्थ है, साथ ही आकार में भी बहुत बड़ा है। स्यामी संस्करण में यह ६ जिल्दों में समाप्त हुआ है और यही

ह्यलत देवनागरी संस्करण की भी है। इसमें भी अन्तिम तीन भाग संक्षिप्त कर देने पर ही ऐसा हुआ है। यदि यह विवरण संक्षिप्त न किया जाय तो अनुमानतः यह ग्रन्थ १४,००० पृष्ठों में समाप्त होगा। यह चार भागों में विभक्त है—

(१) **अनुलोमपट्ठान** – इसमें धम्मों के पारस्परिक प्रत्यय-सम्बन्धों का विधानात्मक अध्ययन प्रस्तुत किया गया है।

(२) **पच्चनियपट्ठान** – इसमें धम्मों के पारस्परिक प्रत्यय-सम्बन्धों का निषेधात्मक अध्ययन प्रस्तुत है।

(३) **अनुलोमपच्चनियपट्ठान** – इसमें धम्मों के पारस्परिक प्रत्यय-सम्बन्धों का विधानात्मक और निषेधात्मक अध्ययन प्रस्तुत किया गया है।

(४) **पच्चनियअनुलोमपट्ठान** – इसमें धम्मों के पारस्परिक प्रत्यय-सम्बन्धों का निषेधात्मक और विधानात्मक अध्ययन प्रस्तुत किया गया है।

ग्रन्थारम्भ में 'पच्चयनिद्देस' नामक भूमिका है। इसमें २४ प्रत्ययों का उल्लेख और संक्षिप्त विवरण प्रस्तुत किया गया है और इन्हीं के आधार पर धम्मों का उदय तथा व्यय इस ग्रन्थ में प्रदर्शित है। ये २४ प्रत्यय निम्नलिखित हैं—

(१) हेतु प्रत्यय
(२) आलम्बन०
(३) अधिपति०
(४) अनन्तर०
(५) समनन्तर०
(६) सहजात०
(७) अन्योन्य०
(८) निःश्रय०
(९) उपनिःश्रय०
(१०) पूर्वजात०
(११) पश्चात्जात०
(१२) आसेवन०
(१३) कर्म०
(१४) विपाक०
(१५) आहार०
(१६) इन्द्रिय०
(१७) ध्यान०
(१८) मार्ग०

(१९) सम्प्रयुक्त०
(२०) विप्रयुक्त०
(२१) अस्ति०
(२२) नास्ति०
(२३) विगत०
(२४) अविगत०

किसी एक धम्म अथवा धर्मों की उत्पत्ति तथा निरोध दूसरे धम्म अथवा धर्मों की उत्पत्ति तथा निरोध पर आधारित होते हैं और इसी आधार-सम्बन्ध को प्रत्यय कहते हैं। इन प्रत्ययों में से कुछ का संक्षिप्त परिचय इस प्रकार है—

(१) **हेतुप्रत्यय**—हेतु मूल कारण अथवा आधार को कहते हैं। ये छह होते हैं—लोभ, द्वेष, मोह तथा उनके विपक्षी अलोभ, अद्वेष और अमोह। ये ही मूल कारण हैं। जिनसे धम्म उत्पन्न होते हैं, वे हेतु या मूल-कारण कहे जाते हैं और जिस प्रत्यय से उन धर्मों की उत्पत्ति होती है, उन्हें हेतु-प्रत्यय कहते हैं।

(२) **आलम्बनप्रत्यय**—आलम्बन या 'आरम्मण' (इन्द्रिय) विषय को कहते हैं। जिस वस्तु के आधार से कोई दूसरी वस्तु पैदा होती है तो उस दूसरी वस्तु के प्रति पहली वस्तु का सम्बन्ध आलम्बन-प्रत्यय का होता है, जैसे चक्षु-विज्ञान का आलम्बन है रूपायतन। दूसरे शब्दों में हम कह सकते हैं कि रूपायतन आलम्बन-प्रत्यय के रूप में चक्षु-विज्ञान और उससे संयुक्त धर्मों का प्रत्यय है। इसी प्रकार हम शब्दायतन, गन्धायतन, रसायतन आदि को भी तद्‌तद्‌विज्ञानों के आलम्बन-प्रत्यय के रूप में ले सकते हैं[1]।

—:०:—

[1] इस अध्याय विशेष के लिए द्रष्टाव्य – पालि साहित्य का इतिहास, भरतसिंह उपाध्याय, पृ० ३३४–४६४।

आठवाँ अध्याय

पिटक बाह्य पालि ग्रन्थ

दक्षिण भारत विशेषतर द्रविड प्रदेश तो ईसा की १४ वीं सदी तक थेरवादी रहा। वहाँ पालि में ग्रन्थ लिखे जाते थे। पर उत्तर भारत में पालि सम्प्रदाय पांचवीं-छठी सदी के बाद नहीं रहा, जब कि वहाँ महायान का प्रभुत्व जम गया। वहाँ पर नालन्दा, विक्रमशिला, तथा ओदन्तपुरी आदि महायान के दुर्ग बन गये। उत्तर भारत की अंतिम कृतियाँ हैं 'नेत्तिप्पकरण', 'पेटकोपदेस' तथा 'मिलिन्दपञ्ह'। ब्रर्मी परम्परा के अनुसार ये ग्रन्थ भी त्रिपिटक में सम्मिलित किये जाते हैं और इनका स्थान खुद्दकनिकाय के अन्तर्गत है। नीचे इनका विवरण प्रस्तुत किया जाता है—

१. नेत्तिप्पकरण

नेत्ति का अर्थ है नेता या मार्ग-प्रदर्शक। इस छोटे-से ग्रन्थ में बौद्ध धर्म को समझाने के पथप्रदर्शन का काम किया गया है। इसके विषयों का विभाजन विद्वानों ने निम्न प्रकार से किया है—

नेत्तिप्पकरण

संगहवार (सम्पूर्ण ग्रन्थ की विषय भूमि)

विभागवार (विषयसूची का विभिन्न वर्गीकरणों में विभाजन

उद्देसवार (विषयवस्तु का संक्षेप यथा—

निद्देसवार (उद्देसवार में संक्षिप्त रूप से निर्दिष्ट १६ हारों,

पटिनिद्देसवार (उद्देसवार में निर्दिष्ट १६ हारों

१. १६ हार,	५ नयों तथा १८ मूलपदों की परिभाषाएं,)	५ नयों तथा १८ मूल-पदों की विस्तृत व्याख्याएं जो इन चार वर्गों में विभक्त हैं—
२. ५ नय,		१. हारविभङ्ग,
३. १८ मूलपद)		२. हारसम्पात,
		३. नयसमुट्ठान,
		४. सासनपट्ठान ।

नेतिप्पकरण को महाकात्यायन की रचना बतलाया गया है । पर यह ठीक नहीं ज्ञात होता । वास्तव में इसका कर्ता कौन था, यह अज्ञात ही है । यह बुद्धकालीन कृति नहीं हो सकती तथा इसकीरचना ईसवी सन् के प्रारम्भ के आस-पास की है, यही अभी तक विद्वानों को मान्य है । प्राकृत काव्यों में भी परिच्छेदों के स्थान पर हार का प्रयोग होता रहा ।

२. पेटकोपदेस

परम्परा के अनुसार इस ग्रन्थ के रचयिता भी महाकात्यायन ही बताये गये हैं । नेत्तिप्पकरण की विषयवस्तु ही यहाँ पर एक दूसरे तरह से विवेचित है और बुद्धशासन के मूल उपादान चार आर्य-सत्यों की दृष्टि से ही विषय-वस्तु का व्याख्यान इस ग्रन्थ में है ।

३. मिलिन्दपञ्ह

पंजाब से लेकर यमुना तक यवनों (ग्रीकों) ने ईसा पूर्व द्वितीय शताब्दी में राज्य किया था । दिमित्रि (१८९–१६७ ई० पू०) मौर्य साम्राज्य के के नष्ट होने पर भारत-विजय के प्रयास में निकला था और पतञ्जलि के महाभाष्य में हम स्पष्ट रूप से यह उल्लेख पाते हैं कि यवनों ने साकेत को घेर लिया था—अरुणद् यवनः साकेतम् । दिमित्रि का एक सेनापति मिनान्डर था । बाख्त्रिया पर मेसोपोतामिया के यवनराज अत्रिया के सेनापति

उक्रतिद के आक्रमण की बात सुनकर दिमित्रि को वहाँ लौटना पड़ा, पर वह अपने दामाद तथा सेनापति मिनान्डर को पंजाब में छोड़ गया। मिनान्डर ने पंजाब में रहकर राज्य करना शुरू किया। उसने 'सागल' (स्यालकोट) को अपनी राजधानी बनाया। यही मिनान्डर 'मिलिन्द' के नाम से प्रसिद्ध है। भिक्षु नागसेन का इस मिलिन्द से जो संलाप हुआ था, वही इस 'मिलिन्द-पञ्ह' (मिलिन्दप्रश्न) नामक ग्रन्थ में संगृहीत है। मौखिक साहित्य के रूप में ग्रन्थों में घटना-बढ़ना लगा ही रहता है और यह ग्रन्थ भी इस प्रक्रिया मे अछूता कैसे रह सकता था। पर इस ग्रन्थ का मूल उसी समय का है जब कि नागसेन थे। साहित्य तथा दर्शन इन दोनों दृष्टियों से यह ग्रन्थ स्थविरवाद बौद्धधर्म का एक बहुत ही गौरवपूर्ण ग्रन्थ है।

मिनान्डर स्वयं विद्या-व्यसनी पुरुष था। भिक्षु नागसेन की विद्वत्ता को सुनकर एक दिन उनके दर्शन के हेतु वह चल पड़ा। सागल नगर का क्या ही सुन्दर वर्णन इस ग्रन्थ में विद्यमान है—

सागल नगर का वर्णन

यवनों का नाना पुटभेदन (वाणिज्य-व्यवसाय का केन्द्र) सागल (स्यालकोट) नामक नगर है। वह नगर नदी और पर्वतों से शोभित रमणीय भूमिभागवाला, आराम-उद्यान-उपवन-तड़ाग-पुष्करिणी से सम्पन्न, नदी-पर्वत-वन से अत्यन्त रमणीय, दक्ष कारीगरों द्वारा निर्मित, शत्रु तथा अमित्रों से रहित, पीड़ा-रहित, अनेक प्रकार के विचित्र दृढ़ अटारी तथा कोठों से युक्त, श्रेष्ठ गोपुरों तथा तोरणों वाला, गहरी परिखा और पीले प्राकार से घिरे भीतरी कोट वाला, सड़क, आँगन और चौराहे सभी से सम्यक् रूप से विभक्त, अच्छी प्रकार से सजी हुई तथा बहुमूल्य सौदों से सजी हुई अच्छी दुकानोंवाला, विविध श्रेष्ठ दानशालाओं से सुशोभित, हिमालय पर्वत की चोटियों की तरह सैकड़ों और हजारों ऊँचे-ऊँचे भवन-वाला, हाथी, घोड़े, रथ और पैदल सेना से समाकुल, सुन्दर नर-नारी-गणों का विचरण-स्थल, मनुष्याकीर्ण, क्षत्रिय, ब्राह्मण, वैश्य, शूद्र, श्रमण, ब्राह्मण तथा गणाचार्यों से आकीर्ण, बड़े-बड़े विद्वानों का केन्द्र, काशी एवं कोटुम्बर

के वस्त्रों की दूकानों से आच्छादित, बहुविध पुष्पवर्ग की गन्धों से सुगन्धित, बहुत से प्रशंसनीय रत्नों से परिपूर्ण, कार्षापण, रजत, स्वर्ण, कांस्य तथा बहुमूल्य पत्थरों से परिपूर्ण, बहुमूल्य रत्नों के चमकते खजाने की भाँति सभी प्रकार के धन-धान्य-उपकरण भण्डार से परिपूर्ण, अनेक प्रकार के खाद्य, भोज्य तथा पेय पदार्थों से युक्त, उत्तरकुरु के समान उपजाऊ तथा 'आळककन्दा' देवपुर के समान शोभासम्पन्न था।

मिलिन्द की नागसेन से भेंट

तब राजा मिलिन्द पाँच सौ यवनों के साथ, अच्छे रथ पर सवार हो, बड़ी भारी सेना के साथ 'संखेय्य' परिवेण में आ, जहाँ आयुष्मान् नागसेन थे, वहाँ गया। उस समय आयुष्मान् नागसेन अस्सी हज़ार भिक्षुओं के साथ सम्मेलनगृह में बैठे थे। राजा मिलिन्द ने आयुष्मान् नागसेन की परिषद् को देखा। दूर ही से देख देवमन्त्री से कहा—"देवमन्त्री, इतनी बड़ी यह परिषद् किसकी है ?"

"महाराज, आयुष्मान् नागसेन की यह परिषद् है।"

तब आयुष्मान् नागसेन की परिषद् को दूर ही से देख राजा मिलिन्द को भय होने लगा; उसके गात्र स्तम्भित हो गये और रोमांच हो आया।

गैंड़ों से घिरे हाथी की तरह, गरुड़ों से घिरे साँप की तरह, अजगर से घिरे स्यार की तरह, महिषों से घिरे भालू की तरह, साँप से पीछा किये गये मेढ़क की तरह, सिंह से पीछा किये गये हरिण की तरह, सँपेरे के हाथों में आये साँप की तरह, बिल्ली से खेल खिलाये जाते हुए चूहे की तरह, ओझा से बाँधे गये भूत की तरह, राहु से ग्रसित चन्द्रमा की तरह, पेटी में बन्द किये गये साँप की तरह, पिंजड़े में बन्द पक्षी की तरह, जाल में पड़ी मछली की तरह हिंसक पशुओं से भरे जंगल में भटके मनुष्य की तरह, वैश्रवण के प्रति अपराध किये यक्ष की तरह तथा आयु समाप्त हुए देवता की तरह राजा मिलिन्द घबड़ा, डर, चिन्तित, उदास तथा खिन्न हो गया। मुझे यह कहीं हरा न दे ऐसा शंकित हो उसने देवमन्त्री से कहा—

"देवमन्त्री, आप मुझे मत बतावें कि आयुष्मान् नागसेन कौन हैं। बिना बताये ही मैं उन्हें जान लूँगा।"

नागसेन तथा मिलिन्द के संलाप का नमूना

"भन्ते नागसेन, यदि कोई पुरुष नहीं है तो कौन आप को चीवर, भिक्षा, शयनासन तथा ग्लानप्रत्यय देता है? कौन उसका उपभोग करता है? कौन शील की रक्षा करता है? कौन ध्यान-भावना का अभ्यास करता है? कौन आर्य-मार्ग के फल निर्वाण का साक्षात्कार करता है? कौन प्राणातिपात करता है? कौन चोरी करता है... यदि ऐसी बात है तो न पाप है और न पुण्य; न पाप और पुण्य कर्मों का कोई कर्ता है; न कोई करानेवाला है; न कोई फल है। भन्ते नागसेन, यदि कोई आप को मार भी डाले तो किसी का मारना नहीं हुआ। तब आपके कोई आचार्य भी नहीं हुए, कोई उपाध्याय भी नहीं हुए, आप की उपसम्पदा भी नहीं हुई।

आप कहते हैं कि आपके सब्रह्मचारी आप को नागसेन के नाम से पुकारते हैं, तो यह 'नागसेन' क्या है? भन्ते, क्या ये केश नागसेन हैं?"

"नहीं, महाराज।"

"ये रोयें नागसेन हैं?"

"नहीं, महाराज।"

"ये नख, दाँत, चमड़ा, मांस, स्नायु, हड्डी, मज्जा, 'वक्क', हृदय, यकृत्, क्लोमक, तिल्ली, फुप्फुस, आँत, पतली आँत, पेट, पाखाना, पित्त, कफ, पीब, लोहू, पसीना, मेद, आँसू, चर्बी, लार, नेटा, लसिका, दिमाग आदि नागसेन हैं?"

"नहीं, महाराज।"

"तो क्या आपके रूप, वेदना, संज्ञा, संस्कार तथा विज्ञान में से कोई नागसेन हैं?"

"नहीं, महाराज।"

"भन्ते, तो क्या रूप, वेदना, संज्ञा, संस्कार तथा विज्ञान सभी एक साथ नागसेन हैं?"

"नहीं, महाराज ।"

"तो भन्ते, क्या इन रूपादि से भिन्न कोई नागसेन है ?"

"नहीं, महाराज ।"

"भन्ते, मैं आप से पूछते-पूछते थक गया, किन्तु नागसेन क्या है, इसका पता नहीं लगता। तो नागसेन क्या केवल शब्दमात्र हैं। आखिर नागसेन है कौन ? भन्ते, आप झूठ बोलते हैं कि नागसेन कोई नहीं है ।"

आयुष्मान् नागसेन ने उससे रथ-सम्बन्धी प्रश्न पूछकर ही उसकी इस शंका का समाधान किया--

"महाराज, आप पैदल चलकर यहाँ आये या किसी सवारी पर ?"

"भन्ते, मैं पैदल नहीं, प्रत्युत रथ पर यहाँ आया ।"

"महाराज, यदि आप रथ पर आये तो मुझे बतावें कि आपका रथ है ? क्या दण्ड रथ है ?"

"नहीं, भन्ते ।"

"तो क्या अक्ष, चक्के, रथपञ्जर, रथ की रस्सियाँ, लगाम, चाबुक आदि में से कोई एक रथ है ?"

"नहीं, भन्ते ।"

"तो क्या ये सब मिलकर रथ हैं ?"

"नहीं, भन्ते ।"

"तो रथ क्या इन सबसे परे है ?"

"नहीं, भन्ते ।"

"महाराज, मैं आप से पूछते-पूछते थक गया, किन्तु यह पता नहीं लगा कि रथ कहाँ है ? क्या रथ केवल एक शब्दमात्र है ? आखिर यह रथ क्या है ? महाराज, आप झूठ बोलते हैं कि रथ है नहीं। महाराज, सम्पूर्ण जम्बुद्वीप के आप सबसे बड़े राजा हैं तो भला किससे डरकर आप झूठ बोलते हैं ?"

"भन्ते नागसेन, मैं असत्य नहीं बोलता। ईषा इत्यादि रथ के अवयवों के आधार पर केवल व्यवहार के लिए 'रथ' ऐसा नाम कहा जाता है ।"

"महाराज, बहुत ठीक आपने जान लिया कि रथ क्या है। इसी प्रकार मेरे केश आदि के आधार पर केवल व्यवहार के लिए 'नागसेन' ऐसा नाम कहा जाता है; किन्तु परमार्थ में 'नागसेन' ऐसा कोई एक पुरुष विद्यमान नहीं है। भिक्षुणी वज्रा ने भगवान् के सामने कहा था—

"जैसे अवयवों के आधार पर 'रथ' यह संज्ञा होती है, उसी तरह स्कन्धों के होने से एक 'सत्त्व' (=जीव) समझा जाता है।'"

भदन्त नागसेन द्वारा प्रस्तुत की गयी अनात्मवाद की यह व्याख्या बेजोड़ है।

वस्तु के अस्तित्व के सिलसिले को व्यक्त करते हुए नागसेन ने कहा कि जो उत्पन्न होता है, वह न वही होता है और न अन्य। इसे उन्होंने उदाहरण देकर समझाया कि पुरुष जब बच्चा होता है और जब क्रमशः वह तरुण तथा युवा हो जाता है तब इन सब अवस्थाओं में क्या वह एक ही होता है। यदि वह अन्य होगा तो उसके माता, पिता आदि नहीं होंगे और यदि वही होगा तो उसका सारा व्यापार तथा व्यवहार खाट पर चित्त लेटनेवाले बच्चे की ही भाँति होना चाहिए। अतः अपनी स्थापना—वह न वही न दूसरा है, की व्याख्या उन्होंने दीपक के जलने आदि की उपमाओं को उपस्थित करके किया।

भारत में रचित पालि ग्रन्थ और भी हो सकते हैं, पर उत्तरी भारत का उपलब्ध अन्तिम ग्रन्थ 'मिलिन्दपञ्ह' ही है। यह बड़ा ही महत्त्वपूर्ण ग्रन्थ है और इसमें नागसेन के साथ हुए मिलिन्द के अनेक संलापों का उल्लेख है।

इस ग्रन्थ में पूर्वयोग, लक्षण-प्रश्न, विमतिच्छेदन-प्रश्न, मेण्डक-प्रश्न, अनुमान-प्रश्न तथा उपमा-कथा-प्रश्न आदि छह परिच्छेद हैं।

—:०:—

द्वितीय खंड

सिंहल में पालि

पहला अध्याय

१. बुद्धघोष युग

कंठस्थ बौद्ध ग्रन्थों की शुद्धता तथा सुरक्षा के लिए दूसरी संगीति के सवा सौ वर्ष बाद तीसरी संगीति अशोक के समय में पटना में हुई। इसी के निर्णयानुसार अशोक के पुत्र स्थविर महेन्द्र ई० पू० तीसरी सदी में सिंहल आये और यह देश काषायधारी भिक्षुओं से आलोकित हो गया। पर पिटक की परम्परा अभी भी मौखिक ही थी और यह सूत्रधरों, विनयधरों तथा मात्रिकाधरों के हृदय में निहित था। ऐसी विशाल सामग्री का हृदय जैसे कोमल भंगुर पात्र में सुरक्षित रखना अत्यन्त कठिन है, अतएव सिंहलराज वट्टगामणि के समय (ई० पू० प्रथम शताब्दी) में त्रिपिटक को लिपिबद्ध करने का निर्णय किया गया और इसके अनुसार 'आलोक-विहार' में त्रिपिटक तालपत्रों पर लिखा गया। उस समय उत्तर भारत में भी तालपत्र पर लेख लिखे जाते थे पर वहाँ इस कार्य में लकड़ी की लेखनी तथा स्याही का प्रयोग किया जाता था। दक्षिण भारत की प्रणाली इससे कुछ भिन्न थी। वहाँ पर ताल के पत्र को लोहे की सुई से कुरेदकर उस पर स्याही की बुकनी डाल दी जाती थी। सिंहल ने इसी दक्षिणी ढंग को स्वीकार किया और आलोक-विहार में भी यही प्रणाली अपनायी गयी, जो हाल तक वहाँ चलती रही।

सूत्र, विनय तथा अभिधर्म को पढ़ाते समय आचार्य परम्परा के अनुसार जो व्याख्या करते थे, वही सिंहली अट्ठकथाओं के रूप में प्रस्तुत हुई और इन्हें भी लिपिबद्ध किया गया था। ईसवी सदी के प्रारम्भ होते ही सिंहल थेरवाद का गढ़ हो गया। वहाँ पर लिपिबद्ध किये गये पिटक-ग्रन्थ बाहर भी पहुँच जाते थे, पर सिंहल-अट्ठकथाएँ सिंहल-प्राकृत भाषा में थीं और शायद ही उनमें से कुछ दक्षिण या उत्तर भारत में पहुँची हों। उनकी भाषा

सिंहल-प्राकृत थी, जो तीसरी-चौथी सदी के सिंहल शिलालेखों में मिलती है। प्राकृत होने से यह बहुत कठिन नहीं थी। समयानुसार पीछे यह माँग होने लगी कि इन्हें यदि मागधी (पालि) में कर दिया जाय तो बड़ा लाभ हो, क्योंकि इससे इनके प्रयोग का क्षेत्र विस्तृत हो जाता। इसी आवश्यकता की पूर्ति बुद्धघोष, बुद्धदत्त तथा धर्मपाल आदि आचार्यों ने की। बुद्धघोष इन्हीं सिंहली अट्ठकथाओं का पालि रूपान्तर करने के लिए ही सिंहल गये थे। इस प्रकार से इन आचार्यों द्वारा रचित अट्ठकथाओं के आधार-स्रोत ये सिंहल-अट्ठकथाएं ही हैं। आचार्य बुद्धघोष ने अपनी विभिन्न अट्ठकथाओं में इनका निर्देश भी किया है।

बुद्धघोष से पहले 'दीपवंस' नामक सिंहल का इतिहास ग्रन्थ लिखा जा चुका था। 'खुद्दकसिक्खा' तथा 'महासिक्खा' नामक ग्रन्थों के भी लिखे जाने की बात कही जाती है। इन दोनों का उल्लेख 'पोलन्नरुव' के 'गलविहार' के अभिलेख में प्राप्त होता है। 'खुद्दकसिक्खा' के लेखक 'धम्मसिरि' ताम्रपर्णी-(सिंहल) ध्वज कहे गये हैं, पर वास्तविक रूप में पालि साहित्य का पुनरारम्भ आचार्य बुद्धघोष ही करते हैं। इनके समकालिक अन्य अट्ठकथाकारों (बुद्धदत्त तथा धर्मपाल) आदि के सम्बन्ध में इसी खण्ड के अन्तिम अध्याय में विचार प्रस्तुत किया जायेगा। नीचे बुद्धघोष के सम्बन्ध में लिखा जा रहा है—

(१) **बुद्धघोष**—महाबोधि (बोधिवृक्ष) के समीप ही 'मोरंडखेटक' के ब्राह्मण कुल में इनका जन्म हुआ था। प्रारम्भ में ये ब्राह्मण-शिल्प तथा तीनों वेदों में पारंगत हुए और रेवत स्थविर के सम्पर्क में आकर उनके भिक्षु-शिष्य हो गये। यह काल प्रसिद्ध बौद्ध दार्शनिक असंग तथा वसुबन्धु का था। नालन्दा अशोक के समय में सर्वास्तिवादियों का स्थान था और महायान का अनुगामी होते हुए भी अन्तिम समय तक (तेरहवीं सदी) वहाँ पर सर्वास्तिवादी विनय ही मान्य था, अर्थात् यह आधा सर्वास्तिवादी था। इस प्रकार संभवतः बुद्धघोष के समय में मगध में सर्वास्तिवाद का प्रचार था। परन्तु रेवत स्थविर-जैसे थेरवादी भी वहाँ थे। उनके सम्पर्क

में आकर इन्होंने त्रिपिटक का अध्ययन किया तथा सर्वप्रथम 'ञाणोदय' नामक ग्रन्थ की रचना की। त्रिपिटक के अध्ययन की तीव्र जिज्ञासा का प्रमाण-स्वरूप ग्रन्थ 'धम्मसंगणि' पर इनके द्वारा रचित 'अट्ठसालिनी' नामक अट्ठकथा है। बाद में सम्पूर्ण त्रिपिटक पर इन्होंने एक संक्षिप्त अट्ठकथा प्रस्तुत करने का विचार किया। पर इसके बारे में इनके गुरु ने यह कहा— "तुम्हारा यह प्रयास अधूरा ही है। यदि लिखना है तो सिंहल जाओ। वहाँ के महाविहार-निकाय में त्रिपिटक पर सिंहली भाषा में अट्ठकथाएं हैं। उनको मागधी (पालि) में करो।" बुद्धघोष इसी उद्देश्य से सिंहल पहुँचे। ऐसी प्रसिद्धि है कि समुद्र में जाते समय नाव पर ही बुद्धदत्त से उनकी मुलाकात हुई। बुद्धघोष ने अब अपना उद्देश्य उन्हें बतलाया तो उन्होंने साधुकार देते हुए कहा—"मैं तो इसे पूर्ण करने की अवस्था में नहीं हूँ; पर अपनी कृतियों को तुम मेरे पास भेजना, मैं उनका संक्षेप लिखूँगा।" कहते हैं कि विनय-अट्ठकथा को देखकर उन्होंने 'विनयविनिच्छय' नामक ग्रन्थ लिखा।

पर बुद्धघोष उत्तर भारत से सीधे सिंहल नहीं आये। काँची आदि के विहारों में उन्होंने वर्षावास किया था, जिसका उल्लेख अपनी अट्ठकथाओं में उन्होंने किया है। ऐसा सम्भव है कि द्रविड़ प्रदेश जैसे थेरवाद के गढ़ में उन्हें जब अट्ठकथा-सम्बन्धी पूरी सामग्री न मिली हो तभी उन्होंने सिंहल का रास्ता लिया।

महा-महेन्द्र के समय से ही अनुराधपुर का 'महाविहार' प्रख्यात था। वहाँ पहुँचने पर महाविहार के भिक्षु जैसे-तैसे के सामने अपने पुस्तकालय का द्वार थोड़े ही खोल सकते थे। अतः प्रारम्भ में उन्होंने बुद्धघोष की योग्यता की परीक्षा करने के लिए निम्नलिखित प्रसिद्ध गाथा व्याख्या के लिए प्रस्तुत की—

"अन्तो जटा बहि जटा जटाय जटिता पजा।
तं तं गोतम पुच्छामि को इमं विजटये जटं।।

सीले पतिट्ठाय नरो सपञ्ञो चित्तं पञ्ञञ्च भावयं।
आतापी निपको भिक्खु सो इमं विजटये जटं ।।" ति ।

बुद्धघोष ने उत्तर-स्वरूप इस पर 'विसुद्धिमग्ग' जैसे गम्भीर एवं विशाल ग्रन्थ को लिखकर प्रस्तुत किया, जिसमें बौद्ध-दर्शन के आधारभूत सिद्धान्त शील, समाधि तथा प्रज्ञा की विस्तृत विवेचना है।

सिंहल अट्ठकथाओं की भाषा सिंहली थी, जो आज की सिंहली और हिन्दी जितना अन्तर नहीं रखती थी। वह एक प्राकृत थी और सम्भवतः द्रविड़ प्रदेश में रहते हुए बुद्धघोष उससे परिचित हो चुके थे। अस्तु उसे पालि में अनूदित करना उतना ही सरल था, जितना कि पालि का संस्कृत में अनुवाद करना। इन प्राचीन सिंहल अट्ठकथाओं का उल्लेख प्राप्त होता है। इनमें से सुत्तपिटक की अट्ठकथा 'महाअट्ठकथा' सारे निकायों पर थी और 'कुरुन्दी' एवं 'महापच्चरि' क्रमशः विनय तथा अभिधम्मपिटक की अट्ठकथाएं थीं। बुद्धघोष ने इनके अतिरिक्त 'अन्धकअट्ठकथा' और 'संखेपअट्ठकथा' से भी सहायता ली थी। बुद्धघोष का साहित्य विशाल है—

(१) ञाणोदय
(२) विसुद्धिमग्ग
(३) विनय-अट्ठकथा – समन्तपासादिका
(४) पातिमोक्ख ,, – कंखावितरणी
(५) दीघनिकाय ,, – सुमङ्गलविलासिनी
(६) मज्झिमनिकाय – पपञ्चसूदनी
(७) संयुत्तनिकाय ,, – सारत्थपकासिनी
(८) अङ्गुत्तरनिकाय – मनोरथपूरणी
(९) खुद्दकनिकाय के
'खुद्दकपाठ' तथा
'सुत्तनिपात' की
अट्ठकथा – परमत्थजोतिका
(१०) जातक-अट्ठकथा – जातकट्ठकथा (परमत्थजोतिका)

(११) धम्मसंगणि ,, – अट्ठसालिनी
(१२) विभङ्ग ,, – सम्मोहविनोदनी
(१३) 'धम्मसंगणि' तथा
'विभङ्ग' को छोड़कर
सम्पूर्ण अभिधम्म की अट्ठकथा – पञ्चप्पकरणट्ठकथा
(१४) धम्मपद-अट्ठकथा – धम्मपदट्ठकथा

इनमें से 'ञाणोदय' अब प्राप्य नहीं है। अट्ठकथाएं कई देशों से कई लिपियों में प्रकाशित हैं। देखें भारत में यह कार्य कब होता है। 'विसुद्धिमग्ग' का हिन्दी में अनुवाद भी हो चुका है। अट्ठकथाएं अभी अनूदित नहीं हैं, केवल जातकअट्ठकथा मात्र का अनुवाद हो पाया है।

'विसुद्धिमग्ग' में 'अन्तो जटा बहि जटा' वाली गाथा का उत्तर प्रारम्भ में ही देकर शेष को उसकी व्याख्या स्वरूप उपस्थित किया गया है। 'समन्तपासादिका' सम्भवतः उनकी प्रथम रचना है। इसे उन्होंने बुद्धश्री स्थविर की प्रार्थना पर लिखा था। 'सुमङ्गलविलासिनी' संघ-स्थविर 'दाठानाग' की प्रार्थना पर लिखी गयी थी।

(२) **दीपवंस** (ग्रन्थ)—इसके लेखक का नाम अज्ञात है। संघ के इतिहास लिखने का शायद यह पहला प्रयास है। आदिकाल (विजय के आगमन) से राजा महासेन (३२५–३५२ ई०) तक का इसमें सिंहल का इतिहास है। इससे यह ज्ञात होता है कि यह ग्रन्थ किसी के द्वारा चौथी सदी के मध्य में लिखा गया था। इसमें सभी प्राचीन परम्पराएँ सिंहल अट्ठकथाओं से ली गयी हैं। 'दीपवंस' की भाषा उतनी मँजी नहीं है, जितनी कि 'महावंस' की। 'महावंस' में भिक्षुणियों का उल्लेख नहीं है, पर 'दीपवंस' ने उन्हें विशेष महत्त्व दिया गया है। चौथी या पाँचवीं सदी में ही सिंहल की भिक्षुणी 'देवसारा' ने चीन में जाकर भिक्षुणी-संघ स्थापित किया, जो वहाँ अब भी जीवित है, पर सिंहल में दसवीं सदी में वह उच्छिन्न हो गया। 'दीपवंस' की वर्णन-शैली इस प्रकार है—

"(लंका) द्वीप में बुद्ध, उनकी शरीर धातुएँ तथा बोधि, एवं संघ और आचार्यवाद के सहित शासन (बौद्ध धर्म) का आगमन तथा नरेन्द्र (विजय) के आगमन आदि की परम्परा का मैं वर्णन करूँगा, सुनें—

प्रीति तथा प्रमोदोत्पादक, मनोरम तथा अनेक आकार से सम्पन्न इस वृत्तान्त को दत्तचित्त होकर लोग सुनें।

—परिच्छेद, १

दूरदर्शी 'मोग्गलिपुत्त' ने दिव्य दृष्टि से सीमान्त देशों में भविष्य में बौद्ध धर्म की प्रतिष्ठा देखकर 'मज्झन्तिक' आदि स्थविरों को चार अन्य साथियों के साथ पड़ोसी देशों में शासन की प्रतिष्ठा तथा मानवों को आलोकित करने के लिए भेजा।

—परिच्छेद, ८

नरेन्द्र की प्रार्थना पर महागणी महेन्द्र स्थविर ने उपयुक्त उद्यान महामेघवन में प्रवेश किया। सोने के गड़ुवे को लेकर महीपति ने यह कहते हुए उस उद्यान को संघ को दान कर दिया—मैं महामेघवन नामक इस उद्यान को चारों दिशाओं के संघ को दान में देता हूँ।

—परिच्छेद, १३

लंका द्वीप का परिणाम

बत्तीस योजन लंबा और अट्ठारह योजन चौड़ा तथा सौ योजन की परिधि वाला (यह लंका द्वीप) सागर से घिरा है।

यह श्रेष्ठ लंका द्वीप सर्वत्र रत्नों की खान है तथा नदी, सर, पर्वत और वनों से युक्त है।

—परिच्छेद, १७

लंका में भिक्षुणियाँ

यशस्वी नरदेव अभय की प्रार्थना पर प्रख्यात अनुराधपुर में भिक्षुणियों ने विनय का पाठ किया। तथा पाँच निकाय एवं सात अभिधर्म के प्रकरणों का भी पाठ किया।"

—परिच्छेद, १८

त्रिपिटक लिपिबद्ध करना

इस प्रकार राजा 'वट्टगामणि अभय' ने बारह वर्ष तथा आदि से पाँच मास तक राज्य किया।

पूर्वकाल में महामति भिक्षु तीनों पिटकों की पालि (मूल पङ्क्ति) और उनकी अट्ठकथाएँ, जिन्हें वे मुख-परम्परा द्वारा (लंका द्वीप में) लाये थे;

उन्हें प्राणियों को (स्मृति) हानि को देखकर, एकत्रित हो; भिक्षुओं ने धर्म को चिरस्थिति के लिए पुस्तकों के रूप में लिपिबद्ध किया।

—परिच्छेद, २०

(३) **महानाम**—पाँचवीं सदी में इस कवि-इतिहासकार ने 'महावंस' नामक ग्रन्थ को लिखा। सिंहल के इस इतिहास ग्रन्थ की तुलना में आनेवाले बहुत कम तत्कालीन ग्रन्थ मिलेंगे। इसमें महासेन के शासन-काल (३२५–३५२ ई०) तक का इतिहास दिया हुआ है। आगे चलकर अन्य विद्वानों को यह ग्रन्थ इतना पसन्द आया कि इसके अगले भागों को भी उन्होंने इसी नाम से लिखा। धर्मकीर्ति ने पराक्रमबाहु के शासन-काल (१२४०–१२७५ ई०) में इसे परिवर्द्धित करके अपने समय तक पहुँचाया। बीच में किसी और ने इसमें परिवर्द्धन किया और 'तिब्बोतुवावे सुमङ्गल' ने इसे १७५८ ई० तक तथा 'हिक्कडुवे सुङ्गल' ने अंग्रेजों के शासनारम्भ (१८१५ ई०) तक इसे पहुँचाया।

महावस की शैली को द्योतित करनेवाले निम्न उदाहरण प्रस्तुत हैं—[1]

ग्रन्थ का लक्ष्य

"प्राचीन विद्वानों ने कहीं अति विस्तारपूर्वक, कहीं अति संक्षिप्त तथा (कहीं) अनेक पुनरुक्तियों के साथ इसकी रचना की थी।

उन दोषों से वर्जित, ग्रहण तथा धारण करने में सहज, प्रसाद तथा संवेग उत्पन्न करने वाले... (महावंस का) उसे सुनें।"

—परिच्छेद, १

---

१. अधिक उदाहरणों के लिए मेरी 'पालि काव्यधारा' देखें।

कुवेणी का त्याग

उद्धत गुजराती तरुण विजय अपने पाँच सौ साथियों के साथ निर्वासित हो, ईसा पूर्व पाँचवी सदी में लंका पहुँचा। उस समय कोल-संथाल की जाति के वेद्दा लोग लंका के निवासी थे। उनके सरदार की लड़की कुवेणी विजय के प्रेमपाश में बँधी। उसने अपने लोगों की पराजय करायी। पर अधिपति होने पर विजय ने सभ्य तथा सुसंस्कृत जाति की पुत्री को प्राप्त करने के लिए कुवेणी को छोड़ दिया। इसे कवि-इतिहासकार ने निम्न शब्दों में व्यक्त किया है—

(प्रथम मिलन मे)

"कुवेणी राजपुत्र के पास सर्वाभरण से भूषित होकर गयी और वृक्ष के नीचे उसने महार्घ शय्या तैयार की।

तब विजय प्रमुख आदि (विजय को प्रमुख बनाकर उनके अनुयायी आदि) नाव से भूमि पर उतरकर, थके हुए होकर धरती को हाथ से पकड़ कर बैठे थे।

विजय उस (कुवेणी) के साथ सहवास करके सुखपूर्वक शय्या पर सोया और कनात तानकर सारे भृत्य भी पड़ गये।

रात को बाजे के शब्द तथा गीत के रव को सुनकर साथ में सोयी हुई यक्षिणी से विजय ने पूछा—'यह क्या शब्द है ?'

कुवेणी ने उत्तर दिया—'सारे यक्षों को मरवाकर राज्य स्वामी को देना है। मनुष्य के साथ वास करने के कारण यक्ष मुझे मार डालेंगे।

वहाँ विवाह का मंगल महोत्सव है, वहीं यह शब्द है, यह बड़ा समागम है। आज ही यक्षों को मार डालो, फिर यह नहीं कर सकोगे।'

पांड्य राजकुमारी जब विजय के पास नयी दुलहिन बनकर आयी तो उसने कुवेणी से कहा—'अब तुम दोनों बच्चों को छोड़कर जाओ। मनुष्य अमनुष्य से सदा भय खाते हैं।'

यक्षिणी ने कहा—'मत चिन्ता करो—एक सहस्र शुल्क से मैं तुम्हारी बलि पूर्ण करूँगी।'

बार-बार प्रार्थना कर (हताश हो) दोनों बच्चों को लेकर वह लंका पुर गयी ।

बच्चों को बाहर बैठाकर वह नगर में घुसी । उस यक्षिणी को पहचानकर तथा उसे जासूस समझकर यक्ष क्षुब्ध हो गये (और उनमें से) एक साहसी ने यक्षिणी को एक ही हाथ में मार गिराया ।

कुवेणी का मामा नगर से बाहर निकला । बच्चों को देखकर उसने पूछा—'तुम किसके बच्चे हो ?' 'कुवेणी के' यह सुनकर कहा—'तुम्हारी माँ यहाँ पर मार दी गयी; तुम्हें भी देखकर मार डालेंगे, (अतः) शीघ्र ही भाग चलो ।"

—:०:—

दूसरा अध्याय

२. अनुराधपुरयुग

अनुराधपुर सिंहल की प्रथम राजधानी रहा। यहीं पर अशोकपुत्र महेन्द्र ने तीसरी सदी ई० पू० में आकर 'महाविहार' की प्रतिष्ठा की। यद्यपि द्रविड़ देश तथा इसके बीच में समुद्र स्थित था, पर बीस मील का यह छिछला समुद्र द्रविड़ों को नहीं रोक सका। जब द्वीप खाली पड़ा था तो ये वहाँ बसने नहीं आये। पर बाद में इनका ध्यान इस ओर गया, जब गुजरात के विजय और उसके साथी वहाँ पहुँच गये और मगध आदि से भी हजारों परिवार वहाँ पर आकर बस गये। इस प्रकार द्रविड़ परिवार को भाषाओं से घिरी रहने पर भी सिंहल की भाषा आर्य परिवार की ही है।

इसमें भी विचित्र बात यह है कि इसका उत्तर भारत की जिस बोली से अधिक साम्य है, वह भोजपुरी है। भोजपुरी को इसके बोलनेवाले उन्नीसवीं सदी में वर्मा, मलाया, फिजी तथा ट्रिनीडाड आदि में अपने साथ ले गये। सम्भवतः इस प्रदेश के लोग ईसा के पूर्व शताब्दियों में भी सिंहल में आते रहे हों। वैसे भोजपुर, बंगाल तथा गुजरात आदि स्थानों के लोग यहाँ आ बसे।

इनके सिंहल में आ जाने पर तथा बस जाने पर ही द्रविड़ों का ध्यान इधर गया और वे लोग छेड़खानी करने लगे। यह संघर्ष ईसा पूर्व द्वितीय शताब्दी से ही प्रारम्भ हुआ। यद्यपि अनुराधपुर समुद्र-तट से दूर था, पर चोळ तथा पांड्यों ने आकर यहाँ भी अपनी ध्वंसलीला दिखायी।

इस युग में वंस तथा अट्ठकथा साहित्य के निर्माण के साथ कुछ कथा साहित्य की भी रचना हुई। इनका संक्षिप्त परिचय यह है —

(१) **अनागतवंस**—यह ग्रन्थ इसी कोटि में आता है और इसमें

भावी बुद्ध मैत्रेय का वर्णन है। इसके कर्ता अज्ञात ही हैं। इसमें अनुराधपुर का भी वर्णन चित्रित है—

प्रसाद—"विविध रत्नों की भूमि, अनेक चित्रों से रम्य, सुगन्ध पुष्पों की माला के समान नृत्य-गीत से अभिराम, सुन्दर युवतियों से पूर्ण, अनेक प्रकार की शोभा से आकीर्ण रत्नमय विमान (देव प्रासाद) की ही भाँति उनका निवास-स्थान था।

वहाँ की किन्नर-किन्नरियाँ मनोरमा थीं, गायन तथा अंगनाएँ भी मनोरम थीं, नृत्य तथा गीत आदि भी मनोरम थे और अनेक मनोरम प्रसंगों का वहाँ पर प्रवर्तन था।"

(२) **धम्मनन्दी**—अनुराधपुर काल में ही धम्मनन्दी हुए, जिन्होंने 'सिहलवत्थुकथा' नामक पुस्तक लिखी। इसमें प्रस्तुत की गयी कथाएं सुन्दर हैं तथा शैली भी प्रसाद गुण से युक्त है—

"ऐसा सुना जाता है—सुसमृद्ध जनों से समृद्ध, सम्पूर्ण शस्य-सम्पत्ति से नित्य युक्त, सुन्दर भिक्षुओं से बहुल, जनपदों में माला के समान सौराष्ट्र जनपद में अचिमन्तशैल नामक पर्वत था। उस पर्वत की एक गुफा में छह अभिज्ञाओं को प्राप्त किये, महा ऋद्धिवाले एक अर्हत् रहते थे। दूसरा एक गजराज भी उसी पर्वत के आश्रय से रहता था। उसे देखकर किसी वनचर ने उज्जैन के राजा से कह दिया—'देव, इस प्रकार के लक्षणों से युक्त, महाराज के योग्य हाथी अरण्य में है'। राजा ने सुनते ही उस हाथी को पकड़वा लिया।....स्थविर राजा के पास हाथी को छुड़वाने के लिए उज्जैन आये। राजा ने उनकी याचना पर हाथी को छोड़ दिया।"

—:०:—

तीसरा अध्याय

३. पोलन्नरुव युग

द्रविड़ों के आक्रमणों के कारण सिंहल की राजधानी इस समय देश के सबसे महत्त्वपूर्ण तथा सांस्कृतिक केन्द्र अनुराधपुर से हटाकर पहाड़ में दूर 'पोलन्नरुव' ले जायी गयी। पोलन्नरुव अनुराधपुर की ही भाँति बड़ा था तथा विशाल इमारतों से आकीर्ण था। सिंहल के इतिहास का स्वर्णिम युग यहीं पर व्यतीत हुआ। इसी काल में पालि साहित्य की भी अभिवृद्धि हुई और उत्तम टीका ग्रन्थ तथा व्याकरणपरक ग्रन्थों का निर्माण इसी युग में हुआ। सिंहल के राजा महापराक्रमबाहु ने भी इसे सुशोभित किया, जिसकी नौवाहिनी द्रविड़ देश के चोळों तथा पांड्यों के भाग्य का फैसला करती थी। पूरब में उसकी धाक बर्मा तथा सुमात्रा तक थी। उत्तम सेनानायक तथा शासक होने के साथ ही वह बहुत बड़ा विद्याव्यसनी था और अपने अनुरूप ही उसे 'सारिपुत्त' संघराज-जैसे गुरु भी मिले थे, जिनके चारों ओर उस समय के प्रख्यात पंडितों की मंडली विद्यमान थी।

(१) **सारिपुत्त**---अट्ठकथाएं बन चुकी थी। उन पर टीका प्रस्तुत करने का कार्य सारिपुत्त ने किया। ऐसी प्रसिद्धि है कि उन्होंने सभी अट्ठकथाओं पर टीकाएं लिखीं, परन्तु अब सब नहीं मिलतीं।

संघ की एकता

वट्टगामणि ने बाद में उन तैर्थिकों के आराम को बौद्ध स्तूप में परिवर्तित कर दिया, जो उसकी हार पर प्रसन्न हुए थे। वहाँ पर 'अभयगिरि' के नाम से दूसरा महाचैत्य बना। इस अभयगिरि ने महाविहार की परम्परा को तोड़ने का प्रयत्न किया और फूट महापराक्रमबाहु के समय तक चली आयी। इस प्रकार यह साढ़े बारह सौ वर्षों तक चलती रही और अन्त में 'सारिपुत्त' के गुरु 'कस्सप' के समय में ही इसको तोड़ने में सफलता मिली। इसका श्रेय

इन्हीं 'सारिपुत्त' को देना चाहिए। पर इसके थोड़े ही दिन बाद द्रविड़ देश के थेरवादी आचार्य 'कस्सप चोळिय' ने इनकी एक टीका पर आक्षेप किया कि इसमें अभयगिरिकों के मतानुसार कोई बात लिखी गयी है। सारिपुत्त के गुरु कस्सप बड़े ही शील-सम्पन्न तथा त्यागी पुरुष थे। इनके सम्बन्ध में 'समन्तपासादिका' की टीका में इन्होंने यह उद्‌गार व्यक्त किया है—

"सिंहलनरेन्द्र पराक्रमबाहु ने जिनकी सहायता लेकर सम्प्रदायों के भेद को मिटा कर धर्म का संशोधन किया; जो ताम्रपर्णी द्वीप में धर्म के उदय को करने वाले हैं, जो धर्मरूपी आकाश में चन्द्रमंडल के समान हैं; जो प्रतिपत्ति के आधीन हैं तथा सदा ही अरण्यवासी हैं; जो संघ के पिता हैं तथा 'विनयपिटक' में सुविशारद हैं; जिनके आश्रय में रहते हुए मुझे धर्म-सम्बन्धी बुद्धि की प्राप्ति हुई, ऐसे महास्थविर काश्यप की मैं वन्दना करता हूँ।"

'सारिपुत्त' के नाम से अधुना जो अट्ठकथाओं की टीकाएं प्राप्त हैं, उन सबके लेखक वे नहीं हो सकते और वस्तुतः उन्हें उनके शिष्यों ने लिखा होगा और तत्पश्चात् गुरु ने उनका अवलोकन कर लिया होगा। ये संस्कृत के भी पण्डित थे और प्रमाणशास्त्र का पण्डित होने के कारण दिङ्नाग तथा धर्मकीर्ति के ग्रन्थों से भी परिचित होंगे। चान्द्र व्याकरण का उस समय सिंहल में भी प्रचार था और इसकी व्याख्या में भी 'सारिपुत्त' ने अपना योगदान दिया तथा इस पर लिखी गयी 'रत्नमतिपञ्जिका' की 'पञ्जिकालंकार' नामक टीका प्रस्तुत की। इसका अब नाममात्र ही शेष है। 'पदावतार' के नाम से एक संस्कृत व्याकरण का संक्षिप्त ग्रन्थ भी इनके द्वारा लिखा गया था। विनय पर इनका प्रसिद्ध ग्रन्थ 'पालिमुत्तकविनयविनिच्छय' है। 'महावंस' में इसे 'विनयविनिच्छय' कहा गया है।

'सारिपुत्त' के शिष्य 'सुमंगल महासामी' ने अपने गुरु के सम्बन्ध में 'विभाविनी टीका' के अन्त में लिखा है—

"सम्पन्नशील, दम-संयम द्वारा सन्तोषित, गुणाकर एवं जितेन्द्रिय भिक्षुओं के समूह द्वारा सम्मानित, बुद्ध के वचनों के पण्डित तथा अनेक

ग्रन्थों की रचना करने के कारण विद्वानों द्वारा सम्मानयुक्त आचार्य-पदवी-प्राप्त; 'विनयट्ठकथा' आदि की 'संवण्णना' जिसके ज्ञान के प्रताप को सूचित करती हैं...जो अपने नाम में विद्यमान साररूपी गुणों के आकर हैं ... ।"

'अङ्गुत्तरनिकाय' अट्ठकथा की टीका में वे पराक्रमबाहु के सम्बन्ध में लिखते हैं—

"सद्धर्म की स्थिति के इच्छुक, शासन को प्रकाशित करनेवाले राजा पराक्रमबाहु से आदिष्ट हो कर, उन्हीं के बनवाये सौ रमणीय प्रासादों से मंडित रम्य विहार में, जो सिंहल के स्वामी हैं, धृतिमान्, यशस्वी, विशालप्रज्ञ, कलाओं में निपुण, महाबल तथा अद्भुत वृत्ति एवं तेजवाले हैं और सूर्यवंश में उत्पन्न हैं ... ।"

इनकी कृतियों के सम्बन्ध में इन्होंने यह कहा है—

"नगरों के अधिराज रम्य 'पुलस्तिनगर' (पोलन्नरुव) में महाभुज राजा पराक्रमबाहु द्वारा बनावाये हुए रमणीय श्रेष्ठ प्रासादों तथा उपवनों से अभिराम 'जेतवन विहार' में जो (सारिपुत्त निवास करते हैं) सर्वत्र फैले हुए यशवाले, विशारद, शुद्ध हृदय वाले, परिशुद्ध कुल में उत्पन्न, तर्क तथा आगमादि (शास्त्र) में कुशल, यतीश्वर, गुण से महान्, 'सारी' के पुत्त, यति सारिपुत्त द्वारा; योगियों के उपकार के लिए 'विनयसंग्रह' रचा गया और इन्हीं के द्वारा इसकी 'लीनत्थपदवण्णना' नामक टीका रची गयी । इन्हीं ने अरण्यवासी भिक्षुओं के लिए 'विसुद्धपथसंगह' तथा कर्मस्थानिक भिक्षुओं के लिए 'कम्मट्ठानसंगह' का निर्माण किया । चन्द्रगोमी के अभिधान पर जो रमणीय 'पञ्जिका' थी, उस पर इन्होंने 'अलंकार' नामक व्याख्या प्रस्तुत की । श्रोताओं में प्रसन्नता उत्पन्न करने के लिए तथा विद्वानों के हित के लिए इन्होंने महामूल्यवान् 'सम्पसादनी' व्याख्या लिखी ।

पवित्र तथा शुद्ध पदक्रम से 'विनयट्ठकथा' की भी विनयज्ञों द्वारा प्रशंसित रम्य टीका इनके द्वारा रची गयी ।

'अङ्गुत्तरनिकायट्ठकथा' की भी स्पष्ट तथा सुसंस्कृत टीका भिक्षुओं को पटुभाव में प्रतिष्ठित करने के लिए इनके द्वारा निर्मित की गयी ।

'मङ्गलसुत्त' के अट्ठकथा की भी एक सुन्दर टीका भिक्षुओं के प्रेमवर्द्धन तथा विद्वानों के लिए इनके द्वारा प्रस्तुत की गयी।

'अभिधम्मत्थसंगह' में उत्पन्न होनेवाली शंकाओं को दूर करने के लिए, भिक्षुओं के लिए (यह) ग्रन्थ सिंहली भाषा में उनके द्वारा लिखा गया।"

वहीं पर 'सारिपुत्त' के सम्बन्ध में यह भी कहा गया है—

"जिन 'सारिपुत्त' को चान्द्र व्याकरण में चन्द्रगोमिन् के समान, पाणिनीय में तीक्ष्ण बुद्धिवाले पाणिनि के समान तथा सम्पूर्ण तर्कशास्त्र में तीव्र-बुद्धि-जन कर्त्ता के समान तत्त्व स्वरूप मानते हैं; कवित्व में जिनको कविजनों के हृदय को आनन्द देनेवाले कालिदास के समान मानते हैं, उनकी यह रचना लोगों को अर्थसिद्धि प्रदान करे।"

'सारिपुत्त' संघराज यद्यपि एक बहुत बड़े पंडित थे, पर वे नम्र नहीं थे और यह इन सब विवरणों से प्रटक होता है। उनके साथ शिष्यों तथा अनुयायियों की एक अच्छी मंडली थी और इसने उनके कार्य में बहुत हाथ बँटाया।

पराक्रम से पहले (१०४५–१०७० ई० तक) द्रविड़ों के आक्रमण तथा अधिकार ने सिंहल में धर्म को बहुत हानि पहुँचायी थी। इसी से भिक्षुणी-संघ तो सदा के लिए ही लुप्त हो गया। उस काल में नगरों के साथ विहारों को भी लूटा गया तथा नष्ट-भ्रष्ट किया गया। सिंहल को एकच्छत्र करने में पराक्रमबाहु से पूर्व विजयबाहु सफल हुआ था, जिसने १०७० ई० में चोळ-शासन को समाप्त करके 'पोलन्नरुव' में अपना अभिषेक कराया था। इसी समय सिंहल की राजधानी भी 'अनुराधपुर' से 'पोलन्नरुव' चली आयी। प्रतिहार राजकुमार जगतीपाल ने दक्षिण सिंहल में आकर चार वर्ष तक राज्य किया। चोळ उसे लड़ाई में मारकर उसकी रानी तथा पुत्री को पकड़कर अपने देश ले गये। विजयबाहु के शासन के समय रानी और राजकुमारी मौका पाकर सिंहल भाग आयीं। और कन्नौज राजकुमारी

लीलावती का विजयबाहु से व्याह हुआ। उत्तर भारत के साथ सिंहल राजाओं का यही अन्तिम सम्बन्ध था।

उस समय सिंहल देश में भिक्षु-संघ भी उच्छिन्न-सा हो गया था। इसलिए विजयबाहु ने बर्मा के राजा अनुरुद्ध से इस सम्बन्ध में सहायता माँगी। वहाँ पर बर्मा के भिक्षु-संघ की सहायता से संघ की प्रतिष्ठा हुई तथा त्रिपिटक के पठन-पाठन का प्रारम्भ हुआ। ग्रन्थों के बारे में भी बर्मा से सहायता प्राप्त हुई। इस प्रकार विजयबाहु ने जिस प्रकार से चोळों के चंगुल से मुक्त कराकर सिंहल को स्वतन्त्र किया उसी प्रकार से भिक्षु-संघ की भी पुनः प्रतिष्ठा उनके द्वारा हुई। चोळ-आधिपत्य के समय अनुभूत अत्याचार की तीव्रता के कारण सिंहल के तीन बौद्ध निकायों (महाविहारीय, अभयगिरिक तथा जेतवनीय) में आपस में जो कटुता थी तथा जो मतभेदादि थे, उनकी उग्रता में ह्रास हुआ और इसने 'सारिपुत्त' संघराज को इन तीनों में एकता स्थापित कराने में प्रचुर सहायता की। चोळ-शासनकाल में उस देश से ब्राह्मण तथा बौद्ध पंडित सिंहल में आये और इससे वहाँ पर संस्कृत भाषा के अध्ययन को प्रोत्साहन मिला। बौद्ध धर्म की स्थिति उस समय चोळ देश में भी थी और इससे विद्या के क्षेत्र में भी काफी आदान-प्रदान हुआ। चोळ राजा संभवतः बौद्ध धर्म के प्रति सहानुभूति भी प्रदर्शित करते थे। सिंहल तथा चोळ, देश दोनों स्थानों में एक ही स्थविरवाद प्रचलित था और चोळ राजाओं की सहानुभूति ने सिंहल के अत्याचार को कम करने में भी सहायता दी होगी।

(२) **मोग्गल्लान** (व्याकरणकार)——कच्चायन व्याकरण पहले से ही मौजूद था। परम्परा बुद्धघोष के समय में भी इसे विद्यमान मानती है। प्रारम्भिक व्याकरण होने के कारण उसमें व्याकरण के कितने ही नियम छूट गये थे। इधर संस्कृत व्याकरण का और उसमें भी जब चान्द्र व्याकरण का प्रचार बढ़ा तो उसके ढाँचे पर पालि के एक पूर्ण व्याकरण के निर्माण की आवश्यकता हुई और इसकी पूर्ति मोग्गल्लान ने अपने इस व्याकरण को लिखकर की, जिसमें सूत्र, वृत्ति तथा उणादिपाठ आदि हैं। इसमें

८१७ सूत्र हैं, साथ ही लेखक द्वारा इस पर 'पञ्चिका' भी प्रस्तुत की गयी है। व्याकरण के अन्त में उन्होंने लिखा है—

"जिस राजा के प्रभाव से कुदृष्टिवाले बुरे भिक्षुओं द्वारा सर्वथा विकृत किया गया ... मुनिराज का धर्म ठीक से शुद्ध होकर पूर्ण चन्द्र के संयोग से समुद्र की भाँति बढ़ रहा है, उस श्रद्धा-बुद्धि-गुण-समन्वित, मनुवंश-ध्वज-स्वरूप पराक्रमबाहु के लंका द्वीप में शासन करते समय, शुचिशील, धीमान् स्थविर 'मोग्गल्लान' ने जिस ग्रन्थ को सुज्ञेय, असंदिग्ध तथा स्पष्ट बनाया।"

(३) **मोग्गल्लान** (कोशकार)—'अभिधानप्पदीपिका' कोश ग्रन्थ के रचयिता तथा व्याकरणकार ये दोनों 'मोग्गल्लान' शायद एक ही हों, पर इसमें भी सन्देह किया जाता है। यद्यपि उनकी कृतियों में ऐसा कोई संकेत नहीं है। अपने इस कोश में उन्होंने कहा है—

"लंका में गुणभूषण, तेजस्वी, विजयी, पराक्रम में सिंह के समान पराक्रमबाहु नामक भूपाल हैं। उन्होंने चिरकाल से तीन निकायों में बँटे हुए भिक्षु-संघ को सम्यक् रूप से एक में करके साकार कीर्ति की भाँति संघ में सदा आदरवान् हो, उसके लिए महार्घ (भोजन आदि) प्रत्यय दिये; जिसके सर्वकामप्रद असाधारण अनुग्रह को पाकर मैंने भी विद्वानों के गोचर ग्रन्थकार पद को प्राप्त किया; उन्हीं के द्वारा बनवाये हुए प्रासाद, गोचर आदि से विभूषित ... जेतवन नामक विहार में रहते समय शान्त स्वभाव, धीमान् एवं सद्धर्म की चिरस्थिति की कामनावाले स्थविर 'मोग्गल्लान' ने इस 'अभिधानप्पदीपिका' को रचा।"

(४) **धम्मकित्ति**—ये 'सारिपुत्त' संघराज के योग्य शिष्य थे। शास्ता को नमस्कार करते हुए वे कहते हैं—

"विशारद, वाद के पथ से दूरवर्ती, तीनों लोकों के प्रद्योत-स्वरूप, अखिल ज्ञेयावरण को हटानेवाले तथा असह्य का सहन करनेवाले अनन्त-गोचर शास्ता को मैं नमस्कार करता हूँ।"

अपने काव्य ग्रन्थ 'दाठावंस' में उन्होंने दन्तधातु का इतिहास लिखा है। बुद्ध की यह धातु कलिंग में पूजी जाती थी। राजा की अनुमति से

उसकी पुत्री तथा दामाद इसे सिंहल ले आये, यहाँ आज भी 'कैन्डी' में वह है। 'धम्मकित्ति' ने पराक्रमशीला रानी लीलावती के शासनकाल में इस ग्रन्थ की रचना की थी। 'पोलन्नरुव' में संस्कृत का जितना प्रभाव विद्वानों पर पड़ा था, उसकी छाप 'दाठावंस में होनी ही चाहिए। पराक्रमबाहु के पश्चात् राजा बनानेवाले जो अमात्य हुए, उनमें सेनापति पराक्रम भी था, जिसकी प्रशंसा करते हुए 'धम्मकित्ति' कहते हैं—

"काळकनगरवंश के विभूषण, जिनशासन तथा जनता की समृद्धि चाहनेवाले पराक्रम सेनापति हैं...जिन्होंने बुद्ध धर्म में श्रद्धावाली लीलावती को लंका देश की राजलक्ष्मी बनाया।"

दन्तधातु को सिंहल में लानेवाली कुमारी हेममाला का वर्णन इस प्रकार से उन्होंने किया है—"राजा 'गुहसीव' मुनीन्द्र बुद्ध की उस धातु को अपने नगर में ले जाकर, अच्छी तरह सम्मान करते हुए तथा प्राणियों को सुगति गमन के मार्ग पर योजित करते हुए, सुपुण्य का संचय करते हुए विहार करता था।

उसकी (उस 'गुहसीव' राजा की) विकसित कमल के समान आँखों-वाली, हंसकान्तागामिनी, (अपने) मुख की आभा से सरोज को भी विजित करनेवाली, हार के भार से लदी हुई तथा कुचों के भार से अवनताङ्गी हेममाला नामक कन्या थी।

सम्पूर्ण गुणों के निधान, बन्धुत्व के अनुरूप तथा सुन्दर विमल कुल में उत्पन्न उस कुमार को जानकर राजा 'गुहसीव' ने उसे (उस राजपुत्र को) सम्मान के साथ अपनी कन्या दे दी।"

इसके पश्चात् इस दन्तधातु की समुद्र-यात्रा का वर्णन निम्न प्रकार से है—

"कुसुम गन्ध के चूर्ण से आकीर्ण करों द्वारा नित्य ही कौतुकवश देव-ताओं द्वारा अनुगमन कराते हुए, मार्ग में दुर्गम, गहन पहाड़ को पार होकर धीरे-धीरे वे ताम्रलिप्ति के बन्दरगाह पर पहुँचे।

सिंहल जानेवाले जहाज पर अपने काम से जानेवाले वणिजों को उन्होंने देखा और तब वे सिंहल जाने के इच्छुक द्विजप्रवर शीघ्र ही जाकर नाविक से बोले तथा उनके श्रुति-सुखद-वचन एवं साधु आचार से प्रमुदित हृदय हो उन्होंने उन्हें जहाज पर बैठा लिया।

धातु लेकर समुद्र पर आरूढ़ होने से (वहाँ के) चंचल तरंगों की माला शान्त हो गयी। सुगन्धि-युक्त तथा मनोज्ञ उत्तर-दिशावाली (उत्तरहिया) वायु बहने लगी तथा दिशाएं भी सर्वथा विमल एवं रुचिर शोभावाली हुईं...।

वह जहाज पवन से प्रकम्पित ध्वज तथा उच्च तरंग की पंक्ति तथा मेघावलि को चीरता हुआ स्थविर की उस सिद्धि से एकाएक लंकापट्टन में उतरा।

धातु को उत्तर बिहार में ले जाकर प्रतिवर्ष ऐसी पूजा करने के लिए कीर्ति श्री मेघ नामक उस सत्यप्रतिज्ञ राजा ने पूजाचार का लेख लिखवाया।"

'दाठावंस' के अन्त में ग्रन्थकार ने अपना परिचय देते हुए लिखा है—

"जिसने चन्द्रगोमिन् रचित शब्दशास्त्र तथा उसकी पञ्चिका की प्रशस्त टीका रची तथा विनयट्ठकथा 'समन्तपासादिका' की बुद्धिप्रभावोत्पादिका टीका की रचना की।

श्रेष्ठ अङ्गुत्तर आगम (निकाय) की अट्ठकथा 'सम्मोहविनोदिनी' के भ्रम को नष्ट करने के लिए, जिसने उसकी टीका का निर्माण किया तथा योग में लगे संयमी जनों के हितार्थ 'विनयसङ्ग्रह' नामक ग्रन्थ को रचा।

उस शान्त-इन्द्रिय, प्रतिपत्ति-परायण, तापस वृत्ति में निरत और समाविस्थ, अल्पेच्छ आदि गुणों से विभूषित, सम्बुद्ध के शासन के महान् उन्नति के कारण;

सभी (शास्त्रों) में परम आचार्य पद को प्राप्त, शास्त्रों में तथा दूसरे वादों में कोविद, महास्वामी 'सारिपुत्त' के शिष्य तथा उनके विमल वंश में उत्पन्न;

शुद्ध वंशवाले, करुणादि गुणों के उदय से युक्त, तर्क तथा आगम

आदि में निपुण, विशारद, सर्वत्र प्रसारित चन्द्र-किरणजाल के समान अपनी कीर्ति प्रसारित करनेवाले एवं परीक्षक;

अखिल श्रद्धाधनवाले तथा नाम से 'धम्मकित्ति' राजगुरु ने श्रोताओं में प्रसन्नता उत्पन्न करनेवाले, सर्वदर्शी के प्रभाव के दीपस्वरूप 'बुद्ध-दन्तधातु वंस' (इस इतिहास) की रचना की।"

'महावंस' के द्वितीय भाग को लिखने वाले सम्भवतः यही 'धम्मकित्ति' हैं। इस ग्रन्थ को मूल लेखक ने सैंतीसवें परिच्छेद तक लिखा था और ये उसे आगे बढ़ाकर जम्बुद्रोणि (दम्बेदेनिय) काल तक ले आये?

(५) **बड़े छोटे वाचिस्सर**—बड़े वाचिस्सर 'सम्भवतः' सारिपुत्त के समकालीन अथवा उनसे भी कुछ बड़े थे। उनकी रचनाएं हैं—'खेमप्प-करणटीका', 'उत्तरविनिच्छय', 'विनयविनिच्छय', 'रूपारूपविभाग' आदि।

छोटे वाचिस्सर 'सारिपुत्त' के शिष्य थे। इनकी कृति 'थूपवंस' है। यह 'महाबोधिवंस' के समान ही है। इसमें बुद्धधातु पर बने सिंहल के 'रत्नमाल्य' आदि स्तूपों का वर्णन है।

(६) **मेधङ्कर उदुम्बरगिरि**—यह 'सारिपुत्त' तथा वैयाकरण 'मोग्गल्लान' दोनों के शिष्य थे। इन्होंने 'विनयत्थसमुच्चय' नामक ग्रन्थ लिखा है।

धीरे-धीरे 'पोलन्नरुव' ने भी संस्कृति और सम्मान आदि में अनुरातपुर का ही स्थान ग्रहण कर लिया। सिंहल राजवंश का सम्बन्ध उस समय कलिंग के इलाके से हो गया था। और यह ख्याल किया जाता था कि विजय और उसके साथी कलिंग के थे। वस्तुतः विजय न तो कलिंग का था, न बंगाल का। यह उसके आये हुए मार्ग से ही व्यक्त होता है। वह नाव पर भरुकच्छ (भड़ोच) तथा सुप्पारा होते हुए ताम्रपर्णी पहुँचा। इस प्रकार यही व्यक्त होता है कि वह लाट (गुजरात) देश का था। पराक्रम के चौथे उत्तराधिकारी कलिंग राजकुमार थे। उन्होंने अपने शिलालेखों में इस पर बहुत जोर दिया है कि सिंहल सिंहासन का उत्तराधिकारी कलिंगवंशी राजकुमार ही हो सकता है।

पराक्रम के पश्चात् उसके उत्तराधिकारियों में इतनी शक्ति न रही कि वे राज्य को सँभाल सकें, साथ ही आपसी षड्यन्त्रों से इनमें से कोई भी अधिक दिन तक टिक न सका। इन सब कमजोरियों से फायदा उठाकर मलबार लोगों ने, जो बराबर ही ऐसे अवसरों की ताक में थे, सिंहल पर आक्रमण कर दिया। उनका सेनापति माघ था। उन्हें विजय मिली और माघ राजा हुआ। उसका शासन बहुत ही कठोर एवं नृशंस रहा। उसके आक्रमण तथा शासनादि के सम्बन्ध में 'महावंस' में उल्लेख है—

"लंका-राज महावन को निपीडन में दावानल के समान उसने बहुसंख्यक योद्धाओं को इस कार्य में लगाया। उसके वीर महायोद्धा उन्माद करते हुए कहते थे कि हम केरल योद्धा हैं।

उसने मनुष्यों की सारी सम्पत्ति को छीन लिया तथा चिरकाल से रक्षित कुलाचार को तोड़ दिया। उसने बहुत-से मन्दिरों को तोड़ा, मनुष्यों के हाथ पैर काटे तथा गाय, भैंस आदि को अपने हाथ में कर लिया।

महाधनी लोगों को बाँधकर उनका वध करके उनके सारे धन को हर कर उन्हें दरिद्र बना दिया।

उसने प्रतिमा-गृहों को तोड़ दिया, बहुत-से स्तूपों को ध्वस्त कर दिया, तथा विहारों में घूमते बहुत से उपासकों को मार डाला।

ये लोग बच्चों को, धार्मिक लोगों एवं सन्तों को पीटते थे तथा धनिकों के धन को उन्होंने हर लिया। वे सब दरिद्र हो गये।

प्रसिद्ध तथा बहुमूल्य पुस्तकों की भी रस्सी खोलकर उन्होंने जहाँ-तहाँ फिंकवा दिया।

उन्होंने श्रद्धालु पूर्व राजाओं द्वारा निर्मित 'रत्नमाल्य' आदि चैत्यों को गिराकर ध्वस्त किया और उनमें रखी हुई शरीर धातुओं को भी भ्रष्ट किया।

इस प्रकार मार के समान उनका आचरण था। तब पुलस्त्यपुर (पोलन्नरुव) को भी सब तरह से घेरकर उन लोगों ने दखल किया और विहारों तथा परिवेणों को कितने ही योद्धाओं का निवास-स्थान बनवाया।"

इस प्रकार के जोर तथा जबर्दस्ती से माघ महीपति सिंहल में इक्कीस वर्ष तक राज्य करता रहा। माघ के आक्रमण के बाद 'पोलन्नरुव' फिर न सँभल सका। आज भी माघ के अत्याचारों के चिह्न 'पोलन्नरुव' की पुरानी इमारतों पर देखे जा सकते हैं। इसके बाद 'जम्बुद्रोणि' (दम्ब-देनिय) राजधानी बनी।

—:०:—

चौथा अध्याय

४. जम्बुद्रोणिकाल

माघ के अत्याचार-युक्त शासन से कितने ही विद्वान् स्थविर द्रविड़ देश भाग गये। इसके पश्चात् विजयबाहु ने राजधानी बदली। पोलन्नरुव काल में पालि की सर्वाङ्गीण उन्नति हुई थी। साथ ही संस्कृत की ओर भी दृष्टि थी। जिस समय पोलन्नरुव के विहारों की ध्वंसलीला माघ कर रहा था; उस समय नालन्दा तथा विक्रमशिला तुर्कों द्वारा ध्वस्त हो चुके थे। जिस प्रकार से माघ के राज्य की स्थापना एकाएक हुई थी, वैसे ही उसके राज्य का उच्छेद भी अचानक ही हुआ। धर्म-ध्वंस के कारण सम्पूर्ण सिंहल जाति का कुपित होना स्वाभाविक ही था। अतः इक्कीस वर्ष के उसके शासनकाल में सिंहल वीरों ने उसे चैन से नहीं रहने दिया। इस समय उत्तर भारत में मुस्लिम शासन स्थापित हो गया था। सिंहल पर माघ के साथ ही चोलों का भी भय जाता रहा और विजयबाहु ने 'दम्बदेनिय' को राजधानी बनाया।

इस प्रकार इस युग में भी पालि के बहुत विद्वान् आविर्भूत हुए, जिनका संक्षिप्त परिचय नीचे दिया जा रहा है—

(१) **संघरक्खित**—ये 'सारिपुत्त' के शिष्य थे तथा उस समय संघराज थे। माघ के शासनकाल में धर्म की जो अवनति हो गयी थी, उसके सुधार के लिए एक परिषद् करने की अत्यन्त आवश्यकता थी। अतः इनके तथा मेधङ्कर उदुम्बरगिरि की प्रधानता में विजयबाहु द्वारा निर्मित 'विजयसुन्दराराम' में यह परिषद् बैठी और इसमें आपसी मतभेदों को दूर करने का प्रयत्न किया गया। विजयबाहु ने माघ के शासनकाल में ही जम्बुद्रोणि को अपना केन्द्र बनाया था और उस अशान्ति के समय में भी

आचार-वैराग्य में दृढ़ वनवासी सम्प्रदाय के भिक्षुओं का प्रभाव बढ़ता रहा।

(२) **वनरतन तिस्स**—ये वनवासी सम्प्रदाय के थे। 'उदुम्बर मेधङ्कर' के शिष्य 'आनन्द वनरतन' भी इसी सम्प्रदाय के थे, जिनके द्रविड़ शिष्य 'बुद्धप्पिय' अपने गुरु को ताम्रपर्णी-ध्वज कहते हैं। आनन्द ने 'पियदस्सी' के व्याकरण-ग्रन्थ 'पदसाधन' की टीका और 'खुद्दकसिक्खा' की टीका लिखी। 'अभिधम्म मूल-टीका' के रचयिता भी ये ही कहे जाते हैं।

(३) **सद्धम्मोपायन**—इस ग्रन्थ का रचनाकाल भी यही है। इसमें धर्म का महत्त्व बतलाया गया है। इसके कर्ता 'अभयगिरि' के कविचक्रवर्ती आनन्द महाथेर थे। ग्रन्थ से यह स्पष्ट नहीं होता कि ये आनन्द 'वनरतन आनन्द' थे या दूसरे। ग्रन्थारम्भ में यही लिखा है कि अपने मित्र तथा साथी 'बुद्धसोम' को धार्मिक भेंट करने के लिए ही लेखक ने इसकी रचना की थी। इसमें १९ परिच्छेद हैं, जिनमें मनुष्य-जन्म प्राप्त करने की कठिनाइयाँ, पाप करने की प्रवृत्ति तथा इसके भयंकर विपाक के स्वरूप प्रेतलोकादि का वर्णन है।

पराक्रमबाहु तृतीय ने द्वीप को आक्रमणकारियों से मुक्तकर बहुत जल्दी फिर से इसे बसा दिया। अपने पाण्डित्य के कारण ही कलिकाल-सर्वज्ञ की उपाधि से उन्हें विभूषित किया जाता है। उस समय भिक्षुओं के आचार में शिथिलता आ गयी थी और उसे हटाने के लिए 'आरञ्ञक मेधङ्कर' की अध्यक्षता में इन्होंने बौद्ध परिषद् का आयोजन करवाया। इस समय वनवासी (अरञ्ञवासी) सम्प्रदाय की प्रधानता स्थापित हुई। भिक्षुओं के उच्च शिक्षण की व्यवस्था इनके द्वारा हुई और इसके लिए चोळ देश से विद्वान् भिक्षु बुलवाये गये।

इसी काल में भिक्षु अर्थदर्शी ने 'भेसज्जमञ्जूसा' नामक आयुर्वेद के ग्रन्थ को पालि में लिखा और इसका सिंहली अनुवाद पीछे अठारहवीं शताब्दी में संघराज 'सरणङ्कर' द्वारा प्रस्तुत किया गया। सिंहली में लिखे

गये विनय-नियमों के प्रसिद्ध ग्रन्थ 'सिक्खाबलञ्द' का पालि-अनुवाद भी 'सिक्खापदवलञ्जानि' शीर्षक से इन्हीं भिक्षु ने किया।

'थूपवंस' भी इसी समय की ही रचना है और इसके सम्बन्ध में ऊपर कहा जा चुका है।

(४) **अनोमदस्सी**—'हत्थवन-गल्लविहारवंस' इन्हीं के शिष्य की कृति है। इसमें गद्यभाग ही अधिक है और भाषा तथा शैली दोनों ही अत्यन्त प्रौढ़ है। इसमें ११ अध्याय हैं और आठ अध्यायों में 'संघबोधि' का चरित वर्णित है और अन्तिम तीन परिच्छेदों में उस राजा के अन्तिम निवास-स्थान पर (जहाँ पर 'संघबोधि' ने लोभी राजा को अपना सिर काटकर दे दिया था, वहाँ के) निर्मित विहारों का वर्णन है। कविता भाग तथा गद्य भाग दोनों ही मधुर तथा प्राञ्जल हैं। इसके उद्धरण मैंने 'पालि-काव्य-धारा' में दिये हैं, फिर भी नमूने के तौर पर नीचे कुछ अंश दिये जा रहे हैं—

"तब सारे राष्ट्रवासी अमात्यों के साथ महाविहार गये और वहाँ पर महासंघ की बैठक कराकर, संघ के बीच 'संघबोधि' राजकुमार से प्रार्थना की। तब 'संघबोधि' राजकुमार ने संघ को दंडवत् नमस्कार करके, अवकाश प्राप्त कर, इस प्रकार से कहना प्रारम्भ किया—यह राजलक्ष्मी जैसे-जैसे जलती है, वैसे-वैसे कपूर की दीपशिखा की भाँति काजल से मलिन कर्मों को ही वमन करती है। यह है तृष्णारूपी विषलता के लिए बढ़ानेवाली जलधारा, इन्द्रिय रूपी मृगों के लिए निषाद (शिकारी) की मधुर गीत-सी, सच्चरित्र रूपी चित्रपट के लिए छूने की धूमरेखा-सी, मोहनिद्रावालों के लिए विभ्रमशय्या, प्रज्ञादृष्टिवालों के लिए आँख की फूली के समान, अविनय रूपी महासेना के लिए आगे चलनेवाली पताका के समान, क्रोधावेग रूपी मगरों के लिए उत्पन्न नदी-सी, मिथ्यादृष्टि मद्यपों के लिए मद्यशाला-सी, ऐश्वर्य-विकार-वाले अभिनेताओं के लिए संगीतशाला-सी, दोषरूपी सर्पों के लिए निवासगुफा, सत्पुरुषोचित व्यवहार के लिए भगानेवाली बेंत की छड़ी की भाँति, सुचरित रूपी हंसों के लिए अकाल मेघ-सी, कपट नाटक की प्रस्तावना-सी, काम रूपी हाथी के लिए केले-सी, साधुता के लिए सूली

पर चढ़नेवालों को दी जानेवाली माला-सी, धर्म रूपी चन्द्रमंडल के लिए राहुमुख-सी। मैं किसी ऐसे (व्यक्ति) को नहीं देखता हूँ, जो इस राजलक्ष्मी द्वारा गाढ़ालिङ्गन किया गया हो और धोखे में न पड़ा हो।

... ...

"गोठाभय ने राज्य पाकर कुछ दिनों में सोचा—मेरी चंडता से विरक्त हो प्रजावर्ग वन में गये 'संघबोधि' को लाकर शायद राज कराने का प्रयास करे। शंकित हो 'उसे मरवा डालना होगा' यह निश्चय कर नगर में भेरी बजवायी—'संघबोधि' राजा के सिर को जो लायेगा, उसे एक सहस्र पारितोषिक स्वरूप मिलेगा।

मलयदेशवासी कोई गरीब आदमी अपने काम से पोटली में भात ले जा रहा था। भोजन के समय सोते के पास बैठे हुए 'संघबोधि' राजा को देखकर, उसके आकार से प्रसन्न हो, भोजन के लिए निमन्त्रित किया। राजा ने स्वीकार नहीं किया। उस पुरुष ने कहा—'मैं छोटी जाति का नहीं हूँ, न प्राणिवध से जीविकोपार्जन करनेवाला केवट अथवा शिकारी हूँ। उत्तम वर्ण भोजन योग्य वंश में पैदा हुआ हूँ। कल्याणधर्मा (आप) इस भात को खा सकते हैं।'

उसके आग्रह को न ठुकरा सकते...भात खाकर...उससे पूछा—अनुराधपुर का क्या समाचार है...जो सिर लाकर देगा, उसे एक सहस्र पुरस्कार स्वरूप प्राप्त होगा...उसकी बात के तुरन्त बाद सोचा—मेरे सहस्र मूल्यवाले सिर के दान से इस समय इसका प्रत्युपकार हो सकेगा... भो पुरुष, मैं वही 'संघबोधि' राजा हूँ। मेरे सिर को ले जाकर राजा को दिखला...देव, मैं इस प्रकार का पातक कार्य नहीं करूँगा...तब राजा ने समझाया—मत डरो, सहस्र कार्षापण के लाभ का मैं ही उपाय करूँगा...

मुंड अलग हो गया, यह जान राजा ने उसी मुट्ठी से कपड़े प्रवाहित होती हुई शोणित धारा के साथ अर्थी की हथेली पर रख दिया।

(५) **वनरतन आनन्द**—विजयबाहु के समय हुई बौद्ध परिषद् के ये अध्यक्ष थे। माघ के शासन में शायद ये पाण्ड्य देश के श्रीवल्लभपुर

(मदुरा) में चले गये। 'उपासकजनालंकार' नामक अपने ग्रन्थ में वे लिखते हैं—

"विशुद्ध वर्णवाले बुद्ध को, उनके द्वारा सुवर्णित श्रेष्ठ धर्म को एवं दोषों से विमुक्त संघ को नमस्कार करके 'उपासकालंकार' की मैं रचना करता हूँ।

इन तीनों वस्तुओं (बुद्ध, धर्म, संघ) की जो उपासना करते हैं, वे उपासक कहे जाते हैं; वे ही शरण आदि गुणों को भूषित करते हुए उपासकों के अलंकार कहे जाते हैं।

जनों के भूषण तथा उनके गुणों का प्रकाशक होने से यह ग्रन्थ अथवा शब्द तथा अर्थ के अनुसार ही पण्डितों द्वारा 'उपासकालंकार' जानना चाहिए।

अनेक सूत्रों से सार ग्रहण करके अनाकुल होकर इसका कथन किया जा रहा है, जैसे कि चतुर जन अनेक खानों की मणियों को लेकर उत्तम मुकुट बनाते हैं।"

ग्रन्थकार-परिचय

"दूसरे बौद्ध-निकायों से बिना मिश्रण किये, अनाकुल, महाविहार-वासियों की परम्परा पर आधारित;

श्रीवल्लभी नाम से प्रसिद्ध श्रेष्ठ नगर में विशाल कुल में उत्पन्न श्रद्धालु तथा महाधनी;

सत्य-प्रतिज्ञ, नीति में दक्ष पाण्डय भूमण्डल में एक ही सामन्तराज 'नोलगंग' नाम से प्रख्यात था।

उसके बनवाये हुए अतिदर्शनीय तीन रमणीय विहार पृथिवी-रमणी के मुकुट की भाँति प्रकाशमान हैं।

उनमें से जो सुदर्शन शीतल-जल-युक्त नानातरुसमूह के आलय-सा सबमें श्रेष्ठ विहार (है);

जो अनेक जनों के सम्मोद नयनरूपी भँवरों के समागम-सा (है) तथा उसका एक भाग कीर्ति रूपी लता-मंजरी-सा देदीप्यमान (है)।

स्वर्ग में जाने की सीढ़ी के समान, प्राणियों का परम भवन, पाप अपहरण करने में रमणीय 'करणी' नाम से प्रसिद्ध (है);

वह गुणों का आकर 'पेरम्पल्ली' इस नाम से विद्वानों द्वारा प्रदर्शित किया जाता है। सम्पूर्ण लंका द्वीप जब द्रविड़ रूपी आग से आकुल हो गया था;

तो यहाँ अपनी रक्षा के लिए तथा पुनः धर्म की वृद्धि के लिए सदा ही सद्धर्मगोचर तम्बपर्णी के ध्वज-तुल्य स्थविर आये।

आगम की अनुरक्षा करते हुए वे जहाँ रहते थे, उसके पूर्व-उत्तरवाले रमणीय प्रासाद में बसते हुए मैंने सदा सज्जनों के रंजक इस अलंकार को रचा।

(६) **वनरतन मेधङ्कर**—ये भी अरण्यवासियों में से ही थे। इनके द्वारा रचित ग्रन्थ 'जिनचरित' (एक छोटी-सी काव्य पुस्तिका) तथा 'पयोगसिद्धि' (व्याकरण का ग्रन्थ) हैं। 'जिनचरित' में बुद्ध की जीवनी वर्णित है और इसके साथ ही इसमें बुद्ध के उपदेश कार्यों का भी विवरण दिया गया है तथा बुद्ध के विभिन्न वर्षावास भी इसमें वर्णित हैं। इसमें प्रस्तुत की गयी बुद्धजीवनी में कोई नवीन बात का उल्लेख नहीं है और सम्पूर्ण वर्णन का आधार जातक-निदानकथा ही है। इस पर संस्कृत के काव्यों का स्पष्ट प्रभाव दृष्टिगोचर है। यद्यपि मेधङ्कर नाम के सिंहल में कई व्यक्ति हुए हैं, पर ये 'वनरतन मेधङ्कर' के नाम से प्रसिद्ध थे। इनके समय के सम्बन्ध में भी विद्वानों में विवाद है। इन्होंने तो केवल यही व्यक्त किया है कि इस ग्रन्थ की रचना उनके द्वारा राजा विजयबाहु द्वारा निर्मित परिवेण में हुई। इसी को आधार बनाकर विद्वानों ने इनके काल के सम्बन्ध में अपने अनुमानों को प्रस्तुत करने की चेष्टा की है। इन सबका निष्कर्ष यही निकलता है कि निस्सन्देह ही इनका समय तेरहवीं सदी का उत्तरार्ध है।

'जिनचरित' के निम्नलिखित नमूने इनकी शैली को व्यक्त करने के लिए पर्याप्त हैं—

हिमालय-वर्णन

"हरिचन्दन, कपूर तथा अगर की गन्धों से वासित, सुपुष्पित चम्पा, अशोक, पाटलि, तिलक वृक्षों तथा सुपारी, पुन्नाग आदि आदि के वृक्षों से मंडित;

सिंह, बाघ, तरक्ष, हाथी, चीते तथा अश्व आदि अनेक मृगों से समाकुल;

मैना, रविहंस, हंस, तोता, क्रौंच, कबूतर तथा करविंक आदि पक्षियों से कूजित;

यक्ष, राक्षस, गन्धर्व, देव, दानव, सिद्ध तथा विद्याधरों आदि से सेवित;

स्वर्ण तथा मणि के सोपानवाले अनेक तीर्थों और सरोवरों से शोभित एवं देवाङ्गनाओं की क्रीड़ा से शोभित;

शीतल फुहार से ढँके आँगनों से मंडित तथा किन्नर और नागों के रमणीय रंगस्थलों से विराजित;

मोरों के वन-नृत्यों से तथा लताओं के मंडपों से एवं श्वेत बालू से ढँके आँगनों से मंडित (हिमालय था)।"

सिद्धार्थ के जन्म पर प्रकृति का आचरण

"उस समय कुत्ते हरिणों के साथ, हर्ष-पूरित हो कौए उल्लुओं के साथ, नाग सुनहले गरुड़ों के साथ और चूहे बिल्लियों के साथ खेलने लगे।

मृग सिंहों के साथ वैसे ही मिल गये जैसे पुत्रों के साथ माता-पिता का समागम होता है। नाव से विदेश को गये यात्री स्वदेश वापस आ गये...।

महासागर नाना वर्ण के नील कमलों से विभूषित सात तरंगों की मालावाला हो गया था और (उसका) जल भी अत्यन्त सुखद हो गया था...

अकाल मेघ के प्रिय संगम से पृथ्वी रूपी बहू अत्यन्त शान्त हो गयी; देवों के अनेक प्रकार के पुष्पों की वृष्टि से विभूषित और भी यह विभूषित हो गयी थी।

:o: :o:

कोमल, शीतल तथा मनोज्ञ गन्धवाला वायु सम्पूर्ण प्राणियों के लिए

सुखप्रद होकर प्रवाहित होने लगा और अनेक रोगों से दुष्पीड़ित शरीरवाले लोग उनसे मुक्त होकर सुखी हो गये।"

ग्रन्थकार-परिचय

"लंका के अलंकारभूत राजवंश के केतु विजयबाहु राजा के अपने नाम से बनवाये;

जलाशय, प्राकार, गोपुर आदि से शोभित श्रेष्ठ रमणीय विहार में वास करते हुए शान्तवृत्तिवाले;

दयालु तथा धीमान्, मेधङ्कर स्थविर ने सदा सन्तों द्वारा सेवित इस (ग्रन्थ) को रचा।"

'वनरतन मेधङ्कर' का द्वितीय ग्रन्थ 'पयोगसिद्धि' है, जो मोग्गल्लान व्याकरण को आधार बनाकर प्रयोगों को ध्यान में रखकर प्रस्तुत किया गया है। इसमें लेखक ने कच्चायन व्याकरण को आधार बनाकर प्रकिया-नुसार' बुद्धप्पिय दीपङ्कर' द्वारा प्रस्तुत किये गये ग्रन्थ 'रूपसिद्धि' में वर्णित खण्डनों का उत्तर उपस्थित करने का प्रयत्न किया है।

(८) **बुद्धप्पिय दीपङ्कर**—ये चोळ देश के अच्छे पंडित थे। इनका सम्बन्ध सम्भवतः 'वनरतन आनन्द' से उसी समय हुआ था, जब वे मदुरा के 'पेरम्पल्ली' विहार में माघ के अत्याचारों के कारण शरणागत हुए थे। 'बुद्धप्पिय' 'वनरतन आनन्द' को अपना गुरु मानते थे। पंडित पराक्रम ने सिंहल में पुनः शासन की प्रतिष्ठा के लिए चोळ देश से भिक्षु-संघ को जब आमंत्रित किया था तो सम्भवतः ये भी उसी प्रसंग में ही सिंहल आये थे। इनके ग्रन्थ 'पज्जमधु' तथा 'रूपसिद्धि' आदि हैं, जिनके विषय में 'द्रविड़ प्रदेश में पालि' नामक अध्याय में आगे विवरण प्रस्तुत किया जायेगा।

(८) **संघरक्खित**—'सारिपुत्त' के शिष्य तथा सम्राट् विजयबाहु के समय में संघराज थे। इनकी कृतियाँ हैं—(१) 'सुबोधालंकार' (२) 'वुत्तोदय' (३) 'खुद्दकसिक्खाटीका,' (४) 'सुसद्दसिद्धि' (५) 'मोग्गल्लानपञ्चिकाटीका', (६) 'सम्बन्धचिन्ता' तथा (७) 'योगविनि-

विनिच्छय' आदि। इन रचनाओं से यही ज्ञात होता है कि ये बहुत-से विषयों के पंडित तथा ऋजु प्रकृति के थे। 'सुबोधालंकार' की रचना उन्होंने संस्कृत के विख्यात कवि दंडी के 'काव्यादर्श' के ढंग पर की ही जिसमें उदाहरण उन्होंने अपने ही द्वारा बुद्ध-महिमापरक पद्यों को रचकर रखा। नीचे 'सुबोधालंकार' के उदाहरण दिये जा रहे हैं—

"मुनिराज बुद्ध के मुख-कमल-रूपी गर्भ से उत्पन्न सुन्दर तथा प्राणियों की शरण वाणी (सरस्वती) मेरे मन को प्रसन्न करें।

रामशर्मा आदि के तो प्राचीन अलंकार (ग्रन्थ) विद्यमान हैं तथापि वे शुद्ध मागधी (पालि) के कानन में प्रयुक्त होते हैं।

इसलिए अलंकारवर्जितों को भी ठीक-ठीक अलंकारों से सन्तुष्ट मैं कर सकूँ, इसीलिए मेरा यह श्रम है।

सभी गुणों से विवेकी पुरुष की पूजा करना ही पूजा है। अविवेकी जनों के पास लोग विवेक को नहीं प्राप्त कर सकते।

सभी कुशल, अकुशल, प्रबल अथवा अप्रबल जब तक ज्ञान न हो तब तक दुःखप्रद ही होते हैं

मेरे द्वारा विहित विधानादि आनन्दप्रद त्रिरत्न को आनन्दित करते हुए आदर के सहित प्रकाशित हों

...

स्त्रियों पर, दुर्जनों पर, विष पर, सींगवाले पशुओं पर, नदी पर, रोग पर तथा राज्याधिकारियों पर विश्वास करना ठीक नहीं है।

... ...

सभी कोमण वर्णों रो अनुप्रास प्रशंसनीय नहीं है, जैसे कि लीन चंचल भम्रर-पंक्तिवाली चमेली की माला।

... ...

हे जिनेश्वर, जो लोग नेत्ररूपी अञ्जलि दोने से तुम्हारे शरीर की कान्ति का पान करते हैं, वे तृप्त नहीं होते हैं, क्या आप तृषा लानेवाले भी हैं ?

... ...

चन्द्र क्षयधर्मा है, कमल बहुत रज (मल) वाला है, अतः तुम्हारा मुख उनके समान होता हुआ भी उत्कृष्ट है—इसे निन्दोपमा कहा जाता है।

मुनीन्द्र का मुख शोभायमान तथा मनोहर चमकता है। हे चन्द्र, ऊपर उगे हुए भी तेरी चेष्टा व्यर्थ है।"

'खुद्दकसिक्खा' की टीका में अपने गुरु के सम्बन्ध में ये कहते हैं—

"अनेक शास्त्रों में विशारद, महागुणी एवं महाप्रज्ञ अपने गुरु 'सारिपुत्त' महास्वामी को मैं शिर से नमस्कार करता हूँ।"

(६) **वेदेह**—इनके काल के सम्बन्ध में विवाद है। कुछ लोग इसे तेरहवीं सदी और कुछ चौदहवीं सदी मानते हैं। ये वनवासी सम्प्रदाय के थे और 'वनरतन आनन्द' के शिष्य थे। इनकी कृतियाँ हैं—(१) 'समन्तकूटवण्णना तथा (२) रसवाहिनी'। सिंहल का प्राचीनतम व्याकरण ग्रन्थ 'सिदतसंगरा' (सिद्धान्तसंग्रह) को भी इन्हीं की रचना कहा जाता है।

इनका ग्रन्थ 'रसवाहिनी' बड़ा ही लोकप्रिय है और इसमें १०३ आख्यानों का संग्रह है। यद्यपि इनमें गद्य ही प्रधान है, पर बीच-बीच में गाथाएं भी आयी हैं। इन आख्यानों में नैतिक उपदेशों का प्राधान्य है; साथ ही लंका तथा भारत दोनों की सम्मिश्रित संस्कृतियों का चित्रण इन आख्यानों में उपस्थित किया गया है। 'दुट्ठगामणि' सिंहल का बहुत प्रतापी राजा था, जिसने ईसा पूर्व प्रथम शताब्दी में द्रविड़ों से सिंहल को मुक्त किया। वीर होने के साथ ही उसके धर्म-प्रेम का नमूना 'रत्नमाल्य' चैत्य है। उसके एकमात्र पुत्र शालि ने चांडाल कन्या से प्रेम करके सिंहासन छोड़ दिया। वेदेह ने 'रसवाहिनी' में यह कथा दी है—

" 'दुट्ठगामणि' राजा का पुत्र शालिकुमार सौभाग्य, लक्षण से युक्त तेज-ऋद्धि-पराक्रमवाला था।

वह बहुत मेधावी, रूप में कामदेव के समान, मधुरभाषी, सत्यप्रतिज्ञ तथा विशारद था।

(वह) दाता, भोगवाला, बली एवं सम्पूर्ण प्राणियों का हितैषी

था। वह दान देने में कभी भी तृप्त न होनेवाला तथा वस्तुत्रय में प्ररायण था।

... ...

एक दिन कुमार 'उद्यान-क्रीड़ा करूँगा', यह सोच कर दक्षिण द्वार से निकला। जाकर उद्यान-क्रीड़ा करते हुए जहाँ-तहाँ रमणीय शिलातल-पुष्करणी, लतामण्डप तथा वृक्षमूल आदि में विचरण करता हुआ, एक पुष्पित अशोक वृक्ष को देखकर उसके नीचे गया और (वहाँ) ऊपर की ओर देखा। उस समय 'हेल्लोल' ग्राम के चांडाल की पुत्री 'देवी' उस वृक्ष पर (के पास) मेघ मुखमण्डल पर देदीप्यमान विद्युल्लता की भाँति, श्रेष्ठ रूप को प्राप्त, अशोक के पुष्प तथा पल्लवों को लोढ़ती तथा पहनती हुई स्थित थी। कुमार उसे देखकर उत्पन्न बलवान् प्रेम से युक्त होकर आश्चर्य-चकित हो, अपने प्रेम पर संयम न कर सका। और फिर...उसके साथ संलाप करते हुए बोला--

'कहाँ से तू आयी, तू कौन है? देवता है या मानुषी? मैं तेरे समान अन्य किसी को इस पृथ्वी मंडल में नहीं देखता हूँ।

तेरे चरण पद्म सदृश सुरक्त तथा कोमल हैं। सुनहले मोर की ग्रीवा की भाँति तेरी जाँघे नेत्रों के लिए रसायन हैं।

भद्रे, तेरे जानु भरे हुए तथा कनक कदली तुल्य शुभ हैं। तेरी कटि ऐसी प्रतीत होती है, जैसे कि वह मुट्ठी से नप जाय।

भद्रे, रूप के समुद्र में अविच्छिन्न रोमों की पंक्ति से सुशोभित तेरी त्रिवली तरंगों की भंगिमा का निर्माण करती है।

भद्रे, रूपसागर में तेरे स्तन उत्तरसागर में चन्द्र तुल्य सुनहले बुलबुले के समान शोभायमान हैं।

भद्रे, कल्पलता से उत्पन्न अति अद्भुत प्ररोह की भाँति पाणि रूपी पल्लवों से अलंकृत तेरे बाहु विराजमान हैं।

भद्रे, वर्तसार रूपी तेरा मुख चन्द्र चमक की किरणों से मिश्रित हो मेरे मन रूपी कमल वन को प्रफुल्लित करता है।

... ...

शृंगार मन्दिर में सुवर्णस्तम्भ पर बँधे ध्वज के समान अविभक्त कार्मुक की भाँति झिलमिलाती तेरी भौंहें विराज रही हैं।

चमेली की माला से सेवित मनोरम तेरे नीले केश तापिंज के गुल्म के समान हैं।

भद्रे, तुम अपना नाम मुझे बतला। शुभे, तेरे माता-पिता कौन हैं? मेरे पूछने से यह बतला कि तू सभर्ता है या अभर्ता?'"

उसने कहा—

"स्वामिन्, 'हेल्लोल' ग्राम के मालिक की मैं पुत्री हूँ; मुझे लोग लोहार-पुत्री चांडाली कहते हैं।"

उसे सुनकर कुमार ने कहा—

"गन्दे में पड़ी हुई उत्तम मणि को यह दुनियाँ नहीं छोड़ती। स्त्री-रत्न को हीन कुल से भी शुचि की भाँति ही ग्रहण करना चाहिए।

कुमार उस पर मुग्ध होकर, वृक्ष से उसे उतार कर, ढँके यान में बिठलाकर उसके साथ नगर को गया।

... ...

राजा ने एक विश्वसनीय स्त्री को बुलाकर कुमार के पास यह कह कर भेजा—'स्वामिन्, तुम्हारे पिता तुम्हारे चित्त के अनुकूल राज-कन्या या ब्राह्मण-कन्या लाकर, पादपरिचारिका बनाकर अभिषेक करा देंगे। इस चांडाली को छोड़ दो। राजकुल को मत दूषित करो।' साथ ही यह भी कहा कि राजकुमार के मन के भाव को जानकर मुझसे भी कहना।

उस स्त्री ने जाकर यह बात राजकुमार से कही। तब कुमार बोला—

'दोहदवाली (जब) पके अनार को खाना चाहती है, तो क्या वह आम के फल को पाकर सतुष्ट हो सकती है?'

इसी प्रकार दूसरी (स्त्री) को पाकर मेरा मन नहीं भरेगा; चाँद को देखकर कब कमलवन फूलता है ?'

... राजा ने ब्राह्मणों को उसकी लक्षण-जाँच के लिए भेजा। उन्होंने भी आकर कहा...

उसका शिर छत्र के आकार का, नेत्र विशाल कमल पत्र के समान, मुख तथा हाथ-पैर भरे हुए हैं तथा उसमें केवल लक्ष्मी बसती है।...

यह सुनकर राजा स्वयं उपराज के महल में गया। ... तब उपराज और अशोकमाला दोनों राजा की अगवानी कर, वन्दना करके एक ओर खड़े हो गये। राजा ने देवी की रूप-सम्पत्ति से सन्तुष्ट होकर पूछा – 'क्या तू ही अशोकमाला देवी है ?' उसके 'हाँ स्वामी' कहते समय मुख से कमल-गन्ध निकलकर सारे भवन में फैल गयी। राजा इस आश्चर्य को देख प्रसन्न हो, जाकर बिछाये आसन पर बैठा ... राजा पति-पत्नी को उपदेश देकर, अभिषेक करके चला गया।...

तब पिता 'दुट्ठगामणि' राजा ने पुत्र को बुलवाकर कहा—'मेरे न रहने पर इस राज्य को सँभालना। उसने नहीं चाहा, और 'सद्धातिस्स' कुमार राजा हुआ। शालि राजकुमार भविष्य में मैत्रेय बुद्ध के पुत्र होकर जन्मेंगे।"

(१०) **सिद्धत्थ**—भुवनेकबाहु (१२७७–१२८८ ई०) के काल में इन्होंने 'सारत्थसङ्गह' नामक ग्रन्थ को गद्य-पद्य-मय ४० परिच्छेदों में पूर्ण किया। यह बौद्ध धर्म का इतिहास है; साथ ही इसमें दान तथा त्यागादि से सम्बन्धित कथाएँ भी दी हुई हैं।

(११) **धम्मकित्ति**—इन्होंने चौदहवीं सदी में भारतीय तथा सिंहली आख्यानों के संग्रह-स्वरूप सिंहली भाषा में 'सद्धम्मालंकार' नामक संग्रह-ग्रन्थ की रचना की। इसमें २४ परिच्छेद हैं तथा तीन परिच्छेदों को छोड़कर शेष २१ परिच्छेदों में 'रसवाहिनी' की ही कथाएँ दी हुई हैं। ये भी अरण्य-वासी सम्प्रदाय के ही थे।

(१२) **देवरक्खित धम्मकित्ति**—भुवनेकबाहु पंचम तथा वीरबाहु द्वितीय के काल में (१३७२–१४१०) ये संघराज थे। उस समय भिक्षुओं में व्याप्त दुर्व्यवस्था को हटाने के लिए बौद्ध भिक्षुओं की एक परिषद् का आयोजन हुआ, जिसके अध्यक्ष 'देवरक्खित धम्मकित्ति' ही बनाये गये थे। इनके द्वारा रचित ग्रन्थ 'संखेप', 'निकायसङ्गह', 'बालावतार' तथा 'जिन-बोधावली' आदि हैं। बौद्ध इतिहास को व्यक्त करने में 'निकायसङ्गह' का महत्त्वपूर्ण स्थान है। यह सिंहली भाषा में है। 'बालावतार' कच्चायन को आधार बनाकर प्रारम्भिक विद्यार्थियों के लिए संक्षिप्त रूप से प्रस्तुत किया गया है और पालि जगत् में इसका सर्वाधिक प्रचार है।

अपने ग्रन्थ 'निकायसङ्गह' में वे कहते हैं—

"'हमने क्या नहीं सुना', इससे अज्ञात रहते हुए, तथा 'हम सब जानते हैं', यह भी चिन्तनीय नहीं है। जैसे दीप ज्योति-सहित हो और उसमें फिर तेल डाल दिया जाय, वैसे ही मेरा यह वचन है।

सदा अनेक दिशाओं में प्रसारित महातेजवाला सूर्य दुर्जन-रूपी सम्पूर्ण घोर अन्धकार को अशेषतः छिन्न-भिन्न कर, सज्जन-पंक्ति-रूपी-हंस सहित संघ-रूपी कमल-सरोवर को तुष्ट कर लंका द्वीप में राज आदि रश्मियों के स्वामी तथा श्रेष्ठ चिरकाल तक रमें।

मुनीश्वर का धर्म चिरकाल तक चलता रहे, राजा लोग धर्म में स्थित रहें, समय पर मेघ बरसें और सारी प्रजा परस्पर मैत्री से सुख को प्राप्त हो।

'गंगासिरिपुर' में रमणीय पहले भुवनेकबाहु के राज्य करते समय जो यतिराज 'धम्मकित्ति' 'गडलादोणि' ग्राम में 'तिलक' नामक विहार बनवाकर चिरकाल तक रहे;

उनका शिष्य-रूपी सुत 'देवरक्खित' नामक धीर, जयबाहु नाम से प्रसिद्ध और लोकपूजित जो 'धम्मकित्ति' इस नाम से भूषित हैं तथा संघराज पद को प्राप्त करके जो जिन शासन को शोभायमान करते हैं;

उन्होंने इस 'निकायसङ्गह' को स्वभाषा में संक्षेप से सदा बुद्धशासन की उन्नति के लिए रचा।"

—:०:—

पाँचवाँ अध्याय

५. जयवर्धनपुर (कोट्टे) काल

जम्बुद्रोणि से 'कुरुनेगल' भी राजधानी का स्थानान्तरण हुआ और उसके बाद कोलम्बो के उपनगर 'कोट्टे' में। पराक्रमबाहु षष्ठ (१४१५–१४६७) ने तानाशाह 'अलकेश्वर' की इहलीला समाप्त कर दी और लंका का सम्राट् हुआ। लंका पुनः एकता के दृढ़ सूत्र में बद्ध हुआ। इनके समय में संघराज राहुल जैसा महान् विद्वान् उत्पन्न हुआ, जो पराक्रम के 'पोलन्नरुव' की विद्वत्ता का अन्तिम प्रतिनिधि था।

(१) **राहुल संघराज**—जो युग महापराक्रमबाहु के समय (११५३–११८६ ई०) में आरम्भ हुआ था, उसके ये अन्तिम पंडित थे। इन्हें राहुल 'वाचिस्सर' (वागीश्वर) भी कहा जाता है। 'तोटगमुव' के विजयबाहु परिवेण में निवास करने के कारण इन्हें 'तोटगमुव राहुल' की संज्ञा भी प्रदान की जाती है। सम्भवतः ये राजवंश के थे। ये 'उत्तरमूलनिकाय' के थे और इन्हीं के कथन के अनुसार स्वामी कार्त्तिकेय ने १५ वर्ष की अवस्था में इन्हें वरदान दिया था, जिससे ये 'षड्भाषापरमेश्वर' हुए। ये छह भाषाएँ हैं—(१) संस्कृत, (२) मागधी (पालि), (३) अपभ्रंश, (४) पैशाची, (५) शौरसेनी, (६) तामिल। इनके अतिरिक्त सिंहली तो उनकी मातृभाषा थी ही। इन्होंने सिंहली में मेघदूत की शैली पर सन्देश-काव्यों को प्रारम्भ किया। और इनके ये दो सन्देश-काव्य हैं—(१) सळलिहिणि, (२) परविसन्देश। काव्य-क्षेत्र में इनका प्रसिद्ध ग्रन्थ काव्यशेखर है, जिससे ये अमर हैं। इनकी अन्य कृतियाँ हैं—(१) सीमासंकरछेदनी, (२) तोटगमुनिमित्त, (३) चतुरार्यसत्यकाव्य, (४) मोग्गल्लानपञ्जिकाप्रदीप (५) पदसाधनटीका आदि। इन सबके अतिरिक्त इनकी अन्य रचनाएं भी हैं।

इनके द्वारा प्रस्तुत किया गया 'पञ्जिकाप्रदीप' पालि-व्याकरण को व्यक्त करनेवाली प्रौढ़ टीका है। स्वयं आचार्य 'मोग्गल्लान' द्वारा अपने व्याकरण पर लिखी 'पञ्जिका' का यह प्रौढ़ व्याख्यान है। यह अंशतः पालि तथा सिंहली में लिखा गया है। इसमें विद्वान् लेखक द्वारा संस्कृत, पालि, सिंहली तथा अन्य तमिल कृतियों से उद्धरण भी दिये गये हैं, और ये कृतियाँ अधुना पूर्णतः उपलब्ध नहीं हैं। जब तक 'पञ्जिका' अपने मूल रूप में में प्राप्य नहीं थी, तब तक मोग्गल्लान व्याकरण के गम्भीर अध्ययन के लिए केवल इसी ग्रन्थ का सहारा विद्यमान था और इसी से पञ्जिका के गाम्भीर्य तथा प्रौढ़ता का आभास विद्वानों को प्राप्त होता था। पञ्जिका के मिलने के पश्चात् तो इस ग्रन्थ का महत्त्व और बढ़ गया है।

सिंहल के प्रसिद्ध विद्वान् सुभूति ने अपने ग्रन्थ 'नाममाला' में राहुल संघराज द्वारा उद्धृत निम्न ग्रन्थों की सूची दी है—

(१) कच्चायन
(२) न्यास
(३) न्यासप्रदीप
(४) निरुत्तिमञ्जूसा
(५) रूपसिद्धि तथा इस पर 'सन्ने' तथा 'गटपद' (ग्रन्थिपद)
(६) बालावतार तथा इस पर 'सन्ने'
(७) सद्दनीति
(८) चूलनिरुत्ति
(९) निरुत्तिपिटक
(१०) सुत्तनिद्देस
(११) सम्बन्धचिन्ता
(१२) पदसाधन तथा इस पर 'सन्ने'
(१३) पञ्जिकाटीका
(१४) पयोगसिद्धि
(१५) दिक्-सङ्गि-टीका ('दीघनिकाय' की टीका)

(१६) भेसज्जमञ्जूसा तथा इस पर 'सन्ने'
(१७) अभिधानप्पदीपिका
(१८) चान्द्रव्याकरण
(१९) महाभाष्य (पतञ्जलि)
(२०) भाष्यप्रदीप (कैयट)
(२१) लघुवृत्ति (पुरुषोत्तमदेव)
(२२) दुर्गसिंहवृत्तिपञ्जिका
(२३) पञ्जिकालङ्कार
(२४) कातन्त्र
(२५) शब्दार्थचिन्ता
(२६) सारस्वत
(२७) काशिका
(२८) काशिकावृत्ति
(२९) वार्तिक
(३०) भागवृत्ति (भर्तृहरि)
(३१) सारसङ्ग्रह
(३२) पदावतार
(३३) श्रीधर (कोश,
(३४) वैजयन्ती (कोश)
(३५) अभिधर्मकोश (वसुबन्धु)
(३६) प्राकृतप्रकाश
(३७) वेद
(३८) रामायण
(३९) बाहट (महाभारत)
(४०) भरतशास्त्र
(४१) अमरकोश
(४२) मेदिनीकोश

(४३) जातक-सन्ने
(४४) उमन्दा-गटपद
(४५) रतनसुत्त-गटपद
(४६) देमल-जातक-गटपद
(४७) विरित-सन्ने

'पञ्जिकाप्रदीप' को प्रकाश में लाने का श्रेय विद्यालंकार परिवेण (विहार), लंका, के संस्थापक तथा हमारे दादा गुरु आचार्य श्री 'धम्माराम नायक महाथेर' को है। इन्होंने १८९६ ई० में 'पञ्जिकाप्रदीप' का सम्पादन करते हुए इसकी भूमिका में लिखा था—"मोग्गल्लान व्याकरण के अध्ययन करने में विद्यार्थियों का जो इतना उत्साह बढ़ रहा है, उसमें पञ्जिका का खो जाना बड़ा बाधक हो रहा है" आदि। अब तो मूल पञ्जिका भी प्राप्य है और इस पञ्जिकाप्रदीप के महत्त्व में इससे और वृद्धि ही हो गयी है।

इसके प्रारम्भ में ये कहते हैं—

"जिस सम्बोधि-रूपी निर्मल-सागर से उत्पन्न जिन मुनिचन्द्र के उज्ज्वल वचनों के द्युतिसमूहों के द्वारा बाह्य वादों के मुखकमल संकुचित हो जाते हैं, ऐसे उस अतुल बुद्ध-रूपी चन्द्र की मैं सदा वन्दना करता हूँ।"

अपने लालन-पालन करनेवाले पराक्रमबाहु के सम्बन्ध में इन्होंने कहा है—

"सूर्यवंश-रूपी कमलाकर के प्रकाशक, राजेन्द्रों के मुकुटमणियों से रंजित अनुशासनवाले, पिता-पद-अधिगत लंकाधिपति (षष्ठ) पराक्रमबाहु द्वारा पुत्र-प्रेम-भाव-द्वारा जो पाले-पोसे गये;

अनेक शास्त्रों में तथा दूसरे वादों में, अन्य भाषाओं में एवं सम्पूर्ण त्रिपिटक में, जो आचार्यत्व को प्राप्त कर प्रीति पा चुके हैं, ऐसे राजा पराक्रमबाहु दीर्घजीवी हों।"

'पञ्जिकाप्रदीप' के अन्त में ये लिखते हैं—

"महातीर्थग्राम (तोटगमुव) में (स्थित) रमणीय प्रवर विहार

महाविजयबाहु-निवास के वासी स्थविर, राहुल स्वामी के नामवाले, वागीश्वर नाम से विदित ने 'पञ्चिका' के पठनार्थ 'दीप' प्रदान किया।

यशस्वी राजा पराक्रमबाहु ने, जो कि सिंहल के बहु पुण्य तथा तेजवाले राजा हैं, बचपन से ही मुझे पुत्र-समान प्रेम से अच्छे गुणों के साथ पोसा;

उस कुशाग्र बुद्धिवाले राजा को त्रिपिटक के अर्थ की व्याख्या करते हुए तथा दस पुण्य कर्मों की प्रेरणा प्रदान करते हुए हमने जयवर्धनपुर में;

उन्हीं के राज्यारम्भ के चौदहवें वर्ष में कार्तिक की पूर्णिमा को शाके १३७९ (१४५७ ई०) में इस ग्रन्थ को समाप्त किया।"

(२) **गतार उपतपस्सी**—ये भी इसी काल के थे तथा 'सरसी-गाम' के निवासी थे; इसी से इन्हें 'सरसी-गाम-मूल-महासामी' कहा गया है। इनकी रचना 'वुतमाला-सन्देस-सतक' है, जिसमें १०२ पद्य हैं तथा यह उत्कृष्ट काव्य के आदर्श को उपस्थित करती है—

जयवर्धनपुर (कोट्टे) वर्णन

"प्राणियों के लिए आनन्दकर, निकायों का समूह, लक्ष्मी-रूपी-सरोज के आकर, अच्छे कुल सूर्यवंश राजवंश में उत्पन्न (तथा) जो दुर्मित्र के अशरण, सुमित्र को शरण देनेवाले तथा पुण्यार्थ को साधारण करनेवाले हैं। जिस पुर में देवलोक के देवताओं की भाँति लोग प्रमुदित हो क्रीडा करते हैं;

सूर्यवंशोत्पन्न राजा पराक्रमबाहु (की पुरी) प्राकार के सारभूत घेरेवाली, श्वेत तथा विशाल, चन्द्रवंश में स्थित बन्धुओं को देने के लिए परिधि-सी दीखती है;

... ...

(जहाँ) विशाल आकाश में निरालम्ब धरा में उतरते चारों ओर प्रकाशित मानों शरद् ऋतु के मेघों की पङि्क्त के समान अनेक प्रासाद-शिखर देदीप्यमान हैं;

(जहाँ) भूमि पर फैले घाम-रूपी जल में प्रतिबिम्बित नगर की सड़कों के दोनों ओर बँधे ध्वज सदा ही मूंगे की नदी के सिर पर खेलते हुए नाना प्रकार के जलचरों-जैसे शोभायमान हैं;

(जहाँ) ध्वजों के चरणों में बँधी किंकिणी-जाल के नाद अति अधिक वायुवेग से हिलते मानों राजा की कीर्ति को नगर के आकाश में देदीप्यमान विशाल ध्वजमाला द्वारा स्वर्ग के देवगणों के लिए गाये जाते हुए (गीत के समान) दीखते हैं;

(जहाँ) भारी तुरंग-समूह के खुरों से उठी धूलि से सूर्य धूसरित हैं और विस्तृत सड़कों के बीच उत्तम गजों की बड़ी पङ्क्ति बादलों की मर्दनकारी प्रतीत होती है तथा अंधकार के समूह की भाँति ही ज्ञात है।

... ...

जब चारों ओर स्थित सुपारी तथा विशाल शाल के वृक्ष मन्द वायु से कँपाये जाते हैं, तो ऐसा जान पड़ता है कि ये पुर की शोभा को दिखला, स्तुतिकर, अपने मस्तक को हिला रहे हैं।

नील जल के तल से उत्पन्न श्वेत शतपत्रों की कमल-पङ्क्ति, राजहंसों आदि पक्षियों की विचित्र परिखाओं से घिरी, चूने से लिपी, प्राकार से विस्तृत पुर नामक वधू जब सर्वथा वस्त्रहीन होती है, तब कल्याण के छोर से विचित्र चित्र-से चमकता वस्त्र सा दीखता है।

... ...

ऊँचे स्तम्भों के शिखरों पर बँधी मन्द वायु द्वारा चालित ध्वजों की पङ्क्ति ऐसी लगती है मानों नागलोक के पृथक्-पृथक् स्तम्भ-रूपी सर्पों को पकड़ने के लिए गरुड़ उठा हो।

जहाँ महानदी बह रही है और नदी के जल में नीचे चंचल दीप दिखाई दे रहे हैं। ऐसा लगता है मानों यहाँ सम्मान के लिए नागों द्वारा नागलोक से लायी गयी पद्मरागमणियाँ चमक रही हों।

इस प्रकार बहुविध ऐश्वर्य के निवास लंका-रूपी-कान्ता के तिलक की भाँति उत्तम पुरी में अशेष प्राणियों को श्री देनेवाले वे देवराज विभीषण विराजते हैं।"

राजा पराक्रमबाहु की प्रशंसा

"जो राजा धीरता में शिखर, स्थिरता में पृथिवी, शत्रु-समूह-रूपी

हिम के शोषण में सूर्य, सज्जन-कुमुद के विकासन में चन्द्रमा तथा दिशा-विदिशा के शासन में नरश्रेष्ठ के समान हैं।

त्रिख्यात कीर्तिवाले भूपति ऐसे विराजमान हैं, जैसे, शरदमेघ, चन्द्र-किरण, क्षीरसागर से उठी तरंगें तथा गंगा का जल।

... ...

सूर्यवंश के ध्वज नरराजश्रेष्ठ बुद्धि में बृहस्पति को, उग्रबल में विष्णु को, ओजगुण में सूर्य को तथा यश में चन्द्रमा को जीतते हैं।

कल्याणपुरी-रूपी-अम्बर में अनुपम राजा-रूपी-चन्द्रमा के लोकहितार्थ निरन्तर प्रकाशित होने से शत्रुरूपी-कमल सदा मुरझाये और स्वबन्धु-रूपी-कुमुद आनन्दित हुए।

पूर्व जन्मों के संचित बहु पुण्य-रूपी-कमल-नाल से लंका-रूपी-कमल-सरोवर में उत्पन्न वे राजा सम्पूर्ण प्राणि-रूपी-भँवरों को दस राजधर्म-रूपी-मधु का दाता, उत्तम भूपालरूपी-कमल के मुकुल, सदा लक्ष्मी के निवास तथा सदा ही सम्पतिशाली उत्पलवर्ण देव-रूपी रवि से विकासित किये जाते हैं।

... ...

लंका-रूपी क्षीरसागर में विराजित मेरुराज के समान, सदा प्रजा पर होनेवाले अन्याय-रूपी नागों को मारने में गरुड़ के समान, सम्पूर्ण शत्रु-रूपी-गजों को विजित किये सिंहराज के समान वे श्रेष्ठ देवराज विभीषण की स्तुति करते हुए;

चित्त-रूपी-दर्पण पर तुम्हें दिखाई देते, अमात्य-मंडल-सहित राजा पराक्रमबाहु को, स्नेह-रूपी अंजन से अंजित दयामय लोचनों से अच्छी तरह देख, हे सुराधिपति, नित्य रक्षा करो।"

सिंहल की प्रकृति का वर्णन

"सुपुष्पित सुपारी के वृक्षों को पाप को पछाड़ने के लिए बद्धकेतु के समान देख 'वहाँ बद्ध होना ही ठीक है' ऐसी हास-स्तुति से हँसते-से दीखते;

प्रभात में गलते ओसकण और पक्षियों के कूजन-सहित वृक्ष-समूह 'यतियों के तपोतेज ठीक हैं' ऐसा कह मानों निशान्त में सन्तोष अश्रु-सा स्रवित करते हैं।

लता-रूपी-हाथों में प्राप्त पुष्पित पुष्पवाले जहाँ नवपल्-लव-राशि-रूपी अंजलिवाले वृक्षेन्द्र सदा ही धर्म के आचरण में प्रेम किये विनम्र शिष्य के समान सदा प्रकाशित होते हैं।

प्रातःकाल कूजते कुक्कुट वहाँ संयमियों के आश्रम में भाव-युक्त उपस्थित हो मानों प्रतिदिन जगाते हैं।

... ...

जहाँ संयमियों के तपोवन में पुष्प के बाद फलयुक्त आम के वृक्ष हैं। वे मानों अपनी इस सम्मति को कहते हैं कि आर्य-मार्ग के समाप्त होने पर इसी प्रकार से मोक्षफल होता है।

नगर शोभा

क्षीरसागर से उत्पन्न फेन के सदृश देदीप्यमान घरों के प्रतिमा-गृहों में बुद्ध की सजीव-सी चित्र-विचित्र प्रतिमाएँ सदा दीखती हैं।

(वहाँ) पद-पद पर संचित पुण्य की राशि है, हाथ-हाथ में दीपमाला-धारण है, बाँह-बाँह में फूल की डलियाँ लटक रही हैं और प्रत्येक मुख से साधु-साधु (का शब्द) निकल रहा है।"

पराक्रमबाहु अखंड सिंहल के अन्तिम प्रतापी राजा थे। अतएव कवि का यह कवित्त्व यथार्थ है।

—:०:—

विशेष—विभीषण और उत्पलवर्ण (विष्णु) लंका के रक्षक देवता हैं।

छठवाँ अध्याय

६. अन्धकार युग

षष्ठ पराक्रमबाहु (१४१५–१४६७ ई०) के मरने के बाद आधी शताब्दी भी नहीं बीती कि आपसी झगड़े के कारण सिंहल निर्बल हो गया और उसी समय पूर्वी देशों के साथ व्यापार करने में प्रथम पोर्तुगीज वहाँ पहुँचे। उस समय सोलहवीं शती का प्रारम्भ ही था और धर्मपराक्रम नवम का लंका में शासन था। उसे स्वजनों और बाहरी शत्रुओं से रक्षा करने का आश्वासन देकर पोर्तुगीजों ने पास ही की भूमि पर, जिसे उन्होंने 'कोलम्बो' नाम दिया—समुद्र के किनारे की चट्टानों पर अपना किला बना लिया। कोलम्बो के किले पर पोर्तुगीजों की तोपें चढ़ गयीं। फिर क्या, एक ओर आपसी झगड़े को बढ़ाये रखते हुए दूसरी ओर अपनी तोपों और बन्दूकों का जौहर प्रर्शशित करते हुए उन्होंने सिंहल को अपने हाथ में कर लिया। इससे सिंहल प्रजा असंतुष्ट हो गयी। १५४० ई० तक पहुँचते-पहुँचते राजा की स्थिति इस हद तक पहुँच गयी कि उसने पैतृक धर्म बौद्ध धर्म को छोड़कर ईसाई धर्म स्वीकार कर लिया और उसका नया नामकरण 'डाम-जोअस-पेरिय-बन्डारा' हो गया।

कैथोलिक अत्याचार

भारत में उस समय अकबर का शासन था और वहाँ पर शान्ति की नीति को अपना कर पादरी अपना प्रचार करते थे। सिंहल में तो शक्ति भी उन्हीं के हाथ में थी। इस शक्ति का दुरुपयोग उन्होंने सिंहल की जनता को ईसाई बनाने में किस प्रकार से किया, इसे डाक्टर मललसेकर के शब्दों में सुनिए[1]—

---

१. द्र० – जी० पी० मललसेकर, "दी पालि लिटरेचर आफ सीलोन" पृ० २६१–२६३।

"पोर्तुगीजों के आगे का प्रत्येक कदम लूट, धर्मान्धता, क्रूरता, और और किसी यूरोपीय उपनिवेशिक शक्ति के उपलब्ध इतिहास में अतुलनीय अमानुषिकता से लांछित था। उनकी क्रूरता एवं अत्याचारों के प्रति उपेक्षा उनकी सैनिक सफलता के साथ ही बढ़ीं। उनके अमानुषिक बर्बर व्यवहार ने स्त्री, पुरुष और बच्चे का भेद नहीं रखा। अपनी प्रजा को भयभीत करने तथा पोर्तुगीज-बल के प्रभुत्व को समझाने के लिए उन्होंने ऐसे अत्याचार किये, जो उनके अपने इतिहासकारों द्वारा यदि दशाब्दी के भीतर ही अभिलिखित न होते, तो उन्हें सच न माना जाता। बच्चे सैनिकों के भालों पर टांगे जाते थे, जिसमें उनके माँ-बाप शिशु की आवाज सुनें। कभी-कभी दो पत्थरों के बीच उन्हें पीसा जाता और माताओं को यह दृश्य देखने के लिए मजबूर किया जाता।

कभी-कभी पुलों पर से नदी में आदमियों को मगरों के खाद्य-रूप में सैनिक मनोरंजन के लिए फेंक दिया जाता था। मगरों की यह आदत हो गयी थी कि वे सीटी को सुनते ही अपने मुँह को पानी के ऊपर कर देते... अपने असली राजा के जो भक्त थे, उनके सर्वस्व को हर लिया जाता। जो पोर्तुगीजों का पक्ष करते उनका स्वागत होता और उन्हें धन, पद और भूमि दी जाती। गाँव के किसान इतने सताये जाते थे कि वे अक्सर अपनी जीवनोपयोगी चीजों के लिए अपने बच्चों को बेच डालते थे। पोर्तुगीज अफसर डाकुओं से कम नहीं थे... लोग बस्तियों को छोड़कर भाग गये थे और अधिकतर भूमि बिना जुती रह गयी थी। सबसे बुरा यह था कि पोर्तुगीजों ने सिंहल के राष्ट्रीय धर्म को नष्ट कर देने का निश्चय कर लिया था। 'दोम जोओ तृतीय' उस समय पोर्तुगाल का राजा था तथा वह कैथोलिक धर्म का ज़बर्दस्त समर्थक था। वह अपनी काफिर प्रजा के धर्म परिवर्तन के लिए धर्मान्धतापूर्ण आग्रह रखता था।"

भुवनेकबाहु ने अपने पुत्र धर्मपाल की मूर्त्ति पोर्तुगीज राजा के पास राज्याभिषेक पाने के लिए भेजी। यह प्रार्थना इस शर्त के साथ की गयी कि सिंहल राजा के राज्य में बाईबिल के प्रचार की छूट हो। धर्म-

प्रचार पर पोर्तुगीजों का सबसे अधिक ध्यान था। हिदायत थी—"उपदेश शुरू करो; पर यदि उसमें सफलता न मिले, तो तलवार से फैसला हो।" पोर्तुगाल के राजा ने १५४६ ई० में भारत (गोवा) के वाइसराय को चिट्ठी भेजी—"मैं तुम पर भार देता हूँ कि तत्पर अफसरों द्वारा सारी मूर्त्तियों का पता लगाओ; उन्हें टुकड़े-टुकड़े कर डालो। उन लोगों के खिलाफ कड़ी सजा घोषित करो, जो मूर्त्तियों के गढ़ने, ढालने तथा चित्रण करने का काम करते हों; अथवा जो धातु, पीतल, लकड़ी, मिट्टी अथवा किसी दूसरी चीज से मूर्ति बनाते हों, उनके खिलाफ भी कारवाई करो, जो विदेश से मूर्तियों को लाते हों।" जो काफिर खुले अथवा गुप्त रीति से अपने उत्सव आदि करें, उनके विरुद्ध भी कड़ा रुख अख्तियार करने के लिए हिदायत थी।

उसका आदेश अक्षरशः पाला गया।

जो भी काफिरों के धर्म-परिवर्तन करने के विरोध करने की धृष्टता करता, वह पोर्तुगाल के राजा के कोप का भाजन होता।

राजा धर्मपाल भी अपनी रानी के साथ कैथोलिक ईसाई हो गया। रानी का नाम 'दोना कतेरिना' रखा गया। पोप ने भी राजदम्पति को अपना आशीर्वाद भेजा। सिंहलवालों ने पोर्तुगीजों और शासकों से बचने के लिए पोर्तुगीज नाम अपनाये। परेदा, दसित, दस्जा आदि उसी समय के अवशेष हैं। नाम रखने से प्राण तथा धर्म बचें तो क्यों न ऐसा करते। उस समय सिंहल के लोग गो-मांस को हिन्दुओं की ही तरह अभक्ष्य मानते थे। पर उसको कसौटी बना कर पादरी कहीं सिर न काटें, इसलिए उन्होंने इसे भी भक्ष्य मान लिया।

पोर्तुगीजों ने अपनी इस धर्मान्धता की पूर्ति के लिए कोई उपाय बाकी नहीं रखा। विहार भूमिसात कर दिये गये। पुस्तकालयों में आग लगा दी गयी। पुस्तकों के पत्रों को हवा में उड़ा दिया गया। जो पूजा करता था, अथवा भिक्षु का पीताम्बर पहनता था, उसे मौत का सामना करना पड़ता। 'तोटगमुव' और 'कारगल' के विहार, जो नालन्दा तथा विक्रमशिला की

परम्परा के थे, के भिक्षु मार डाले गये। इस प्रकार से शताब्दियों के काम को कुछ ही वर्षों में समाप्त कर दिया गया।

परन्तु सिंहल-निवासियों ने विशेषकर पहाड़ों में रहनेवालों ने, पोर्तुगीजों को आराम से नहीं जीने दिया और इस संगठन में 'सेनकडगल' (कैन्डी) के क्षेत्र के लोगों का विशेष हाथ रहा। प्रारम्भ से ही इस सम्बन्ध में देशभक्त लोगों की दृष्टि रही और उन्हें तभी साँस-में-साँस आयी, जब उन्होंने १५० वर्षों के पश्चात् पोर्तुगीजों को द्वीप छोड़ने के लिए बाध्य किया। इस कार्य में राजवंश के 'सीतावक' के 'मायादुन्ने' और उनके पुत्र 'टिकिरि बाण्डारा' का विशेष प्रयत्न रहा। प्रारम्भ में इसका नेतृत्व इन्हीं लोगों ने किया। 'टिकिरि' ने तो १३ वर्ष की अवस्था में ही सेना में प्रवेश ले लिया था और प्रारम्भ से ही उसे विजय तथा यश प्राप्त होता गया तथा उन्हें 'राजसिंह' का खिताब हासिल हुआ। इस नाम को सुनकर ही पोर्तुगीजों का दिल काँपने लगता था। धीरे-धीरे प्रत्येक स्थलों पर उसकी विजय होती गयी और वह निचले क्षेत्र का स्वामी बनकर कैन्डी क्षेत्र पर भी आक्रमण करने में समर्थ हो गया।

कैन्डी के राजा ने पादरियों को बुलाकर अपनी राजधानी में गिरजा बनवाया और वह स्वयं भी ईसाई होना चाहता था। राजसिंह ने इस पर अधिकार कर लिया। पर राजसिंह द्वारा बौद्ध पक्ष का यह समर्थन बहुत ही संक्षिप्त रहा। बात यह हुई कि कैन्डी की विजय के पश्चात् मदान्ध होकर उसने अपने हाथ से ही अपने पिता की हत्या कर दी। इस पाप से शुद्ध होने के बारे में उसने भिक्षुओं से पूछा। उन्होंने इसका यह उत्तर दिया कि पितृघात बहुत बड़ा अपराध है और इससे शुद्ध होना अत्यन्त कठिन है। यह उत्तर सुनकर वह आग-बबूला हो गया। उसकी दशा वैसी ही हो गयी, जैसे डंडे से आहत आशीविष की। वह भयंकर रूप से बौद्ध-विरोधी हो गया और विहारों को ध्वस्त करने, पुस्तकों को जलाने तथा धर्म को ध्वंस करने का कार्य उसने प्रारम्भ कर दिया। सिंहल में आज जो प्राचीन पुस्तकें प्राप्त नहीं होतीं, इसके कारण पोर्तुगीज कैथोलिक पादरी तथा राजसिंह ये

दोनों ही हैं। राजसिंह से प्राण बचाने के लिए के डर के मारे भिक्षुओं ने अपने चीवर उतार दिये। वीर विक्रम (१५४२ ई०) ने बहुत-से धार्मिक ग्रन्थों की प्रतिलिपि पर्याप्त धन खर्च करके करवायी थी। अब वे सभी जलकर खाक हो गयीं। राजसिंह स्वयं शैव सम्प्रदाय का अनुयायी हो गया और उसने 'समन्तकूट' पर्वत पर स्थित 'श्रीपाद' को शैव संन्यासियों को दे दिया। राजसिंह की मृत्यु १५९२ ई० में हुई।

राजसिंह का उत्तराधिकारी 'विमलधर्म सूरिय' हुआ और उसने १२ वर्ष तक, अर्थात् १६०४ ई० तक राज्य किया। वह पोर्तुगीजों में ही रहता था और उन्होंने उसे ईसाई बना कर उसका नामकरण 'दोम जोओ' कर दिया था। पर कार्य-वेला में उसने ईसाईयत छोड़ दी और पोर्तुगीजों से स्वतन्त्र हो अपने उपर्युक्त नाम से ही पहाड़ी क्षेत्र की राजधानी कैन्डी के राजसिंहासन को उसने विभूषित किया। पर वह तथा उसकी रानी पोर्तुगीजों के बीच में रहे थे और यूरोपीय सहानुभूति उनमें विद्यमान थी। अतः कैन्डी दरबार में पोर्तुगीज वेशभूषा की नक़ल होने लगी। पोर्तुगीज नाम भी सामन्तों में साधारण होने लगे और अब तक यह सब सिंहली जीवन में न्यूनाधिक रूप में वर्तमान हैं। पर इन बाह्य प्रभावों का 'विमलधर्म' की शत्रुओं के प्रति नीति में कोई असर नहीं हुआ और वह अटल ही रही। बौद्ध धर्म के प्रति आस्था का अभ्युदय हुआ और राजसिंह द्वारा किये गये ध्वंसात्मक कार्यों की पूर्ति की ओर उसका ध्यान गया। पोर्तुगीजों तथा राजसिंह के अत्याचारों के कारण परिस्थिति यहाँ तक पहुँच गयी थी कि देश में ऐसा कोई भी भिक्षु सुलभ नहीं था, जिसकी उपसम्पदा ठीक से (कायदे से) हुई हो। अतः इसको पुनर्जीवित करने के लिए राजा ने 'रक्खङ्ग' (अरक्कन) देश से परम्परागत भिक्षु-समुदाय को आहूत करने के लिए अपने राजदूत को भेजा। यह उद्देश्य सफल रहा और स्थविर 'नन्दिचक्क' की अध्यक्षता में लंका में भिक्षु-समुदाय का आगमन हुआ। 'महावलीगङ्गा' के तट पर 'गतम्बाये' को सीमा मानकर सिंहल के सम्भ्रान्त परिवारों के कितने ही कुलपुत्र भिक्षु हुए और इससे प्रजा बहुत ही आनन्दित हुई। 'दन्तधातु' की

भी प्रतिष्ठा एक तिमंजिला विहार बनवाकर कैन्डी में की गयी और 'श्रीपाद' के भी अधिकारी बौद्ध बनाये गये।

'विमलधर्म' की मृत्यु के उपरान्त् उसकी रानी 'दोना कतेरिना' साम्राज्ञी हुई, पर 'सेनेरत' नामक एक शक्तिशाली व्यक्ति ने गद्दी पर अधिकार कर लिया और इस रानी से अपना विवाह सम्पन्न कराया। यद्यपि इसके समय में देश कुछ शान्ति में दृष्टिगोचर हुई, पर वह भी पोर्तुगीजों से लड़ता रहा। अगस्त १६३० ई० में पोर्तुगीज सेना को उसने बुरी तरह से हराया। उनका सेनापति मारा गया और सेना भी बहुत संख्या में ध्वस्त हुई। इस प्रकार से पोर्तुगीजों की शक्ति नितान्त निर्बल हो गयी।

'सनेरत' के पश्चात् उसका पुत्र 'राजसिंह द्वितीय' गद्दी पर बैठा। उसने भी मार्च १६३८ ई० में पोर्तुगीजों को भयंकर रूप में परास्त किया और उनके मूलोच्छेद के लिए डचों को आमन्त्रित करके उसने सन्धि भी की।

धर्म की स्थापमा (डचकाल) (१६५८-१७८६ ई०)

डच लोगों में पोर्तुगीजों की धर्मान्धिता नहीं थी, यह इसी से स्पष्ट होता है कि कीर्ति श्री राजसिंह ने जब संघ को फिर से स्थापित करने का विचार किया तो डचों का इसमें पूर्ण सहयोग रहा। इस समय बीच के पहाड़ी इलाके कैन्डी के राजा के हाथ में थे और इनकी राजधानी कोलम्बो थी।

कीर्ति श्री राजसिंह के पहले विजय राजसिंह ने स्याम से भिक्षुओं को लाने के लिए दूत भेजे, पर राजा बीच में मर गया। पहिली बार के भेजे दूत भी नौका दुर्घटना में मर गये। दूसरी बार दूत भेजने के लिए जहाज डचों ने दिया। राजसिंह द्वितीय के बाद कीर्ति श्री राजसिंह गद्दी पर बैठा। डचों ने दूतों को स्याम में भेजकर राजा की इच्छा जाननी चाही। राजा ने स्वीकृति दे दी। स्याम के राजा धार्मिक ने दूतों का स्वागत किया और सिंहल में शासन की स्थापना के लिए सहायता देने की इच्छा प्रकट की। स्यामी संघ ने 'अयोध्या' के उपालि स्थविर के नेतृत्व में भिक्षु भेजे। १७५५ ई० के आषाढ मास में कैन्डी में पहुँचकर उन्होंने 'सरणंकर' आदि सिंहल पुत्रों को उपसम्पदा देकर भिक्षु बनाया।

—:o:—

सातवाँ अध्याय

७. संघ की पुनः स्थापना

सिंहल देश में लुप्त भिक्षु संघ की पुनः स्थापना १७५५ ई० में हुई और स्थविरवाद तथा पालि वाङ्मय के अभ्युदय ने एक नया मोड़ लिया। तात्कालिक सिंहल सम्राट् कीर्ति श्री राजसिंह की सहायता से इसे सम्पन्न करने वाले संघराज 'सरणंकर' थे।

(१) सरणंकर संघराज—धर्म के वैभव का अगली पीढ़ियों के लिए पुनरुत्थान प्रस्तुत करने तथा प्रायः अस्ताचल को प्राप्त धर्म-सूर्य की उषा-लालिमा का पुनः दिग्दर्शन कराने में अपना अपूर्व योगदान इन्होंने दिया और अन्धकाराच्छादन को संघ के इतिहास से विद्याकाश में स्थित एकाकी नक्षत्र की भाँति इन्होंने दूर किया। इनके कृत्य रूपी प्रकाश से अधुना भी यह द्वीप देदीप्यमान है। इनका जन्म ई० १६९८–९९ में कैन्डी के ही समीप स्थित 'वलिविट' ग्राम में हुआ था; अतः 'इन्हें वलिविट सरणंकर' की भी संज्ञा प्रदान की जाती है। १६ वर्ष की ही अवस्था में ये 'सामणेर' हुए तथा स्थविर 'सूरियगोद' का शिष्यत्व स्वीकार किया।

ये बहुत बड़े विद्या व्यसनी तथा अल्पेच्छ 'सामणेर' थे। प्रारम्भ से ही तात्कालिक सम्राट् से इन्होंने अपना सम्बन्ध स्थापित किया और संघ की पुनः स्थापना तथा उसे सुदृढ़ करने में अपना हाथ बँटाया। उस समय पालि के अध्ययन तथा अध्यापन का बहुत ह्रास हो गया था। बहुत कम भिक्षु या गृहस्थ ऐसे थे, जिन्हें पालि का साधारण ज्ञान था। अतः पालि भाषा के अध्ययन में रत होने पर इन्हें सबसे बड़ी कठिनाई यही हुई कि ऐसे व्यक्ति ही नहीं सुलभ थे, जो उन्हें पढ़ाने की योग्यता रखते हों और पालि भाषा के ज्ञान के बिना बुद्धोपदेशों को समझना असम्भव ही था। पालि भाषा-सम्बन्धी अध्ययन की यह अवस्था थी कि इसके किसी

भी व्याकरण की कोई भी पूर्ण पुस्तक प्राप्य नहीं थी। इन्हीं परिस्थितियों में 'सरणंकर' ने अपना अध्ययन प्रारम्भ किया। इन कठिनाइयों का सामना करते हुए नवयुवक 'सामणेर' ने अपने उद्देश्य की पूर्ति के लिए अनेक स्थानों की यात्रा की और अपना अध्ययन 'बालावतार' नामक पालि व्याकरण की प्रथम पुस्तक से एक गृहस्थ का शिष्य बनकर प्रारम्भ किया और इसकी पूर्ति 'अत्थदस्सी' सामणेर के द्वारा की। अध्ययन पूर्ण होने पर धर्म के सन्देश का प्रचार बड़ी लगन के साथ इन्होंने सम्पन्न किया और इसके लिए देश के सुदूर भागों की भी यात्रा इनके द्वारा की गयी। साथ ही श्रोताओं का क्या कर्तव्य है तथा उन्हें इसकी पूर्ति के लिए क्या करना चाहिए, इस सम्बन्ध में भी इन्होंने अपने उपदेश दिए। ये बड़े ही उदार, सीधे स्वभाव-वाले तथा अल्पेच्छ थे। प्रातः काल उन्हें जो भिक्षाटन में प्राप्त होता था, उसी से इनकी सन्तुष्टि थी और इसके कारण इनका नामकरण 'पिण्ड-पातिक सरणंकर' भी लोगों ने कर दिया था।

बौद्ध धर्म एवं संघ की प्रतिष्ठा में सम्राट् को ये सदा उत्साहित करते रहे। सम्राट् ने भिक्षुओं को भेजने के लिए स्याम के राजा के पास जो प्रतिनिधि मंडल भेजा था और वह उस देश के संघराज को जो पत्र ले गया था उसे पालि में इन्होंने ने ही लिखा था। उस प्रतिनिधि मंडल के सदस्यों का चुनाव भी इन्हीं की राय से हुआ था और इन्हीं के उत्साहों से यह प्रतिनिधि मंडल अपने उद्देश्य में सफल हुआ। सिंहल में जब पुनः 'उपसम्पदा' का प्रारम्भ हुआ और राजा ने इसकी स्थापना करने में सहायता प्रदान करनेवालों के कृत्यों का गुणगान करके उन्हें अनेक उच्च उपाधियों से विभूषित किया तो 'सरणंकर' के कार्यों की भी अपूर्व सराहना उनके द्वारा की गयी और वे लंका के संघराज बनाये गये। इस पद पर रहते हुए बौद्ध धर्म तथा पालि भाषा के अभ्युदय को दृष्टि में रखकर इन्होंने अनेक सुधार किए।

भिक्षु-संघ के अभाव में सिंहल में विद्या का नाश होना स्वाभाविक ही था, क्योंकि वहाँ पर इसका सम्पूर्ण भार भिक्षुओं पर ही था। भिक्षु-संघ ही समाज की शिक्षा के लिए उत्तरदायी था। समाज ने उनके आर्थिक

जीवन की व्यवस्था कर दी थी और वे विद्या का भार निभाते थे। वहाँ पर ब्राह्मणों की भाँति कोई ऐसी गृहस्थ श्रेणी नहीं थी, जिसकी जीविका का पूरा भार निश्चित कर दिया गया हो। अतः समाज को शिक्षित करने के लिए संघ की अत्यन्त आवश्यकता थी और संघराज सरणंकर एवं उनके अन्य सहयोगी भिक्षुओं की सहायता से संघ ने अपने इस उत्तरदायित्व को पुनः सँभाला।

इनकी कृतियों में 'अभिसम्बोधि-अलंकार' तथा अन्य फुटकर पद्यादि हैं—

अभिसम्बोधि-अलंकार

"वस्तुत्रय (बुद्ध, धर्म तथा संघ) को नमस्कार करके अभय (निर्वाण) को सुलभ करके रत्न-त्रयपालक (बुद्ध) ने जैसे वज्रालय (बोधगया) को प्राप्त किया; वैसे ही (उसका उसी प्रकार से वर्णन प्रस्तुत करते हुए) मैं 'अभिसम्बोधि-अलंकार' नामक ग्रन्थ की रचना करूँगा।

लाख कल्पों तक जिन्होंने विपुल पुण्य का सम्पादन किया था, जो निरन्तर विमल शील से अलंकृत अप्सरा-स्वरूपा थीं तथा जो वर हास से युक्त थीं, उन माया देवी की कुक्षि से स्मृतियुक्त वे (बोधिसत्त्व) उत्पन्न हुए।

सम्पूर्ण मणि के मध्य (विराजमान) स्वर्णरूप की भाँति माता से ज्ञानपूर्वक दस मास तक उनकी कुक्षि में निवास करते हुए, इसकी समाप्ति के पश्चात्—

वैशाख पूर्णिमा को विशाखा नक्षत्र में पन्द्रह घड़ी के बाद मंगलवार को,

इन्द्र के सुसज्जित नन्दन वन की भाँति रुचिर प्रसिद्ध लुम्बिनी नामक उद्यान में अत्यन्त पुष्पित मङ्गलशालवृक्ष के नीचे शाखा पकड़ कर खड़ी माता की कुक्षि से (बोधिसत्त्व ने जन्म ग्रहण किया)।"

बुद्ध-रूप वर्णन

"उस समय शरद्काल का चन्द्र सम्पूर्ण लोक को प्रसन्न कर रहा था; (अनेक महापुरुष) लक्षणों से पूर्ण शरीर सुन्दर मन में सुलब्ध हुआ था;

(बोधिसत्त्व का) वह चरण सम्पूर्ण देवताओं तथा मनुष्यों के सिरों का अलंकार-स्वरूप था तथा अनेक सुर-नरों के जयघोष से युक्त था।

... ...

तमाल लता की आभा के समान सुनील केशवाले, पूर्ण चन्द्र के आकार के सौम्य मुखवाले, सुपुष्पित नील कमल के समान नील नेत्रवाले, इन्द्र-धनुष के समान टेढ़ी भौंहोंवाले,

सुरक्त अधरों से शोभित, कुन्द पुष्पों की उपमावाले दन्तपंक्ति से शोभित, सुष्ठु मेखला से सुशोभित कटि-प्रदेशवाले, हाथी की सूँड़ के समान भरी हुई दोनों जाँघोंवाले, वलय तथा मणि-युक्त शब्दायमान पादों वाले, महावर के चूर्ण के समान चरण कमलवाले,

(बोधिसत्त्व ने) 'नेरञ्जना' नदी में जा, बालू में पात्र रखकर, पुनः स्नान करके, (पायास का) उनचास ग्रास बना, उसे अच्छी तरह ग्रहण करके, ऊपर धारा में पात्र फेंक दिया।

शुद्ध, स्निग्ध, अच्छे बड़े समुदायवाले, सीधे घने बँधे मोर के पुच्छ के समान नील अचल पत्रवाले, चंचल रक्त पल्लव की शोभावाले,

मन्दवायु से कम्पित शाखावाले, भूमि के तिलक से सहज श्वेत स्कन्ध वाले, सर्व मुनियों से सेवित, महीरुह नाम से प्रसिद्ध, अपनी दया की भाँति शीतल छायावाले उस श्रेष्ठ बोधि-वृक्ष के पास पहुँच कर, तीन बार प्रदक्षिणा करके सामने (स्थित) बुद्ध-प्रदेश को (उन्होंने) पहचाना।"

फुटकर

सम्राट् नरेन्द्र सिंह की प्रशंसा में इन्होंने लिखा है—

"ब्रह्मलोकाधिपति ब्रह्मा, सुरपति देवराज शक्र स्वर्ग में सिंहल-राज की याचना करके (उनकी आज्ञा से) अपने-अपने शिर पर मुकुट धारण करना उचित है, (ऐसा सोचकर) राजा द्वारा प्रदत्त रत्न-खचित धातु-पेटिका से युक्त होकर, बुद्ध की (वहाँ) स्थापना करके सुर-नर और श्रमण-फल वर्णन करते हैं।

जिस वंश में 'राजा का कर्त्तव्य क्या है', इसका ज्ञान है; जो सुगत जिनवर का सुन्दर सूर्य वंश है, उसी वंश में नरपति प्रवर सिंहलेन्द्र तुमने भी जन्म प्राप्त किया। महर्षि शास्ता बुद्ध के मार्ग को तुम्हारे पिता-पितामहादि ने पूजित किया।

इस प्रकार से दश बल मुनि (बुद्ध) के धम को चित्रित कर, 'मेरे बुद्ध हैं, मेरा धर्म है, मेरा संघ है, मैं धर्म में प्रसन्न हूँ' (आदि आस्थाओं से युक्त होते हुए) दान आदि अनेक पुण्य तथा स्वर्ग की भाँति सुखद बुद्ध की श्रद्धा से प्रशंसा करते हुए तुम अन्धकार समूह-रूपी शत्रु-समूह को सूर्य की भाँति ध्वस्त करते हुए दस जोड़े अधिक पचास वर्षों तक (इस देश) की रक्षा करो।

चारों देवराज (महाराज) सहस्रनयन (इन्द्र) और नारायण आदि के देव-प्रताप से रात-दिन (सर्वदा) भीतरी-बाहरी रोग नष्ट हों। आयु, रूप, विपुल यश और बल देकर, उनके साथ पालन करते, शरद् ऋतु के रवि की भाँति राज-तेज-प्रताप से युक्त होकर (तुम) कल्प भर जीओ।"

(२) **गिनेगय**—ये भी इसी काल में हुए। इनकी कृति 'तिरतन-माला' है—

"श्रेष्ठ धर्मराज सुगत पूजनीय नेता बुद्ध ने, संसार में विचरण करते हुए दानादि सम्पूर्ण पारमिताओं को पूर्ण कर, बोधि वृक्ष के नीचे मार की सेना को परास्त कर सर्वज्ञ-पद को जो प्राप्त किया, उन उत्तम जिन के श्रेष्ठ 'दन्तधातु' की मैं वन्दना करता हूँ"।

(३) **हीनटिकम्बुरे सुमङ्गल**—ये संघराज के शिष्य थे। राजा के प्रस्ताव पर 'मिलिन्दपञ्ह' (मिलिन्दप्रश्न) का सिंहली अनुवाद इन्होंने प्रस्तुत किया था। ग्रन्थ के अन्त में ये गाथाएँ हैं—

"बुद्धराज के परिनिर्वाण के दो हजार सात सौ बीस वर्ष बाद श्रेष्ठ बुद्धधर्म के सुप्रतिष्ठित रमणीय बौद्ध समागम से शोभायमान लंका में स्वर्ग खंड से सास्वर कैन्डी नगर में, लोकशासन को कीर्ति श्री राजसिंह द्वारा पालन करते समय, बुद्ध-धर्म-रूपी कमल के सूर्य, वादी रूपी गजेन्द्रों

को जीतने में सिंहराज के समान, शत्रुसमूहरूपी नागराज के लिए गरुड़-राज के समान धीर 'सरणंकर' संघराज शोभायमान हैं।

उनके अग्रवर शिष्य 'अत्तरग्राम' निवासी 'भण्डार राजगुरु' के नाम से प्रसिद्ध थे। वह सागर के समान गम्भीर शास्त्रराशि को धारण करने-वाले थे। उनके अग्र शिष्य सुमङ्गल स्थविर थे।

... ...

उन्होंने मूलभाषा (पालि) में धर्म-रस से युक्त गम्भीर एवं कठिन अर्थ जाल से बद्ध स्थित उस 'मिलिन्दपञ्ह' को शुद्ध बुद्धि से विशेषतः सिंहली भाषा में किया। यह सद्धर्म का दर्पण श्रोत्र के लिए अमृत रसायन बन गया।"

--:०:--

आठवाँ अध्याय

८. आधुनिक युग

सम्राट् राजधिराज

कीर्ति श्री राज के पश्चात् यही कैन्डी के सिंहासन पर बैठा। इसे भी पूर्व सम्राट् की ही भाँति धार्मिक कृत्यों तथा विद्या आदि से प्रेम था और इनके अभ्युदय एवं प्रगति में उसे आनन्द आता था। उस समय समुद्र के किनारे का भूभाग डचों के हाथ में था। अन्तिम सिंहल राजा द्रविड़ वंश के थे और विवाह सम्बन्ध के कारण ही गद्दी के अधिकारी हो सके थे। जनप्रिय होने के लिए उनके लिए यह परमावश्यक था कि बौद्ध धर्म तथा उसकी भाषा पालि के प्रति अधिक अनुराग का प्रदर्शन करें। अतः इस सम्राट् ने भी इसी मार्ग का अनुसरण किया।

उस समय भारत में स्थित अंग्रेज यह नहीं चाहते थे कि उनके अधिकार से केवल २० मील ही दूर डचों का शासन स्थापित रहे और यह बात बहुत दिनों से उन्हें खटक रही थी तथा इसे समाप्त करने के लिए वे मौका ढूँढ़ रहे थे। १७६३ ई० में कीर्ति श्री के समय में ही उन्होंने अपना दूत कैन्डी भेजा था, जो सिंहल सम्राट् के प्रति सन्धि-प्रस्ताव को लेकर गया था यद्यपि राजा ने इस प्रतिनिधि से ठीक से भेंट की, पर सन्धि के सम्बन्ध में कोई विशेष फल नहीं हुआ। १७९५ में हालैंड अंग्रेजों के विरुद्ध यूरोप में चल रहे युद्ध में सम्मिलित हो गया और सिंहल से डचों को हमेशा के लिए समाप्त करने का यह अंग्रेजों के लिए स्वर्णावसर था तथा उन्होंने यहाँ भी डचों के विरुद्ध युद्ध घोषणा की और अपने उद्देश्य में सफल हुए। १७९६ ई० में कर्नल स्टुअर्ट कोलम्बो के सामने सेना लेकर पहुँचा और उन्हें आधीनता स्वीकार करने के लिए कहा और १६ फरवरी १७९६ ई०

में कोलम्बो पर ब्रिटिश झंडा फहराने लगा, क्योंकि इस दिन डचों ने अंग्रेजों की सभी शर्तें मंजूर कर लीं।

सिंहल के सामन्तों ने आगे चलकर आपसी षड्यन्त्र द्वारा कैन्डी पर भी अंग्रेजों के अधिकार को जमने में सहायता दी। श्री विक्रमराज सिंह अन्तिम सिंहल राजा था। तात्कालिक प्रधान मन्त्री किसी भी प्रकार से उसे समाप्त करना चाहता था और इसके लिए अनेक षड्यन्त्र उसने किये। इन सबका राजा के चरित्र पर बहुत व्यापक प्रभाव पड़ा। उसके मस्तिष्क की शान्ति समाप्त हो गयी तथा दुष्ट साथियों ने इसी बीच गम गलत करने की सलाह देकर उसे शराब पिलाना भी प्रारम्भ कर दिया उसका जीवन घोर रूप से पतनोन्मुख हुआ और वह रोमाञ्चकारी अत्याचारों की ओर प्रवृत्त हुआ।

इससे प्रजा में विद्रोह की आग सुलगी और सिंहल के प्रधान मन्त्री तथा ब्रिटिश गवर्नर नार्थ ने इसका लाभ उठाकर २ मार्च १८१५ ई० को सिंहल की स्वतन्त्रता सदा के लिए समाप्त कर दी और सम्पूर्ण देश पर अब उनका अधिकार हो गया। जिस सन्धि के अनुसार सम्पूर्ण द्वीप के शासन सूत्र पर अंग्रेजों का एकाधिकार हुआ, उसमें स्पष्ट रूप से यह स्वीकार किया गया था कि वे बौद्ध धर्म तथा आचार-विचार में दखल नहीं देंगे और सदा ही इसकी रक्षा करेंगे। पर प्रारम्भिक दिनों में अंग्रेजी शासन ने भी ईसाई प्रचारकों के साथ अत्यन्त सहानुभूति रखी। ईसाईयत को जिस क्रूरता और बर्बरता से पोर्तुगीजों ने सिंहल के वक्षस्थल पर बलपूर्वक जमाया था और जिस प्रवञ्चना के साथ डचों ने क्रूरता को छोड़कर अन्दर ही अन्दर उसका संवर्धन किया था, उस मोह को अंग्रेज जाति भी न छोड़ सकी और उन्होंने प्रारम्भ में वस्तुस्थिति को ही बनाये रखना चाहा तथा तदनुसार अपने कार्य भी किये। गवर्नर टामस मेटलैंड ने चाहा कि सरकारी पदों के लिए ईसाई होने की शर्त हटा दी जाय, पर इस प्रस्ताव का विरोध तात्कालिक 'सेक्रेटरी आफ स्टेट' ने किया और यह कार्यान्वित नहीं हुआ। अतः मिश्नरी लोग स्कूल खोलकर ईसाईयत का प्रचार करने लगे और स्कूलों में जो उन्हें

शिक्षा दी जाने लगी, उसमें सदा ही इस भावना का पुट रहा करता था कि उनका अपना धर्म हास्यास्पद विश्वासों से ओतप्रोत है। इसके विपरीत 'ईसाई धर्म ही स्वस्थ सभ्यता का प्रतीक है', यह भावना भी उनमें कूट-कूट कर भरी जाने लगी।

इसके विरुद्ध सिंहल निवासियों में विचार जागृत हुए और इसका विरोध करने के लिए पादरियों ने सिंहल-साहित्य तथा पालि-वाङ्मय की कमियों आदि को बतलाने के लिए इनका अध्ययन भी प्रारम्भ किया। इसके पश्चात् वे इस निष्कर्ष पर पहुँचे कि बौद्ध पुस्तकें केवल कूड़ा-करकट नहीं हैं। यद्यपि प्रारम्भ में यह कार्य खंडन-मंडन के लिए ही शुरू हुआ, पर इसने एक नया मोड़ लिया। उधर स्कूलों में पढ़े सिंहल तरुणों में अपने मूलधर्म तथा परम्पराओं के प्रति सम्मान की भावना का जागरण हुआ और वे स्थान-स्थान पर मिश्नरियों द्वारा अपनी आस्थाओं के प्रति किये गये आक्रमणों का जवाब देने लगे। अपने-अपने विहारों में 'उपोसथ' के लिए एकत्रित भिक्षु भी मिश्नरियों द्वारा बौद्ध आस्थाओं के प्रति प्रकट किये गये प्रहारों का उत्तर उसी प्रकार की खंडनात्मक शैली में प्रस्तुत करने में प्रवृत्त होने लगे। इसी समय 'मोहोट्टिवत्ते गुणानन्द' नामक एक तरुण 'सामणेर' का पदार्पण हुआ। इन्होंने ईसाई शास्त्रों का अति गम्भीर अध्ययन किया और उनमें पारंगत होने के पश्चात् ये शास्त्रार्थ के लिए मिश्नरियों को ललकारने लगे। इनकी वाणी में वह ओज, शौर्य तथा प्रतिभा थी कि उसके समक्ष परवादियों के मत अग्नीन्धन की भाँति भस्म हो गये। उन्होंने ईसाई पादरियों को खुले आम शास्त्रार्थ के लिए ललकारा। पहले तो इन लोगों ने इस तरुण 'सामणेर' की अवहेलना की; परन्तु इससे इनके उत्साह में कोई कमी नहीं आयी और बुद्धागम के प्रखर तेज से देदीप्यमान तथा ईसाइयों के शास्त्र-खंडन में पूर्ण दीक्षित गुणानन्द ने 'पानदुर शास्त्रार्थ' में खुले आम जनता के बीच १८७३ ई० में पादरियों को ऐसा परास्त किया कि सम्पूर्ण सिंहल में एक बार पुनः शास्ता के आगमों का शंखनाद गूँज गया तथा बौद्धोपदेश के शान्ति-स्रोत के प्रवाह से लंका द्वीप

की दिशाएँ प्रशान्त हो उठीं और सर्वत्र बौद्धनिनाद की विजय वैजयन्ती फहरा गयी।

इस प्रकार एक बार पुनः बुद्ध-सन्देशों से सिंहल देश की वायु सुगन्धित हो गयी और आधुनिक युग में बौध धर्म एवं पालि वाङ्मय के अभ्युदय की लहर सम्पूर्ण देश में दौड़ गयी। अपना सर्वस्व देकर लोगों ने गुणानन्द को उनके उद्देश्य की पूर्ति में सहायता प्रदान की और बौद्ध धर्म के पुनरुत्थान के लिए आवश्यक सामग्रियों—शिक्षा, उत्साह तथा प्रेस—की ओर लोगों का विशेष ध्यान गया तथा इनको सुलभ कराने में लोग तन, मन और धन से जुट गये। ईसाइयों के तो अपने कई प्रेस थे और उनसे लोहा लेने के लिए बौद्धों ने अपने प्रेसों की स्थापना की। स्याम के सम्राट् ने प्रेस स्थापना में प्रचुर धन देकर अपने अपूर्व सहयोग का प्रदर्शन किया और 'लङ्कोपकार-प्रेस' नामक प्रथम प्रेस की स्थापना 'गाले' में १८६२ ई० में हुई। गुणानन्द ने रोमन कैथलिकों के गढ़ 'कोटहेन' को अपना प्रमुख अड्डा बनाया और वहीं पर दायकों की सहायता से 'सर्वज्ञ-शासनाभिवृद्धि-प्रेस' नामक प्रेस की स्थापना की। बाद में आगे चलकर इस प्रकार के अनेक प्रेसों की स्थापना हुई। इसके पश्चात् बौद्ध ग्रन्थों के प्रचारार्थ प्रकाशन का कार्य प्रारम्भ किया गया और सर्वप्रथम इसके लिए 'मिलिन्दपञ्ह' को सिंहली अनुवाद के साथ प्रकाशित करने के लिए चुना गया, क्योंकि विरोध-पक्ष के खंडन एवं अपने पक्ष की स्थापना के लिए यही पालि का सर्वोत्तम ग्रन्थ है। इसका प्रकाशन १८७७-७८ ई० में श्री गुणानन्द के ही सम्पादन में हुआ।

गुणानन्द के शास्त्रार्थ की ओर 'थियोसाफिकल सोसाइटी' के संस्थापक अध्यक्ष कर्नल हेनरी स्टील आल्काट का ध्यान आकर्षित हुआ और वे भी बौद्ध धर्म की ओर आकृष्ट हुए। वे सभी धर्मों का व्यापक समन्वय चाहते थे और मानव के आध्यात्मिक विकास में बौद्धोपदेशों के महत्व का अनुभव करते हुए उसके मूल अध्ययन के लिए वे सिंहल आये। वहाँ बौद्ध-धर्म-विषयक अन्वेषण में रत होकर शास्ता के उपदेशों के गूढ़ तत्त्वों से वे अत्यन्त प्रभावित हुए तथा सिंहली बौद्धों से उनकी प्रगाढ़ मैत्री स्थापित

हुई तथा उनके दिग्दर्शन में १८८० ई० में कोलम्बो में 'बुद्धिस्ट थियोसाफिकल सोसायटी' की स्थापना हुई।

इस पुनरुत्थान की लहर ने यूरोपीय विद्वानों को भी पर्याप्त रूप से प्रभावित किया और पालि तथा बौद्धधर्म की महिमा स्वयं यूरोपीय विद्वानों द्वारा प्रसारित होने लगी। चाइल्डर्स तथा रीज डेविड्स आदि ने पोर्तुगीज काल में धर्मान्धता की आग में भस्म होने से अवशिष्ट ग्रन्थों का प्रकाशन प्रारम्भ किया। इन सबका आगे चलकर बृहद् परिणाम यह हुआ कि शिक्षा-विभाग के डाइरेक्टर ने 'प्राच्य शिक्षा विभाग' की स्थापना सिंहल में की और इससे पालि के अध्ययन को विशेष बल तथा प्रोत्साहन प्राप्त हुआ।

सिंहल में पालि की शिक्षा की ओर विद्वानों का ध्यान आकृष्ट हुआ और राजधानी के सन्निकट ही वे एक ऐसे विद्यापीठ की स्थापना करना चाहते थे, जहाँ पर भिक्षु तथा गृहस्थ दोनों ही सिंहली, पालि तथा संस्कृत की शिक्षा प्राप्त कर सकें। इस प्रस्ताव को कार्यरूप में परिणत करने के लिए उन्होंने 'हिक्कडुव सुमङ्गल' को आमन्त्रित किया। वे एक बहुश्रुत भिक्षु थे। उन्हें अट्ठकथा-सहित सम्पूर्ण त्रिपिटक के गहन अध्ययन के साथ-साथ संस्कृत-भाषा पर भी पूर्ण अधिकार एवं पाण्डित्य प्राप्त था और इन सबके वे सर्वत्र-श्रेष्ठ पंडित थे। साथ ही प्रारम्भ हुए बौद्ध पुनरुत्थान कार्य में भी उनका अत्यधिक योगदान था। गुणानन्द का ईसाई पादरियों के साथ जो सुप्रसिद्ध शास्त्रार्थ हुआ था, उसमें उनके सहायक के रूप में वे भी सम्मिलित हुए थे। अतः उन्होंने १८७४ ई० में 'विद्योदय परिवेण' की नींव डाली, जो उत्तरोत्तर विकास को प्राप्त होता गया और आज विश्वविद्यालय के रूप में प्रतिष्ठित है।

१८७५ ई० में कोलम्बो के बाहर 'केलनिगा' नामक स्थान में 'विद्यालंकार परिवेण' की स्थापना हुई। यह 'धम्मालोक' स्थविर द्वारा स्थापित हुआ था, जिनके शिष्य 'रतनमलान धम्माराम' नायक स्थविर अपने समय के पालि के सर्वश्रेष्ठ विद्वान् थे। इसी परम्परा में 'धम्मानन्द' नायकपाद हुए, जो इन पंक्तियों के लेखक, भदन्त आनन्द कौसल्यायन तथा जगदीश

काश्यप के गुरु थे और इन्हीं के चरणों में बौद्ध धर्म तथा दर्शन का अध्ययन प्राप्त करके भारत में इन शिष्यों ने पालि तथा बौद्ध धर्म से सम्बन्धित विकास कार्य तथा अध्ययनादि प्रस्तुत किये। यह परिवेण भी उत्तरोत्तर विकास तथा अभ्युदय को प्राप्त होता गया और आज इसे भी विश्वविद्यालय होने का गौरव प्राप्त है।

इस प्रकारं सिंहल के स्वतन्त्र होने पर ये दोनों परिवेण विश्व-विद्यालय बनाये गये, जो अतीत के प्राचीन गौरव के गौरव के अद्भुत प्रतीक हैं।

इस प्रकार से आधुनिक युग में पालि वाङ्मय के विकास में सिंहल की प्रतिभा प्रस्फुटित होने लगी। इन विद्वानों में से कुछ प्रमुख का परिचय तथा रचनाओं का नमूना नीचे प्रस्तुत किया जा रहा है—

१. धम्माराम (करतोट)—ये उन्नीसवीं सदी के उत्तरार्ध में हुए। इनके कुछ पद्य हैं—

"पुष्पित कमल जैसे नील नयनवाले, सम्पूर्ण सौम्य मुखवाले, सहस्र चन्द्र-सूर्य को प्रभा को तिरस्कृत करनेवाले, जगत् के एकमात्र बन्धु तथा नमस्कृत, संसार-रूपी समुद्र के पार जानेवाले, अमृतदायक, सर्वज्ञता को प्राप्त, शिष्य पंक्तियों से सेवित चरणकमलवाले उन धर्मराज को मैं नमस्कार करता हूँ।

बत्तीस अमित लक्षणों से उत्तम शरीरवाले, व्यामप्रभा से भासमान, देव-ब्रह्मा-नर-समूह द्वारा सेवित पंकज के समान पदवाले, निखिल-गम्भीर-श्रेष्ठ-ज्ञान-सागर पर आरुढ़ हो पार को प्राप्त, शिष्य पंक्तियों से सेवित चरणकमलवाले उन धर्मराज को मैं नमस्कार करता हूँ।"

२. धम्माराम (यात्रामुल्ले)—इनके भी फुटकर पद्य प्राप्त हैं। चाइल्डर्स ने जो पालि कोश बनाया था, उसका स्वागत करते हुए इन्होंने लिखा था—

"कल्याण-मंगल-प्रदायक, कुन्द तथा देवेन्द्र गज के समान श्वेत दाँतोंवाले, हिम और सुरस सदृश उदात्त कीर्तिवाले, मुख की कान्ति से चन्द्रमा पर विजय

प्राप्त करनेवाले, आकार में दीर्घ शाल के समान सुमन्त्री राजमन्त्री चाइल्डर्स की जय हो।

नाना शास्त्रों के ज्ञाता, अनन्त पंडितों से प्रशंसित, प्रदान करने को पवित्र हाथवाले, अनेक भाषाओं में समर्थ, मुख की...सुमन्त्री राजमन्त्री चाइल्डर्स की जय हो।"

३. **अत्थदस्सी (वेन्तर)**—इनके भी फुटकर पद्य प्राप्त हैं, जिनका संकलन मैंने 'पालि काव्यधारा' में किया है।

४. **सुमङ्गल (हिक्कडुव)**—आधुनिक सिंहल में पालि और बौद्ध साहित्य के प्रचार में जिन व्यक्तियों का सबसे अधिक हाथ रहा, उनमें 'विद्योदय परिवेण' के संस्थापक श्री सुमङ्गल स्थविर अन्यतम हैं। इसे ऊपर व्यक्त किया जा चुका है। २१ वर्ष की आयु में जो इन्होंने पद्यरचना की थी, उसके नमूने ये हैं—

"पूर्ण चन्द्र-हर-मेघ जैसे निर्मल यश-युक्त विशुद्ध प्रशंसा के आकर, शोभाधारिणी पीन उरु-स्तनधारिणी यशोधरा को छोड़ और अधिक सुन्दरतर पुत्र को भी छोड़, जो निष्क्रमण में निकले, उन नाथ को सदा ही दोनों हाथ अच्छी तरह सिर पर करके नमस्कार करता हूँ।

ब्रह्मा-इन्द्र आदि से सुपूजित, जय-बल प्राप्त एवं प्रसिद्ध, जिसने चित्त-मल-रूपी सम्पूर्ण शत्रुओं को मार अखिल ज्ञेय को बोधि में जाना और जिसने जनता को शुभ अभय मार्ग पर पहुँचाया, उन नाथ को...।"

५. **धम्माराम (रतनमलान)**—आचार्य धम्माराम ने 'जानकीहरण' महाकाव्य का उद्धार इसके उद्धरणों को सिंहली टीका से लेकर पूरा किया। इन्होंने कई पालि ग्रन्थों का सम्पादन किया, जिनमें 'राहुल संघराज' की पुस्तक 'पाञ्जिकाप्रदीप' भी है। इनके फुटकर पद्य हैं—

"सम्बुद्ध कमलनयन जिनको, उनके द्वारा कथित सुश्रद्ध धर्मचर को तथा विशुद्ध स्वच्छ गुणयुक्त उस संघ को विशुद्धि का इच्छुक मैं सदा प्रणाम करता हूँ।

बहुत बड़े विक्रमी श्री पराक्रमबाहु राजा ने शत्रु राजाओं को परास्त किया; उनकी पुरी 'जयवर्धनपुर' ऐसी ही थी, जैसे इन्द्र का निवास अमरावती हो।

अपनी सुभागिनी भगिनी 'सरोजवती' की स्मृति में महार्ह 'कारगिरि' नामक पर्वत पर उन्होंने 'सरोजवती' नामक विहार बनवाया;

और अपनी माता रानी 'सुनेत्रा' की स्मृति में उत्तम तथा महाभोगवाले महाविहार 'सुनेत्ता परिवेण' का निर्माण शुभ 'पप्पटवन' में कराया।"

६. **विमलसार तिस्स**—इन्होंने 'सासनवंसदीप' नामक काव्य लिखा, जिसमें बौद्धधर्म का इतिहास व्यक्त है—

"तब महिषी (माया) उस (गर्भ) के दस मास पूर्ण होने पर अपने स्वजनों के भवन में जाने की कामनावाली हुई। प्रियकर प्रियतम राजा से उसने पूछा—'देव, मुझे देवदह नगर जाने की इच्छा है।'

उस नरपति ने देवी के उस वचन को स्वीकार कर सुन्दर कपिलवस्तु से लेकर सारे मार्ग को कदली, कदली-शाखा, पूर्णघट आदि से स्वर्ग के सुरपथ की भांति सजवा दिया।

... ...

तब श्रीशय्या से उठकर, द्वार के पास स्वयं जा, (बोधिसत्त्व ने) पूछा —'यहाँ कौन है ?' 'यहाँ महाराज, छन्दक नामक मैं अमात्य हूँ।' नरेन्द्र ने कहा—"छन्दक, मैं निष्क्रमण करूँगा।"

७. **रतनजोति (मातले)**—इन्होंने 'सुमङ्गलचरित' नामक एक संक्षिप्त रचना में 'विद्योदय परिवेण' के संस्थापक आचार्य की प्रशंसा प्रस्तुत की है—

"जो वे महा श्री सुमङ्गल संघ-स्वामी विद्योदय नामक परिवेण के प्रसिद्ध पति, वागीश्वर तथा त्रिपिटकाचार्य थे, उनके चरित को मैं संक्षेप में कहता हूँ।

... ...

तब पंडित जनों के स्नेहभूत भिक्षुराज बुद्ध के सिद्धान्त की महती वृद्धि की कामना करनेवाले ने पंडित-जनों के हित-रूप उस सुन्दर प्रशस्त तथा प्रसिद्ध विद्योदय परिवेण का आरम्भ किया।

... ...

जनता के शासन-मन्दिर में दीप के समान और असंख्यों में उसके उत्तम में निरत इनके ७५वीं वर्ष गाँठ पर लंका के बौद्धजनों ने आह्लादित होकर अलंकार-भूषण से युक्त एक मन हो, धूप, दीप और पुष्प लेकर स्थविर के उत्तम और सुन्दर गुणों का स्मरण करके,

नाना पूर्ण घटों, चामरों तथा तोरणों से और सुन्दर पञ्चाङ्गिक वाद्यों के साथ जहाँ-तहाँ बड़ी ध्वज-पंक्तियों को उठाये हुए सुविपुल लंका भूमि को अलंकृत किया।"

८. **मेधानन्द (मोरटुवे)**—इन्होंने 'जिनवंसदीप' नामक पालि ग्रन्थ की रचना की। यशोधरा का रूप-वर्णन इस प्रकार है—

"नाना भूषणों से भूषित शरीरवाली, नवीन स्थूल स्तनों से अभिराम यशोधरा कुमारी को मणिखचित हरी पालकी में बैठाकर लाये।

मालती की सुनहली माला पहने, सुगन्धि से भावित केशों की वेणीवाली (देवी) ने विरल-बक-पंक्तिवाली एवं विद्युत-राजिवाली मेघमाला को कोमलता में जीत लिया।"

कवि ने अपना परिचय देते हुए लिखा है—

"लंका के लक्षपति वर ग्राम में क्षेत्राराम के स्वामी, गुण के भूषणों से भूषित, विख्यात निर्मल विशद यशवाले, 'वल्लिग्राम' में उत्पन्न, परिषद् के नेतृत्व में समर्थ, उपाय चतुर भदन्त सङ्घानन्द स्थविर नामक गुरु भाववाले गुरु द्वारा उपसम्पदा से निजी शिष्य ने अपने नेत्रों के समान रक्षा करते हुए महाबुद्धि अर्पित की।

'वज्रविहार' के स्वामी राजाधिराज गुरु-पदवीधारी यतीन्द्र को शिक्षा-गुरु बना, उपाध्याय बना, उपसम्पदा ले, धर्म के अध्ययन के लिए रमणीय बर्मा राष्ट्र में उतरे।

पिता के पद को प्राप्त 'मेन्डोन' राजा ने मेरी कुशाग्र बुद्धि से प्रसन्न होकर पालन किया ।..."

९. पियतिस्स (विदुरुपल)—ये एक स्वाभाविक कवि थे । इनके ये तीन पालि काव्य ग्रन्थ सुन्दर कृतियाँ हैं—(१) 'महाकस्सपचरित,' (२) 'महानेक्खम्मचम्पू', (३) 'कमलाञ्जलि' ।

इनके नमूने हैं—

"तब पिप्पली माणव की माता ने नित्य ही उसे स्त्री लाने के लिए अनेक प्रकार से कहते हुए (इस कथन से) पुत्र को अतिशय रूप से पीड़ित किया ।

... ...

उन ब्राह्मणों ने सलाह दी—'भो, निश्चित रूप से 'मद्र' देश में 'सागल' (स्यालकोट) नामक श्रेष्ठ नगर है । वहाँ सुन्दरियों की खान है; इसलिए इच्छित की साधना के लिए वहीं चलें ।

मद्र देश के आभारण समान उस सागल नामक श्रेष्ठ पुर में जाकर नाना जनों से आकीर्ण वहाँ सुन्दर तीर्थ स्थानों को उन्होंने देखा ।"

'महानेक्खम्मचम्पू' में बुद्ध के बाहर निकलने का वर्णन है—

"तब उस समाचार के श्रवण से उत्पन्न प्रीतिप्रमोद की अधिकता से परवश हृदयवाले अनाथपिण्डिक गृहपति ने अपरिमित जनसमूह को ले, पाँच सौ महाश्रेष्ठियों से अनुगमित होकर, योजन मात्र मार्ग पर अगवानी कर, अनेक प्रकार के पूजाविधान करते, निरन्तर होनेवाले सहस्रों साधुवादों से भुवन लोक के आच्छादित होते हुए जनसमूह द्वारा पूजित भगवान ने भिक्षु संघ के साथ निकल कर, अपरिमित समय से संचित तीस पारमिताओं के अतिशय प्रभाव से उत्पन्न सारे त्रिभुवन के विस्मयदायक अति महान् बुद्धानुभाव से अचेतन पृथिवी के निम्न स्थानों को उन्नमित करते, उन्नत स्थानों को समीभाव करते...बिना बजाये भी वीणा, वेणु, मृदंग, शंख, ढोल आदि वाद्यों को बजाते तथा स्वयं ही अपने-अपने नाद को छोड़ते, सम्पूर्ण नर-नारियों द्वारा पहने गये सोने-चाँदी-मणि-रत्न के आभूषणों के अधिकतर

भासमान होते, सिंहों के सिंहनाद करते. . .विविध रुचिर तोरण के शोभासार से मनोहर उठे द्वार प्रदेशवाले, सुवर्णार्ध पूर्णघट पर दीपमाला से अलंकृत मंडपवाले. . .'जेतवन' नामक अनुपम विहार में प्रवेश किया ।"

'कमलाञ्जलि' में बुद्धस्तुति प्रस्तुत है—

"ब्रह्मा-विष्णु-शिव-इन्द्र-दानव-मनुज-गरुड़-पतियों के मुकुटों में जड़ी मणियों की किरण-रूपी-भम्रर पंक्तियों द्वारा सेवित मुनिचरण-रूपी निर्मल कमल को मैं प्रणाम करता हूँ ।"

१०. ञाणतिलक (वेलितोट)—ये बहुत ही प्रतिभा-सम्पन्न थे । इनकी रचनाएँ हैं—(१) 'एकक्खरकोसव्याख्या', (२) 'कच्चायन-सारव्याख्या' (३) 'निरुत्तिरतनाकर', (४) 'मोहमुद्गर' संस्कृत नीति-शास्त्र', (५) 'कारिकाव्याख्या' आदि ।

'कारिका' ग्रन्थ के आरम्भ में—

'सम्बुद्धि से उगे उदार अनुपम तेज से जिसने मोहान्धकार के समूह को ध्वस्त-सा कर दिया, क्षुद्र दृष्टिवाले कोइयों को जिसने संकुचित कर दिया, उस सद्धर्म-रूपी अमल सूर्य को मैं शिर से प्रणाम करता हूँ ।"

ग्रन्थान्त में—

"बुद्ध-शासन में रत, ज्ञानकामी बुद्ध शिक्षा में गौरव रखते मतिमान् और विनीत, मुनिराज के वचन और शब्दशास्त्र में भी दक्ष स्थविर श्रेष्ठ जो पद्मारााम हुए ।

वे यतीश्वर प्रसन्न चित्त थे; मेरे माता-पिता आदि तथा ज्ञातृ लोग प्रव्रज्या कराने के लिए तेरह वर्ष की छोटी ही आयु में मुझे ले गये ।

. . . .

तेरह शिष्य-वरों के साथ मुझे उन्होंने प्रव्रजित किया और विशद उपसम्पादित किया ।"

११. विमलकित्ति (अहुनगल्ले)—इन्होंने प्रसिद्ध इतिहास ग्रन्थ 'दीप-वंस' का दूसरा भाग २७ परिच्छेदों से अधिक लिखा । बुद्धघोष के सम्बन्ध में इन्होंने लिखा है—

"जम्बुद्वीप में बोधगया के सन्निकट ही एक ब्राह्मण कुमार, त्रिवेद का वेत्ता, विज्ञात विद्या वाद के लिए घूमता हुआ एक विहार में गया।"

१२. पञ्ञानन्द (यगिरल)—इन्होंने वर्तमान सदी के प्रारम्भ में 'महावंस' के तीसरे भाग को लिखकर आधुनिक काल तक उसे पहुँचाया।

'हिक्कडुव सुमङ्गल' के निधन पर वे लिखते हैं—

"विद्योदय के प्रथम अधिपति प्रसिद्ध, विद्या विशुद्ध हृदय और सदा सदय, अपने समय के पूज्य श्रेष्ठ अधिनायक, श्री सुमंगल हा ! स्वर्गवासी हो गये।

यह कर्णकटु समाचार सुनकर, शोकपूर्ण हृदय से रोते, हा-हा नाद से सारी लंका को वधिर करते, एकत्रित हो बौद्ध जन और अधिक रोये।

उत्तम नेता के योग्य गौरवपूर्ण भक्ति-पूजा करके उन्हें दग्ध कर दिया, तब सारी लंका चन्द से वर्जित आकाश की भाँति अशोभना हुई।"

विद्यालंकार के नायक पाद महाप्राज्ञ 'धम्माराम' के निधन पर इन्होंने ये उद्‌गार कहे—

"अपनी बुद्धि से अनेक ग्रन्थों के रचयिता और शोधक, कर्मशास्त्र के प्रवक्ता, दीपनकर्त्ता (और) यतियों के नायक,

विद्यालंकार नामक प्रसिद्ध शास्त्रमन्दिर में निवास करनेवाले महाप्राज्ञ महाकवि 'धम्माराम'...

इन यतिराज, ज्ञानी, श्रेष्ठ के मृत्यु को प्राप्त होने पर सम्पूर्ण लंकावाले शोकाकुल हो गये।

अत्यन्त शोकाकुल, दुःखित बौद्धों ने उनके मृत देह को जलाया।"

१३. धम्माराम (यक्कडुव)—आशुकवि ये महाविद्वान् विद्यालंकार विश्वविद्यालय के प्राण हैं। वर्षों से इन्होंने व्रत ले रखा था—"या निशा सर्वभूतानां तस्यां जागर्ति संयमी।" कविता उनके लिये अत्यन्त सरल काम था। 'धम्मारामसाधुचरित' नामक छोटी पुस्तिका उन्होंने लिखी। बाकी कविताओं में भक्तिगीत तथा फुटकर पद्य हैं। 'मनोरथपूरणी' की भूमिका में इनके पद्य हैं—

"बुद्ध से प्राप्त सुन्दर, चिन्तामणि या कल्पद्रुम समान अग्रधर्म, जनता के मन-रूपी कुन्द की चाँदनी के समान श्रेष्ठ सुखद की हर्ष से मैं वन्दना करता हूँ।"

विद्योदय (पेरादेनिया) विश्वविद्यालय में उपाधि से सम्मानित होते समय उन्होंने यह कविता बनायी थी—

"यह जो वह विद्योदय प्रसिद्ध श्रेष्ठ विद्यालय में चिरकाल से विद्या की उन्नति में निरत चित्त से रत, अध्यक्ष, 'वद्देगम' नामक प्रसिद्ध ग्राम के स्थिरमति महाविद्वान् श्रीमान् 'पियरतन' नामक स्थविर हैं।"

'भक्तिगीत' में इनके करुण उद्गार हैं—

"पुत्र, किसी को दुख दे रहा है। कंटक, शरबू गिलहरी अथवा बब्बु या किसी की तू हिंसा मत कर।

छोटे से भी प्राणी को पुत्र, जानते देखते तू न मार, अन्त में मक्खी मच्छर या खटमल को भी।

न ढेले से, न काठ के टुकड़े से, न सलाई से या न हाथ से ही चौपाये, पक्षी या किसी पर तू मत प्रहार कर।

आकाश में उड़ते अथवा वृक्ष पर बैठे विहंग को बाण के शिल्प से तू न मार।

पुत्र, पक्षी गगन में उड़ते हैं तथा गगन को ही घर बनाते हैं; वे पुत्र, वृक्ष में बैठे वृक्ष का पालन करते हैं।

वे मधुर गायन करते हुए लोक को मधुर बनाते हैं। रंग तथा कूजन से भी वे लोक को सुन्दर बनाते हैं।

उनमें भी पुत्र, कोई माता-पिता को पोसते हैं, बेटा-बेटी को पोसते हैं और पत्नी को भी पोसते हैं।

... ...

उनमें कोई एक ही पुत्रवाली है, उसी एक पुत्र के आश्रय में रहती है। उसकी वही एक मात्र गति है; अत्यन्त जरा से वह विवश भी है।

पुत्र, उस माता का सुत, भूख की मारी के लिए आहार, प्यासी के लिए पानी लाकर घोंसले में देता है।

सूखे कंडे के समान चिपके पेट से भी दूनी काँपती वह पुत्र को जोहती खड़ी रहती है।

उसके लिए बड़ी मेहनत से आहार ढूँढकर वह चोंच में ले जल्दी जल्दी माँ के पास जाता है।

जो सुत, तूने उसे मारा, तो वह बुढ़िया क्या करेगी, वह माता क्या खाये, वह माता क्या पिये ?

पुत्र, कौन उसे खिलायेगा, कौन उसे पिलायेगा, कौन उसे आश्वासन देगा, वह तो एक ही पुत्रवाली है ?

हे सुत, वह अनाथ माता किसे आलिंगन करे; किसको, सुत, वह चूमे या किससे प्रियालाप करे।

... ...

पुत्र, तू पत्थर का नहीं है, न तो तू मिट्टी का है, न तो तू काठ का है, न तो तू निर्मितक ही है।

एक बार ही पुत्र आ जा, जब तक मैं जीती हूँ, पुत्र, मैं तेरे चरणों पर गिरती हूँ, हे पुत्र; आ जा।

तू ही एक मात्र गति है, तू ही शरण है, तेरे बिना मैं दीन-अनाथ हूँ, कैसे मैं जीऊँ, कैसे मैं जीऊँ।

... ...

किसी की गर्भिणी प्रिय भार्या घोंसले में है; हे पुत्र, पति के आने की प्रतीक्षा करती हुई आहार चाहती है।

उसकी भी, हे सुत, प्रिय भार्या बच्चों को तथा परिसेवितों को देखती ठीक से सोये।

... ...

वे चिड़ियों के बच्चे मुँह से चूँ चूँ भी न कर घोंसले के भीतर ही नष्ट हो गये।

... ...

दूसरे भी, सुत, सारे प्राणी सुख-इच्छुक, दुःख के विरुद्ध हैं, अपने सुखी होना चाहते हैं, दुखी नहीं।

मत तू किसी को मारे, मत किसी को फटकारे, मत किसी को डाँटे, मत भौंह चढ़ाये।

१४. **प्रञ्ञाकित्ति (कोट्हेने)**—विद्यालंकार विश्वविद्यालय में पालि-सिंहली के ये विभागाध्यक्ष हैं। सिंहली भाषा में इन्होंने कितनी ही पुस्तकें लिखीं है। इधर यह देखकर कि पालि की पुस्तकों का प्रचार सीमित होता है, पालि में बहुत नहीं लिखते। उनकी कविता के नमूने हैं—

"यह स्वच्छ शीतल जलधारावाली नदी किनारे पर शोभित तरुओं और लताओं से पुष्परज के चय से सम्मानित वनदेवता की सुभगा कन्या-सी दीखती है।

सो यह तरुण पक्षी युवती प्रिया के साथ-साथ मधुर आम के फल को फोड़कर प्रिया के पूर्ण समागम-सुख का लाभ करते हुए गृह के मनोज्ञ प्रेम का निवेदन करता है।

अच्छी तरह देखते मुझे अति आश्चर्य होता है कि मोर गणों के बीच में सर्प सुख से सोता है; सिंह और मृग, ये सदा वैर रखने वाले जन्तु हैं और ये वहीं सहोदर की भाँति खेल रहे हैं।"

१५. **जिनवंस (मिगमुवे)**—इन्होंने 'भत्तिमालिनी' नामक पालि काव्य लिखा है—

"चाँदनी के समान मन्दहास से अलंकृत मुखवाले, उत्तर समुद्र में उगे महाहेम बुद्बुद्स्थानवाले हे विरागी, चंचल अंग से शोभित गीत गाती हुई मार की कन्याओं को क्या तुमने पराजित नहीं किया।

... ...

तोते की वाणी मैना आदि के गीत-स्वर से संकुल गंगा के तरंग की श्वेत बालुका-तलसमान मन्द वायु से कम्पित पुष्परज से धूसरित तुम्हारे जन्म से शालवन अति पुण्य से भासित हुआ।

कुन्द और चन्द्रबन्धु (कुमुद) के समान मन्दहासवाले सुन्दर आनन से युक्त, लोक को आनन्दित करने के लिए जीर्ण 'आवट्ट' (आवर्त-संसार) के बन्धन में जन्में, सूर्यवंशी, लोकबन्धु, अप्रमत्तों के बन्धु हे बुद्धराज, अबन्धु के बन्धु तुम्हीं मेरे एक बन्धु हो।

क्षीरसागर के चन्द्रमा के समान तुम श्वेत तथा शीतल हो; जनों के मानस को तुम तृप्त कर देनेवाले हो; तुम्हारे प्रति प्रसन्नता प्रदर्शन मात्र से 'मट्ठकुण्डला' आदि मर कर देवता हुई; तुम्हीं कामप्रद मणि हो।"

कवि परिचय

"नील सागर के समान नारियल के बाग में, देव-मन्दिर समान, अनेक मंजिलों की आपण (बाजार) वाले, बिजली के दीपों से हतान्धकार शोभन-मार्गवाले, धर्म में आस्थावाले सज्जनों के 'मिगम' नामक पुर में,

कुन्द और हार सी श्वेत वालुका-विस्तृत प्राङ्गणवाले, बौद्ध भिक्षुओं के वास करने के अनेक भवनवाले, सदाचार, दान, दया आदि से पवित्र भिक्षु-वाले साधुओं के शेखर 'अभयशेखर नामक विहार में;"

१६. **सुमङ्गल (गोवुस्स)**---इन तरुण भिक्षु ने 'मुनिन्दापदान' नामक लघु काव्य लिखा है---

"जहाँ-तहाँ हंसयुगल कूज रहे थे; जहाँ-तहाँ पुष्प लताएँ पुष्पित थीं; जहाँ-तहाँ स्थल क्रौंच निनाद से युक्त, जहाँ-तहाँ कमल-कुन्द से वासित,

सारस तथा मोर के झुंडों से युक्त, मैना-तोता द्वारा आश्रित तथा भौंरों से लीन कमलिनी से युक्त था। इसे देख वे मन में बहुत प्रसन्न हुए।"

ग्रन्थ समाप्ति

" 'उडुवर' नामक प्रसिद्ध ग्राम में 'सुधम्मावास' नामक शुभ परिवेण में...शासन के परम सेवा परायण 'गोवुस्स' नामक ग्राम में उत्पन्न स्थविर ने बुद्धाब्द २५०० (१९५६-५७) में भक्तिपूर्वक इस ग्रन्थ 'मुनिन्दापदान' को रचा।"

सिंहल में पालि का पठन-पाठन बहुत बढ़ा हुआ है। भिक्षु तो पालि में दक्षता प्राप्त करना ही चाहते हैं, गृहस्थ भी उससे वंचित नहीं हैं। विद्या-

लंकार और विद्योदय दोनों विश्वविद्यालय विशेषकर इसी उद्देश्य से स्थापित किये गये हैं, जिनमें पालि के अध्ययन पर ध्यान दिया जाता है। इनमें प्राचीन प्रणाली को उतना आश्रय नहीं दिया गया है। इसलिये जैसे भारत में संस्कृत का गंभीर पांडित्य लुप्त होता जा रहा है, वैसे ही यहाँ भी पालि के पांडित्य के लिए भय है। पर भारत में जिस प्रकार से संस्कृत के गम्भीर पांडित्य की रक्षा के लिए 'वाराणसेय संस्कृत विश्वविद्यालय' ऐसी संस्थाओं की स्थापना करके चेष्टा की जा रही है, उसी प्रकार से सिंहल के उपर्युक्त विद्यालय भी अपने उद्देश्य-पूर्ति में संलग्न हैं।

—:o:—

नवाँ अध्याय

९. द्रविड़ प्रदेश में स्थविरवाद तथा पालि

द्रविड़ प्रदेश के बौद्ध धर्म के सम्बन्ध में भारत के प्रकरण में ही लिखना चाहता था; पर उसे यहाँ अलग लिखने का कारण यह है कि एक तो वहाँ के बौद्ध धर्म का सिंहल के साथ, विशेषकर 'महाविहार' से घनिष्ट संबंध था। साथ ही वहाँ बौद्ध धर्म एक शताब्दी अधिक स्थित रहा, जब कि उत्तर भारत तेरहवीं सदी में ही बौद्ध विहीन हो गया था।

चोळ, पान्ड्य द्रविड़ प्रदेश को तमिलनाड कहा जाता है। 'चोळ' में अशोक के समय धर्मदूतों के आने का उल्लेख उनके अभिलेखों में आता है। द्रविड़ देश के समीपतम स्थान चित्तलदुर्ग के जंटिजटिंगा--दामोदर पहाड़--में अशोक शिलालेख प्राप्त है, जो कर्नाटक देश में हैं। और यह धर्मदूतों के आने के पहले से है। प्रविड़ देश में ब्राह्मण तथा कुछ संख्या में क्षत्रिय भी आ चुके थे। धर्मदूत किस जगह उतरे थे, उसके बारे में द्रविड़पुत्र अट्ठकथाकार 'धम्मपाल' कहते हैं--

"सद्धम्मावतरट्ठाने पट्टने नागसव्हये ।
धम्मासोकमहाराजविहारे वसता मया ।।"

(नेत्तिप्पकरण-अट्ठकथा के अन्त में)

अर्थात् सद्धर्म के उतरने के स्थान 'नागसपाद' के धर्माशोक महाराज के विहार में बसते मैंने यह पुस्तक लिखी। 'नेगापट्टन' तंजौर जिले में अब भी समुद्र तटपर एक अच्छा कस्बा है। नेगापट्टन के बन्दरगाह पर उतर कर धर्मदूत धर्म के प्रचार में संलग्न हुए थे जैसा पिछली शताब्दियों में उत्तर में सर्वत्र महायान फैल गया था, वह बात द्रविड़ प्रदेश में नहीं

हुई। यहाँ अन्त तक स्थविरवाद महाविहारीय ही रहा। द्रविड़ प्रदेश के कितने ही द्रविड़ आचार्यों का आज भी स्थविरवादी देशों में बड़ा मान है।

(१) **बुद्धदत्त**—यह शायद बुद्धघोष से पहले सिंहल आये थे। दोनों की भेंट समुद्र में नौका पर हुई थी। इनके ग्रन्थ 'विनयविनिच्छय' में लिखा है—

"इति तम्बपण्णीये परमवेय्याकरणेन तिपिटकनयविधिकुसलेन परमकविजनहदयपदुमवनविकसनकरेन सब्बरवसहेन परमरतिकर-वर-मधुर-वचनुग्गारेन उरगपुरवासीनं वंसालंकारभूतेन बुद्धदत्तेन रचितोयं 'विनयविनिच्छयो'।"

द्रविड़ प्रदेश में नदी तट पर स्थित ताम्रपर्णी था और उसी प्रदेश में 'उरमपुर' (आज का उरेउर) नगर था। 'बुद्धदत्त' कवि और परम वैयाकरण थे। इनके ग्रन्थों में कवित्व स्पष्ट है। इनके ग्रन्थ हैं—(१) 'विनयविनिच्छय', (२) 'उत्तरविनिच्छय,' (३) 'अभिधम्मावतार,' (४) 'मधुरत्थविलासिनी' और (५) 'रूपारूपविनिच्छय'।

'विनयविनिच्छय' में ये कहते हैं—

"विनयपिटक-रूपी सागर के पार उतरने में भिक्षु तथा भिक्षुणियों के लिए जो नाव-सा है;

जो इस विनिश्चय को प्राप्त होते हैं, वे अत्यन्त उत्तुंग तरङ्ग-मालावाले, शील-समाधि-विघ्न रूप ग्राहोंवाले प्रज्ञप्ति रूपी सागर को तर जाते हैं।"

'उत्तरविनिच्छय' में ऐसा व्याख्यान है—

"इस परम उत्तर ग्रन्थ को पार करने पर निर्बुद्धिजनों को सार देनेवाले अमृत-रूपी सागर के पार उतर विनय-पारङ्गत नर मुक्त होता है।"

'अभिधम्मावतार' में ग्रन्थकार का परिचय दिया गया है—

"नर-नारियों से भरे, कुल की आकुलता से असंकीर्ण, समृद्ध सर्वाङ्ग-परिपूर्ण स्वच्छ-नदी जलवाले,

नाना रत्नों से भरी दूकानों से समाकीर्ण, नाना उद्यानों से शोभित रमणीय 'कावेरिपट्टन' में,

... ...

"'उरगपुर' निवासी आचार्य भदन्त बुद्धदत्त द्वारा कृत 'अभिधम्मावतार' नामक, अभिधर्म में प्रवेश करानेवाला ग्रन्थ समाप्त'।"

'खुद्दकनिकाय' के 'बुद्धवंस' की 'मधुरत्थविलासिनी' नामक अट्ठकथा के रचयिता भी यही हैं। जान पड़ता है और अट्ठकथाएँ लिखी जा चुकी थीं और यही केवल इनके हाथ आ पायी। इसमें इन्होंने कहा है—

"सद्धर्म में रत, शीलादिगुण प्राप्त बुद्धसिंह द्वारा सत्कारपूर्वक सुचिर काल तक प्रार्थित होने पर इस 'बुद्धवंस' की 'अत्थवण्णना' का आरम्भ मैं करता हूँ।

... ...

बुद्ध की पंक्तियों के प्रकाशक प्राचीन अट्ठकथाओं के मार्ग का अनुसरण करते हुए मैंने 'बुद्धवंस' की अट्ठकथा बनायी।"

(२) **धम्मपाल**—द्रविड़ प्रदेश के इस आचार्य की कृतियाँ बुद्धघोष से कम महत्त्वपूर्ण नहीं हैं। वास्तव में बुद्धघोष द्वारा छोड़े हुए कार्य की पूर्ति इनके द्वारा हुई है। इनकी रचनायें हैं—

(१) परमत्थदीपनी (खुद्दकनिकाय के उन ग्रन्थों की अट्ठकथा जिनका बुद्धघोष ने व्याख्यान नहीं किया है। इस प्रकार उदान, इतिवुत्तक, विमानवत्थु, पेतवत्थु, थेरगाथा, थेरीगाथा एवं चरियापिटक की यह अट्ठकथा है)

(२) नेत्तिप्पकरणअट्ठकथा

(३) दीघनिकाय-अट्ठकथा-टीका

(४) मज्झिमनिकाय-अट्ठकथा-टीका

(५) संयुत्तनिकाय-अट्ठकथा-टीका

(६) अङ्गुत्तरनिकाय-अट्ठकथा-टीका

(७) जातकट्ठकथा-टीका
(८) अभिधम्मट्ठकथा-टीका
(९) बुद्धवंस-अट्ठकथा-टीका
(१०) विसुद्धिमग्ग-टीका

इनका जन्म तमिल प्रदेश के 'काञ्चीपुर' नामक स्थान में हुआ था। ये बुद्धघोष के पश्चात् हुए, अर्थात् पाँचवीं सदी के पश्चात्। युवान्-च्वाङ ने जिन धर्मपाल का उल्लेख किया है, वे उनके गुरु तथा महायानी थे और नालन्दा के आचार्य थे।

इनकी शैली का नमूना है—

"महाकारुणिक, ज्ञेयसागर-पारङ्गत, निपुण, गम्भीर, विचित्र रूप की देशना देनेवाले नाथ की मैं वन्दना करता हूँ" (उदानट्ठकथा)।

"जिस महर्षि की चर्या सम्पूर्ण लोक के हितार्थ है; उस लोक के अग्रनायक, अचिन्त्य प्रताप की मैं वन्दना करता हूँ" (चरियापिटक-अट्ठकथा)।

"विनय-योग्यों के कमल-सरोवर में जो सद्धर्म की किरणों की माला-वाला है, जिसने महामोह-रूपी तम को चारों ओर से नष्ट करके जाग्रत किया है" (विसुद्धिमग्गटीका)।

(३) **अनुरुद्ध**—ये भी काञ्ची के पास के ही 'कावेरिपट्टन' के रहनेवाले थे। इनके ग्रन्थ हैं—(१) 'अभिधम्मत्थसङ्गह', (२) 'नामरूप-परिच्छेद' (३) 'परमत्थविनिच्छय'।

इनमें मुख्य ग्रन्थ तो 'परमत्थविनिच्छय' ही है; पर 'अभिधम्मत्थ-सङ्गह' अधिक सरल होने से थेरवादी देशों में अधिक प्रचलित हो गया और इसी कारणवश इसका अन्यत्र भी प्रचार हुआ।

ग्रन्थकार ने अपना परिचय देते हुए कहा है—

"श्रेष्ठ काञ्ची राज्य के उत्तम 'कावेरी' नगर में कुलीन कुल में उत्पन्न बहुश्रुत, ज्ञानी,

अव्याहत यशवाले परमार्थ-ज्ञाता अनुरुद्ध स्थविर ने ताम्रपर्णी प्रदेश के 'तंजोर' नगर में बसते हुए,

वहाँ के संघ-प्रधान द्वारा प्रार्थित हो, निर्मल महाविहारवासियों की परम्परा पर आधारित 'परमत्थविनिच्छय' नामक प्रकरण को परमार्थ के प्रकाशन के लिए रचा।"

(४) **कस्सप (चोळीय)**--ये ईसा की बारहवीं सदी के अन्त में हुए। 'सारिपुत्त' से इनकी प्रतिद्वन्दिता थी और अपनी कृतियों में इन्होंने 'सारिपुत्त' की टीकाओं के दोषों का प्रदर्शन किया है। इनकी रचनाएँ हैं--
(१) 'मोहविच्छेदनी' (अभिधम्ममातिका-टीका, (२) 'विमतिविनोदनी' (विनयकथा-टीका)। सिंहल और द्रविड़ देश के विद्वानों में थेरवादी होते हुए भी आपस में जो प्रतिद्वन्दिता विद्यमान थी, इसकी स्पष्ट झलक हमें इनकी कृतियों में मिलती है। अपने बारे में ये कहते हैं--

"नाना जनों के निवास से अतिरमणीय, चोल देश के भार को वहन करने में कुलपर्वत के समान, कावेरी के पवित्र जल से हितयुक्त घरोंवाले, राजाधिराज के उत्तम वंश से सुसन्तोषित,

... ...

सम्पूर्ण उपभोग तथा परिभोग के धनों से नाना रंगों से, भरी दुकानों से सुन्दर, नन्दन के स्वामी के समान ही चोळराज का पुर है; वहाँ के श्रेष्ठ, सुन्दर बौद्ध-विहार में जो रहते हैं।

... ...

विशाली कृत, शोभायमान, प्राङ्गणोंवाले उस नगर के 'नागानन' नामक विहार में वास करते हुए,

नाम से धुतङ्गधर महाश्रेष्ठ काश्यप के समान, आकाश में उदित चन्द्रमा की भाँति विस्तृत प्रकाशवाले, दूसरे शास्त्रों और तीनों पिटकों में निपुण, वादी-गजसमूह के विपिन में सिंह के समान लीला करनेवाले,

उन (काश्यप) ने अभिधम्मपिटक-रूपी सागर में बिखरे सारभूत

वस्तु-रत्न-समूह को निकाल कर, सम्यक् ज्ञाताओं के गले को भूषित करने के लिए 'मोहविच्छेदनी' नामक रत्नावली बनायी।"

विनयटीका 'विमतिविनोदनी' में उन्होंने जो 'सारिपुत्त संघराज' का खंडन प्रस्तुत किया है, इससे स्पष्ट होता है कि उनकी मान्यता 'अभयगिरिक' सिद्धान्तों की ओर थी, जिनका उच्छेदन 'सारिपुत्त संघराज' ने किया था। 'कस्सप चोळीय' अन्तिम द्रविड़ पिटक-टीकाकार थे।

(५) **बुद्धप्पिय दीपङ्कर**—इनका समय तेरहवीं शताब्दी है। इनकी रचनाएं हैं—(१) 'महारूपसिद्धि' (व्याकरण) (२) 'पजजमधु' आदि। पजजमधु' पालि की बहुत सुन्दर रचना है। यह एक शतक है। इसके अन्त में इन्होंने 'आनन्द वनरतन' की प्रशंसा करते हुए लिखा है—

'आरण्यक आनन्द' नामक महायतीन्द्र के समान नित्य प्रबुद्ध पद्मप्रिय का सेवन करनेवाले, बुद्ध के गुणों के अत्यन्त प्रेमी 'बुद्धप्पिय' द्वारा रचे गये 'पज्जमधु' का पान स्थविर-रूपी भँवरे करें।"

बुद्ध सौन्दर्य वर्णन

"इन्दीवर के भीतर स्थित भ्रमर-पंक्ति के समान पञ्च वर्ण-कमलों के सरोवर के तट पर गमन करती, नेत्रकमल की शोभा की यवनिका-सी तुम्हारी श्री-सम्पन्न बरौनी की पंक्ति यहाँ पाप को दूर करे।

... ...

दोनों कन्धों और बाहुओं-रूपी तोरण के बीच गर्दन की धारा पर रखे शिर-रूपी मंगल-घट के ऊपर उत्सव के लिए क्रम से स्थापित नील-कमल जैसे तुम्हारे केश त्रिभुवन के मंगल के लिए होवें।"

इस प्रकार यह 'पज्जमधु' एक सुन्दर काव्य है।

'महाकच्चायन' के व्याकरण को छोड़कर जब 'मोग्गल्लान' ने एक नये पालि-व्याकरण की रचना की, तो 'बुद्धप्पिय' ने कच्चायन-व्याकरण की प्रतिष्ठा के लिए 'महारूपसिद्धि' नामक कच्चायन-व्याकरण पर आधारित ग्रन्थ को प्रस्तुत किया।

इस प्रकार हम देखते हैं कि केवल अट्ठकथा और दर्शन की उद्भावना करनेवाले ही नहीं, प्रत्युत बौद्ध कवि भी द्रविड़ देश में उत्पन्न हुए। प्राचीन द्रविड़ भाषा में भी मणिमेखला' आदि काव्य प्रस्तुत किये गये।

द्रविड़ प्रदेश से बौद्ध धर्म का उच्छेद

चौदहवीं सदी में मलिक काफूर ने मदुरा को जीता तथा सारे मन्दिरों और विहारों को ध्वस्त कर दिया। वहाँ घनघोर अत्याचार किया गया। प्रसिद्ध यात्री इब्नबतूता ने इस अत्याचार का आँखों देखा वर्णन उपस्थित किया है—

"एक रात को सुल्तान एक जंगल में घुसा, जहाँ काफिरों ने शरण ली थी। वहाँ दूसरे दिन सबेरे उनको उन काठ के खम्भों में बाँधकर मार दिया गया, जिनको वे ही रात को ढो लाये थे। तब उनकी स्त्रियों के केशों को खम्भों में बाँधकर वैसे ही मार कर छोड़ दिया गया। ऐसा आचरण करते मैंने किसी भी शासक को नहीं देखा।"

बौद्धविहारों को तुर्कों ने लूट लिया और इन्हें वे मध्य-एशिया से ही लूटते हुए चले आ रहे थे। ऐसे निर्मम हत्यारों से भिक्षु अपने को पीले कपड़ों में रखकर कितने दिनों तक बच सकते थे! जो जीवित बचे, वे सिंहल भाग गये और बिना ग्वाले की गायों की भाँति जो बौद्ध गृहस्थ बच रहे, वे ब्राह्मणों के शिष्य हो गये।

इस तरह द्रविड़ प्रदेश से बौद्ध धर्म का उच्छेद हो गया।

—:०:—

तृतीय खंड

अन्यत्र पालि

पहला अध्याय

१. बर्मा में पालि

१. **थेरवाद**—बर्मा तथा सुवर्णभूमि में अशोक के समय बौद्ध धर्म-दूत 'सोण' और 'उत्तर' गये थे। तब से लेकर पाँचवीं सदी तक, अर्थात् लगभग ७०० वर्षों तक थेरवाद ही बर्मा में प्रचलित रहा। 'ह्मावजा' के समीप 'मौङ्-गन' में दो स्वर्णपत्र अभिलेख मिले हैं, जिनमें दक्षिण की चौथी-पाँचवीं सदी की कदम्ब लिपि तथा पालि भाषा में उत्कीर्ण है—

"ये धम्मा हेतुप्पभवा तेसं हेतुं तथागतो आह।
तेसञ्च यो निरोधो एवंवादी महासमणो ॥"

वहीं पर तालपोथी के समान बीस स्वर्ण-पत्रों पर लिखी एक पोथी निकल आयी, जो पालि में है, जिसमें है—

"अविज्जापच्चया सङ्खारा" आदि ॥

इससे पता लगता है कि पाँचवीं-छठी सदी में बर्मा में हीनयान स्थविरवाद ही स्थित था, पीछे यहाँ महायान फैला। तलैङ (केरन) वंश के 'शिन् अर्हन्' भिक्षु हुए। वे पिटक और शास्त्रों में निपुण तथा चतुर थे। शिन् अर्हन अरण्य में वास कर रहे थे। लोगों ने समझाया और बात उनकी में आ गयी। वे राजा अनुरुद्ध से मिलने गये।

राजा के पूछने पर उन्होंने कहा—"मेरा वंश भगवान् बुद्ध का वंश है... मैं भगवान् बुद्ध के गंभीर, सूक्ष्म, पंडित-वेदनीय धर्म का अनुगमन करता हूँ।"

"तो, भन्ते, मुझे भी भगवान के उपदेशित धर्म का थोड़ा-सा उपदेश कीजिये।"

शिन् अर्हन् ने राजा अनुरुद्ध को बुद्ध के शुद्ध धर्म का इतना सुन्दर उपदेश दिया कि वह बोल उठा—"भन्ते, आपको छोड़ कोई हमारा शरण नहीं;

मेरे स्वामी, आज से हम अपना शरीर और जीवन आप को अर्पित करते हैं। भन्ते, मैं आपके सिद्धान्तों को अपनाता हूँ।"

इस प्रकार राजा ने वज्रयान-महायान को छोड़ शिन् अर्हन् के थेरवाद को स्वीकार किया।

बर्मा में कई जातियों का समागम था। तलैङ पुराने और सबसे अधिक सभ्य थे। उत्तर से 'म्रम्म' बड़ी संख्या में आकर बस गये। इनका तिब्बतियों के साथ वही सम्बन्ध है, जो हमारे साथ ईरानियों का। म्रम्म ही शासक थे।

अनुरुद्ध ने अपने एक मंत्री को भेंट देकर 'थातोन्' के राजा मनोहर के पास धर्म-ग्रन्थों और बुद्धधातुओं को माँगने के लिए भेजा। थातोन्-राजा का उत्तर था—"तुम्हारे जैसे मिथ्यादृष्टिवाले के पास पिटक और बुद्धधातु नहीं भेजी जा सकती—केशरी सिंह-राज की चर्बी सुवर्ण पात्र में ही रखी जा सकती है, मिट्टी के बर्तन में नहीं।"

अनुरुद्ध यह सुनकर जल भुन गया, और जल तथा स्थल मार्ग से सेना ले थातोन् पर चढ़ा तथा मनोहर और उसके मन्त्रियों को कैदी बना 'अरिमर्दनपुर' (पगान) लाया गया। साथ ही ग्रन्थों के साथ उनके जानकार विद्वान् भिक्षु भी 'पगान' लाये गये। वह बड़ा ही आकर्षक दृश्य था, जब कि राजा के बत्तीस श्वेत हाथियों के ऊपर त्रिपिटक तलैङ से म्रम्म देश में लाया गया और उनके साथ बड़े सम्मान और सत्कार के साथ भिक्षु भी लाये गये।

इस विजय का क्या प्रभाव हुआ, इस सम्बन्ध में एक फ्रेंच विद्वान् ने ये उद्गार व्यक्त किये हैं—

"युद्धक्षेत्र में विजयी बर्मी बौद्धिक तौर से पराजित हो गये। इसी समय उस अद्भुत वास्तुविद्या और साहित्य का निर्माण होने लगा, जिससे पगान बौद्ध राजधानी बना दिया गया। उत्तरी और उत्तरपूर्वीय भारत के प्रायः तीन शताब्दियों से पड़ते प्रभावों ने धीरे-धीरे बर्मी लोगों को इस योग्य बना दिया कि राजा अनुरुद्ध की विजय से प्राप्त तलैङ सभ्यता को अपना सकें। उसी समय बर्मी स्वरों और पत्थर तथा ईंटों के अभिलेखों के लिए विदेशी वर्णमाला से साधारण बर्मी-वर्णमाला तैयार की गयी...इस नयी

वर्णमाला में त्रिपिटक लेखबद्ध हुआ। बर्मी राजधानी पगान में धार्मिक शिक्षा के लिए संस्कृत को हटा पालि ने स्थान ले लिया।

तलैङ भिक्षुओं के चरणों में बैठकर बर्मी जनता और राज-दरबार ने हीनयान की दीक्षा ली और जल्दी-जल्दी एक के बाद एक अतिभव्य विहार और मन्दिर भारतीय तथा तलैङ शिल्पाचार्यों के तत्त्वावधान में बनने लगे।

बर्मा से तांत्रिक बौद्ध धर्म और उसके पुरोहित आरी बिदा हुए और एक नया ऐतिहासिक युग आरम्भ सा हुआ।

शिन् अर्हन् के प्रभाव और वाग्मिता तथा राजा अनुरुद्ध की उत्साह-पूर्ण सहायता से बुद्ध का सरल और शुद्ध धर्म सारे म्रम्म देश में फैलने लगा। देश के कोने-कोने से सैकड़ों जन आ-आकर भिक्षु-दीक्षा लेने लगे। पगान (अरिमर्दनपुर) स्थविरवाद के केन्द्र के रूप में सर्वत्र प्रसिद्ध हो गया। सिंहल के राजा विजयबाहु ने धार्मिक ग्रन्थों और भिक्षुओं को भेजकर शासन की स्थापना में अनुरुद्ध से मदद मांगी। म्रम्म संघ ने उतना ही नहीं भेजा, प्रत्युत सिंहलराज के लिए एक श्वेत हाथी भी भेजा और बदले में भगवान् की दन्तधातु के लिए याचना की। इस इच्छा की पूर्ति सिंहलराज द्वारा हुई।

इससे पहले बुद्ध की कुछ अस्थियाँ अनुरुद्ध को थेर कित्तरा से मिलीं थीं। इनके ऊपर अनुरुद्ध ने 'स्वेजिगोन' का महास्तूप बनवाना शुरु किया, जिसकी समाप्ति उनके योग्य पुत्र और उत्तराधिकारी 'केन्जित्था' के हाथ से हुई। इस स्तूप के चारों तरफ पूजारत तैंतीस 'नाटों' (देवताओं) के मन्दिर हैं। उनके बारे में पूछने पर अनुरुद्ध ने कहा था—

"मनुष्य सर्द्धम के लिए नहीं आना चाहते! अच्छा तो उन्हें अपने पुराने देवताओं के लिए आने दो; वे इस तरह धीरे-धीरे सच्चे पथ पर आ जायेंगे।"

अनुरुद्ध ने अपने चार धर्मामात्यों को भेजकर सिंहल से त्रिपिटक की प्रतियाँ मँगवाई। शिन् अर्हन् ने थातोन् के त्रिपिटक से उनकी तुलना करके एक अधिक शुद्ध संस्करण तैयार किया। शिन् अर्हन् के उद्योग से

तैलङ्ग जाति की संस्कृति ने ब्रम्म देश को बहुत थोड़े समय में संस्कृत और सभ्य बना दिया।

पगान में अधुना भी एक विशाल बुद्ध-प्रतिमा खड़ी है, जिसके दोनों ओर दो मूर्तियाँ हाथ जोड़े, जमीन पर घुटने टेके खड़ी हैं। इनमें एक मुकुटधारी राजा केन्जित्था की और दूसरी संघराज शिन् अर्हन् की है।

अनुरुद्ध के अभिलेख में उत्कीर्ण है—"ओं देयधर्मोयं सच्चदानपति महार श्री अनिरुद्धदेवस्य।"

केन्जित्था (१०८४-१११२) पिता की भांति योग्य और भक्तिमान था। उसने बहुत से स्तूप और मन्दिर बनवाये, जिनमें पगान का 'आनन्द विहार' बहुत सुन्दर और प्रसिद्ध है। इसकी पहली परिक्रमा की दीवारों में अस्सी गवाक्ष हैं, जिनमें बुद्धजीवन के आरम्भ से बुद्धत्व प्राप्ति तक की घटनाएँ अंकित हैं। इन मूर्तियों को 'जातकनिदानकथा' के अनुसार अंकित किया गया है। दीवारों और विहार की दलानों पर कलईवाली मिट्टी की चमकीली रूपावलियाँ हैं। प्रत्येक रूपावली पर तलैङ्ग में संक्षिप्त लेख हैं। दूसरे तले पर मिट्टी की चमकीली रूपावलियाँ सजायी हुई हैं, जिनमें सम्पूर्ण साढ़े पाँच सौ (५४७) जातक अंकित हैं। सारे मूर्ति-अंकनों की संख्या १४७२ है।

शिन् अर्हन् की मृत्यु के समय बर्मा पालि-पिटक का अनुयायी हो चुका था। शिन् अर्हन् के बाद 'पंथगू' संघराज हुए। 'नरत्थू' और 'मिन्-शिन्सा' के झगड़ों में नरत्थू के कहने पर पंथगू मध्यस्थ बने। पंथगू को विश्वास देकर नरत्थू ने मिन्-शिन्सा को बुलवाया और अपने यहाँ बाद में धोखे से विष देकर मरवा डाला। इससे पंथगू बहुत नाराज हुए। वे देश छोड़ सिंहल चले गये और नरत्थू के जीने तक वहीं रहे।

९० वर्ष की अवस्था में जब संघराज बर्मा लौटे तो उनका बड़ा स्वागत हुआ। वे अधिक दिनों तक नहीं जी सके। उनके बाद तलैङ्ग भिक्षु 'उत्तरजीव' संघराज हुए। सिंहल स्थविरवाद का केन्द्र था। इसलिए वहाँ बहुत से तीर्थयात्री जाया करते थे। एक बार 'उत्तरजीव' के साथ 'चपटा'

ग्रामवासी एक २० वर्ष का श्रामणेर भी गया। सिंहल भिक्षुओं को बातचीत के दौरान में मालूम हुआ कि शिन् अर्हन् अशोक-पुत्र महेन्द्र के उत्तराधिकारी थे और 'उत्तरजीव' 'सोणउत्तर' के। श्रामणेर 'चपट' की उपसम्पदा सिंहल में हुई, नाम पड़ा 'जोतिपाल'। 'उत्तरजीव' संघराज लौट गये। शिन् अर्हन् ने त्रिपिटक की पाठ-तुलना की थी और थातोन् त्रिपिटक से सिंहल त्रिपिटक को अधिक शुद्ध बतलाया था। अब सिंहली उपसम्पदा भी श्रेष्ठ मानी जाने लगी। 'चपट' पूरे दस साल तक सिंहल में रहे। उन्होंने सोचा—"बर्मा के भिक्षु विधिपूर्वक उपसम्पन्न नहीं हैं। उनके साथ मैं विनयकर्म नहीं कर सकता। उसके लिए पाँच और भिक्षुओं की आवश्यकता होगी। चार और भिक्षुओं को साथ ले विदेश लौटने के विचार से उन्होंने ताम्रलिप्ति (बंगाल) के स्थविर 'सीवली', कम्बोजराज के पुत्र 'तामलिन्द', काञ्चीपुरी के 'आनन्द' महाथेर और लंका के 'राहुल' महाथेर को इस कार्य के लिए साथ लिया।

अपने चारों साथियों के साथ ११८१-८२ में वे पगान लौटे। उन्होंने दूसरे भिक्षुओं के साथ विनयकर्म करने से इन्कार कर दिया। इस प्रकार ११८१-८२ में बर्मा में सिंहल संघ और म्रम्म संघ नामक दो संघ बन गये।

दोनों की परम्परा बताकर समझाने की कोशिश की गयी; किन्तु इसका कोई असर नहीं हुआ। 'चपट' राजी नहीं हुए। सिंहल संघ का आकर्षण इतना अधिक था कि उसके अनुसार भिक्षु बनने के लिए, इरावदी में बनाये गये नाव के बेड़ा में आकर बहुत से लोग भिक्षु बनने लगे। सिंहल संघ की संख्या और प्रभाव बढ़ने लगा। 'चपट' के साथियों में लंका के राहुल सबसे अधिक पंडित थे। वे एक सुन्दरी कन्या पर मुग्ध हो गये। उन्होंने चीवर छोड़ने का निश्चय कर लिया। समझाने-बुझाने का प्रयत्न निष्फल हुआ और राहुल चीवर छोड़ मलाया चले गये।

थोड़े दिन बाद 'चपट' भी मर गये। सीवली, आनन्द तथा तामलिन्द पगान में धर्मप्रचार करते रहे। उनमें मतभेद हुआ था, पर सिंहल संघ बढ़ता ही गया और उसका प्रभाव सारे बर्मा पर पड़ा।

यह वही समय था जब कि कुतुबुद्दीन के सेनापति महम्मद बिन-बख्तियार ने नालन्दा तथा विक्रमशिला को ध्वस्त कर दिया था और सारे भिक्षु इतनी निर्दयता से मारे गये, कि वहाँ के पुस्तकालयों के ग्रन्थों को पढ़कर बतलाने-वाला कोई नहीं रहा था। भारत में विहारों और भिक्षुओं के सर्वनाश के साथ महायान (वज्रयान) बौद्ध धर्म भी सदा के लिए लुप्त हो गया।

नरपतिसिथू (१२१० ई०) का उत्तराधिकारी 'हतिलो-मितेल' (१२१०–३४ई०) ने बोध गया के मन्दिर के नमूने पर एक मन्दिर 'पगान' में बनवाया। उसके बाद 'क्यासवा' गद्दी पर बैठा। 'क्यासवा' स्वयं त्रिपिटक का विद्वान् था। कहते हैं उसने त्रिपिटक और उसकी अट्ठकथाओं और टीकाओं का तीन बार पारायण किया था। अपने अन्तःपुर की स्त्रियों के लिए उसने 'परमत्थबिन्दु' नामक पुस्तक लिखी थी। 'सद्दबिन्दु' नामक व्याकरण की पुस्तक भी उसने लिखी थी। उसकी कन्या भी विदुषी थी, जिसने 'विभत्त्यत्थ' नामक पालि व्याकरण की एक छोटी पुस्तक रची।

'क्यासवा' के पौत्र 'नरथिहपते' अथवा 'श्रीत्रिभुवनादित्य परमधम्म-राज' (१२५४-८७ ई०) इस वंश का अन्तिम राजा था, जिसके साथ ही दो सौ वर्षों से चली आ रही पगान की ज्योति बुझ गयी। १२८७ ई० में कुबलेखान् की सेना ने पगान पर आकर अधिकार कर लिया।

(१) **चपट सद्धम्म जोतिपाल**—इनके ग्रन्थ हैं—(१) 'अभि-धम्मत्थसङ्खेप', (२) 'कच्चायननिद्देस', (३) 'विनयगूळ्हत्थदीपनी', (४) 'नामचारदीपक', (५) 'सीमालङ्कारटीका' आदि। ये कहते हैं—

"बुद्ध-निर्वाण के १६८० वर्ष पूरा होने पर, वहाँ समृद्ध 'अरिमद्दनपुर' (पेगू) से 'तम्बपण्णि' (लंका) पहुँच, श्री पराक्रमबाहु राजा षष्ठ को पा,

और अवलम्ब लें, धर्म के मलों को अच्छी तरह सुधार कर 'जयवर्धन' (कोट्टे) नामक पुर में आपत्तिहीन विनयानुसार सीमा बँधवायी;

भिक्षुओं को 'विनय' और 'अभिधम्म' सिखाया; प्रज्ञा से शुद्ध हृदय-

वाले, जनों पर दयालु, निर्लोभता, पराक्रम और शील के गुणों से प्रशस्त, श्रद्धा के धनी सम्पूर्ण शिष्यों पर अनुकम्पा करनेवाले,

सारे अर्थों के साथ त्रिपिटक-पारंगत, 'छप्पट' नामक यतिराज के प्रिय शिष्य ने नाना शैली को इस 'परमसङ्गहवण्णना' को मुनि के शासन के हितार्थ संक्षेप से रची।"

धर्म छिन्न-भिन्न

मंगोलों का आक्रमण होने से म्रम्म लोग बिलकुल निर्बल हो गये और इसका लाभ तलैङो ने उठाया। इसी समय उत्तर के घूमन्तू लड़ाके शान् की ओर बढ़े और बवंडर की भाँति वे सारे बर्मा में फैल गये। उनके सामने न म्रम्म टिके; न तलैङ। पहले उन्होंने मंगोलों के सामन्त के तौर पर शासन करते हुए 'पिन्निया' (विजयपुर) को अपनी राजधानी बनाया और फिर 'आवा' (रतनपुर) में शासन शुरू किया १२८७ अपने एक नेता 'वरेरु' की अधीनता में दक्षिणी बर्मा में पेगू को अपना दूसरा केन्द्र बनाया। इन बर्बरों के प्रहार से और बातों के साथ विद्या को भी बहुत ह्रास हुआ, लेकिन ये भी सांस्कृतिक प्रभाव से अक्षुण्ण नहीं रह सके। उनका एक राजा 'थीहथू' बौद्ध हो गया। उसके दो भाई भी बौद्ध थे। मंगोल विजय के बाद यही तीनों बर्मा के शासक थे। बौद्ध धर्म चीन और तिब्बत में था, इसलिए शान उससे अपरिचित नहीं थे। 'पिन्निया' में धीरे-धीरे कितने ही विहार बन गये, पठन-पाठन होने लगा। कुछ शान सैनिक तान्त्रिक बौद्ध धर्म के भी माननेवाले थे, अतः उसका भी प्रभाव पड़ा।

(२) **धम्मचेतिय** (१४७२-७९ ई०)—पेगू के राजा की लड़की का नाम 'शिन्-शा-बू' था। वह पहले आवा और फिर पेगू में रानी रह चुकी थी। वह अन्तःपुर से भाग निकलना चाहती थी। 'धम्मचेति' और उसके साथी भिक्षुओं ने उसे पढ़ाया था। उनकी सहायता से भाग निकलने में वह सफल हुई और फिर पेगू की रानी बनी। दोनों भिक्षुओं में एक को राज्य का भार दे वह मुक्त होना चाहती थी। दोनों में समानभाव होने से इसका निर्णय उसने भाग्य पर छोड़ दिया। एक दिन एक तरह के भिक्षापात्रों में

से एक में गृहस्थ का वस्त्र और दूसरे में चीवर रख दिया। गृहस्थ परिधान-वाला पात्र 'धम्मचेतिय' के हाथ में पड़ा। 'धम्मचेतिय' ने चीवर छोड़ शिन्-शा-बू की कन्या से ब्याह कर लिया। शिन्-शा-बू 'श्वेदगान-चैत्य' में जा धर्म सेवा करने लगी। आज 'श्वेदगान' का वैभव शिन-शा-बू की ही देन है।

'धम्मचेत्तिय' के समय तलैङ का सितारा फिर चमका। यद्यपि वह गृहस्थ हो गया था, पर धर्म पर उसका अनुराग था। इधर जो संघ में शिथिलता आ गयी थी, उसको हटाने के लिए उसने २२ भिक्षु ६ जनवरी १४७६ में सिंहल भेजे। दो जहाजों में ग्यारह-ग्यारह भिक्षु अनुयायियों सहित चले। उनके अगुआ 'चिनदूत' और 'रामदूत' थे। दोनों पोतों में 'चिनदूत' का पोता २३ फरवरी १४७६ को लंका पहुँचा और उसने सिंहल के राजा भुवनेकबाहु को 'धम्मचेतिय' का स्वर्णपत्र और भेंट दी। रामदूत का पोता प्रतिकूल हवा होने के कारण आफत में पड़ गया और वह १४ जून को सिंहल पहुँचा। कल्याणी गंगा को सीमा बना सिंहल के भिक्षुओं ने उन्हें उपसम्पदा दी।

२१ अगस्त १४७६ ई० को एक पोत ग्यारह भिक्षुओं और उनके शिष्यों के साथ बर्मा लौटा। दूसरे पोत पर आफत आयी और छह भिक्षु और उनके चार शिष्य मर गये। बाकी तीन वर्ष बाद १२ नवम्बर १४७९ में बर्मा लौटे।

ये कल्याणी सीमावाले भिक्षु हुए। राजा 'धम्मचेतिय' ने सारे राज्य में घोषणा कर दी—जो श्रद्धालु हैं और सिंहल में उपसम्पदा प्राप्त भिक्षुओं से उपसम्पदा लेना चाहते हैं, यह कल्याणी सीमा में आवें, और उपसम्पदा लें। जो नहीं चाहते, वे जैसे हैं, वैसे ही रहे। राजा की घोषणा का प्रभाव हुआ और कुछ ही समय में १५,६६६ भिक्षुओं ने नयी उपसम्पदा ली। ब्रम्मसंघ सिंहलसंघ में परिणत हो गया। धम्मचेतिय ने इसी संघ को मान्यता दी। प्राचीन सोण-उत्तर की परम्परा सर्वथा उच्छिन्न हो गयी।

(३) **आधुनिक काल** (१४७६) थेरवाद की 'महाविहार-परम्परा बर्मा में मानी जाने लगी। चपट जोतिपाल के समय भी कुछ पुरुष लोग सोण-उत्तर के अनुयायी रहे थे। उस समय बर्मा कई राज्यों में बँटा हुआ था। १५२७ ई० में 'थोहन्ब्वा' (श्रीहेसवा) आवा के सिंहासन पर बैठा। वह बड़ा लोभी और क्रूर था तथा विहारों की संपत्ति लूटने से बाज नहीं आता था। यही नहीं, उसने धार्मिक पुस्तकों में आग लगवा दी। भिक्षुओं को भोजन के लिए आमन्त्रित कर आने पर उन्हें मरवा दिया। इस प्रकार से मारे गये भिक्षुओं की संख्या तीन हजार थी। पर बर्मी जनता धर्म के बिना रह नहीं सकती थी। बौद्ध धर्म ने ही उसे सभ्यता, संस्कृति, विद्या दी थी।

थोहन्ब्वा के अपने एक बर्मी सहायक अधिकारी मिनक्यिानोङ्ग से यह अत्याचार सहा नहीं गया। १५४३ ई० में उसने ही उसे मार डाला। इसका कारण बताते हुए उसने कहा—"वह त्रिरत्न को सम्मान नहीं करता था, मानव प्राण को कुछ नहीं समझता था, दूसरे पुरुषों की स्त्रियों से बलात्कार करता था।" राजा की हत्या के बाद इसने राज्य लेने से इन्कार कर दिया और विरक्त हो अरण्य में चला गया।

पालि ग्रन्थों का बर्मा में कितना प्रचार था, यह पगान के अभिलेख से ज्ञात होता है। तुङ्ङ्वीन प्रान्त के शासक तथा उसकी पत्नी ने १४४२ ई० में भिक्षुसंघ को अनेक उपहार दानस्वरूप भेंट किये। उनमें और वस्तुओं के साथ पुस्तकें भी थीं, जिनकी यह सूची वहाँ पर दी हुई है—

१. पाराजिककण्ड
२. पाचित्तिय
३. भिक्खुनीविभङ्ग
४. विनयमहावग्ग
५. विनयचूळवग्ग
६. विनयपरिवार
७. पाराजिककण्ड-अट्ठकथा
८. पाचित्तियादि – अट्ठकथा

९. पाराजिककण्ड – टीका
१०. तेरसकण्ड – टीका
११. विनयसङ्ग्रह – अट्ठकथा (महा)
१२. ,, ,, ,(चूळ)
१३. कङ्खावितरणी – अट्ठकथा
१४. खुद्दकसिक्खा – टीका (प्राचीन)
१५. ,, ,, (नवीन)
१६. कङ्खा-टीका (नवीन)
१७. विनयगण्ठिपद
१८. विनय-उत्तरसिञ्चय-अट्ठकथा
१९. विनयसिञ्चय-टीका (उत्तरकालीन)
२०. विनयकन्धनिद्देस
२१. धम्मसङ्गणि
२२. विभङ्ग
२३. धातुकथा
२४. पुग्गलपञ्ञत्ति
२५. कथावत्थु
२६. मूलयमक
२७. इन्द्रिययमक
२८. तिकपट्ठान
२९. दुकतिकपट्ठान
३०. दुकपट्ठान
३१. अट्ठसालिनी – अट्ठकथा
३२. सम्मोहविनोदनी – अट्ठकथा
३३. पञ्चपकरण – अट्ठकथा
३४. अभिधम्म – अनुटीका
३५. अभिधम्मत्थसङ्गह – अट्ठकथा
३६. ,, ,, –टीका
३७. अभिधम्मत्थविभावनी – टीका
३८. सीलक्खन्ध
३९. महावग्ग
४०. पाथेय्य
४१. सीलक्खन्ध – अट्ठकथा

४२. महावग्ग – अट्ठकथा
४३. पाथेय्य – अट्ठकथा
४४. सीलक्खन्ध – टीका
४५. महावग्ग – टीका
४६. पाथेय्य – टीका
४७. मूलपण्णास
४८. मूलपण्णास – अट्ठकथा
४९. मूलपण्णास – टीका
५०. मज्झिमपण्णास
५१. मज्झिमपण्णास – अट्ठकथा
५२. मज्झिमपण्णास – टीका
५३. उपरिपण्णास
५४. उपरिपण्णास – अट्ठकथा
५५. उपरिपण्णास-टीका
५६. सागाथवग्गसंयुत्त
५७. सागाथवग्गसंयुत्त – अट्ठकथा
५८. सागाथवग्गसंयुत्त – टीका
५९. निदानवग्गसंयुत्त
६०. निदानवग्गसंयुत्त – अट्ठकथा
६१. खन्धवग्गसंयुत्त
६२. खन्धवग्गसंयुत्त – टीका
६३. सळायतनवग्गसंयुत्त
६४. सळायतनवग्गसंयुत्त – अट्ठकथा
६५. महावग्गसंयुत्त
६६. एकदुकतिक – अङ्गुत्तर
६७. चतुकनिपात – अङ्गुत्तर
६८. पञ्चनिपात – अङ्गुत्तर
६९. छसत्तनिपात – अङ्गुत्तर
७०. अट्ठनवनिपात – अङ्गुत्तर
७१. दसएकादसनिपात – अङ्गुत्तर
७२. एकनिपात – अङ्गुत्तर – अट्ठकथा
७३. दुकतिकचतुकनिपात – अङ्गुत्तर – अट्ठकथा
७४. पञ्चादि – अङ्गुत्तर – अट्ठकथा

७५. अङ्गुत्तर – टीका (१)
७६. अङ्गुत्तर – टीका (२)
७७. खुद्दकपाठ – मूल – अट्ठकथा
७८. धम्मपद – मूल – अट्ठकथा
७९. उदान – मूल – अट्ठकथा
८०. इतिवुत्तक – मूल – अट्ठकथा
८१. सुत्तनिपात – मूल – अट्ठकथा
८२. विमानवत्थु – मूल – अट्ठकथा
८३. पेतवत्थु – मूल – अट्ठकथा
८४. थेरगाथा – मूल – अट्ठकथा
८४. थेरीगाथा – मूल – अट्ठकथा
८६. पाठचरिय
८७. एकनिपातजातक – अट्ठकथा
८८. दुकनिपातजातक – अट्ठकथा
८९. तिकनिपातजातक – अट्ठकथा
९०. चतुक – पञ्च – छनिपातजातक – अट्ठकथा
९१. सत्त – अट्ठ – नवनिपातजातक – अट्ठकथा
९२. दस-एकादसनिपातजातक – अट्ठकथा
९३. द्वादस – तेरस – पकिण्णकनिपात – जातक – अट्ठकथा
९४. वीसति जातक – अट्ठकथा
९५. जातत्तकी – सोतत्तकी – निदान – अट्ठकथा
९६. चूळनिद्देस
९७. चूळनिद्देस – अट्ठकथा
९८. महानिद्देस
९९. „
१००. जातक – टीका
१०१. दुमजातक – अट्ठकथा
१०२. अपदान
१०३. „ –अट्ठकथा
१०४. पटिसम्भिदामग्ग
१०५. पटिसम्भिदामग्ग – अट्ठकथा
१०६. पटिसम्भिदामग्गगण्ठिपद
१०७. विसुद्धिमग्ग – अट्ठकथा

१०८. विसुद्धिमग्ग – टीका
१०९. बुद्धवंस – अट्ठकथा
११०. चरियापिटक – अट्ठकथा
१११. नामरूप – टीका (नवीन)
११२. परमत्थविनिच्छय (नवीन)
११३. मोहविच्छेदनी
११४. लोकपञ्ञत्ति
११५. मोहनयन
११६. लोकुप्पत्ति
११७. अरुणवति
११८. छगतिदीपनी
११९. सहस्सरंसिमालिनी
१२०. दसवत्थु
१२१. सहस्सवत्थु
१२२. सीहळवत्थु
१२३. पेटकोपदेश
१२४. तथागतुप्पत्ति
१२५. धम्मचक्क (० पवत्तनसुत्त)
१२६. धम्मचक्क – टीका
१२७. दाठाधातुवंस
१२८. दाठाधातुवंस – टीका
१२९. चूळवंस
१३०. दीपवंस
१३१. थूपवंस
१३२. अनागतवंस
१३३. बोधिवंस
१३४. महावंस
१३५. महावंस – टीका
१३६. धम्मदान
१३७. महाकच्चायन
१३८. न्यास
१३९. थन् – ब्यिन् – टीका
१४०. महाथेर – टीका

१४१. रूपसिद्धि – अट्ठकथा
१४२. रूपसिद्धि – टीका
१४३. बालावतार
१४४. वुत्तिमोग्गल्लान
१४५. पञ्चिका – मोग्गल्लान
१४६. पञ्चिका – मोग्गल्लान – टीका
१४७. कारिका
१४८. कारिका – टीका
१४९. लिङ्गत्थविवरण
१५०. लिङ्गत्थविवरण – टीका
१५१. मुखमत्तसार
१५२. मुखमत्तसार – टीका
१५३. महागण
१५४. चूळगण
१५५. अभिधान
१५६. अभिधान – टीका
१५७. सद्दनीति
१५८. चूळनिरुत्ति
१५९. चूळसन्धिविसोधन
१६०. सद्दत्थभेदचिन्ता
१६१. सद्दत्थभेदचिन्ता – टीका
१६२. पदसोधन
१६३. सम्बन्धचिन्ता – टीका
१६४. रूपावतार
१६५. सद्दावतार
१६६. सद्धम्मदीपक
१६७. सोतमालिनी
१६८. सम्बन्धमालिनी
१६९. पदावहामहाचक्क
१७०. ण्वादि (मोग्गल्लान)
१७१. कतचा (कृतचक्र)
१७२. महाका (महाकच्चायन)
१७३. बालतज्जन

१७४. सुत्तावलि
१७५. अक्खरसम्मोहच्छेदनी
१७६. चेतिद्धीनेमिपरिगाथा
१७७. समासतद्धितदीपनी
१७८. बीजक्ख्यम्
१७९. कच्चायनसार
१८०. बालप्पबोधन
१८१. अत्थसालिनी
१८२. अत्थसालिनी – निस्सय
१८३. कच्चायन – निस्साय
१८४. रूपसिद्धि – निस्सय
१८५. जातक – निस्सय
१८६. जातकगण्ठि
१८७. धम्मपदगण्ठि – निस्सय
१८८. कम्मवाचा
१८९. धम्मसत्त
१९०. कलापपञ्चिका
१९१. कलापपञ्चिका – टीका
१९२. कलापसुत्तप्रतिञ्ञासकु
१९३. प्रिण्डो – टीका
१९४. रत्तमाला
१९५. रत्तमाला – टीका
१९६. रोगनिदान
१९७. दब्बगुण
१९८. दब्बगुण – टीका
१९९. छन्दोविचिति
२००. चन्दप्रुत्ति (चान्द्रवृत्ति)
२०१. चन्द्रपञ्चिकर (० पञ्जिका)
२०२. कामन्दकी
२०३. धम्मपञ्ञापकरण
२०४. महोसद्धि
२०५. सुबोधालंकार
२०६. सुबोधालंकार – टीका

२०७. तनोगवुद्धि
२०८. तण्डि (दण्डिन)
२०९. तण्डि – टीका
२१०. चङ्कदास
२११. अरियसच्चावतार
२१२. विचित्रगन्ध
२१३. सद्धम्मुपाय
२१४. सारसङ्गह
२१५. सारभिण्ड
२१६. पटिपत्तिसङ्गह
२१७. सूलछारक
२१८. पालतक्क (बालतर्क)
२१९. त्रक्कभासा (तर्कभाषा)
२२०. सद्दकारिका
२२१. कासिकाप्रुत्तिपलिनि (काशिकावृत्ति-पालिनी–पाणिनि)
२२२. सद्धम्मदीपक
२२३. सत्यतत्ववबोध
२२४. बालप्पबोधनप्रुत्तिकरण
२२५. अत्यब्याख्यम्
२२६. चूळनिरुत्तिमञ्जूसा
२२७. मञ्जूसाटीकाब्याख्यम्
२२८. अनुटीकाब्याख्यम्
२२९. पकिण्णकनिकाय
२३०. चत्थपयोग
२३१. मत्थपयोग
२३२. रोग्यात्रा
२३३. रोग्यात्रा – टीका
२३४. सत्येकविपस्वप्रकास
२३५. राजमत्तन्त
२३६. परासव
२३७. कोलद्धज
२३८. बृहज्जातक
२३९. बृहज्जातक – टीका

२४०. दाठाधातुवंस – मूल – टीका
२४१. पतिगविवेक – टीका
२४२. अलंकार – टीका
२४३. चलिन्दपञ्चिका
२४४. वेदविधिनिमित्तनिरुत्तिवण्णना
२४५. निरुत्तिब्याख्यम्
२४६. वुत्तोदय
२४७. वुत्तोदय – टीका
२४८. मिलिन्दपञ्ह
२४९. सारत्थसङ्गह
२५०. अमरकोस – निस्सथ
२५१. पिण्डो – निस्सय
२५२. कलाप – निस्सय
२५३. रोगनिदानब्याख्यम्
२५४. दब्बगण – टीका
२५५. अमरकोस
२५६. दण्डी – टीका
२५७. ,, ,,
२५८. ,, ,,
२५९. कोलध्वजटीका
२६०. अलंकार
२६१. अलंकार – टीका
२६२. भेसज्जमञ्जूसा
२६३. युद्धजेय्य
२६४. यतनप्रभा – टीका
२६५. विरग्ध
२६६. विरग्ध – टीका
२६७. चूळमणिसार
२६८. राजमत्तन्त – टीका
२६९. मृत्युतञ्चन
२७०. महाकालचक्क
२७१. ,, ,, –टीका
२७२. परविवेक

२७३. कच्चायन – रूपावतार
२७४. पुम्भरसारी
२७५. तक्तावतार (तत्त्वावतार)
२७६. „ „ –टीका
२७७. न्यायबिन्दु
२७८. न्यायबिन्दु – टीका
२७९. हेतुबिन्दु
२८०. हेतुबिन्दु – टीका
२८१. रिक्कणिययात्रा
२८२. रिक्कणिययात्रा – टीका
२८३. बरित्तरताकर (वृत्तरत्नाकर)
२८४. श्यारामितिकब्य
२८५. युत्तिसङ्गह
२८६. युत्तिसङ्गह – टीका
२८७. सारसङ्गह – निस्सय
२८८. रोगयात्रा – निस्सय
२८९. रोगनिदान – निस्सय
२९०. सद्दत्थभेदचिन्ता – निस्सय
२९१. पारा – निस्सय
२९२. श्यारामितिकब्य – निस्सय
२९३. बृज्जातक – निस्सय
२९४. रत्तमाला
२९५. नरयुत्तिसङ्गह

५. वपिन्नौङ (१५५१–८१)—तुङ्गू का राजा 'मिन्क्यिन्यो' (१४८६-१५३१) धार्मिक राजा था। उसने अनेक विहारों का निर्माण किया। उसके पुत्र ने 'पेगू' को जीत लिया और क्रमशः 'मर्तबान' और 'प्रोम' पर भी अधिकार कर लिया। तलैङ देश अभी भी म्रम्म लोगों के हाथ में था और वहाँ के बर्मी राजा के उत्तराधिकारी ने सम्पूर्ण बर्मा को एक सूत्र में बाँधने का कार्य सम्पन्न किया। यह व्यक्ति 'वपिन्नौङ' (१५५१-८१) था और अकबर का समकालिक था। तलैङ लोगों के विद्रोह को शान्त कर उसने पहले 'पेगू' को लिया, फिर दक्षिण और उत्तरी

बर्मा ही नहीं, शान् राज्यों को भी अपने अधीन किया। वह बौद्ध धर्म का भक्त था। उसने रंगून के 'श्वेदगोन्', प्रोम के 'श्वेशन्दा' और पगान के 'श्वेजिगोन्' आदि विहारों विहारों की अनेक बार यात्रा की और कितने ही विहार तथा चैत्य आदि बनवाये। शान् लोगों में धर्मप्रचार का विशेष प्रबन्ध उसने किया। उसका राज्य बर्मा से बाहर कम्बोज, अयोध्या (स्याम) सुखोदया (ऊपरी स्याम) आदि तक फैला हुआ था, जहाँ उसने अपने ज्येष्ठ पुत्र अनुरुद्ध को उपराज बनाकर भेजा था।

वयिन्नौङ के बाद राजशक्ति क्षीण हुई। १५६६-१६०० ई० में अराकानियों ने पेगू नगर को लूटकर ध्वस्त किया। बर्मी लोग तलैङों से एका नहीं कर सके।

अलौङ्प्या (१७५२-६०) के साथ हम उस समय में आ जाते हैं, जब अंग्रेजों ने भारत में अपनी नींव डाली थी। तलैङो ने आवा पर अधिकार कर लिया, पर यह नहीं झुका। इसने तलैङो को उत्तरी बर्मा से निकाल बाहर किया। १७५३-५ में इसने तलैङो के गढ़ रंगून को भी ले लिया। अलौङ्प्या ने तलैंडों के विद्रोह में भिक्षुओं को भी नहीं छोड़ा, और उन्हें हाथियों से कुचलवा कर मरवाया, क्योंकि षड्यन्त्र में वे भी सम्मिलित थे। जो भिक्षु बच गये, वे सित्तङ्ग नदी के पारे के नगरों में भाग गये। बर्मी सैनिकों ने हाथ लगे तलैङ स्त्री-पुरुषों को दास बनाकर बाजार में बेंच डाला। बच्चे अपनी माताओं को खोज पाते थे, न माताएँ अपने बच्चों को; सारे देश में क्रन्दन मचा था। इस प्रकार से अलौङ्प्या ने बड़ी निर्दयता से तलैडों को दबाया। यह एकता बड़ी कीमत देकर कायम की गयी। पिछले दो सौ वर्षों में दोनों जातियाँ धीरे-धीरे इतनी घुलमिल गयीं कि आज तलैङ नगरों में सर्वत्र बर्मी भाषा ही बोली जाती है और गाँवों में ही तलैङ बोलने वाले शेष रह गये हैं। व्याह-शादी के कारण भी दोनों जतियाँ बहुत घुलमिल गयी हैं।

५. धार्मिक विवाद—दूसरा विवाद न रहने पर १६०० ई० के

आसपास बर्मी भिक्षुओं में चीवर कन्धे पर रखने के ढंग को लेकर विवाद खड़ा हो गया। उत्तरासंग (ऊपरी चीवर) को दाहिना कन्धा खोल कर पहनने को सम्मत बतलाने वाले एकांसिक कहे जाते और दोनों कन्धों को ढांकनेवाले पारुपणवादी। एकांसी पक्ष का समर्थन प्रभावशाली स्थविर गुणाभिलंकार ने किया। पारुपणवादी (प्रारोपण) राजा होने से धीरे-धीरे सम्पूर्ण बर्मा पारुपण-वादी हो गया। राजा कीर्त्ति श्री राजसिंह के समय स्याम से भिक्षु बुला कर सिंहल में भिक्षुसंघ स्थापित किया गया। राजा तामिल ब्राह्मणों से प्रभावित था। उसने शर्त रखी कि भिक्षु सिर्फ गोवी (उच्च) जाति के ही लोग बनाये जायँ। बौद्ध धर्म के लिए यह तीव्र लांछन की बात थी; पर आज भी बहुसंख्यक स्यामी-निकाय इसको मानता है। दूसरी जातिवाले कैसे इसको मानते? १८०० ई० में 'अम्बगहपति' के नेतृत्व में कुछ सिंहल तरुण उपसम्पदा लेने बर्मा पहुँचे। बर्मी संघराज ज्ञानाभिवंश ने उनकी प्रार्थना मंजूर की। उन्हें उपसम्पदा मिल गयी। अगोवी भिक्षुओं के लिए रास्ता खुल गया। उस समय बर्मा की राजधानी अमरपुर थी। वहाँ इनको उप-सम्पदा हुई थी। इसीलिये ये 'अमरपुरनिकाय' के कहे गये। इसके बाद बर्मा से उपसम्पदा प्राप्त भिक्षुओं का एक और भी सम्प्र-दाय लंका में स्थापित हुआ, जिसे 'रामञ्ञनिकाय' कहते हैं।

'बोदाब्पया' के समय (१७८२-१८१६ ई०) ये ही घटनाएँ घटीं। उसके बाद बोग्यिदा (१८१६-३७ ई०) राजा हुआ। इसने राजधानी को अमरपुर से आवा में परिवर्तित की। उसे सिंहासन से वंचित होना पड़ा। दो और राजाओं के बाद 'मिन्-दोन् मिन्' (१५२२-७७ ई०) गद्दी पर बैठा। उसके समय में उत्तरी बर्मा में शान्ति रही; कुछ प्रगति भी हुई। वह राजधानी को मांडले ले गया। इसी के सभापतत्वि में लगातार तीन वर्षों तक त्रिपिटक का संशोधन किया गया। फिर उसे ७२६ संगमरमर की पट्टियों पर खोदा गया, जो आज भी मांडले के पास 'कुथो-दाच्' विहार में मौजूद हैं।

६. परतन्त्र और स्वतन्त्र बर्मा—मिन-दोन्-मिन् के मरने के आठ वर्ष बाद ही १८८५ ई० में मांडले पर अंग्रेजों ने अधिकार कर लिया। अन्तिम राजा थीबो (शिव) को कैदी बनाकर भारत भेज दिया गया। अंग्रेजों ने बर्मी और तलैंङ दोनों के झगड़े को जारी रखा। केरनों का ईसाई हो जाना उनके काम में सहायक हुआ। १९४८ में स्वतंत्र होते ही बर्मा ने बौद्ध धर्म को अपना राज-धर्म घोषित किया। इस राजनीतिक इतिहास की उथल-पुथल में बर्मा में बौद्धधर्म भी चलता रहा। छापेखानों के खुल जाने पर त्रिपिटक के नये संस्करण निकले।

१९५४-५६ तक बर्मा में 'छट्ठ सङ्गायन' का आयोजन रहा और साथ में में पालि त्रिपिटक तथा अट्ठकथाएँ आदि मुद्रित हुईं। इसी संस्करण को आधार बना कर सम्पूर्ण त्रिपिटक देवनागरी में प्रथम बार भारत में भिक्षु जगदीश काश्यप के नेतृत्व में सम्पादित हुआ।

बर्मा तथा थाई भूमि में भिक्षुओं के लिए कविता करना अनुचित समझा जाता रहा है, इसलिए उन्होंने व्याकरण तथा अभिधर्म को अपना मुख्य विषय बनाया। वहाँ (बर्मा) उन्नीसवीं सदी में 'गन्धवंस' (ग्रन्थों का इतिहास) तथा 'सासनवंस' (बौद्धधर्म का इतिहास) नामक दो ग्रन्थ लिखे गये। 'गन्धवंस' में सम्पूर्ण पालि ग्रन्थों की सूची दी हुई है तथा बर्मा में लिखे गये ग्रन्थ वहीं पर द्रष्टव्य हैं[1]।

७. पञ्ञासामी—ये उन्नीसवीं सदी में हुए और इन्होंने 'सासनवंस' नामक बौद्ध धर्म का इतिहास विशेषकर बर्मा के लिए लिखा। इसे 'पालि टेक्स्ट सोसायटी' (लन्दन) ने १८९७ ई० में प्रकाशित किया। ये मिन्-दोन्-मिन् राजा के शिक्षक थे।

---

१. द्र०—भरतसिंह उपाध्याय, "पालि साहित्य का इतिहास," पृ० ७७-५८१।

इस ग्रन्थ में दस परिच्छेद हैं—

(१) बुद्धचरितादि तथा नव स्थानों में शासन-प्रतिष्ठा की कथा
(२) सिंहल द्वीप में शासन-प्रतिष्ठा की कथा
(३) सुवर्णभूमि में०
(४) 'योनक' राष्ट्र में०
(५) वनवासी राष्ट्र में०
(६) अपरान्त राष्ट्र में०
(७) काश्मीर-गान्धार राष्ट्र० में०
(८) 'महिसक' राष्ट्र में०
(९) महाराष्ट्र में०
(१०) चीन राष्ट्र में०

भौगोलिक नामों के सम्बन्ध में 'पञ्ञासामी' ने जो गलती की है, वह क्षन्तव्य है। उन्नीसवीं सदी के उत्तरार्द्ध में ऐसा ही भौगोलिक अज्ञान हमारे देशों में था।

—:०:—

दूसरा अध्याय

२. थाई जाति में थेरवाद तथा पालि

(१) **थाई जाति**—थाई जाति का शान् जाति से सम्बन्ध है। थाई भूमि में आने से पहले वह 'युन्नन्' में रहती थी। बंगाल की खाड़ी से प्रशान्त महासागर तक मुख्यतया चीनी-मंगोल मुखमुद्रावाली जातियाँ बसती हैं—(१) तिब्बती-बर्मी, (२) थाई-चीनी, और (३) मानख्मेर। इनमें सबसे पुरानी जाति मानख्मेर हैं। आज इस जाति की शाखाएँ चम्पा से लेकर नेपाल तक तथा बर्मा होते हुए कम्बोज तक पायी जाती हैं, ये हैं—उभय लाहुल के लाहुली, मलाणी, कनौरी, माना-नीत्ति के मारछा, जोहियाली, गरब्यांगी, राजी, मगर, गुरुंग, तमंग, नेवार, किराती, लेपचा, नागा, केरन आदि। इनको तिब्बती लोग मोन्पा कहते हैं। उनके रहने के कारण प्रदेश का नाम मौन्युल् है। इनमें नेवार, बर्मा के मोन् (तलैङ), केरेन भी है। ईसवी सन् के आरम्भ या कुछ पहले वे सामन्ती सभ्यता कायम करने में सफल हुये थे। पीछे ये बौद्ध धर्म के सम्पर्क में आये। उनके आदिम राजाओं के पूर्वज प्रायः भारतीय राजवंशों के सामन्त थे। इसलिए ब्राह्मण धर्मों के प्रति आग्रह होना उनका स्वाभाविक था।

(२) **नान्चाउ**—जब भारत में सर्वत्र महायान फैल गया, और नालन्दा विक्रमशिला के एक से एक धुरंधर विद्वान् उसके अनुयायी हो गये, तो बर्मा, स्याम आदि में भी उसी की दुन्दुभी बजने लगी। थेरवाद की पुनः स्थापना के समय कम्बोज में महायान था। थाई मूलतः उत्तर के रहनेवाले थे, जहाँ अब भी स्वायत्त शासित जिले हैं और स्याम की तरह थेरवाद चलता है। थाईयों (ताईयों) की एक शाखा 'च्वाङ ताई' है। आजकल च्वाङो की संख्या ६६ लाख है। क्वाङसी प्रदेश में उनका बहुमत है और अब उस प्रदेश को च्वाङ स्वायत्त भूखण्ड कहते हैं, जिसकी

राजधानी नालङ्ग एक समृद्ध नगर हैं। च्वाङ भूखण्ड के उतर में 'क्वेदचाउ' प्रदेश है, जहाँ १२ लाख पुमी बसते हैं। दोनों के सहोदर, दक्षिण युन्नन के दो अलग-अलग स्वायत्त इलाकों में ताई बसते हैं। यद्यपि उनकी संख्या मुश्किल से दो लाख होगी, पर उनके भाई-बन्धु बर्मा (शान्), स्याम (थाई) और लाव के निवासी हैं।

किसी समय याङची नदी के दक्षिण की चीनी भूमि ताई (थाई) जाति की थी। हान् (चीनी) जाति दक्षिण की ओर बढ़ी और उसने कितने ही 'च्वाङ-ताइयों' को आत्मासात् कर लिया। दक्षिणी युन्नन् में ताईयों का प्राधान्य बराबर बना रहा। इन्हीं की भूमि से होकर ईसा पूर्व के भारत में चीन का व्यापार मार्ग था, जिससे जानेवाले चीनी माल को ईसा पूर्व द्वितीय शताब्दी के चीनी यात्री चङक्याङ ने बख्त्रिया (बल्ख) में देखा था। इस मार्ग के पूर्वी छोरवाले मार्ग के स्वामी ताई लोग थे। इस व्यापार मार्ग से उनको बहुत लाभ था। इसलिए इसका रास्ता कितने ही समय तक चीन को भी मालूम नहीं था। इसी मार्ग द्वारा भारतीय संस्कृति वहाँ पहुँची। कितने ही भारतीय वहाँ बस गये। सामन्त राजकुमार भी भाग्य-परीक्षा के लिए वहाँ पहुँचे, जिन्होंने उसे गान्धार नाम दे दिया।

यह भूमि ऐतिहासिक काल में नन्चाउ के नाम से चीन में प्रसिद्ध थी। संस्कृति के प्रभाव में सारे ताई नहीं आये। विषम विकास जातियों में देखा ही जाता है। थाङ काल में नान्चाउ के राजा का उल्लेख मिलता है। यहाँ के राजा ईमोशून ने चीन में दूत भेजा था। बर्मा की पुरानी राजधानी को ८३२ ई० में लूटकर ध्वस्त करने वाले ननचाउ के थाई (ताई) ही थे। चीनी उन्हें लड़ाकू मानते थे। उनको सन्तुष्ट रखने के लिए थाङ-सम्राटों ने वैसे ही उनके राजा को दामाद बनाया, जैसे वे तिब्बत के सम्राट् को बनाते थे। दसवीं सदी के आसपास वे दक्षिण की ओर जाकर बसने लगे। उनको वीरता को देखकर कम्बुज राजा उन्हें अपनी सेना में रखते थे। कम्बुज की शक्ति का ह्रास देखकर थाई सरदार अपने छोटे-छोटे पहाड़ी राज्य स्थापित करने में सफल हुए। वर्तमान उत्तरी थाई भूमि (स्याम)

को पहले से ही मोनों ने ले लिया था; जहाँ मेनाम् नदी की एक शाखा के किनारे उनका समृद्ध नगर 'हरिपुंजय' बसा था। इसे आजकल ल्यङमङ्ग कहा जाता है। यही थाईयों का सबसे पुराना राज्य था। उन्हीं के कारण युन्नन् (चीन) के थाई आज भी थेरवादी है, जब कि सारे चीन में केवल महायान का नाम सुना जाता है। बर्मा का हरिपुंजय से सम्बन्ध ग्यारहवीं सदी में हुआ। ईचिङ और फ़ाहियान् की यात्राओं के उद्धरणों से कितने ही विहारों का वर्णन हमें प्राप्त होता है। सातवीं-आठवीं सदी के भारत तथा बृहत्तर भारत में सर्वास्तिवाद की समाप्ति हो गयी थी। महायान ने सबसे पहले उसे ही उदरसात् किया। पर यहाँ उसका विनय बराबर चलता रहा, क्योंकि महायान का अपना विशेष विनय नहीं था। विनय सर्वास्तिवाद (मूलसर्वास्तिवाद) का आज भी तिब्बत में चलता है। उसी के अनुसार भिक्षुओं को उपसम्पदा दी जाती है, यद्यपि तिब्बत का बौद्ध धर्म महायान से भी चार कदम आगे बढ़ा हुआ वज्रयान है।

(३) **हरिपुंजय**--हरिपुंजय में थाई सबसे पहले थेरवाद में आये। उनके इतिहास 'जिनकालमाली' में आया है--हरिपुंजय राज्य १२२३ ई० में स्थापित हुआ। कम्बोज पहले ही निर्बल हो चुका था, जिसके राज्य में हरिपुंजय पड़ता था। १२८० ई० में पगान के ध्वस्त होने पर थाई सरदारों को खुला खेलने का मौका मिला। थाई सरदार 'चिङमई' ने 'योन' राष्ट्र में हरिपुंजय से लगा चिङमेई नगर १२६०-६२ ई० में बसा कर उसे अपनी राजधानी बनायी। उस समय सुखोदया कम्बोज की पश्चिमी राजधानी थी, जिसे थाई सरदार इन्द्रादित्य ने १२३० ई० में ले लिया था। सुखोदया को प्रमुख स्थान दिलाने वाला राम (खम्हेङ) था। राजनीतिक और सांस्कृतिक दोनों दृष्टियों से उनका शासन बहुत महत्त्व रखता है। इसी ने कम्बोज लिपि की सहायता से थाई लिपि बनायी। यह थेरवाद का वैसा ही भक्त था, जैसा बर्मा का धम्मचेत्तिय या पगान का अनुरुद्ध। वह प्रारम्भ में अपने लेख में लिखता है--

"त्रिभूमिक २३शक कुक्कुट वर्ष के चौथे मास की पूर्णिमा गुरुवार को समाप्त

हुई। श्री सज्जालय-सुखोदया के राजा लिन्तङ तथा रामख्येङ के पौत्र ने सज्जनालय पर कई वर्ष राज्य करने के बाद 'त्रैभूमिक' माता को अभिधर्म पढ़ाने के लिए लिखा। उसके आधार ग्रन्थ थे--'जिनालंकार', 'सारत्थ-दीपनी', 'बुद्धवस', 'सारत्थसंगह', 'मिलिन्दपञ्ह', 'अनागतवंस,' 'चरिया-पिटक, 'लोकपञ्ञत्ति', 'समन्तपासादिका'। अब प्रश्न उठ सकता है, राज-वंश के राजा ने कैसे ऐसे विद्वता-पूर्ण ग्रन्थ को लिखा। उत्तर है—परमभट्टा-रक त्रिपिटक पारंगत थे। उन्होंने भदन्त 'अनोभदस्सी' उपसेन, जैसे पंडितों से अध्ययन किया था और हरिपुंजयवासी भदन्त बुद्धघोष से भी पत्राचार करके पढ़ा था।' चिङ-मई (हरिपुंजय-योनरट्ठ) ने थेरवाद को अपनाने में शीघ्रता की थी। इसलिए थाइयोंमें सबसे पहले उन्होंने पालि के ग्रंथ लिखे। रत्नपञ्ञ के ग्रन्थ 'जिनकालमाली'से बहुतसे उद्धरण आगे दिये गये हैं। पन्द्रहवीं सदी के आरम्भ में वहीं के स्थविर 'बोधिरसि 'सिंहलबुद्धरूपनिदान' और 'चामदेवीवंस' नामक दो इतिहास ग्रन्थ लिखे।

(४) **अयोध्या, द्वारवती**--१३५० ई० में एक थाई राजकुमार ने सुखोदया से दक्षिण अयोध्या की स्थापना की और वहीं रामाधिपति सुवर्ण-दोल के नये नाम से अपना अभिषेक कराया। सुखोदया निर्बल हो चुकी थी। १३७८ई०में सुखोदयाधिपति ने अयोध्या का सामन्त होना स्वीकार किया, और १४३८ई० में सम्पूर्ण विलयन भी। हरिपुंजय(चिङमई)ने अधिक उत्तर तथा बर्मा के समीप होने से कुछ समय उनसे अपने को बचाया, पर अप्रैल१५५६ई०में उसने अपना स्वतन्त्र अस्तित्व खो दिया। अब बर्मा की सारी पूर्वी सीमा थाई राज्य से मिली हुई थी और किसी काल का एक बड़ा साम्राज्य कम्बोज अब स्याम की दया पर था।

बर्मा ने स्याम को पराजित कर १५६६-८४ ई० तक अपने अधीन रखा। इससे पहले स्याम में भारतीय शकाब्द चलता था। किसी समय सिंहल, कम्बोज आदि में भी शकाब्द का रिवाज था। नेपाल में अठारहवीं सदी के बाद तक शकाब्द चलता रहा। बर्मा में किसी बड़ी विजय के उपलक्ष्य में ६३८ ई० में एक संवत् (शक) चलाया गया, या बाहर से लिया गया।

अपनी विजय के चिह्न स्वरूप बर्मा ने अपने संवत् को स्याम पर लादा। इस प्रकार १५६८ के बाद वहाँ भी वही संवत् चलने लगा, जिसे भारतीय शकाब्द से भिन्न करने के लिये चूल (छोटा) शक कहते हैं।

अयोध्या ने सुखोदया से राज्य के साथ-साथ थेरवाद को भी उत्तराधिकार में पाया। यद्यपि बर्मा और स्याम दोनों जबर्दस्त थेरवादी देश थे, पर युद्ध के समय शत्रु के साथ कोई दया दिखलाने के लिये तैयार नहीं होता। अतः बर्मी सेनाओं ने स्याम के बौद्ध विहारों और मूर्तियों के साथ वैसा ही व्यवहार किया, जैसा बख्तियार खिलजी की सेना ने नालन्दा और विक्रमशिला की मूर्तियों के साथ किया होगा। धातु की विशाल मूर्तियों पर सोने की परत चढ़ी हुई थी। उसे निकालने के लिये मूर्तियों को तोड़कर आग में डाल दिया गया। अयोध्या की तो सचमुच ईंट से ईंट ऐसी बजी कि उसका फिर से बसाना असंभव समझा गया और नये राजा फाया-ताक्-सिन् ने वहाँ से हटाकर बंकाक में राजधानी बनाना पसन्द किया।

अयोध्या काल की एक और महत्त्वपूर्ण बात है, स्याम का सिंहल के धर्म-ऋण से उऋण हो जाना। पोर्तुगीजों के धर्मान्ध शासन (१५२७–१६५८ ई०) ने सिंहल से बौद्ध धर्म को उखाड़ फेंकने में कोई कसर उठा नहीं रखी। सिंहल के कैथोलिक उन्हीं की देन है। सिंहलियों ने अपनी संस्कृति और धर्म की रक्षा के लिए देश के बिचले पहाड़ों को मेवाड़ बना रखा था, पर भिक्षु-संघ नष्ट हो चुका था। सिंहल से निमन्त्रण आने पर अयोध्या के राजा ने १७५२ ई० में महास्थविर उपालि के साथ कितने ही स्थविरों को भेजा, जिन्होंने सिंहल में भिक्षु-संघ की स्थापना की। आज सिंहल के भिक्षुओं की अधिक संख्या 'स्यामी-निकाय' (उपालि-वंश) की है।

'ताक्-सिन्' के बाद सेनापति चक्री ने अपने राजवंश की स्थापना की, जो आज तक चला जा रहा है।

(४) **वजिरञाण संघराज**—ये १८०४–५२ ई० तक संघराज रहे और बाद में १८५२–६८ ई० तक स्याम के राजा। वास्तविक अधिकारी यही थे, पर प्रभावशाली दरबारियों ने अराजवंशिक माता के सौतेले पुत्र

को गद्दी पर बैठाया। 'वजिरञाण' ने कोई विरोध नहीं किया। उसने अपने व्यवहार से सौतेले भाई राम तृतीय के हृदय को जीत लिया। अप्रैल १५५१ ई० में उसके मरने पर २०वर्षके बाद उसे ही गद्दी पर बैठाया गया। 'वजिरञाण' के पत्रों और पद्यों से मालूम होता है कि उनका पालि पर असाधारण अधिकार था। ये अंग्रेजी भी बोल लेते थे। अंग्रेजी और फ्रेंच इन दो साम्राज्यों के बीच में रहकर स्याम की सत्ता को बनाये रखने में इनका बड़ा हाथ था। इन्होंने संघराज होने के समय अपने 'रामञ्ञ-(बर्मा) निकाय' में सुधार कर 'धम्मयुत्तिक' नाम से उसे आगे बढ़ाया था; पर स्याम में भिक्षुओं की सबसे अधिक संख्या 'महानिकाय को ही मानती थी। 'महानिकाय' तेरहवीं सदी से पहले से ही थाईयों में चला आ रहा था। अशान्ति के समय लाखों बर्मी शरणार्थी स्याम में चले आये, जिनके साथ उनके भिक्षु (रामञ्ञ) भी स्याम में आ बसे, जो उन्नीसवीं सदी में स्याम के राजवंशिकों को अपनी ओर खींचने में सफल हुए, जिसके उदाहरण स्वयं 'महामुकुट वजिरञाण' थे। प्रायः डेढ़ सौ वर्षों तक उन्हीं में से स्याम के संघराज होते थे। अभी हाल में ही महानिकाय' का संघराज बना है।

(५) **ईसाई बनाने का षड़यन्त्र**—सत्रहवीं सदी के पूर्वार्ध में ही डच, फ्रेंच और अंग्रेज स्याम को हड़पने में लगे हुए थे। अयोध्या के राजा 'नरई' (नारायण) को अपने प्रभाव में लाने में (पहले अंग्रेजों और पीछे फ्रांसिसियों का समर्थक) एक ग्रीक महाशय 'फलकोन' सफल हो गये। वे अपने ही नये कैथोलिक नहीं बने, प्रत्युत थाईयों को भी वे कैथोलिक बनाना चाहते थे। बौद्ध धर्म बहुत गहराई तक पहुँच गया था। नरई को आगे बढ़ने की हिम्मत नहीं हुई। जब फ्रेंच तोपों के साथ फ्रेंच सेना भी बंकाक पहुँच गयी, तो स्यामी फ्रांसीसियों के उद्देश्य को समझने लगे। उन्होंने 'फलकोन' को फांसी पर लटका दिया। लुई की सेना कठिनाई से भाग सकी। स्याम में उतने ही ईसाई न बन सके, जितने वियतनाम में हैं।

स्याम में भी काव्य-रचना बौद्ध भिक्षुओं के लिये उचित नहीं समझी

जाती, इसलिए व्याकरण आदि ही उनके लिखने के विषय होते हैं। आधुनिक यंत्रों में मुद्रित त्रिपिटक स्याम में ही पहले पहल छपा।

६. **रतनपञ्ञ** (१५१७)—ऊपर इनके ग्रन्थ 'जिनकालमाली' का उल्लेख किया जा चुका है। पालि के इस पद्यमय इतिहास में ये लिखते हैं—

त्रिरत्न-वन्दना

"ज्ञानरूपी किरण, श्रेष्ठ धर्म-रूपी किरण द्वारा मोह के अत्यन्त घने अन्धकार को नष्ट कर, जिसने विनय के पात्र तीनों बन्धुरूपी कमलों को खिलाया, उस बुद्धरूपी सूर्य की मैं वन्दना करता हूँ।

संघ-सहित बुद्ध और धर्म को नमस्कार कर मैंने जो बहुत पुण्यप्रवाह प्राप्त किया, उससे नष्ट-बाधावाला हो, मैं 'जिनकालमाली' नामक ग्रन्थ को कहता हूँ।"

हरिपुंजय वर्णन

"शास्ता के परिनिर्वाण के १२०४ वर्ष बाद (६६१ ई०) इस चूल शकाब्द के बाईसवें वर्षमें फाल्गुन पूर्णिमा को 'वासुदेव' नामक ऋषि ने 'हरि-पुंजय' नगर को बसाया। उसके दूसरे साल 'चम्मदेवी' ने लवपुर (लाव) से जाकर 'हरिपुंजय' में राज्य किया। उसके बाद चूल-शकाब्द ४०९ में आदित्य राजा का हरिपुंज्य में अभिषेक हुआ। उसके पश्चात् चूल-शकाब्द ४२५ में हरिपुंजय नगर में महाधातु का प्राप्त होना पुरानी कथा में आता है, जो वहाँ के राजवंश के इतिहास-क्रम में प्राप्त होता है...प्राचीन समय में वासुदेव, सुक्कदत, बुद्धजटिल...प्रव्रज्या में साधु हुए।"

लंका द्वीप में भिक्षु संघ की स्थापना

"वे स्थविर एक मत हो क्रमशः सिंहल द्वीप में 'वनरतन' स्वामी के पास जा, अभिवादन कर, मधुर वचन से सत्कार कर वहाँ रहने लगे। उन स्थविरों और 'रम्मनिवासी' (रामञ्ञावासी) छ महास्थविर—सम्पूर्ण उनतालीस स्थविरों ने सिंहल द्वीप में प्रचलित अक्षरपरम्परा, तदनुसार

ध्यानादि और उच्चारण-क्रम को सीख, उत्तम अर्थ की कामना से उपसम्पदा पाने की प्रार्थना की।

शास्ता के परिनिर्वाण से १९६८ वर्ष बाद (१४२५ ई०) शक संवत् ७८६ में महासर्प वर्ष में द्वितीय आषाढ़ शुक्ल पक्ष द्वादशी शनिवार, तेरस तिथि, ज्येष्ठा नक्षत्र के योग में विद्यमान सिंहलराज (षष्ठ पराक्रमबाहु) द्वारा 'कल्याणी' नामक नगर में बने बेड़े में आरोहण कर, 'कम्मवाचाचार्य' 'वनरतन महास्वामी' और उपाध्याय 'धम्मचारी' के साथ बीस गणवाले संघ द्वारा उपसम्पादित किये गये।

वे स्थविर उपसम्पन्न हो दन्तधातु, 'समन्तकूट' के पदचिह्न और सोलह महास्थानों की वन्दना कर आचार्य-उपाध्याय से अनुज्ञा ले क्रमशः लौट आये। दुर्भिक्ष के भय से वे सिंहल द्वीप में चार ही मास रहे। लौटते समय उन्होंने उपाध्याय के कार्य के लिए महाविक्रमबाहु और उत्तम प्रज्ञ दो स्थविरों एवं वन्दना के लिए बुद्धधातु माँगी। उनमें विक्रमबाहु भिक्षु होने से १५ वर्ष के और महाउत्तमप्रज्ञ १० वर्ष के थे। जहाज में आते समय ब्रह्म स्थविर और सोम स्थविर से भेंट हो गयी। उन दोनों महास्थविरों को भी समुद्र में ही उपसम्पन्न कर 'अयोध्यापुर' में अयोध्याधिपति 'परमराज' की रानी के गुरु शीलविशुद्धि महास्थविर और सद्धर्मकोविद महास्थविर को सम्पादित किया...उसके बाद 'सज्जनालय' में पहुँच वहाँ 'बुद्धसागर' स्थविर को उपसम्पादित कर पीछे सुखोदया में छह वर्ष रहे।"

—:०:—

तीसरा अध्याय

३. कम्बोज और लाव में थेरवाद तथा पालि

१. लाव में थेरवाद

लाव के लोग भी थाई जाति के ही हैं। हरिपुंजय के स्यामी लोगों ने जब थेरवाद स्वीकार किया, तब लावों का भी थेरवादी होना स्वाभाविक था। थाईयों का यह जातीय धर्म होने से युन्नन् ताई भी थेरवादी हैं, यद्यपि उनके पड़ोस का चीन महायानी है। थेरवाद की सरलता और भिक्षुओं की विनय की पाबन्दी आदि गुण सरल हैं। वहाँ पालि पिटक ही पढ़ा जाता है, लाव भिक्षुओं ने पालि में लिखा भी होगा, पर उनके बारे में मालूम नहीं हो सका। वही बात युन्नन् के ताई थेरवादियों के बारे में है।

२. कम्बोज में थेरवाद

(१) **ब्राह्मण धर्म**—ईसा की सातवीं सदी तक कम्बोज में बौद्धों की नहीं, ब्राह्मणों की प्रधानता थी। अंकोरबात तथा अंकोरथोम की इमारतें भी इसी बात को बतलाती हैं। कम्बोज के हजारों संस्कृत शिलालेख भी इसी की पुष्टि करते हैं। यशोवर्मा (८५९–९०९ ई०) ब्राह्मणों का अनुयायी मालूम होता है; पर अंकोरथोम प्रासाद के बिलकुल पास उसने बौद्ध विहार की प्रशस्ति खुदवाई।[१]

पहले श्लोक में ही शंकर की स्तुति करके वे तीसरे में कहते हैं—

"जिसने स्वयं अवगत करके इस भव के बन्धन से मुक्ति के साधनों को तीनों लोक को समझाया, जिसने निर्वाणवर को प्रदान किया, उसी वन्द्यचरण, करुणाहृदय बुद्ध को नमस्कार करता हूं।"

उसी लेख में आगे लिखा है—

---

१. द्र०–'बौद्ध संस्कृति', पृ० १७४–१७५।

"राजाधिराज कम्बुज भूमिपति राजा यशोवर्मा ने बौद्धों के हित के लिए इस सौगताश्रम को बनवाया।"

इससे ज्ञात होता है कि ब्राह्मणों के एकान्त प्रेमी कम्बुज राजवंश ने बौद्धों के प्रभाव को स्वीकार किया।

इस अभिलेख में कुलाध्यक्ष द्वारा सम्मान आदि के नियम बताये गये हैं, जो बहुत कुछ शैवाश्रमों (शैव मठों) की भांति ही हैं--

"विद्या-सम्पन्न आचार्य, जिसने बौद्ध शास्त्र और व्याकरण पढ़े हैं, उसका सम्मान ब्राह्मण से कुछ कम होना चाहिए।"

इससे ज्ञात होता है कि कम्बोज देश में ब्राह्मणों का सम्मान बौद्धों से अधिक था।

(२) **बौद्ध प्रभाव**--महापराक्रमबाहु (११६४-९७ ई०) ने कम्बुज राजा के पास उपाहन के साथ एक राजकन्या भी भेजी थी। बर्मा के राजा ने उसे पकड़ मँगवाया। उसके प्रतिशोध में पराक्रम ने नौ सैनिक अभियान भेजकर बर्मा के कुसुमी बन्दरगाह को लुटवाया। कम्बोजराज जयवर्मा सप्तम (११८२-१२०२) ने पेगू पर अपनी विजयपताका फहराकर बदला लिया। जयवर्मा सप्तम के राज्य की सीमा चीन से बंगाल की खाड़ी तक थी। जयवर्मा के मरने के बाद परम शासन लिखा गया, जिससे ज्ञात होता है कि वह बौद्ध था--कट्टर नहीं, क्योंकि ब्राह्मणों का प्रभाव अभी कम नहीं हुआ था। उसके एक शिलालेख में प्राणिमात्र के शरण बुद्ध पूजित हैं, फिर बोधिमार्ग पूजित है, जिससे संसार का अर्थ स्पष्ट होता है, उस संघ का वर्णन है, फिर कल्पद्रुम के सजीव अवतार लोकेश्वर की वन्दना है। इससे पता लगता है कि उसका आदर स्वरूप पालि बौद्ध धर्म नहीं, महायान बौद्ध धर्म था। इसी लेख में आगे कहा गया है--"उसने चम्पा जाकर 'युद्धक्षेत्र', वहाँ के राजा, को पकड़ कर फिर दयावश उसे राज्य देकर छोड़ दिया। उसके इस गौरवपूर्ण कृत्य को दूसरे राजाओं ने सुना...राजा ने अपने गुरु के परिवार को राजवंशिक की भांति सेनापति की उपाधि दी[1]"।

---

१. द्र० "बौद्ध संस्कृति", पृ० १८३।

जयवर्मा सप्तम (११८२-१२०२ ई०) ने 'राजविभार' नामक नगर बसाकर उसे "मुनीन्द्रमाता" (प्रज्ञापारमिता) की सेवा के लिए दान में दे दिया। प्रज्ञापारमिता को अपनी मां की मूर्ति के रूप में उसने बनवाया था। प्रज्ञापारमिता की मूर्ति से प्रकट है, कि वह महायान को मानता था, जो उस समय नालन्दा और विक्रमशिला में मान्य था। राजा और भूभिपतियों ने ३,१४० गाँव मन्दिर को दिये थे, जिनमें सब मिलाकर १२,६४० व्यक्ति रहते थे। वहां पर ६६,६२५ स्त्री-पुरुष देवपरिचारक थे। बर्मी और चम्पा (के बन्दी) सब मिलाकर ७९,३६५ व्यक्ति होते थे। चीनी इतिहास में भी जयवर्मा सप्तम का 'पगान' को जीतकर अपने राज्य में मिलाने का उल्लेख है।

राजा ने भारी परिमाण में चाँदी-सोना और हीरे आदि इस मन्दिर को भेंट-स्वरूप दिया था। वहां पर ९७० विद्यार्थी अपने अध्यापकों के साथ रहते थे। भिन्न-भिन्न प्रान्तों में इसने ११७ आरोग्यशालाएँ और ६९८ भैषज्यशालाएँ स्थापित की थीं, जिनके खर्चे में ८३८ गाँव लगे थे।

जयवर्मा सप्तम के पश्चात् इन्दवर्मा द्वितीय, फिर जयवर्मा अष्टम, फिर श्रीन्द्रवर्मा और श्री इन्द्रजयवर्मा गद्दी के अधिकारी हुए। इन शासन-कालों में कम्बोज देश पतनोन्मुख हो गया। चीन मंगोलों के हाथ में था। कुबलेखान ने पहले चम्पा लिया, फिर वहीं से दूत कम्बुज को करद बनाने के उद्देश्य से १२९६ ई० में वहाँ गया। इसमें वह सफल न हुआ, पर कम्बोज के लोगों के बारे में उस दूत ने बहुत सी ज्ञातव्य बातें लिखी हैं। भिक्षुओं के बारे में वह कहता है—

"वे अपना शिर मुंडाते हैं, पीले कपड़े पहनते हैं, दाहिना कंधा नंगा रखते हैं; वे मांस-मछली खाते हैं, पर मद्य नहीं पीते। जिन पुस्तकों का वे पाठ करते हैं, उनकी संख्या बहुत है और वे तालपत्र पर लिखी रहती हैं। इन भिक्षुओं में कुछ के पास सोने के डंडेवाली पालकियाँ और सोने के मूठवाले छाते होते हैं। गम्भीर बातों पर राजा इनसे सलाह लेता है। वहाँ बौद्ध भिक्षुणियाँ नहीं हैं।"

इससे यह पता चलता है कि तेरहवीं सदी में वहाँ पर महायान-वज्रयान का प्रभाव कम होकर पालि बौद्ध धर्म का प्रभाव बढ़ चुका था। मांस-मछली का ग्रहण तथा मद्य से परहेज इसी कारणवश था।

वह फिर लिखता है—

"शैव चपने जूड़ों को लाल या सफेद कपड़ों से बांधते हैं। उनके मन्दिर बौद्ध मन्दिरों से छोटे होते हैं, क्योंकि ताव् (ब्राह्मण) धर्म उतना समृद्ध नहीं हैं, जितना कि बौद्ध धर्म...वे दूसरे के हाथ से भोजन नहीं ग्रहण करते और न खुले आम खाते हैं। गृहस्थों के लड़के पढ़ने के लिये भिक्षुओं के पास जाते हैं और बड़े होने पर गृहस्थ बनने के लिए (घर) लौट आते हैं...लेख साधारणतया काले मृगछाले पर लिखा जाता है।"

कम्बोज के हजारों शिलालेख संस्कृत में गद्य-पद्य रूप में प्राप्त हैं।.

(३) **कम्बुज भाषा और संस्कृत**—आज भी वहाँ ब्राह्मण धर्म कम नहीं है, पर धार्मिक क्षेत्र में पालि का आधिपत्य है। ख्मेर (कम्बोज) लिपि प्राचीन पल्लव तथा चालुक्य लिपियों से उद्भूत हैं, जिनसे बृहत्तर भारत तथा सिंहल की भी लिपियाँ विकसित हुई। आज भी कम्बोज भाषा में संस्कृत शब्दों का प्रयोग प्राप्य है, जिनका उच्चारण उन्होंने अपने अनुरूप कर लिया है। उदाहरणस्वरूप संस्कृत का 'देवता' शब्द सामान्य ख्मेर भाषा में 'तेपदा' और साहित्यिक ख्मेर भाषा में 'तेवदा' हो जाता है। इसी प्रकार से अन्य शब्द भी हैं।

(४) **महायान से हीनयान**—कम्बुज में बौद्ध धर्म वज्रयान तक नहीं पहुँचा था। वह महायान तक ही जा पाया था। वज्रयान में पहुँचने पर उसे भारत, जावा, सुवर्णद्वीप (सुमात्रा) आदि की ही भांति नष्ट होना पड़ता। लेकिन हीनयान (पालि पिटक) ने आकर उसकी रक्षा कर ली। स्याम (थाई) उस परिवर्तन में सहायक हुआ, जहाँ थेरवाद पहले ही पहुँच चुका था। थाई 'सुखोदया' को कम्बोज से छीन चुके थे। सिंहल से लाकर पालि बौद्ध धर्म को पहले स्याभियों ने स्थापित किया।

यह लिख चुके हैं कि बर्मी आचार्य 'चपट' के साथियों में भी एक कम्बोज राजकुमार 'तामलिन्द' था, जो कई वर्षों तक सिंहल में रहा था। इसी प्रकार बर्मा और स्याम में थेरवाद के प्रचार और सिंहल-भिक्षु-संघ स्थापित होने का प्रभाव कम्बुज पर भी पड़ा और वहाँ धीरे-धीरे महायान से हीनयान में परिवर्तन हो गया। आज वहाँ महायान का नाम नहीं है, यद्यपि पूर्व पड़ोस में ही वियेतनाम है, जो 'इन्दोचीन' में महायानी देश रह गया है।

सिंहल तथा बर्मा के प्रचलित पालि ग्रन्थों का कम्बोज में भी प्रसार है, पर वहाँ के विद्वानों ने भी कुछ ग्रन्थ लिखे होंगे, जो अन्य देशों के लोगों को अज्ञात ही हैं।

आज कम्बोज, थाई और लाव तीनों ही थेरवादी देश हैं।

—:०:—

चौथा अध्याय

४. आधुनिक भारत में पालि

भारत ने तो चौदहवीं सदी के प्रारम्भ में ही बौद्ध धर्म से छुट्टी पा ली थी, परन्तु उस पर बौद्ध धर्म ने जो अमिट सांस्कृतिक प्रभाव छोड़ा था, उसके कारण उसे फिर उसे बुलाना पड़ा। इसके निमित्त स्वरूप कितने ही व्यक्ति हैं, जिनमें पहला नाम अनागारिक धर्मपाल का आता है, जिन्होंने अपनी मातृभूमि सिंहल को छोड़कर अपना शेष सम्पूर्ण जीवन भारत में इस कार्य के लिए दिया और अन्त में वहीं 'सारनाथ' में इस शरीर-कलेवर को १९३३ ई० में छोड़ा। इनके बाद डाक्टर अम्बेडकर ने लाखों की संख्या में भारत-पुत्रों को त्रिरत्न की शरण में खड़ा कर दिया। आज जो बौद्ध धर्म भारत को अपनी ओर खींच सका है, वह पालि बौद्ध धर्म ही है।

पालि-पिटक-ग्रन्थों का भारतीय भाषाओं में विशेषकर बंगला और हिन्दी में अनुवाद प्रस्तुत किया गया। बंगाल में 'चटगाँव' वाले पहले से ही बौद्ध थे, पर बंगला में संख्या में उतने ग्रन्थों का अनुवाद न हो सका, जितना हिन्दी में आज तक सम्पन्न हो पाया है। 'दीघनिकाय' (राहुल, काश्यप), 'मज्झिमनिकाय' (राहुल), 'संयुत्तनिकाय', (काश्यप, धर्मरक्षित), 'अङ्गुत्तरनिकाय' (आनन्द कौसल्यायन), 'विनयपिटक' (राहुल) एवं 'जातक' (आनन्द कौसल्यायन) आदि के अनुवाद हिन्दी में हो चुके हैं। 'अभिधम्मपिटक' के मूल ग्रन्थों का अनुवाद अनुवाद करनेवाले तथा पढ़नेवालों दोनों ही के लिए रूखा-सा है। अतः इस ओर प्रवृत्ति नहीं हो रही है; परन्तु 'अभिधम्मपिटक' के सारभूत ग्रन्थ' अभिधम्मत्थसङ्गह' (आचार्य अनुरुद्ध कृत) का हिन्दी अनुवाद भदन्त आनन्द कौसल्यायन ने कर दिया है।

भारत में आज लाखों नर-नारी बौद्ध-धर्म में दीक्षित हुए हैं और हो रहे हैं। इनके शील-शरण की वाणी पालि में उच्चरित होती हैं। भारत का

ही मूल पालि साहित्य सिंहल, बर्मा, कम्बोज, तथा स्याम की लिपियों में छपा था। रोमन लिपि में भी वह 'पालि टेक्स्ट सोसायटी' की कृपा से प्रकाशित हो गया था। परन्तु भारत की किसी भी लिपि में उसका न होना लज्जा की बात थी। हाल में ही नवनालन्दा ने इस कार्य को प्रारम्भ किया और कुछ ही वर्षों में विद्युत गति से नागरी में सम्पूर्ण त्रिपिटक-प्रकाशन कार्य को भिक्षु जगदीश काश्यप तथा उनकी शिष्यमण्डली ने सम्पन्न कर डाला। इस महत्त्वपूर्ण प्रकाशन का श्रेय भिक्षु जगदीश काश्यप को है।

काश्यप जी तथा पं० क्षेत्रेशचन्द्र चट्टोपाध्याय के निर्देशन में वाराणसेय संस्कृत विश्वविद्यालय भी अट्ठकथाओं के नागरी संस्करण का प्रकाशन प्रारम्भ करनेवाला है और इस सम्बन्ध में सर्वप्रथम 'जातकट्ठकथा' को लिया गया है।

पालि साहित्य का बृहद् इतिहास हिन्दी में डाक्टर भरतसिंह उपाध्याय द्वारा प्रस्तुत हो चुका है। वर्तमान ग्रन्थ को ३५० पृष्ठों में लिखना था, इसलिए बहुत विस्तार नहीं किया जा सका।

—:०:—